Peter Mathei

Im Licht des Evangeliums...

Peter Mathei

Im Licht des Evangeliums...

Meditationen zum Lukas-Evangelium, Lesejahr C

Fromm Verlag

Imprint
Any brand names and product names mentioned in this book are subject to trademark, brand or patent protection and are trademarks or registered trademarks of their respective holders. The use of brand names, product names, common names, trade names, product descriptions etc. even without a particular marking in this work is in no way to be construed to mean that such names may be regarded as unrestricted in respect of trademark and brand protection legislation and could thus be used by anyone.

Cover image: Vom Autor bereitgestellt

Publisher:
Fromm Verlag
is a trademark of
International Book Market Service Ltd., member of OmniScriptum Publishing Group
17 Meldrum Street, Beau Bassin 71504, Mauritius

Printed at: see last page
ISBN: 978-613-8-34848-1

Copyright © Peter Mathei
Copyright © 2018 International Book Market Service Ltd., member of OmniScriptum Publishing Group
All rights reserved. Beau Bassin 2018

Vorwort

Wie angekündigt im Buch zum *Markus-Evangelium,* konnte ich meine Betrachtungen zum Lukas-Evangelium rechtzeitig zum Beginn des neuen Kirchenjahres (Lesejahr C) fertigstellen.
Zwölf Sonntage sind aus dem Johannes-Evangelium. An einigen Sonntagen predige ich nicht.
Die meist längeren Texte sind freie Vor-Überlegungen zu den Predigten; eine Art *Brainstorming* im Schreiben entwickelt. Ich habe die Gedankenfülle in ihrer Ausführlichkeit belassen, weil sie mir aufschlussreich erscheint.
Oft folgen drei bis vier Betrachtungen zu ein und demselben Evangelium, weil mir nach je drei Lese-Jahren neue Ansätze und Beispiele dazu eingefallen sind. Zum Karfreitag habe ich eine Betrachtung aus dem Lesejahr B dazu genommen und eine zum Pfingstsonntag.

Deckung und Vertiefung habe ich wieder in den Tagebüchern von Gabrielle Bossis gefunden,
mit „*Er*" oder „Er und Ich" eingeleitet und kursiv herausgehoben.
(Er und Ich, Gabrielle Bossis, Topos Taschenbücher).
Und da heißt es einmal:„ Gott ist einfacher als ihr. Es scheint, als wiederhole ich dir immer das gleiche, nämlich: Die ganze Religion und euer ganzes Glück besteht in einigen Worten des Evangeliums; es genügt, dass man sie verstehe und lebe."
Jesus selber fragte einmal seine Jünger: *Habt ihr das alles verstanden?*
Und sie antworteten: *Ja. (Mt 13, 51)*
Allerdings: Jesus gibt den Hinweis, dass wir Sein Wort *leben* müssen bzw. danach Handeln, um es wirklich verstehen zu lernen – also auch hier *learning by doing*! (Lk 6,47-49, Joh 7,17)
Die in diesem Buch gesammelten Betrachtungen enthalten Beschreibungen von solchem
Leben des Evangeliums.

Alberschwende, September 2018

Inhalt

1. Adventssonntag C 2010 Lk 21,25-36 ... 5
Maria Empfängnis C 2016 Lk 1,26-38 ... 8
3. Adventssonntag C 2016 Lk 3,10-18 ... 11
4. Adventssonntag C 2010 Lk 1,39-45 ... 12
4. Adventssonntag C 2013 Lk 1,39-45 ... 14
Weihnachtstag C 2016 Joh 1,1-18 ... 18
Fest der Hl Familie C 2016 Lk 2,41-52 ... 21
1. Jan. Hochfest der Gottesmutter C 2016 Lk 2,16-21 ... 25
Dreikönig C 2016 Mt 2,1-12 ... 29
Taufe des Herrn C 2016 Lk 3,15-22 ... 33
2. Sonntag C 2016 Joh 2,1-11 ... 38
3. Sonntag C 2016 Lk 1,1-21 ... 41
4. Sonntag C 2010 Lk 4,21-30 ... 48
4. Sonntag C 2013 Lk 4,21-30 ... 53
4. Sonntag C 2007 Lk 4,21-30 ... 56
4. Sonntag C 2016 Lk 4,21-30 ... 61
5. Sonntag C 2013 Lk 5,1-11 ... 65
5. Sonntag C 2016 Lk 5,1-11 ... 71
2. Fastensonntag C 2016 Lk 9,28-36 ... 75
3. Fastensonntag C 2007 Lk 13,1-9 ... 78
3. Fastensonntag C 2010 Lk 13,1-9 ... 84
3. Fastensonntag C 2013 Lk 13,1-9 ... 89
4. Fastensonntag C 2016 Lk 15,1-32 ... 94
5. Fastensonntag C 2016 Caritas Mt 25,31 ... 98
Karfreitag C 2016 Joh 18,1-19 ... 101
Karfreitag C 2015 Joh 18,1-19 ... 105
Karfreitag B 2018 Joh 18,1-19,42 ... 107
Ostersonntag C 2016 Joh 20,1-9 ... 111
3. Ostersonntag C 2007 Joh 21,1-14 ... 115
4. Ostersonntag C 2013 Joh 10,11-18 ... 118
6. Ostersonntag C 2016 Joh 14,23-29 ... 123
7. Ostersonntag C 2013 Joh 17,20-26 ... 126
11. Sonntag C 2016 Lk 7,36-50 ... 129
13. Sonntag C 2016 Lk 9,51-62 ... 132
14. Sonntag C 2016 Lk 10,1-20 ... 136
15. Sonntag C 2016 Lk 10,25-37 ... 140
19. Sonntag C 2010 Lk 12,35-40 ... 144
19. Sonntag C 2013 Lk 12,35-40 ... 152
20. Sonntag C 2010 Lk 12, 49-53 ... 154
20. Sonntag C 2013 Lk 12,49-53 ... 158
20. Sonntag C 2016 Lk 12,49-53 ... 163

20. Sonntag B 2018 Joh 6,51-58	167
21. Sonntag C 2004 Lk 13,22-30	171
21. Sonntag C 2010 Lk 13,22-30	180
21. Sonntag C 2013 Lk 13,22-30	186
21. Sonntag C 2016 Lk 13,22-30	196
22. Sonntag C 2010 Lk 14,1-14	203
22. Sonntag C 2013 Lk 14,1-14	207
22. Sonntag C 2016 Lk 14,1-14	211
23. Sonntag C 2007 Lk 14,25-33	216
24. Sonntag C 2007 Lk 15,1-32	221
24. Sonntag C 2010 Lk 15,1-32	234
24. Sonntag C 2013 Lk 15,1-10	243
24. Sonntag C 2016 Lk 15,1-10	253
25. Sonntag C 2007 Lk 16,1-13	258
25. Sonntag C 2010 Lk 16,1-10	267
25. Sonntag C 2013 Lk 16,1-13	274
25. Sonntag C 2016 Lk 16,1-13	277
26. Sonntag C 2010 Lk 16,19-31	283
26. Sonntag C 2013 Lk 16,19-31	291
26. Sonntag C 2016 Lk 16,19-31	295
27. Sonntag C 2007 Lk 17,5-10	299
27. Sonntag C 2010 Lk 17,5-10	305
27. Sonntag C 2013 Lk 17,5-10	316
27. Sonntag C 2013 Lk 17,5-10	319
28. Sonntag C 2010 Lk 17,11-19	326
28. Sonntag C 2013 Lk 17,11-19	329
29. Sonntag C 2016 Lk 18,1-8	333
30. Sonntag C 2007 Lk 18,9-14	338
30. Sonntag C 2010 Lk 18,9-14	341
30. Sonntag C 2013 Lk 18,9-14	351
31. Sonntag C 2013 Lk 19,1-10	356
31. Sonntag C 2013 Lk 19,1-10	360
31. Sonntag C 2016 Lk 19,1-10	365
32. Sonntag C Patrozinium Lk 20,27-38	368
32. Sonntag C Seelensonntag Lk 20,27-38	372
32. Sonntag C 2007 Lk 20,27-38	379
32. Sonntag C 2010 Lk 20,27-38	384
32. Sonntag C 2013 Lk 20,27-38	387
33. Sonntag C 2010 Lk 21,5-19	397
33. Sonntag C 2013 Lk 21,5-19	402
34. Sonntag C 2010 Lk 23,35-43	407
34. Sonntag C 2013 Joh 18,33b-37	413
34. Sonntag C 2016 Joh 18,33b-37	416

Allerheiligen 2007 Mt 5,1-12 420
Allerheiligen 2010 Mt 5,1-12 426
Allerheiligen 2013 Mt 5,1-12 433
Pfingsten 2016 Joh 20,19-23 438
Pfingsten 2018 Joh 20,19-23 442

1. Adventssonntag C 2010 Lk 21,25-36

Man sagt: Hauptsache zufrieden.
Es gibt mehrere Gründe fürs Zufrieden-sein.
Einer davon ist, zu wissen, dass ich getan habe, was ich tun musste.
Und: Dass ich es gut, ja bestmöglich getan habe!

Dazu heißt das zunächst seltsame Wort unseres Evangeliums:
Dann wird von zwei Männern, die auf dem Feld arbeiten,
einer mitgenommen und einer zurückgelassen.
Und von zwei Frauen, die mit derselben Mühle malen,
wird eine mitgenommen und eine zurückgelassen.
Seid also wachsam.!

Äußerlich gesehen dieselbe Arbeit, dasselbe Leben...
Doch aufs *Herz, auf die Absicht* gesehen ein radikaler Unterschied,
der unendlich bedeutsam ist für meine Seele,
für meine Persönlichkeit, für meine und unser aller Zukunft...

Der Heilige Kolumban:
Bedenke nicht, was du bist, armer Mensch, sondern bedenke,
was du sein wirst...
Was du bist, ist für jetzt, was du einmal sein wirst, ist für immer..

Vor Jahren habe ich einen Brief zusammengestellt an die jungen
Leute, die mit dem Kirchenbeitrag im Verzug sind.
Den habe ich dieser Tage wieder herausgeholt und wollte ihn einfach
so schicken, wie damals geschrieben.
Dann habe ich doch noch angefangen, ihn durchzuackern, so lang,
bis er mir wirklich gefallen hat.

Das ist, glaube ich, dieser große Unterschied:
Eine Arbeit nur erledigen *oder* zusätzlich sein Herz hineinlegen.
Das Schreiben hat gute Wirkung gezeigt!

Wenn wir in der Religions-Stunde Bilder ins Reli-Heft (Schule)
malen, sage ich zu den Kindern immer:
Die Bilder müssen *fertig* sein!
und denke dazu: Dann sind sie *mit Liebe* gemalt.

Er: *Suche die Vollkommenheit. Verfolge sie in jeder deiner Taten.*
Am Anfang scheint das schwierig zu sein.
Dann erkennt man, dass alle Freuden in ihr sind...

Da hinein gehört unsere ganze berufliche Arbeit
und unser Familienleben und alles Tun und Lassen...
Er: *Nein, mehr brauchst du nicht tun.*
Aber es anders tun. Mit mehr Freude bei den täglichen kleinen
Prüfungen. Selbst diese langweiligen Dinge tust du für mich,
deinen Gott. Heiligkeit besteht darin, dass man die gewöhnlichen
Dinge mit Liebe erfüllt..

Heute ist oft von *Qualität* die Rede :
Im Leben, im Wohnen, bei der Arbeit...
Hier nun ist in einem allertiefsten Sinn von *Qualität des Lebens*
die Rede, die allerdings weder kontrollierbar noch einklagbar ist,
von der aber doch das *Heil der Welt* und das Glück der Seele
abhängt.

Sein Wort (Er *ist* das *Wort..*) über die Abwäscherin in einer Küche:
Es kommt nicht darauf an, was du tust oder wie viel Geld du dabei
verdienst und wie angesehen du bist.
Bei mir gibt es nur Rangordnung in der Liebe.

Weil aber alles auf diese Qualität ankommt,
also auf die innere Einstellung, heißt es:
Seid also wachsam, denn ihr wisst nicht, an welchen Tag eure
Herr kommt. Wenn der Herr des Hauses wüsste, wann der Dieb
einbricht, würde er wach sein.
Darum haltet auch ihr euch bereit,
denn ihr wisst nicht, wann der Herr kommt.
Haltet euch bereit!

Das erinnert an das Bereit-sein zum Helfen, an die *Hilfs-Bereitschaft*.
Wie schön, wenn Kinder daheim lernen, bereit-willig zu helfen:
Wenn sie das *Mehr-Tun-als-notwendig* sich aneignen.
Feuerwehrleute und Rotkreuz halten sich immer irgendwo *bereit*.
Eltern sind ständig in Bereitschaft, solange die Kinder noch klein sind. Und man ist Tag und Nacht bereit, wenn jemand im Haus alt und krank ist; beim kleinsten Ruf ist man schon hellwach.

Und wenn wir zur Heiligen Messe gehen, dann hat es im Grunde allein den Zweck:
Dass wir Menschen werden, die *bereit* sind...
Bereit, da zu sein für die Anderen und für das Leben..;
bereit, anzunehmen, was kommt.

Wenn ich alles so nehmen könnte, wie es kommt..
Wie heilig wäre es, grade darin die Gabe des Lebens zu erkennen:
In der Ungewissheit; in einem Meer von Überraschungen, die auf mich warten.
Dazu gehören die unvorhersehbaren, plötzlichen Wendungen im Leben: Der Unfall des Kindes...Der Schlaganfall des Mannes...
der Verlust des Vermögens...eine Berufung...eine Begegnung...

Die großartigste aller Überraschungen aber, so sagt man,
warte Jenseits des Todes.
Wenn wir den Glauben ernst nehmen, dann kommt in allem,
was auf uns zukommt, die *Ewigkeit* auf uns zu: *Christus*.
Und die Erde ist dann wie der Traum von einer Minute...

Das ist Advent: Ankunft.
Ankunft heute und am Ende der Zeit.

Maria Empfängnis C 2016 Lk 1,26-38
Zu: Gen 3ff

Der christlich katholische Glaube lehrt:
Gott hat den Menschen ursprünglich gedacht als Stellvertreter
der Schöpfung; als Ebenbild Gottes;
sich seiner selbst bewusst; in inniger Harmonie mit Ihm..

Da lässt der Mensch sich verführen von dem,
der in Hl Schrift *der Versucher* genannt wird,
Vater der Lüge und Mörder von Anbeginn:
Ein mit Freiheit begabtes Geistwesen, das sich gegen seinen Schöpfer
wendet und die Harmonie zwischen Gott und Mensch zerstören will
und so auch die Harmonie im Menschen selbst und zwischen den
Menschen und zwischen Mensch und Natur.

Er: *Es gibt die Liebe, es gibt den Hass. Nichts sonst.*
Zwei Wurzeln: Gott oder der Widersacher.
Der freie Mensch wählt die Frucht.
Ich bin in jeder eurer Weisen zu lieben.
Satan ist in jeder Art, die andere verletzt.

Weil nun der Mensch in seiner *gefallenen Natur* sich selbst erhöht
zum egozentrischen *Ich-Menschen*, beginnt der Kampf aller gegen
alle. Die große Zerstreuung hat begonnen...
Aber zugleich mit dem Anfang des allgemeinen Gegeneinander
hat Gott einen Neuen Anfang *vorgesehen:*
Die erlösende Gegen-Bewegung der *Heilsgeschichte* (Neg-entropie),
die aber gerade nicht mit den Waffen des Feindes kämpft,
sondern mit den Waffen des Lichts: Der Demut, der Sanftmut,
der Selbstlosigkeit, der Güte, des Opfers...
Feindschaft setze ich zwischen dich und der Frau,...
zwischen Hochmut und Demut, zwischen Hass und Liebe...
Feindschaft zwischen denen, die dich, den Vater der Lüge,
nachahmen..und denen, die der Frau ähnlich werden wollen ...
Diese Frau, mit der das Heil Gottes in die heillose Geschichte
kommt, diese Frau heißt Maria.

Der Name der Frau war Maria.
Und wir staunen über die Rede von dem Geistigen Geschöpf,
dem Engel, der **Gabriel** genannt wird,
d.h. *Der seinem Schöpfer dient...*
und der sich senden lässt zu dieser *einen* Frau.

Und er tut das mit den Worten, die wir bis heute singen oder beten im
Ave Maria, was ja heißt: **Gegrüßet seist du, Maria..**
Wenn dieses *Ave Maria* die größten Sängerinnen und Sänger der
Welt singen: Sie können es nur berührend singen, wenn sie dabei
diese Frau auch wirklich grüßen...
 Gratia plena..Voll der Gnade:
Du hast bei Gott Gnade gefunden..
Maria wird von der Kirche als *Mittlerin der Gnaden* überliefert.
Gnade, das ist z.B.:
Er : Bitte mich um zwei Gnaden für das gemeinschaftliche Leben:
Um Nachsicht mit den anderen. Das Unkraut mit dem Weizen
wachsen lassen.
Und um die geistige Kraft, unermüdlich und schweigend das Böse
mit Gutem zu überwinden, Unfreundlichkeit mit Freundlichkeit,
Aggression mit Sanftheit, Stolz mit Demut,
Angeberei mit Bescheidenheit..
Einen Sohn wirst du gebären,
dem sollst du den Namen Jesus geben.
Er wird Sohn des Höchsten genannt werden.
Seine Herrschaft wird kein Ende haben..
Er stammt von der Erde *und* vom Himmel.
Von Unten *und* von Oben.
Sohn Mariens *und* Sohn des Höchsten:
Er war Gott in einem Menschen.
Gott-Mensch.
Seine Gottheit hat sich nie von seiner Menschheit getrennt..

Er: Seht Gott in mir. Aber seht auch den Menschen in mir...
das kleine Kind in der Krippe..
Mt : Mir ist alle Macht gegeben im Himmel und auf Erden.

Kirche: *Ich glaube ..an Jesus Christus, seinen (des Vaters) eingeborenen Sohn, unsern Herrn, empfangen vom Hl Geist, geboren von der Jungfrau Maria....*
Der Engel:**..denn für Gott ist nichts unmöglich..**
Man weiß mit der Vernunft:
Das und das ist möglich oder unmöglich.
Im Leben wünschen wir uns manchmal etwas
und wissen zugleich: Es ist etwas Unmögliches.
Er: *Bitte mich auch um solches, was dir selber unmöglich erscheint..*

Das wäre der wirklich große Glaube..!
Dass du z.B. darum bittest, als ein von Natur schüchterner Mensch
frei reden zu können vor vielen Menschen,
oder dass du einem Menschen, der dich verletzt hat,
(innerlich) vergeben willst und die Versöhnung suchst..

Und das Gebet vom *Engel des Herrn* beginnt mit:
Maria sprach: Siehe, ich bin die Magd des Herrn..
mir geschehe nach deinem Wort...
Maria ist als erster Mensch so,
wie Gott den Menschen gedacht hat:
Ganz offen für Gott und die Anderen.
Er: *Sie möge auch dich lehren, für Gott zu leben und um willen Gottes für den Nächsten..*
Sie wird dir helfen bei dem Aufstieg auf den Berg der Vollkommenheit..
Und wenn du schwach bist oder dich einsam fühlst, komme zu uns beiden.
Sie, die nur für Gott gelebt hat, ihren Sohn, und bei der es keinen Egoismus, keine Ich-Zentriertheit gegeben hat:
Sie entsprach genau dem Ziel des Schöpfers, auf das hin er das Geschöpf erschuf.
Ahme sie nach...
...Du brauchst nicht eigens vorgestellt werden: Wir kennen dich seit langer Zeit und besser als du dich selber kennst.

3. Adventssonntag C 2016 Lk 3,10-18

Johannes war die Stimme, die in der Wüste gerufen hat:
Kehrt um!...**Ändert Euch! Bessert Euch!**
Darauf fragten ihn die Leute:
Was sollen wir also tun..?

Eine junge Vorarlberger Studentin hat eine heitere Kurzgeschichte
für die Tageszeitung geschrieben mit dem Titel:
*Denn das, was du **tust**, ist wichtig...*
Nachdem sie - in ihrer Geschichte - den Lieben Gott gefragt hatte,
ob Er ihr nicht helfen könne, eine tolle Geschichte zu schreiben,
die allen gefällt und sie gleich berühmt mache,
erinnert sie derselbe Liebe Gott an seinen Sohn Jesus, der damals
einen *wunderschön aussehenden* Feigenbaum doch glatt verfluchte,
weil er keine Früchte trug!
Nie mehr komme eine Frucht von dir !
Da ist der große, schöne, duftende Baum sofort verdorrt.
Und Gott sagt zu ihr: Willst du etwa auch so ein schöner und
duftender Feigenbaum sein ? Oder wärst du doch lieber ein kleiner,
unscheinbarer, aber dafür mit köstlichen Feigen drauf,
die andere essen können..?
Mmh, sagt sie zu Gott, also köstliche Feigen wären prima und
unbedingt nötig an meinem Baum!
Aber groß und schön sollte er doch auch sein !
Geht beides! sagt Gott; aber nur, wenn du begreifst:
Vor den Anderen gut dastehen ist nicht das Wichtigste.
Was du *tust*, ist viel wichtiger..!
Sogar wenn dich kein Mensch dabei sieht – außer Ich natürlich.. .!
Und derselbe Jesus sagt an einer andern Stelle im Evangelium:
*Nicht jeder, der betet, kommt in den Himmel, sondern nur, wer auch
etwas tut...und zwar das, von dem der Liebe Gott will, dass du es
auch willst...*
Aber was will Gott, dass ich es will - außer dem, was ich heute
ohnehin noch alles tun muss ?
(und das gehört wohl auch zu dem, was er will..)
Johannes der Täufer predigt es:

Wer zwei Gewänder hat, der gebe eines davon dem , der keines hat. Und wer zu essen hat, der handle ebenso.. und gebe zu Essen, wer nichts zu essen hat.
Es hat wenig Sinn jetzt anzufangen, für arme Leute, die vor der Türe stehen, unsere übervollen Kleiderschränke zu erleichtern.
Aber heute könnten wir zu dieser größten Hilfs-Aktion der Kirche beitragen:
Bruder und Schwester in Not....mit dem Vertrauen, dass das Geld dort ankommt, wofür es gedacht ist:
Heuer die Slums in Nairobi, Kenia..

Zeitungsmeldung in der Vorweihnachtszeit:
Der Handel jubelt. Vorarlberg in Kauflaune!

4. Adventssonntag C 2010 Lk 1,39-45

Nach einer alten Überlieferung wird gesagt, der Evangelist Lukas , dem wir dieses Evangelium verdanken, sei neben seinem Arztberuf auch Maler gewesen, weil er viele Begebenheiten rund um Jesus so malerisch beschrieben hat.
Jedenfalls haben die großen Maler Europas viele Szenen nach dem Lukasevangelium gemalt und besonders auch diesen Augenblick, wo Maria und Elisabeth, diese zwei schwangeren Frauen einander begrüßen...
Das Lukasevangelium schreibt:
Maria machte sich auf den Weg und eilte...
Es ist sicher mehr bei Frauen als bei Männern so, dass man eine sehr persönliche Erfahrung mitteilen muss: Einer Freundin mitteilen, die das alles versteht..
Maria musste aufbrechen und zu Elisabeth –
nicht nur gehen, sondern *eilen!*
Und ihr kundtun das Unglaubliche, was ihr geschehen war:
Diese Begegnung mit dem Engel!
Und dass der Engel ihr gesagt hatte:
Sie, Elisabeth, sei trotz ihres hohen Alters schon im sechsten Monat :
Denn *für Gott sei nichts unmöglich...*

Deshalb heißt es, man solle Gott bitten auch um solches, was einem unmöglich erscheint...
Er: *Bitte mich um jegliche Gnade! Denke nie: Das ist doch unmöglich, das wird er mir nicht gewähren können...*

Sie ging ins Haus des Zacharias und begrüßte Elisabeth..
In der zweiten Klasse Volksschule wollten Mädchen genau diese Szene malen: Es war dann aber doch zu schwer..
Beide Frauen tragen unter ihrem Herzen ein Kind.

Wir alle sind auch einmal so getragen worden von unserer Mutter...
Und sie hat uns ganz sicher so manches Mal zu andern Frauen getragen.
Sie trägt uns auch nach der Geburt noch unter ihrem Herzen, selbst wenn wir auf die schiefe Bahn kämen ...
Und sie trägt uns, wenn sie schon nicht mehr hier ist, sondern dort...
Beim Begräbnis einer Mutter betet die Kirche:
...Lass sie ihren Angehörigen nahe bleiben durch ihre Fürbitte bei dir.
Elisabeth war überrascht vom Kommen Marias.
Aber augenblicklich hat sie gefühlt, dass Großes im Gange ist.
Als Elisabeth den Gruß Marias hörte, hüpfte das Kind in ihrem Leib..
Elisabeth spürt, wie ihr Kind Johannes die Nähe von Jesus fühlt.
Ob Kinder schon in der Schwangerschaft besonders tiefe Begegnungen der Mutter mitfühlen? Gar das Beten der Mutter zu Gott spüren?

**Da wurde Elisabeth vom Heiligen Geist erfüllt
und rief mit lauter Stimme..**
Es komme ganz darauf an, dass jeder Mensch seine eigene Stimme findet und mit der wirklich eigenen Stimme spricht...
Elisabeth hat mit ihrer *ureigensten* Stimme gerufen:
**Gesegnet bist du mehr als alle andern Frauen..
und gesegnet ist die Frucht deines Leibes..!**

Es gibt Frauen, die im Laufe der Geschichte für eben diese Geschichte zu hoher Verantwortung berufen sind.
Maria wohl zur höchsten:
...mehr gesegnet bist du als alle andern Frauen...
Er: *Alle Frauen sind ein wenig meine Mutter...*
Wie unendlich viel hat die männliche Seite der Welt der fraulichen und mütterlichen Seite zu verdanken! Konkreter: Wie viel Männer müssen sagen: Was wäre ich ohne meine Frau..!
Sie lehrt mich die Zärtlichkeit, die Sanftmut , das Gemeinschaftliche, das Mitgefühl, das Kommunikative, das Schwache.. .

Und Elisabeth ruft aus:
Wer bin ich, dass die Mutter meines Herrn zu mir kommt..!
Bevor der Engel in der Heiligen Nacht es den Hirten sagen wird, weiß Elisabeth: Das Kind von Maria, das ist *der Herr..*
So ist sie außer sich vor Staunen, dass Maria mit Jesus in ihr Haus kommt, um so bei ihr zum ersten Mal die *Liebe Gottes in Person* zu den Menschen zu bringen…

4. Adventssonntag C 2013 Lk 1,39-45

Man könnte dieser Erzählung auch die Überschrift **Besuch** geben.
Maria besucht Elisabeth.
Und schon der erste Satz ist so bedeutungsvoll für unser aller Leben:
In jenen Tagen machte sich Maria auf den Weg..
Sich auf den Weg machen..
Jeder von uns macht sich ein Leben lang auf den Weg.
Jahrelang jeden Morgen zur Arbeit, tausende Male im Leben.
Hausfrauen machen sich auf den Weg zum Einkaufen...
Man macht sich auf den Weg zu einem Besuch,
ähnlich wie Maria.
Man macht sich auf den Weg zur Kirche...
Ein alter Mann erzählt, dass sie von Mama erzogen worden sind, zur Messe pünktlich zu sein und daher früh genug daheim wegzugehen. Andere Familien seien notorische Zuspätkommer gewesen beim Kirchgang.

In einem letzten Sinn macht man sich auf den Weg, wenn es zum Sterben kommt. In einem Sterbegebet der Kirche heißt es:
Mache dich auf den Weg, Bruder, Schwester in Christus,
im Namen Gottes.. des allmächtigen Vaters..
der dich erschaffen hat.
Mache dich auf den Weg im Namen Jesu Christ, der für dich gelitten hat und gestorben ist..
im Namen des Heiligen Geistes, der über dich ausgegossen worden ist.

Maria besucht Elisabeth. Und es heißt :
...Sie eilte in eine Stadt im Bergland von Judäa..
Sie eilte...
Das erinnert an die Aufforderung, das Wichtige und Dringliche nicht aufzuschieben, sondern unverzüglich und schnell,
also mit *Eile* zu erledigen...

Tatkräftige und arbeitsame Menschen haben in allem, was sie tun, einen gewissen Zug drauf, eine gesunde Eile, ein gesundes Voran: Sei es beim Einkaufen, beim Arbeiten, bei Sitzungen, bei Gesprächen, hoffentlich auch Priester bei der Feier der Hl. Messe!
Dabei ist ein unendlicher Unterschied zwischen *Hetze* und *Eile*.
Und Maria ging in das Haus des Zacharias und begrüßte Elisabeth.
Wie heilsam und aufrichtend und tröstlich kann ein freundlicher Gruß sein. Jesus selber redet vom Grüßen (Bergpredigt!):
Wenn ihr nur die grüßt, die euch grüßen, was tut ihr damit besonderes, das tun auch die Heiden..
Allerdings an anderer Stelle zu den Aposteln:
Grüßt niemand unterwegs..
Und als Elisabeth Marias Gruß hörte,
hüpfte das Kind - Johannes – vor Freude in ihrem Leib.
Was wir heute wissen - Frauen haben es zu allen Zeiten gewusst: Dass die Monate der Schwangerschaft einen großen, vielleicht entscheidenden Einfluss haben auf das Kind ..
Und wir sind sicher:

Eine Mutter, die voll Vertrauen ist in ihrem Herzen, die tut ihrem Kind im Bauch unendlich gut…
Da spürt das Kind schon die Lebensfreude der Mutter..
Ja, es macht so die ersten Gotteserfahrungen,
Erfahrungen der Liebe Gottes.
Oder dürfen wir sagen: Wann immer wir tiefe Freude erfahren,
ist es eine Gotteserfahrung...
Da wurde Elisabeth vom Heiligen Geist erfüllt und rief mit lauter Stimme: Gesegnet bist du mehr als alle anderen Frauen und gesegnet ist die Frucht deines Leibes..
Wir beten diese Worte von Elisabeth im *Gegrüßt seist du...*:
Du bist gebenedeit unter den Frauen und gebenedeit ist die Frucht deines Leibes.
Gebenedeit heißt *gesegnet*.
Man kritisiert manchmal das Rosenkranzgebet als monotones, geistloses Geplapper ..
Das ist aber so, wie wenn Leute, die nie klassische Musik hören, sagen: Wie langweilig ist doch dieser Mozart und der Bach!
Man sollte gerechterweise sagen:
Ich kenne das Rosenkranzgebet nicht aus eigener Erfahrung..
Darum kann ich nicht nachfühlen, was Rosenkranzbeter fühlen..
Allgemein gilt:
Die tieferen Dinge in unserm Leben muss man selber erfahren...
Oder zumindest denen glauben, die diese Erfahrungen machen
und es besser wissen als ich.
Und dann das erstaunliche Wort von Elisabeth – und wir wollen glauben, dass sie es in diesem Sinn gesagt hat.
Wer bin ich, das die Mutter meines Herrn zu mir kommt.!
Mich persönlich haben Theologen nie überzeugen können,
wenn sie sagen: Maria sei sich noch lange nicht bewusst gewesen, wer ihr Kind ist..Ja, Jesus selbst habe erst im Laufe seines Lebens erkannt , woher er eigentlich stammt und wer er sei.
Hier bei dieser Begegnung bestätigt Elisabeth ,
was Maria doch schon irgendwie gewusst hat seit dem Besuch des Engels bei ihr:
Dass sie Mutter *des Herrn* ist.

Für gläubige Juden ist *Herr* der Titel für Gott, für Jahwe;
für den, der von sich sagt: *Ich bin der Ich-bin-da.*
Jesus Christus ist der *Ich bin da.*

In meiner Quelle sagt Er über sich:
Ich bin die Gegenwart. Ich bin der Augenblick und die Ewigkeit...
Ich bin das immerwährende Sein...

Zwei Kirchenkonzile – das Konzil von Konstantinopel und das
Konzil von Ephesus im 4. Jahrhundert und 5. Jahrhundert haben
darum gerungen und zum offiziellen Glaubensbekenntnis erhoben,
was die beiden Frauen schon für sich selber gefühlt und gewusst
haben: Dass Maria *Gottesgebärerin* ist...Mutter des Herrn.
Warum ?
Weil ihr Kind aus Gott stammt. Selbst Gott ist.
Das WORT des Vaters. Die Liebe in Person.

Weihnachtstag C 2016 Joh 1,1-18

Im Anfang war das Wort..
Beim Sterberosenkranz hören wir manchmal ein Segens-Gebet,
in dem es heißt:
Du Gott der Anfänge...
Gott selbst hat keinen Anfang.
Er ist selber der unendliche und *unvordenkliche* Anfang.
Aber uns hat er geschaffen als seine Ebenbilder und deshalb fähig,
wirkliche Anfänge zu machen.. .
Ist dein Leben nicht ein beständiges Wiederanfangen..?
Jeder Morgen ist uns geschenkt, damit wir etwas *anfangen* mit dem Tag...
Erbitte jeden Tag , jeden Morgen, was du für den Tag brauchst für dich und alle Menschen...
Ich antworte immer, aber meine Antwort ist verschiedenartig.
Das Ende deines Lebens aber ist der Anfang deines wahren Lebens...

Und das Wort war Gott...
Christus war Gott in einem Menschen.
Seine Heilsmacht war und ist unendlich.
Seine Gottheit hat sich nie von seiner Menschheit getrennt.
Seht Gott in mir.
Aber seht auch den Menschen in mir...
und kommt näher zu mir...gebt diesen kühlen Abstand auf ...
ich bin ja auch das kleine Kind in der Krippe ..und der Arme am Kreuz..

Und alles ist durch das Wort geworden..
Christus ist (unvordenklich) *vor* aller Schöpfung.
Er ist Schöpfer *und* Geschöpf. Wir sind durch Ihn geschaffen. (Eph)
Wenn wir versuchten zu denken, dass wir (einmal) nicht existiert haben…

Er: *Ich habe dich geschaffen. Danke mir dafür , dass ich dich aus dem Nichtsein ins Sein gerufen habe..Danke mir für deinen Verstand,*

dein Gedächtnis, deinen Willen..Ich habe dir dies alles gegeben, bevor du mir etwas gegeben hast...
In ihm war das Leben…
Das Leben aber ist Liebe...und Liebe ist Leben.
Die Liebe ist ein Antrieb, den wir empfangen;
der nicht von uns selber kommt;
der in seiner Quelle göttlich ist.
Ihr könnt nicht leben ohne geliebt zu werden oder zu lieben...und wenn ihr niemanden liebt, dann liebt ihr euch selbst.

Das wahre Licht , das jeden Menschen erleuchtet..kam in die Welt.
Man kann auf Erden nicht verstehen, wie Christus, das Licht, einen jeden Menschen durchdringt....
Er ist das göttliche Licht, das in jedem Menschen leuchtet.
im Gewissen eines jeden Menschen…
Ich habe in das Herz eines jeden Menschen die Liebe zur Wahrheit gelegt...Wer gegen sein Gewissen sündigt, verliert die Ähnlichkeit mir...

Aber die Welt, die durch ihn geworden ist, erkannte ihn nicht..
Die Welt ist von Gott *abgewandt*.
Darin besteht die *Sünde der Welt*.
Man kann aber Gott nur lieben, wenn man ihn kennt.
Man liebt ihn nicht, weil man ihn nicht kennt.
Man müsste Ihn kennen lernen *wollen*:
Das wäre der unendliche Anfang der Gottes-Liebe ..

Er kam in sein Eigentum , aber die Seinen nahmen ihn nicht auf..
Sie nehmen zwar seine Gaben auf, aber Ihn, den Geber aller Gaben, nehmen sie nicht auf.
Allen aber, die ihn aufnahmen, gab er Macht ,
Kinder Gottes zu werden.
Allen, die an seinen Namen glauben..
und aus Gott geboren sind..

Aus Gott geboren, also *Kind Gottes* sein...
das heißt, ein *Anderer Christus* sein…
C*hristlich leben*...
Christus-mäßig leben...und das heißt:
Ein bescheidener Mensch sein ohne mehr haben zu wollen...
die Freundlichkeit hochhalten...
mehr tun als notwendig, aber nicht davon sprechen...
auf eine Unfreundlichkeit mit ruhiger Freundlichkeit antworten...
Fehler der Andern entschuldigen;
nicht stehen bleiben bei ihren und meinen Fehlern...
ein Mensch der Nachsicht sein und der Sanftmut...
die Freigebigkeit und Großzügigkeit Gottes nachahmen..
Geld leihen auch da , wo ich es nicht sicher zurückbekomme..
Frieden stiften..
gerecht sein und beide Seiten ansehen...
Im Gespräch mit Gott bleiben...es täglich üben.

Christlich ist …
auf die täglichen Situationen wach reagieren ..
Programme machen und Pläne, aber immer mehr bereit,
Unterbrechungen und Durchkreuzungen anzunehmen ..
Sich nicht aufregen über die Ereignisse der Welt. Gleichmut.
Alles vergeht...Er bleibt.
Den Drängler hinter dir zum Überholen einladen...
Weder herrisch sein noch unterwürfig...
Mit den Weinenden weinen, mit den Lachenden lachen...
Sich nicht vom Hass anstecken lassen...
Andere sehen, hören, fühlen, achten...
Dankbar jeden morgen neu anfangen, Christ zu werden...
Das Innerliche Leben der Seele lernen:
Tatsächlich zu Christus reden..über alles...
ohne besondere Sprache...im Werktagsgewand..
Bei jeder Gelegenheit still das Böse durch das Gute überwinden…
(Erweitere diesen Katalog!)

Das Gute wird zu seiner Stunde siegen...

Fest der Hl Familie C 2016 Lk 2,41-52

Die Eltern Jesu gingen jedes Jahr zum Paschafest nach Jerusalem...
Viele Familien in unserm Land und unserer Gemeinde gehen jedes Jahr zu Weihnachten in die Kirche .
Heute, am letzten Sonntag in diesem Jahr, wollen wir zurückschauen auf das vergangene Jahr mit all seinen Sonntagen und Feiertagen, wo wir in der Kirche waren; dankbar für die Begegnungen mit dem Evangelien und mit den Andern und mit Ihm...

Mögen auch unsere Kinder das *Kirchenjahr* lieben
und hochschätzen lernen mit seinen heiligen Zeiten
und so auch das Leben der Gemeinde mit all ihren Familien !
**Als Jesus zwölf Jahre alt geworden war,
zogen sie wieder hinauf..**
Grad in diesem Alter hören unsere Kinder auf, mit in die Kirche zu gehen. Muss man sagen *leider* oder muss das so sein dem Alter entsprechend, also im Übergang zum Selbst-sein wollen..?
Wobei hier beim zwölfjährigen Jesus nur von dem *einen* Fest im Jahr die Rede ist, vom Paschafest, von *Ostern* also…
Und nachdem die Festtage vorüber waren, machten sie sich auf den Heimweg. Der junge Jesus aber blieb in Jerusalem, ohne dass seine Eltern es merkten..
Er wusste, dass seine Eltern wieder aufgebrochen waren.
Aber da war die andere Stimme in ihm: Die *Stimme* seines Vaters.
Und es zog ihn hinein in den Tempel - unwiderstehlich:
Das war seine Welt. Da wusste er sich nahe seinem Vater…
**Dann suchten ihn die Eltern drei Tage lang..
und fanden ihn schließlich im Tempel.**
*Rosenkranz: Den du o Jungfrau, im Tempel **gefunden** hast..*
Und im Hochgebet heißt es:
Wir bitten dich auch für alle Menschen, die mit lauterem Herzen dich ***suchen...***

Und Er:
*Jene, die Gott **finden**, besitzen das höchste Glück, das es auf Erden gibt. Doch man muss mich **suchen**, nicht ein Mal oder zwei Mal, sondern immer. Denn unaufhörlich seid ihr im Begriff, mich, den Unsichtbaren, zu verlieren in den Zerstreuungen und Ablenkungen des Lebens. Ihr müsst euch immer wieder auf die Suche nach Gott, nach Jesus machen.*

Und wo müssen wir Dich suchen?
Suche mich, suche mein Herz in meinen Evangelien,
suche meinen Geist in deinen Einfällen,
suche meine Führung zu erkennen in den Ereignissen,
ja in den Zufällen deines Lebens...
suche meine Reinheit in den Kindern...
suche meine Herrlichkeit in der Natur...
meine Kraft in den Sakramenten...
meine Anregungen in deinem Herz...
Glückselige Suche, da ihr gewiss sein könnt, mich zu finden..
Und sie fanden ihn im Tempel,
er saß mitten unter den Lehrern, hörte ihnen zu und stellte Fragen..
Jesus ist damals ein schon großgewachsener Bub gewesen
mit heller Freundlichkeit und einem tiefen Ernst in seinem Blick..
mit völliger Furchtlosigkeit vor den Schriftgelehrten, doch ohne eine Spur von Hochmut oder Ehrgeiz..
Er sagte einmal:
Ich habe in die Seelen der Kinder auch die Gabe der Gelehrigkeit gelegt... Mögen diese Gabe der Gelehrigkeit in unsern Kindern und auch in uns Erwachsenen lebendig sein ...
Und die große Denkerin **Simone Weil:**
Das eigentliche, innerste Ziel der Schule und des Studiums ist die Ausbildung unserer Aufmerksamkeit.
Aufmerksamkeit für die Inhalte, für die Andern und für den Augenblick.

Kind, wie konntest du uns das antun..!
Er: Wusstet ihr nicht, dass ich in dem sein muss, was meinem Vater gehört..?
Hier offenbart er seine souveräne Unabhängigkeit: Dass er oberhalb jeder Unterwerfung und jedem Gesetz lebt, gemäß seiner personalen Sohn-Beziehung zum Vater (Marie de la Trinité).
Er liebt seine Eltern sehr.
Aber er kann sie nicht *über alles* lieben.
…Wusstet ihr nicht, dass über uns allen noch jemand ist, dem wir zuallererst gehören..und auf den wir alle zuerst hören müssen..?

Wenn wir unsere Kinder anschauen: Wie sie ihren (Seinen..) Weg suchen und gehen..Jeder Mensch ist ein unvergleichlicher Stein in dem Bau des *Vaters*.
Da will ein Kind partout nicht in eine höhere Schule gehen, will ein Handwerk lernen:
Wusstet ihr nicht, dass ich in dem sein muss, was meinem Vater gehört…?
Und wenn die große Tochter einen Freund hat, der euch nicht so gefällt: *Wusstet ihr nicht…*
Und wenn ein Kind aus einer Familie stirbt – gerufen in das Reich des Vaters: *Wusstet ihr nicht, das ich in dem sein muss, was meinem Vater gehört…?*
Dann kehrte er mit ihnen nach Nazareth zurück und war ihnen gehorsam.
In seinem Gott-Sohn-sein hat Christus unsere Menschheit *angezogen*, um sich nach ihren Gesetzen zu benehmen und sich ihren Ansprüchen zu unterwerfen. (Siehe oben)

Es ist wunderbar zu sehen, wenn Kinder ihren Eltern gehorchen auf liebenswürdige Art, nicht unterwürfig und erzwungen.
Gehorsam ist eine unendlich wichtige Haltung.
Gehorsam ist die Fähigkeit des Menschen, seinen Eigenwillen, seinen Egoismus zu überwinden: Bei Kindern aus Liebe und Vertrauen zu den Eltern, letztlich zu Gott..

Die Familie aber ist die *Schule,* in der das Kind,
aber auch die Eltern lernen, den egoistischen Eigenwillen zu
überwinden…für das Gemeinsame aus Nächstenliebe..

Ein Land, eine Gesellschaft wird moralisch und psychologisch
zugrunde gehen, wenn die Einzelnen nicht gelernt haben und lernen,
gehorsam zu sein:
Gehorsam gegen die Vernunft, gehorsam dem Gewissen,
gehorsam dem Vorgesetzten, gehorsam den Situationen und
Umständen meines Lebens...
Dein Wille geschehe..

Er zu Gabrielle:
Du hast heute deinen Gott geliebt, als du nicht nach deinem Willen
gehandelt hast und diesen Besuch gemacht hast, obwohl du lieber
daheim geblieben wärst..
Die Heiligen übten sich darin, ihren Willen aus Liebe zu den
*Nächsten (und so zu Gott)zu verleugnen.(*zu überwinden*)*.

1. Jan. Hochfest der Gottesmutter C 2016 Lk 2,16-21

Zum letzten Abend der Jahres 2015 und zugleich zum ersten Tag des neuen Jahres 2016 , zum Hochfest der Gottesmutter Maria - Gedanken zum Neuen Jahr – entlang den Lesungen!

Die Hirten eilten nach Bethlehem und fanden Maria und Josef und das Kind...
Das kann uns ein Sinn-Bild sein für unsern Kirchgang.
Es ist darum jedes Jahr neu derselbe Rat, dieselbe Empfehlung zum Anfang des Jahres an uns alle:
An den Sonntagen in die Kirche zu gehen – auch gegen die Unlust!
Dieser Gang sollte nicht abhängig sein von Lust oder Nicht-Lust.
Die Hl Messe, die Gemeinschaft, das Wort Gottes,
die Begegnungen hier und nach der Kirche..
Alle diese Werte, diese menschlichen Gewinne verdienen, dass ich mich dafür überwinde.
Es geht ja um meine persönliche Entwicklung und die der Anderen!
In diesem Sinn mahnt Jesus einmal:
Müht euch mit all Euren Kräften, durch das enge Tor zu gelangen..
nachdem er gefragt wurde, ob alle *gerettet* würden, also - kindlich geglaubt - in den *Himmel* gelangen...

Da hat eine Familie beschlossen, künftig statt dem Wort *Müssen* das Wort *Dürfen* zu sagen. Aber es sei dann doch sehr komisch heraus gekommen:
Wenn Mama gesagt hat zu den Kindern: Ihr *dürft* jetzt aufräumen...
Oder wenn Papa gesagt hat: Ich *darf* heute morgen Montag wieder arbeiten gehen und zu den Kindern am Abend: Ihr *dürft* jetzt ins Bett gehen..oder: Unsere Großmutter *darf* ins Spital gehen...

Fürs nächste Jahr daher ein Leitwort :
Tue (gleich), was du tun musst...

Ein Glücksforscher, der über das Glücklichsein forscht, schreibt,
man solle täglich die Frage stellen:
Was tut mit heute gut?
Ich würde aber viel eher die Frage empfehlen :
Was muss ich heute tun? Was steht im Terminkalender..?
Was müssen unsere Kinder tun?
Im Tages- und Stundenplan..?
Wenn mir das, was ich tue, dann auch noch gut tut und andern auch,
(was ja meist der Fall ist), umso besser..

Und als sie es sahen, erzählten sie, was ihnen über dieses Kind gesagt worden war. Und alle staunten über die Worte der Hirten.
Die Hirten bei unserer Krippe am Seitenaltar, die schauen ja alle mit
begeisterten und frommen Gesichtern auf das Jesuskind.
Aber das Jesuskind seinerseits schaut in den *Himmel* hinauf,
zu seinem Vater.
Und weil das Kind so ganz auf den Vater im Himmel bezogen ist,
hat es für die Hirten und Maria und Josef ...und für uns...eine solche
Ausstrahlung; ist es so lichtvoll und so schön…!
Auch wir schauen mit den Hirten auf das Kind…innerlich.
Mögen wir das im Neuen Jahr oft tun ! Öfter als im vergangenen...
Er: *Sieh mich in den Andern, in den Ereignissen, im Evangelium, in den Kindern, in der Natur...Sieh mich in allen Dingen...*
Und wir werden dabei von seinem Licht erleuchtet
und werden selber zu Licht ...

Und es heißt: **Die Hirten erzählten, was ihnen über diese Kind gesagt worden war vom Engel.**
Wir erzählen ja täglich auch von andern Menschen;
oft, was uns über sie gesagt wird - und das ist nicht nur das Gute.
Ja, es gibt geradezu den Hang, eher Ungutes über Andere zu sagen
als Gutes..
Er (mit einem fast *unmöglichen* Rat):
Rede von heute an nicht mehr schlecht über deine Mitmenschen.
Sage Gutes über sie...Immer gibt es Gutes in einem Menschen,
selbst wenn er von Außen gesehen ein sehr schlechter Mensch wäre..

Und wie schön, wenn wir solches weitersagen, über das man staunen muss. Wenn man z.B. hört von jungen Menschen, die zunächst noch *schräg* unterwegs waren, wie sie dann ihre *Kurve* geschafft haben und was sie heute alles machen!
Auch dank hilfreicher Mitmenschen…!

Maria aber bewahrte alles, was geschehen war, in ihrem Herzen und dachte darüber nach..
Maria wird als *Königin der Weisheit* gelobt...
Der Mensch kann *Nachdenken*.
Kinder zeigen es uns ganz spontan mit ihren *Warum-Fragen* und W*as ist das ?*
Fragen nach den Dingen...nach den Zusammenhängen und ob es überhaupt welche gibt..,
nach dem Sinn von Leiden...
und was mit dem Wort *Gott* gemeint sein kann…
und ob und was Gott von mir wolle…,
und fragen nach Sinn und Ziel des Lebens...

Es macht einen unglücklich bis krank, wenn man sinn-los Zeit vertut!
Wie wir unsere Zeit sinn-voll leben, das wissen wir aber meistens schon *von selber:*
Wenn ich *Mutter* bin und V*ater*, wenn *Familie* da ist, *Kinder, alte Eltern..*
wenn ich in einem *Beruf arbeite,* ...wenn ich da bin *für Kranke* …. *für Hilfsbedürftige*, für Nachbarn...
wenn wir zusammen ein *Spielchen machen* …
einander *besuchen* ...Sterbende begleiten ...wenn wir *beten..*
Das alles ist Antwort auf die Sinnfrage!
Er: **Du weißt wohl, das einzig Notwendige ist, dass in deinem Herzen die Liebe wachse..;**
die dienende Liebe, die gerechte Liebe, die tätige Liebe..
die entschuldigende Liebe..
Und *Nachdenken* heißt:
Nicht in Kleinigkeiten stecken bleiben oder gar darin untergehen..
Wir sollen ja oft das Stoßgebet beten:
Befreie mich von der Sorge um die Kleinigkeiten.

Alles Materielle (Geld, Besitz..) ist *Kleinigkeit* im Verhältnis zum Zwischenmenschlichen.
Verluste im Materiellen vergehen, Verletzungen der Nächstenliebe können lange nicht getilgt werden, manche nie.

Und wenn wir sterben ?
Der Sinn eures Lebens ist, dass ihr an euch arbeitet und immer wieder an euch arbeitet:
Der Tod ist die letzte Korrektur...
Die wahre Geburt zum *andern Leben..*
Denn der Sinn ist ja (formal gesagt):
Werdet heilig wie euer Vater im Himmel heilig ist...
Heiligkeit aber, das ist, die gewöhnlichen Dinge mit Liebe tun..

Und die Hirten kehrten zurück...und rühmten Gott für das, was sei gehört haben, denn alles war so gewesen,
wie es ihnen gesagt worden war...
Dürfte man sagen:
Wenn wir einmal zu Gott zurückkehren aus diesem Leben,
zurück zum Ursprung, der zugleich Ziel ist (...denn in der Rückkehr in den Schoß *des Vaters* von allem, was *außerhalb* Gottes ist, vollendet sich das Mysterium der Erlösung (Marie de la trinité, 32)
...dann werden wir *Gott rühmen für alles, was wir gehört und gesehen haben, denn alles war so gewesen, wie es uns durch den Glauben an Gott und an Christus und an den Himmel gesagt worden war...*

Und als acht Tage vorüber waren und das Kind beschnitten werden sollte, gab man ihm den Namen Jesus...
Am Ende seines Hier-seins auf der Erde hat er gesagt:
Mir ist alle Macht gegeben im Himmel und auf Erden..
Und in dieser Macht führt er dein Leben..
im Hoffen auf dein freies Mitwirken..
(Ich glaube das! Könnte ich es doch deutlicher erkennen !)

Er: *Kannst du schon meine Führung, mein Eingreifen bei allem, was dir geschieht, erkennen?*
Glaube nicht an einen Zufall.
Du erkennst nicht immer meine Hand..
Aber ihr solltet mein Wirken erkennen!
Keine Führung gleicht der andern.
Achte darauf.
Meine Führung wird dir viel sanfter erscheinen als der kalte Zufall, wenn du die Prüfungen als aus meinen Händen kommend annimmst.
Dein großer Freund lenkt dein Leben.
Vergiss es nie..

Dreikönig C 2016 Mt 2,1-12

..Da kamen Sterndeuter aus dem Osten nach Jerusalem und fragten nach dem neugeborenen König..

Diese Erzählung lässt mich heuer sofort denken an die vielen tausenden moslemischen Menschen, die in diesen Jahren und Tagen aus dem Osten nach Europa hinein flüchten..
Und lässt mich sehr hoffen, dass viele von ihnen auch fragen nach dem *Neugeborenen König,* will sagen:
Fragen nach den Werten und vor allem nach der geistigen Quelle, aus der die christlichen Völker und Menschen leben.

Denn wenn es wahr ist:
Die meisten von ihnen seien auch geflüchtet vor den religiösen Repressionen in ihren Ländern,
vor Fanatismus und vor Hass.
Das sind ja die zwei fundamentalen Mächte in der Welt..
Die Liebe und der Hass.
Er:*...und wenn auf Erden die Summe der Liebe die Summe des Hasses übertrifft, wird ein großer Schritt getan sein.*
Der Hass kommt nicht vom Himmel, er ist der Atem der Hölle.
Und das ist ja die tiefste Wahrheit dieser Erzählung von den Sterndeutern:

Dass dieses königliche Kind das wahre Ideal aller Menschen ist,
das Ideal aller Tugenden, wie es heißt.
Das Urbild der Menschlichkeit.
Die Liebe in Person: Weil doch Gott die Liebe ist...

Zur Liebe aber heißt es:
Die Liebe ist wie der Atem der Seele.
Ihr könnt nicht leben, ohne geliebt zu werden und zu lieben..
Wenn ihr nicht Gott liebt oder einige eurer Mitmenschen,
dann liebt ihr euch selbst.
Man muss aber mit Ehrfurcht von der Liebe sprechen,
weil sie von Gott kommt.
Wie einen Gottgesandten, wie seinen Geist muss man sie aufnehmen.
Sie ist ein Antrieb, den ihr empfangt, der aber nicht von euch kommt,
weil er in seiner Quelle göttlich ist..

Als König Herodes das hörte, erschrak er..
Vom Hass und von der Liebe haben wir gesprochen,
und dass es ein großer Schritt ist, wenn die Summe der Liebe
die des Hasses übertrifft..
Den Namen *Herodes* darf man stellvertretend für dieses andere Reich
des Hasses, des Neides, der Eifersucht, der Machtbesessenheit
verstehen.
Und wie es immer ist: Wenn ein Mensch einmal Macht hat,
ist er versucht, jede mögliche Konkurrenz zu verhindern oder zu
beseitigen.

Aber nicht erst im politischen Leben zwischen den Völkern und
Rassen und Religionen ist der Hass:
Es gibt Situationen in unserm Leben, wo wir persönliche
Feindseligkeiten in uns haben, gar nähren.
Wo wir jemanden nicht sehen können;
wo wir Parteiungen suchen gegen einen Menschen,
der gegen uns ist: *Lager schaffen.*

Und immer wieder ist die *Rettung* die:
Dass man, wenn man an Gott glaubt,
über den Feind oder Gegner mit Gott reden kann...
und dass man Begegnung erhofft für das versöhnende Gespräch.

Das ist der *innere Stern,* das innere Licht in jedem Menschen,
das zum Ersten Schritt ruft: *Tu den ersten Schritt!*
Im Großen der Völker und im Kleinen, wobei es darin eigentlich nichts *Kleines* gibt.
Alles Lebensglück, aller Frieden, alle Gesundheit lebt von der Versöhnung und der Bereitschaft zur Versöhnung...

**Und der Stern, den sie hatten aufgehen sehen,
zog vor ihnen her...bis zu dem Ort, wo das Kind war..**
Der *eine* Stern steht sinnbildhaft für das ganze Universum.
Sterne machen ja nicht plötzlich irgendwelche *eigenwilligen* Bahnen, (und wenn, dann würde der *Fehler* schöpferisch integriert), sondern die Bahn eines jeden Sterns gehört hinein in das gesamte System des Universums und seiner Kräfte.

Und so will hier gesagt werden: Der eine Stern über diesem Kind ist das Zeichen dafür, dass das ganze Universum, die ganze Schöpfung Bezug auf dieses Kind hat..
Er: *Alles hat Bezug zu mir...*
Ich bin der Herr des Himmels, Jesus Christus.
Mein Blick richtet sich auf das ganze Universum und durchdringt alles..
Dieses Kind ist Mitte und Erbe des Alls.
Durch dieses Kind hat Gott die Welt erschaffen
- und erlöst (..erlöst von den Sünden gegen die Ordnung -
für die *Rückkehr*).
Als sie den Stern sahen, wurden sie von sehr großer Freude erfüllt
...denn sie haben den Stern als ein Zeichen erkannt, das ganz ihnen gegolten hat..
Es war für sie nicht der *kalte Zufall,* sondern das wunderbare Wirken einer Allmacht...

So wie sie die Ordnung des ganzen Alls als ein solches Zeichen
erkannten: Als das Werk dieser allmächtigen Weisheit.
Aber nicht nur im Universum über uns, sondern im Gefüge unseres
Lebens hier ist es das Wirken dieses Gottes...
Er: *Siehst du mein Handeln in allem, was dir widerfährt?*
Immer bin ich es, meine einfließende Liebe.
Erkennst du mein Eingreifen?
Wie viel erfreulicher für dich als der bloße Zufall,
wie viel herzlicher !
Denke doch, dein göttlicher Freund lenkt dein Leben!
Drücke deshalb dein Kreuz tags wie nachts an dein Herz..
Es kommt von mir.
Es ist nicht irgend eines, sondern deines, auf dich zugeschnitten.
Ich habe es für dich gewollt.
**Als die den Stern sahen, wurden sie von sehr großer Freude
erfüllt..**
Auch wir würden von *sehr großer Freude* erfüllt,
wenn wir das Wirken Gottes in unserm Leben besser erkennen
könnten, sein Eingreifen; vor allem in meinem Kreuz,
sodass eigentlich unsere Kreuze unsere *Sterne* sind..:
Die Verantwortungen...in Beruf, im Leben der Familie..
im öffentlichen Leben.., in unsere Gebrechen und Leiden
und Schmerzen..und Enttäuschungen..

Wenn wir in all den Freuden und Leiden Ihn und seine *einfließende*
Liebe glauben würden, dann würden wir uns so freuen wie die
Sterndeuter, als sie den Stern sahen.
Und dann sahen sie das Kind selbst und Maria seine Mutter..
Wir können sagen:
Bisher haben auch wir nur seine Zeichen gesehen,
nämlich diese Sterne in unserm Leben:
Jetzt sehen wir das Kind selbst!
Aber das ist uns erst über den Tod hinaus verheißen.
Oder manchmal doch schon hier ?
Und sie brachten ihm **Gold** dar als Zeichen seines Königtums,
Weihrauch als Zeichen ihrer Gebete,
und **Myrrhe** als Zeichen der Sterblichkeit.

**Weil ihnen aber im Traum geboten wurde,
nicht zu Herodes zurückzukehren,
zogen sie auf einem andern weg heim in ihr Land.**
Auch wir dürfen manchmal nicht mehr an den Ort zurückkehren,
dem wir mit Not und Glück und Gnade entkommen sind.
Einem Ort, an dem wir das Gewonnene wieder verlieren könnten;
wo es uns wieder zurück werfen könnte in den Habitus
des eitlen, ehrgeizigen und missgünstigen Adam.

Herodes steht symbolhaft für Macht, Hochmut, Reichtum,
für äußerlichen Glanz, für verschwenderisches Leben,
für ein materialistisches, egoistisches Leben.
Der reine Gegensatz zu dem Leben, das dieses Kind in Bethlehem
mit sich gebracht hat.. !

Taufe des Herrn C 2016 Lk 3,15-22

Zum Abschluss des Weihnachtsfestkreises
die Erzählung von der Taufe des Jesus von Nazareth.
Jesus lässt sich taufen von Johannes dem Täufer,
der in diesen Tagen draußen am Jordan viele Menschen tauft.
Zusammen mit dem ganzen Volk ließ auch Jesus sich taufen.
Die Leute kommen zu Johannes, weil sie sich erhoffen, durch die
Taufe im Wasser des Jordan innerlich reingewaschen zu werden.
Sie kommen, weil sie bessere, ja irgendwie *neue Menschen* werden
wollen.
Da kommt auch Jesus, dieser Prophet, und will sich *im selben Sinne*
taufen lassen... Und Johannes der Täufer weiß, dass dieser Mann der
einzige Mensch ist, der nicht *reingewaschen* werden muss;
der Einzige, der von seiner göttliche Natur her ohne Sünde ist.
Und Johannes weiß: Das ist der, von dem ich gesagt habe:
**Es kommt aber einer, der ist stärker als ich,
und ich bin es nicht wert, ihm die Schuhe aufzuschnüren!
Er wird euch mit heiligem Geist und mit Feuer taufen!**
Aber warum will Jesus getauft werden mit der Buß-Taufe des
Johannes? Was will Jesus damit sagen?

Er will sagen:
Ich bin gekommen, Eure Sünden als die Meinigen auf mich zu nehme...Ich nehme das Urteil auf mich, das euch gelten würde..und unterwerfe mich so (als Mensch) der Gerechtigkeit Gottes ..
Ich nehme die Buße für Eure Sünden auf mich, als wären es meine Sünden…damit ich so für *unsere* Sünden Sühne tun kann,
Eure Verfehlungen wieder gutmache:
Ich bin der Unendliche Wiedergutmacher.
Der Täufer in Mt 3,14:
Ich müsste von dir getauft werden und du kommst zu mir?
Jesus antwortet ihm:
Lass es nur zu! Denn nur so können wir die Gerechtigkeit
(die Gott ist..) ganz erfüllen...
Und wir dürfen Jesus weiter sagen lassen:
Das ist die Barmherzigkeit Gottes:
Dass ich als Sohn mich dem Gerechten Urteil Gottes unterwerfe.
Dazu bin ich einer der Menschen geworden .
(Ohne mein Kommen würdet ihr alle in eurer Gottferne verloren sein.) Ich bin gekommen, Gottes Vergeltung in die Welt zu bringen, die lautet: Das Böse mit Gutem vergelten...
So die Antwort von Jesus, dem Sohn, warum auch er sich der *Bußtaufe* unterwirft.
Und während er betet ,
öffnete sich der Himmel und der heilige Geist
kam sichtbar in Gestalt einer Taube auf ihn herab
und eine Stimme aus dem Himmel sprach:
Du bist mein geliebter Sohn,
an dir habe ich Gefallen gefunden..
Da ist noch einmal – zum Abschluss der Weihnachtszeit –
die Bekräftigung, dass dieses Kind, dessen Geburt wir grade gefeiert haben, der *ewige Sohn* ist.
Das Ziel aber der Menschwerdung Gottes im Sohn ist, dass jeder Mensch durch ihn ein Mensch werden kann, über den Gott-Vater auch sagen kann: **Du bist mein geliebter Sohn, an dir habe ich Gefallen gefunden..**

Die Kirche redet von einem *Tausch:*
Das göttliche Wort wurde ein sterblicher Mensch,
damit wir sterbliche Menschen sein göttliches Leben empfangen;
damit wir wahre *Kinder Gottes* würden;
damit wir *ihm ähnlich würden in seinen Wesenszügen*, in seiner Art…

Er : *Wer mir ähnlich ist, der gefällt dem Vater.*
Du erinnerst dich doch der Worte:
Du bist mein geliebter Sohn...
Jeder von euch ist Sein geliebter Sohn, wenn ihr ihm ähnlich seid.
Und:
Du siehst, in der Krippe bin ich euch ähnlich geworden.
Damit auch ihr mir ähnlich werdet.
Lege deine ganze Anstrengung da hinein.
Möge dieses Christus-Ähnlich-Werden,
dieses Lernen von Ihm dein Denken beschäftigen:
Was hätte er an meiner Stelle getan?
Was hätte er gesagt?
Wie hätte er zum Vater gebetet..?

Im Johannes Prolog hat es am Weihnachtstag im Evangelium geheißen:
Allen aber die ihn aufnahmen, gab er Macht, Kinder Gottes zu werden…, gab er den *Geist* und das *Feuer*, ihm ähnlich werden zu *wollen.*
Wie Ihm ähnlich werden?
Wie ihn nachahmen, Ihm nachfolgen ?
Was dient dazu, Christ zu werden?
Ein *zweiter Christus...?*
Er*: Meine Einladungen dazu ergehen in der Taufe und in den heiligen Sakramenten..*
Alle Menschen sind *eingeladen,* ihn, *das Ideal der Tugenden*, wiederzugeben. Es ist die Einladung, sein *Leben fortzusetzen* auf der Erde..Ihn selbst fortzusetzen…

Er sagt: *Sei ich!* Sei ein *Zweiter Christus!*
Sei ein Mensch, der nicht nur gebot-mäßig,
also *moralisch-willentlich* Nächstenliebe übt, sondern sei ein
Mensch, der (als zur Sohnschaft erlöster) Nächstenliebe *ist,* der
Sanftmut *ist,* der Barmherzigkeit *ist,* der Licht *ist...*

Im Text des Taufritus ist die Rede vom *Neuen Leben,*
das uns im Sakrament der Taufe sakramental zugesprochen wird,
also mystisch in uns angelegt..Ein quasi *metaphysisches Genom!*
Das Sohnschaftliche Sein! (Taufritus: *Du sollst als Kind des Lichtes leben..*)

Der Begriff *Neues Leben* enthält das Neue Paradigma:
Böses mit Gutem überwinden suchen.
Wir gingen *zugrunde* im Alten Paradigma (*Genom*) der Adamitischen
Menschennatur, die Böses nur mit Bösem vergelten *kann.*
Neues Leben ist aber Leben der Bergpredigt!

Ohne die Gnade der göttlichen Natur, des von *Oben geborenen
Lebens (Vgl Nikodemus)* gingen wir zugrunde in der
gefallenen Natur des Menschen: In der heillosen Ego-zentrik,
im gegenseitigen Hochmut, in der Gewalt, in der Rache,
im Geiz, in der Habsucht (uns abzusichern), im Zorn, im Neid, in der
Sinnlichkeit...kurz: In der vergeblichen Flucht in diese Welt
hinein…, ins sterbliche Leben..

Und was heißt das konkret: Sein Leben , ja, ihn selbst *fortzusetzen* in
der Welt..? Schau dazu oft auf Ihn, indem du immer wieder sein
irdisches Leben liest oder hörst..
Und immer wirst du den *einen* Grundzug in dem Vorbild erkennen:
Das Böse mit Gutem besiegen...
Wenn du auf ein unfreundliches Verhalten mit stiller Freundlichkeit
reagierst…, einen zornigen Menschen beruhigst…, wenn du nicht
böse in deiner Kränkung verharrst…, wenn du Buße tust für den
eigenen Egoismus und den der Andern..
Er*: Denn ihr habt die Macht zu sühnen...*
...die geistige Macht, wieder gut zu machen:

Wenn du Fehler der Anderen entschuldigst..,
wenn du Gott dienst in deinen tausend Diensten Tag für Tag..,
wenn du an den Lasten der Andern mitträgst…,
wenn du nicht mehr aufzählst, was du alles gemacht hast..,
wenn du gibst und deine Rechte dabei nicht weiß,
was deine Linke tut,
wenn du tröstest;
wenn du auf ein unfreundliche Geste freundlich reagierst,
wenn du die friedvolle Gelassenheit deines Gemütes bewahrst,
wenn du einen aufgebrachten Menschen beruhigst,
wenn du bescheiden bleibst ohne mehr zu wollen,
wenn du dankbar bist für die Freundlichkeit der Anderen,
wenn du großzügig bist..

Er : *Denn wer ist großzügiger als ich? Und sanfter und bescheidener? So hast du Teil an meinem geistigen Leib, bist du eins mit mir.*

2. Sonntag C 2016 Joh 2,1-11

In Kana fand eine Hochzeit statt und die Mutter Jesu war dabei.
Auch Jesus und seine Jünger waren eingeladen.
In diesen Wochen werden schon Hochzeiten organisiert
und der Saal für die *Nachhochzeit* bestellt.
Und auch der Wein wird ausgesucht.
Was aber sicher nicht passieren wird:
Dass dann beim Fest der Wein ausgeht wie damals in Kana.

Das Evangelium erzählt, dass Maria es war, die das in ihrer
selbstlosen Aufmerksamkeit bemerkt hat und mit ihrem mütterlichen
Herzen helfen will, das Fest zu retten und sie sagt ihrem Sohn, was
sie sieht:
Sie haben keinen Wein mehr.
Wenn wir glauben können, dass dieselbe Maria
die *Fürbittende Allmacht* geworden ist,
wie die Kirche sie auch nennt,
und dass ihre Sorge den Menschen zu allen Zeiten gilt,
dann sagt sie auch *für uns Heutige* zu ihrem Sohn:
Sie haben keinen Wein mehr..
Sie haben den Wein der Lebensfreude und der Fröhlichkeit nicht
mehr. Warum?
Weil unser Kontakt mit dem Schöpfer schwindet,
und wir uns verlieren an diese Welt.
Und wenn wir selber diesen Mangel an Lebensfreude schmerzlich
wahrnehmen, müssen wir mit Maria um den Wein dieser Freude
bitten, - um den Geist Gottes!

Jesus aber zur Mutter :
Was willst du von mir, Frau?
Meine Stunde ist noch nicht gekommen...
Das erinnert uns an *die Stunde* Seines Letzten Abendmahls
und an *Seine* Worte, die jeder Priester über den Kelch mit Wein
spricht...
In einem gestrigen Leserbrief in den VN macht sich ein Vorarlberger
lustig über die Hl Messe und den christlichen Glauben insgesamt.

Aber vielleicht soll so ein Spott dazu bewegen, sich ernsthaft zu fragen:
Glaube ich wirklich, was ich da gewohnheitsmäßig höre..?
Das ist mein Blut, das für euch und für alle vergossen wird – zur Vergebung der Sünden..
Er*: Ich bin die Vergebung für alles..*
Argument: Wie könnte es ohne die göttliche Vergebung (*göttliche Aufarbeitung!*) der verheerenden Vergangenheit der Menschheit (samt meiner Sünden gegen das Leben) eine allgemeine und persönliche Entwicklung geben !
Und dann Maria:
Was er euch sagt, das tut !
Und er sagt zu den Dienern,
Füllt die Krüge mit Wasser!
Ich verstehe das so:
Wenn du Freude haben willst an deinem Leben,
dann fülle treu deine *sechs Werktage* mit dem, was du zu tun hast...
Fülle dein Krüge bis an den Rand, das heißt:
Versuche alles bestmöglich zu tun.
Am Anfang scheint das schwierig zu sein.
Dann aber erkennt man, dass alle Freude im Streben nach dieser Vollkommenheit ist ...
Dann wird das Wasser deiner Hingabe in den Wein
der inneren Freude verwandelt...

Wenn du also *Schulkind* bist, tue beim Unterricht mit,
lerne daheim, was aufgegeben ist - und du wirst Freude haben am Schule-gehen.
Und wenn du *Lehrer-in* bist, scheue keine Mühe, das Interesse der Kinder wach zu halten...Es wird dich freuen.
Wenn du *Familie* hast, tue Tag für Tag alles, was die Ordnung erhält.
Es wird dir und der Familie Freude machen.
Und wo immer du beruflich tätig bist - mach deine Arbeit gut !–
Schlafe genug dafür ! Sei ein freundlicher Mitarbeiter –
 und das Arbeiten wird dich und die anderen freuen ..!

Was er euch sagt, das tut..
Jesus sagt das den Dienern, die der Anordnung von Jesus gehorchen.
Dazu predigt der Papst:
Natürlich geschieht das Wunder der Verwandlung durch Jesus.
Dennoch will er unser menschliches Mitwirken für das Wunder.
Er bittet diese Diener - er bittet uns - die Krüge mit Wasser zu füllen..
Wie kostbar und wie Gott wohlgefällig ist es, Diener der Andern zu
sein ! Das macht uns Jesus, das macht uns Gott selbst ähnlich:
Ihm, der von sich sagt:
Ich bin nicht gekommen, mich bedienen zu lassen,
sondern um zu dienen.
Diese namenlosen Diener von der Hochzeit damals in Kana,
sie lehren uns also viel! Sie gehorchen nicht nur,
sondern sie gehorchen *großherzig:*
Sie füllen die Krüge bis zum Rand...
Mit vielen verschiedensten Diensten füllen wir also unsere
Tages-Krüge! Auch mit unsern Gedanken und Worten,
vor allem mit dem Tun, wozu das Beten gehört !
*Tut, was Er euch sagt...*und das *bis an den Rand...*
Ist es nicht so, dass, wenn du einmal angefangen hast:
Den Tag, die Arbeit, den Dienst, das Beten…,
dass es dann wie *von selber* geht..
Nur *Anfangen* muss man!
Und sei es am Morgen der *Schwenk* der Beine aus dem Bett auf den
Boden.
Er: *In jede deiner Handlungen lege deinen kleinen Teil*
des guten Willens - alles übrige erwarte von mir..

Darum ist das heutige Evangelium von der Wandlung des Wassers in
den Wein der Freude auch ein Evangelium vom *Anfangen.*
Ein großer italienischer Schriftsteller, Pavese:
Die größte Freude auf der Welt ist das Anfangen.
Es ist schön zu leben, weil Leben Anfangen ist ..
immer, in jedem Augenblick..

Und das Letzte, Innere Ziel von all dem *Anfangen* ?.
Dein tägliches Streben ?
Er: Freude bereiten!
Freude bereiten heißt, das Gute tun.
Das Notwendige. Das Rechte. Das, was aufbaut.
Lass es niemanden entbehren...
Mache dein Herz weit.
Die Freude ehrt mich, deinen Gott.
Sie erwächst aus dem Vertrauen.

Wenn du mir nur Mühe und Anstrengung bringst als Opfer ,
gibst du, was nur von dir kommt. Was hast du mit der Freude
gemacht, die ich dir sandte?
Ich bin immer in einem frohen Herzen.
Die Traurigkeit ist dort, wo man mich nicht aufnimmt..

Aber, unser lieber großer Freund, du weißt es doch:
In unser Leben kommen Unglück...Krankheit...Streit...Fehler....
Leiden...Schmerzen..!?
Er: *Wie glücklich wären die Menschen, wenn sie glauben würden,*
auch mitten im Leid, dass ich ihnen das alles schicke oder zulasse für
das Wohl ihrer Seele..und dass ich sie so näher an mich ziehen will ...

3. Sonntag C 2016 Lk 1,1-21

In der Wochenzeitschrift *Wann und Wo* hat man letzte Woche
ein Interview lesen können über *Glaube und Kirche*.
Und da sagen junge Leute, dass für sie Glaube und Kirche nicht
zwingend zusammen hängen.
Es gebe nicht wenige Leute, die aus der Kirche *austreten* , aber an
Gott glauben und spirituell sind.
Und umgekehrt gebe es Leute, die in der Kirche sind,
aber nicht *wirklich* glauben..

Wir müssen dem zustimmen mit Seinem Wort:
*Es gibt viele, die nicht an meine Gottheit glauben,
die aber so handeln, wie ich gehandelt habe:
Sie gehören zu meiner geistigen Familie..
Und es gibt Menschen, die der Kirche äußerlich zugehören, aber
nicht nach meinem Beispiel handeln..*

Es kommt aufs Tun an, auf das Tun des Guten und Rechten und
Notwendigen , aufs Handeln kommt es an..
Aber eben doch ein Handeln nach dem Vorbild und Beispiel
des Gott-Menschen in Jesus von Nazareth.

Bei der Fußwaschung beim Letzten Abendmahl :
*Wenn ich, euer Meister, euch die Füße gewaschen (gedient bis zum
Niedrigsten) dann müsst auch ihr einander die Füße waschen..
ich habe euch ein Beispiel gegeben..*
So müssen wir sehen, dass unser Handeln.., unsere Lebens- und
Willens-Ausrichtung letztlich doch das wahre Ideal kennen muss,
ja *glauben* muss: Glauben an Den, der sagt:
Ich bin das Ideal aller Tugenden..

Aber wo anders wird uns diese vollkommene Lebenslehre immer neu
vor Augen geführt als in der Kirche..!
So dass man sehen muss: *Ohne die Kirche* würde die Erinnerung an
das Ideal, würde das Ziel aus den Augen verloren gehen – und damit
auch das Handeln danach..
Warum? Weil sie (die Kirche)die ständig neue Weitergabe seines
Beispiels ist, des *Christlichen Denkens, des Göttlichen Denkens..*
im Evangelium und in den Briefen des Hl Paulus.

Was heißt *glauben*?
Glauben heißt, eine überzeugende Vorstellung von Gott zu haben.
Vertiefe immer mehr die Vorstellung, welche du dir von Gott machst.
Erkenne seinen Willen, gut zu sein zu seinem Geschöpf in
grenzenlosem Maße
*Vergleiche dich nicht mit diesem oder jenem. Es gibt nur ein Ideal,
mit dem man sich vergleichen sollte: Gott selbst.*

Der Mensch aber, der uns diese glaubwürdige Vorstellung von Gott
gebracht hat; der uns also lehrt, wie *unendlich liebens-würdig* Gott
ist: Das ist Jesus von Nazareth, der Christus,
dessen Leben wir jeden Sonntag ein wenig betrachten können.

Freilich: Dazu muss man *glauben,* dass Jesus wirklich
der Sohn Gottes ist, der von Natur weiß, wie Gott ist...
Joh 1,17: *Niemand hat Gott je gesehen. Der einzige, der Gott ist und
am Herz des Vaters ruht, er hat Kunde gebracht.*

Er: *Wenn du wüsstest, was Gott ist:*
seine maßlose Güte, seine Freigebigkeit, sein Erbarmen, seine
Liebe...Immer wieder seine Liebe, denn sie ist sein Wesen.

Über sich selbst hören wir Jesus heute reden in der Synagoge,
wo er den Propheten Jesaja vorliest und er uns sagen will:
Ich bin der, von dem bei Jesaja die Rede ist.
Ich bin der, der von Gott gesandt ist,
der Menschheit und jedem Einzelnen *Gott* zu offenbaren.
Gesandt, den Armen eine gute Nachricht zu bringen..
Damit sind nicht die materiell Armen gemeint .
sondern jeder Mensch: *Weil jeder Mensch arm ist.*
Arm in dem Sinn, dass er Geschöpf ist und in allem abhängig
von Andern und von Gott;
dass uns jederzeit eine Krankheit, ein Unglück,
ein Verlust, ein Schmerz überfallen kann...
Arm, dass wir jederzeit sterben können und sterben.
Arm, weil uns die Liebe fehlt...

In dieses Armsein, dieses fundamentale Bedürftig-sein des Menschen
kommt Er selbst als *Gute Nachricht*:
Nachricht von einem Gott, der die Seele von jedem Menschen
geschaffen hat...mit dem Ziel, dass jeder Mensch heilig werde wie
Er.
Werdet vollkommen, wie euer Vater im Himmel..
(Ich bin die Vollkommenheit in euch..)

Gesandt, damit ich den Gefangenen die Entlassung verkünde..
Und jeder Mensch ist ein Gefangener:
Gefangen in diesem Erdenleben, das wie ein Exil zu sehen ist..
eine Verbannung...
Gefangen im eigenen Leib bis hin zum Gelähmt-sein...
Gefangen in der begrenzten Zeit...
Gefangen in menschlichen Erbanlagen…
in der Geschichte der eigenen Familie…
in der Geschichte der Menschheit...
in Streitigkeiten und Kriegen und im Hass,
aus dem kein Entkommen möglich scheint.
Allein Er bringt *Entlassung* aus diesen Gefangenschaften,
bringt den Fluchtweg: Nicht durch Flucht nach Außen,
sondern durch die innere Verbindung mit Ihm, das *Innere Leben*..
 in der Gewissheit einer großen Zukunft...

Und jeder Mensch ist auch ein Blinder,
weil er nur von Unten sieht..
Man wird erst ein Sehender, wenn man auch von Oben sieht,
wenn man lernt zu sehen, wie Gott die Dinge sieht
Heilige handeln und leben so anders,
weil sie die Dinge so anders sehen als wir...

Und er hat mich gesandt, die Zerschlagenen in Freiheit zu setzen..
Zerschlagene sind wir, wenn uns unserer Schuld und der tausend
Unterlassungen des Guten bewusst werden..
Wenn uns das Leben seelisch niederschlägt...
Wenn uns das Nichts bewusst wird, das wir sind gegenüber Gott...
Und wenn wir dann Freiheit erfahren durch Vergebung..
wenn wir verbunden leben mit Dem, der absolut frei ist
und uns an seiner Freiheit teilhaben lässt. .. .
Kurzum:
Wir brauchen unendlich die Kirche!
Wir brauchen die Gottesdienste: Zu den Begräbnissen,
zu den Sonntagen, zu Weihnachten, zu den Taufen...
zur Hochzeit..

Wir brauchen es, dass wir zu einer Gemeinde gehören.
Wir brauchen das Wort der Heiligen Schrift, das heilig ist ,
weil es über unserer Willkür, über unsren eigenen Wünschen und
Vorstellungen steht...

Kirche, das ist die Einrichtung, die uns ständig an Gott erinnert
und die verhindern will, dass der Glaube an Gott versickern würde
und somit auch die *höhere* Liebe, die uns von Gott zukommt,
die nicht aus uns selbst kommt,
die wir aber absolut notwendig brauchen,
damit in der Welt diese Liebe *gerettet* werden kann
vor ihrem Verschwinden..(ihrer Vernichtung!)

*Er: ..Ja , es gibt viele sühnende Seelen, durch welche die Liebe und
die Gerechtigkeit vor der Vernichtung gerettet werden...
Die heilige Armut ist es, die durch die Jahrhunderte hindurch den
Geist Gottes (in der Welt) rettet...: Denn die Habsucht, die die
vergänglichen Güter allem vorzieht, ertötet den Geist Gottes (das
Denken Gottes) in der Welt.*

Noch einmal :
Ohne die Kirche würde unser Glaube gar nicht zustande kommen ...
oder wir würden ein elendes Bild von einer Gottheit entwickeln:
Ein Gott, der sich rächt; ein Gott, der ohnmächtig ist;
einer, der will, dass Menschen, die gegen die Gebote verstoßen,
schwer gestraft oder getötet werden;
der mit seiner Gewalt und der seiner Diener das Böse besiegen will;
ein Gott, der hart ist und unbarmherzig..

In den letzten Wochen haben wir Verwandte und Freunde
verabschiedet da in der Kirche und man wird sagen dürfen:
Wie könnte man einen Menschen würdiger verabschieden ..
wo könnt man tieferen Trost hören..
wo gäbe es eine ähnliche Gemeinschaft,
ein ähnliches Zusammenkommen wie in einer Kirche..

Und vor allem sind es die Worte der Hl Schrift und der Gebete und
der kirchlichen Gesänge, die uns ganz unmittelbar ein Gefühl des
Glaubens, ein *Glaubensgefühl* einstiften..
Dass uns also grade hier im gemeinsamen Feiern auch g*efühlsmäßig*
aufgehen kann, dass es einen Gott gibt,
und dass dieser Gott so ist, wie Jesus von Nazareth Ihn zeigt..
und wie die Kirche Jesus bekannt macht...
wie Jesus sich durch seine Kirche uns bekannt machen will
mit dem Ziel, dass dann auch wir durch unser Leben und Handeln
etwas vom Gott offenbar machen mögen.
Wie?
Indem wir seine Tugenden, seine Haltungen aufnehmen und leben:
Seine Hilfsbereitschaft, seine Nächstenliebe,
seine Beziehung zum Vater;
indem wir Menschen sind, die geben, dienen, trösten,
die auf Unfreundlichkeit nicht unfreundlich, sondern geduldig
reagieren,
indem wir bescheiden sind und nicht mehr haben wollen..
indem wir auf eine Freude verzichten, um einem Nächsten zu Hilfe
zu kommen..
An Gott und an Christus *glauben* heißt, den täglichen Kontakt mit
Gott zu üben...heißt *glauben,* dass er allmächtig ist und gegenwärtig
in allem, was geschieht..
und dass er gegenwärtig ist in jedem Menschen..

Glauben heißt glauben, dass jeder Mensch eine Seele hat..
und dass jede Seele unvergleichlich ist und dass Gott der Schöpfer
jeder Seele ist.
Glauben heißt an einen Gott glauben, der will, dass ich mit allen
Kräften helfe, wo Not ist und Leid,
dass ich aber auch glaube, dass es Gottes Wille ist,
wenn ich nicht mehr helfen kann.
Dass Gott ein Gott ist, der will, dass wir unser Leben führen,
dass aber er der Herr der Geschichte ist:
Der Mensch denkt, Gott lenkt.
Wenn ihr alles getan habt, dann sagt: Wir sind nur unnütze Knechte
und Mägde für dich..

Und wenn man sagt: Der Mensch braucht halt einen Gott…
Ich brauche keinen Gott!
Erstens: Es ist nicht die Frage, ob wir Gott brauchen, sondern zuerst, ob es einen Gott gibt.
Und zweitens:
Dass er ein Gott ist, der uns noch mehr braucht als wir ihn…!
Er hat es nämlich so gemacht, dass er uns braucht:
Als *Werkzeuge*, als Diener, die ihm in der Welt
und zuerst in der Familie dienen.
So vieles könnte ohne unsere Mitwirken nicht geschehen..
ja seelische Rettungen von Menschen sind uns
anvertraut...übergeben.

Dazu noch einmal :
Grad auch die Verabschiedungen und Begräbnisse führen uns den Glauben vor Augen:
den Glauben, dass der Tod nicht nur das ist, was wir von Außen sehen, sondern:
Dass *er Brücke ist* , Letzte Geburt..,
Übergang in das Jenseits der anderen Welt..
Letzte Korrektur...ja, *Wiedergutmachung* (Sühne) für ein Leben, das oft egoistisch gelebt wurde...
Dass aber der Sinn des Lebens der ist, dass jeder an sich selbst arbeitet, wie an einem Kunstwerk.. an einem Marmorblock der Bildhauer..

Und *glauben* heißt, auch dort an die Liebe eines allmächtigen Gottes glauben, wo nichts mehr dafür spricht…
Er: *Glaube, auch wenn alles dagegen spricht.*

4. Sonntag C 2010 Lk 4,21-30

...Und er setzte hinzu: Amen, das sage ich euch:
kein Prophet wird in seiner Heimat anerkannt..
Was ist gemeint mit einem *Propheten*?
Zum Beispiel hat der Beruf einer Lehrperson etwas vom
Prophetischen - und zwar im Sinne von Gerecht-sein:
Ein Mensch, der von Berufs wegen gerecht sein soll!
Für *jedes einzelne* Kinder interessiert und bemüht...
in einem inneren (persönlichen) Abstand   ....
und dadurch *eine Autorität*, die lebendige Einheit stiftet ...

Das ist die Liebe eines Pädagogen,
der als solcher immer e*twas Prophetisches h*at in seiner Autorität,
in seiner Verantwortlichkeit, in seiner Sicht der Schulkinder mit ihrer
je persönlichen Zukunft...

Prophetisch, das ist, wo Menschen sich *menschlich* verhalten
mitten in der *Kälte* der Welt.
Da gibt es Menschen, die abstoßend wirken und wir sagen:
Was sind das nur für Typen..!
Aber das menschlich Prophetische weiß:
Hinter den *Typen* sind *Personen;* ist eine Geschichte,
ein persönliches Leben, eine *Seele...*

Wo der *Prophetische Geist* lebt, da sieht man die persönliche Not
und Geschichte und antwortet entsprechend,
auch wenn das allgemein nicht verstanden würde:
Wie kannst du diesem Menschen Geld geben...! Wie kannst du ihm
gar noch die Strafe bezahlen! Der soll die Strafe absitzen,
auch wenn er Familienvater ist..!

Kein Prophet wird in seiner Heimat anerkannt..
Skinheads! Wenn wir die Meldungen gelesen haben über diese
Skinheads, die den jungen Deutschen zum Krüppel geschlagen
haben, werden wir sehr zornig und sagen:
Diese Schlägertypen! Sie gehören lebenslang hinter Gitter!

Richter wie Staatsanwalt aber sind gerufen, *prophetisch* zu urteilen:
Bei aller auch harten Bestrafung hinaus zu schauen über die
schlimme Vergangenheit dieser Täter *auf* ihr künftiges Leben…
und nicht urteilen nach unser aller zornigen Erwartung.
Distanz der Gerechtigkeit, aber ebenso das Hoffen auf Besserung
gehört zum *Prophetischen*..
Arzt, heile dich selbst...!
Wenn du in Kafarnaum so große Dinge getan hast, wie wir
gehört haben, dann tu sie auch hier in deiner Heimat..!
Seine Rede fand Beifall...Sie staunten darüber, wie begnadet er
redete, der Sohn Josefs !
... alles drängte sich um ihn, wollte ihn hören und ihn berühren..
Das *ganze Volk* freute sich über all die *großen Taten* (die Wunder),
die er vollbrachte. Sie wollten ihn zu ihrem König machen.
Hätte er sich ihren Wünschen unterworfen und ihnen gedient,
hätte ihm das die Ehre und die Liebe der *Welt* eingebracht.

Aber Jesus ist kein *Populist*, wenn man damit jemanden meint,
der sich den niedrigen Wünschen der Massen anbiedert...
Der prophetische Mensch ist das Gegenbild zum *Populisten*:
Jesus weckt mit dem *Evangelium vom Kreuz viel eher* den
Widerstand im selbstsüchtigen Herzen des Menschen, als dass er
damit ankäme.
Selig, wer an mir keinen Anstoß nimmt..
Jesus ist der glaubwürdige Prophet, *den nicht alle loben, wie das der*
Falsche Prophet sucht. Vgl. Seligpreisungen.
So muss er einmal zu den Zwölfen sagen:
Wollt auch ihr gehen..?
Und gegenüber seinen Landsleuten kritisiert er offen deren
Scheinheiligkeit und Lieblosigkeit.
So wird aus der Begeisterung der Gemeinde urplötzlich Hass:
Sie wollten ihn schon in Nazareth den Berghang hinunterstürzen...
Später wird aus dem *Hosanna* der Menge das *Kreuzige ihn!* Es heißt:
Mit ihrem Geschrei setzten sie sich schließlich gegen Pilatus durch..
Das ist geradezu eine ur-typische Darstellung dessen,
was Massensuggestion ist; wie tief der Einzelne sich der Menge
anpasst, mit der Menge schreit und schließlich marschiert!

Wenn nicht aus Überzeugung, dann aus Furcht vor der Menge..
Kein Prophet ist in seiner Heimat anerkannt..
Das ist auch der Ruf an jeden verantwortungsvollen Menschen,
der in Politik oder Wirtschaft oder Wissenschaft arbeitet:
Dass er - gerade in seiner *Heimat* und für seine Heimat -
ein *prophetischer Mensch* sein möge:
Über allen Eigennutz und alles Machtstreben hinaus..
in einer *inneren Unabhängigkeit*...
einer *persönlicher Freiheit* gegenüber allem und allen...,
um wahr (authentisch) zu bleiben..

Wenn jetzt das Wahlalter auf 16 gesenkt wird, müsste man die
jungen Leute warnen vor gefälligen Wahlversprechen:
Wir sind für die Abschaffung der Noten...
Wir werden die Jugendschutzgesetze nach euren Wünschen ändern...
Wir werden die allgemeine Wehrpflicht abschaffen..
Und wenn dieser Tage in Italien von den Linken Oppositionsparteien
die Heimkehr aller italienischen Soldaten aus Afghanistan gefordert
wird, so riecht das nach *Populismus..*:
Natürlich kann man das Volk für sich gewinnen, wenn man es vor
Opfern bewahrt..
Prophetisch wäre es, die Bürger dafür zu gewinnen, dass Afghanistan
gerettet werden muss aus den Fängen der islamistischen Taliban...
Dass man also auch in der *Welt draußen* gerufen ist, gegen
Tyranneien anzugehen...für die Freiheit der Völker;
auch in afrikanischen Staaten!
So wie Deutschland und Europa aus den Fängen einer Diktatur
befreit worden ist. Das hat damals große Überzeugungsarbeit in den
USA gekostet, dass die Öffentlichkeit bereit war, ihre Söhne gegen
Hitler übers Meer schicken zu lassen…!

Kein Prophet ist in seiner Heimat anerkannt..
Da gibt es ein Gerichtsurteil des Europäischen Gerichtshofes gegen
Österreich, weil seit 1993 das Bild eines Malers Mühlen aus dem
Verkehr gezogen wurde: Ein Bild, das Persönlichkeiten der Kultur
und der Politik und der Kirche (symbolhaft) beim Gruppensex
darstellt.

Seitens des europäischen Gerichts heißt es dazu:
Dieses Bild müsse frei gegeben werden. In einer Demokratie seien
solche Einschränkungen nicht angemessen...
Und vor allem: Es müsse die Freiheit der Kunst anerkannt werden..
Könnte der Maler gar mit dem Wort des Evangeliums punkten
und sich als *verkannten Propheten* sehen..?
Und das Urteil des Europäischen Gerichtshofes zur Ehren-Rettung
des abgeurteilten Propheten in seiner Heimat..?

Kein Prophet ist in seiner Heimat anerkannt..
Der Arzt, der den Verwandten gesagt hat:
Schickt ihn nicht noch einmal ins Spital zu Operationen...
Nehmt euren Vater mit nach Hause, damit er daheim sterben kann..
Sie aber wollten von ihm hören:
..Schickt ihn dahin und dorthin.., zu dem und dem Spezialisten..!
Und waren empört über den Arzt : Da muss man doch etwas tun..!!
Arzt und Medizin müssen doch Leben erhalten...!
Und sie brachten ihn noch einmal in ein Spital,
wo er schließlich *allein sterben* musste..
Und Jesus schritt durch die Menge hindurch und ging weg...
Wir sind manchmal auch nur *Menge*...z.B. wenn wir uns irgendwo
einreihen müssen, im Bus oder im Zug , als Zuschauer beim
Fußball...Aber immer sollen wir – grad in einer Menge -
Einzelne sein, besser gesagt: Werden!

Das beginnt schon da, wo wir *als Einzelne* uns irgendwo trennen und
verabschieden sollen...Vielleicht am Abend, wenn wir heimgehen
wollen von einer Veranstaltung..
Oder wo *man* sich über das schlechte Essen beschwert in einem
Gasthaus, du aber findest, dass es in Ordnung ist und sagst das auch..

Jesus hängt an nichts.
Nicht an seiner Vaterstadt, nicht an seiner Ehre .
Er ist ganz *der Einzelne*. Er ist *vollkommen frei*.
Er scheut sich nicht, den Zorn der Heimat auf sich zu ziehen:
Weil er ihren Egoismus aufdecken muss,
ihr hartes Herz gegenüber den Armen, den Kranken und Alten,

ihre Missachtung der wahren Gottesmänner .
Aber wo bleibt da die Liebe, die Jesus nachgesagt wird..?
Liebt er denn seine Heimat nicht?
Im *Paulusbrief* haben wir gehört, was die Liebe alles ist.
Und wir dürfen dazu sagen: Wer wirklich liebt, der beweist seine
Liebe darin, dass er wahr ist und gerecht ...
Dagegen ist es gar nicht wahre Liebe, wenn man *sich selbst*
preisgäbe und sich danach richtet, was andere von einem erwarten
und wünschen: Da sucht man nur die eigene Selbstverwirklichung
durch den Andern, vielleicht auch manchmal durch die Kinder
Es gibt auch den egoistischen Altruismus!

Jesus denkt nicht an seine eigene Verwirklichung.
Er liebt nicht, um als Privatperson geliebt zu werden...
Allerdings als die Liebe, die er ist;
ja, dass in Ihm die Liebe selbst geliebt werde..
Er ist ähnlich dem Arzt oder dem Richter,
die sagen, was wahr ist und was für einen Menschen gut
ist und die auch sehen, ob ein Mensch gut ist.

Den Nazarenern aber musste Jesus sagen:
Ihr liebt nicht wirklich.
Eure Liebe ist durch und durch eigennützig.
Ihr liebt den Andern nicht. Ihr liebt euch selbst durch und mittels des
Andern.
Ihr liebt nur in euren Leidenschaften: Aber das ist nicht Liebe!
Alle Beziehungen, die auf Leidenschaft gründen, gehen zugrunde.
Wo jemand wegen einer Liebe sich selbst nicht treu bleibt, da ist das
nicht Liebe, sondern Abhängigkeit.
Liebe fordert, dass jeder Einzelne sich selbst und seinen
Überzeugungen treu bleibt. Wo jemand nur den Schutz des Andern
sucht oder eine Art *letzte Heimat für sich i*n der Beziehung:
Da ist die Beziehung zum Scheitern verurteilt von Anfang an.
Denn Liebe muss allein sein können, für sich sein können..
freilich aufgehoben in der *ganz anderen Heimat:*
In der Heimat, die der Himmel ist.
Unsere Heimat ist im Himmel..(Pl)

4. Sonntag C 2013 Lk 4,21-30

Alle haben ihn gekannt in Nazareth.
Da ist er aufgewachsen und hat dreißig Jahre lang verborgen gelebt.
Da hat seine Verwandtschaft gewohnt.

Dann ist er aufgebrochen, öffentlich zu predigen.
Dabei sind durch ihn Wunder geschehen,
von denen man auch in Nazareth gehört hat.
Und jetzt, wo er zurückgekommen war, heißt es,
dass...seine Rede bei allen Beifall fand.
Sie staunten darüber, wie begnadet er redete und sagten:
Ist das nicht der Sohn Josefs..?
Und sie haben erwartet, dass er hier in seiner Heimatstadt erst recht
solche Wunder vollbringen wird.
Jesus bemerkt das und sagt :
Sicher werdet ihr mir das Sprichwort entgegenhalten:
Arzt, heile dich selbst..
Wenn du in Kafarnaum so große Dinge getan hast, wie wir
gehört haben, dann tu sie auch hier in deiner Heimatstadt..
Und er macht ihnen mit drei Sätzen klar,
dass er nicht gekommen ist, um ihnen zu gefallen.
Und dass er sich niemals ihren Erwartungen unterordnen kann,
sondern dass umgekehrt sie nach seinen Erwartungen und Wünschen
fragen müssten...Und dass sie weit davon entfernt sind,
Ihn wirklich zu kennen und er fügt hinzu:
Amen, ich sage euch:
kein Prophet wird in seiner Heimat anerkannt..
Wir sind alle gerufen, *Prophetische Menschen* zu sein (als Christen
umso mehr!).
Bei der Taufe heißt es:
Du wirst nun mit heiligem Chrisam gesalbt, denn du bist ein Glied
des Volkes Gottes..und gehörst für immer Christus an, der gesalbt ist
zum Priester , König und Propheten..

Wir sind gesalbt und berufen zum Prophetischen Leben –
in der Fortsetzung des Lebens von Jesus, dem Christus.

Er: ***Bemühe dich, jetzt schon so zu sein, wie du später sein wirst...***
Dieser Appell drückt genau aus, was **Prophetisches Leben** ist.

Was es konkret heißt, ein *prophetischer Mensch* zu sein,
also ein vorbildhafter, kämpferischer, ausdauernder Mensch zu sein,
der etwas *vom Ziel des Menschseins offenbart*,
das zeigt zum Beispiel dieser Schirennläufer Lanziger, der vor
zwei Jahren nach einem schweren Sturz ein Bein verloren hat –
und jetzt mit einer Prothese wieder elegant durch Tore fährt,
ein Studium absolviert und bekennt, dass ihn seine starke Freundin
gehalten hat...

Und ich denke an Mitmenschen, die sehr krank sind oder im Sterben
liegen und in dieser äußersten Situation einen großen Frieden und die
Gottesliebe zeigen.
Sie sind *prophetische Menschen*, weil sie zutiefst das Erste Gebot
erfüllen:
*Du sollst Gott lieben ....mit deiner ganzen Seele, mit all deiner Kraft
und all denen Gedanken ..*

Und die, die bei ihnen sind und sie pflegen Tag und Nacht,
sie sind *Propheten der Nächstenliebe*, von der es heißt,
dass sie *langmütig ist und alles erträgt und allem standhält und alles
hofft...*
Dieses Prophetische, es wird auch gelebt von Frauen,
wenn sie *Mütter* werden und es dann sind; wenn sie - zusammen mit
den Vätern - sich herausnehmen lassen aus dem bisher gewohnten
Leben *für sich* - und jetzt *für die Kinder da sind und die Familie.*

Prophetisch sein heißt:
Unabhängig werden von Reaktionen und Meinungen Anderer
in dem, was man als recht und richtig ansieht.
Und wenn heute in der Zeitung vom schweren Amt der
Bürgermeister zu lesen ist, dann gehört dazu diese persönliche
Unabhängigkeit, diese Integrität, wenn man so manchem Bürger
etwas sagen muss, was den vielleicht zornig macht, weil er die
Übersicht nicht hat.

Diese *Prophetische Unabhängigkeit* zeigt sich auch da,
wo ein Pfarrer wie der von Andelsbuch nach 13 Jahren *gegen* den
mächtigen Wunsch der Gemeinde sagt:
Ich muss wieder aufbrechen, muss woanders hingehen...
so wie ich es zum Beginn der Amtszeit schon angekündigt habe..

Kein Prophet wird in seiner Heimat anerkannt..
Und als Beweis dafür erinnert er sie, dass auch schon ihre Vorfahren
den Propheten Elija zu keiner Witwe geschickt haben, damit er dieser
hilft und sie tröstet....Heute erhalten Witwen ihre Pension.
und vonseiten des Staates wird gesorgt für Menschen, die in Armut
leben.

Und wir müssen denken an die *Caritas* und andere Soziale
Hilfseinrichtungen, die alle auf ihre Weise *prophetische*
Einrichtungen sind : Weil durch sie die wahre Nächstenliebe in der
Welt tätig ist: ...*die alles hofft und alles erträgt und niemals aufhört..*
Aber was ein Prophet vor allem zu bringen weiß,
das ist die Kraft und das Licht des Glaubens an einen Gott..
Und dazu können wir sagen:
In unserer Gemeinde wird *das Prophetische* sehr wohl noch zu
Witwen und alten Menschen und Kranken *gerufen*
mit dem Sakrament der Kommunion und der Krankensalbung und
mit dem Trost des Gebetes.
Und in den Altenheimen wird die Heilige Messe gefeiert und viele
der alten Menschen kommen.
Und eigentlich sind sie die wahren Propheten in ihrem kindlich-
gläubigen Ergeben-sein..!
In der Synagoge in Nazareth freilich hat damals die Stimmung total
umgeschlagen:
Als die Leute in der Synagoge das hörten, gerieten sie alle in
Wut...Sie sprangen auf und trieben Jesus zur Stadt hinaus..
brachten ihn an den Abhang des Berges ..und wollten ihn
hinabstürzen..
Grade noch haben sie ihn bewundert, jetzt wollen sie ihn umbringen.
Wie Wetter-wendig ist der (unerlöste) Mensch!
Und wie unfähig, Kritik anzunehmen...

Er aber geht mitten durch die aufgebracht Menge weg.
Er geht endgültig weg von seiner Heimatstadt.
Andere werden ihn besser aufnehmen,...die Heiden !

Ob Nazareth auch bei uns sein könnte? Wir selbst könnten *Nazareth* sein, wo Jesus in seiner Kirche schon seit Jahrhunderten *daheim* ist, aber der Glaube und die Liebe im Schwinden ist...
Dieser Unglaube könnte Ihn vertreiben zu anderen Völkern,
die an Ihn glauben.

4. Sonntag C 2007 Lk 4,21-30

Wenn ich diese Situation noch einmal nachfühlen
versuche..
Da ist Jesus in seine Heimatstadt Nazareth zurückgekehrt.
Ist in der Synagoge aufgetreten und hat großen Eindruck gemacht durch sein Auftreten, seine begnadetes Reden..
Und sie konnten es kaum glauben, dass das der Sohn Josefs sein soll..

Und dann kommt von ihm, von diesem Sohn der Gemeinde, diese gar nicht freundliche Anrede:
Kein Prophet wird in seiner Heimat anerkannt..
anerkannt als Mann Gottes, der zur *Umkehr* ruft..
und nicht bloß als *Wundertäter* ..
Es wird ja heute viel von der *Anerkennung* geredet:
Dass Anerkennung aufbaut und stärkt im Arbeits-und im Familienleben. Aber es wäre eine Falle, wenn man *abhängig* würde von der Anerkennung Anderer.

Die Nazarener hätten Jesus *anerkannt*,
ja, sie hätten ihn gefeiert,
wenn er sich um ihre Anerkennung bemüht hätte...
und die *großen Dinge* vollbracht hätte,
wie sie sich vorgestellt haben.
Aber dann wäre er ein *falscher Prophet* gewesen, der sich allen anpasst.

Dass er aber ein *wahrer Prophet* war und mehr als das,
hat sich gezeigt an seiner Kritik an ihrem unsozialen Verhalten:
Dass sie ähnlich seien wie ihre Vorfahren, die sich damals – zu
Zeiten der *Propheten Elija und Elischa* - auch nicht gekümmert
hätten um ihre Witwen und Aussätzigen, die Alten, Armen und
Fremden...
Kurzum: Dass es ihnen an der Liebe fehle ..
an Mitleid und Hilfsbereitschaft…!

Wie sie das also hörten und verstanden haben, gerieten sie alle in
Wut.
Aber statt in Wut zu geraten, weil er ihren Stolz getroffen hat,
hätten sie sich sagen sollen:
Er hat recht. Es fehlt uns an der Liebe.
Er will uns sagen, dass wir vielleicht immer noch so sind wir unsere
Vorfahren..
Wir sollen uns zuerst um die Witwen kümmern und um die Kranken,
um die Armen, um unsere Kinder, um unsere Alten und um die
Fremden..!
Dann würde er vielleicht auch seine großen Dinge, seine Wunder
vollbringen können...

In meinem Büchlein heißt es einmal zur Autorin Gabrielle B:
die viel in der Welt gereist war:
Er: *Die erste Frage , wenn du in ein Dorf, in eine Stadt kommst,
muss sein: Lieben sie einander..?*
Das heißt: Interessieren sie sich füreinander..?
Sorgen sie füreinander..? Denken sie gut voneinander..?
Voller Nachsicht und Verständnis..?

In diesem Sinn könnte gefragt werden, ob der kürzlich preisgekrönte
österreichische Film **Amour** - Liebe auch ein *prophetischer Film* ist,
der etwas von der *wahren Liebe* zeigt..

Ein alt gewordenes Ehepaar. Beide schon länger in Pension.
Da zeigt sich bei ihr auf einmal Demenz , Geistige Abwesenheit,
Sie gießt den Kaffee neben die Tasse...

Und er beginnt, ihr unendlich geduldiger Pfleger zu werden.
Bald kommt bei ihr ein Hirnschlag dazu.
Fotos zeigen, dass sie eine hübsche Frau war.
Jetzt ist sie im Rollstuhl.
Er lernt, sie aufs Klo zu begleiten; sie an - und auszuziehen,
ihr das Essen Löffel für Löffel einzugeben,
sie zu unterhalten mit Vorlesen...
Die Tochter kommt von Zeit zu Zeit auf Besuch
und fragt hilflos und scheinheilig:
Kann ich etwas für dich tun, Mama..?
Die Frau erleidet einen zweiten Hirnschlag.
Er übt mit ihr jetzt einzelne Worte .
Aber es wird nichts mehr.
Sie ruft stundenlang nichts anders als das eine Wort:
Hilfe, Hilfe, Hilfe.
Bis er ihr eines Tages die Hilfe gibt, die der Filmautor offenbar als
Letzte Hilfe versteht:
Er drückt ihr das Kopfkissen solange aufs Gesicht, bis sie nicht mehr
atmet.
Amour, Liebe.
Das Ende mutet seltsam an. Es hat mich enttäuscht.
Ist das wirklich Hilfe? Soll das der letzte Dienst der Liebe sein ?
Da ist mir der preisgekrönte Film leider nicht prophetisch,
Da passt er sich einer großen Verirrung unserer Zeit an...
Und gefällt wohl grade deshalb...

Kein Prophet wird in seiner Heimat anerkannt..
Aber lasst uns noch an einen *großen Propheten* unserer Zeit
erinnern! An einen, der sehr wohl in seiner Heimat anerkannt war
und ist auf der ganzen Welt. Die verg. Woche wurde der 65.
Todestag von **Mahatma Gandhi** gehalten. Prophet der
Gewaltfreiheit, Prophet der gewaltfreien Liebe...

Von ihm her gesehen ist ein Vater ein *Prophet der Gewaltfreien*
Liebe, wenn das Kind ihn mit den wüsten Schimpfworten anschreit,
er aber nicht mit Zorn und Gewalt reagiert und gekränktem Stolz,
sondern im Gegenteil dem Kind hilft, herauszukommen aus seinem
Jähzorn und sich fragt, ob er selber das Kind provoziert hat.

Eine Prophetin anderer Art ist mir eine liebe Verwandte ,
die seit Jahren eine schöne Pension bezieht und mir anvertraut,
dass sie praktisch nichts auf dem Sparbuch habe.
Sie habe jeden Monat so ihre Adressen, wo sie geben kann..
Die seien ihr Sparkonto.
Wie unvernünftig, wollte man sagen.
Aber sie ist mir *eine Prophetin im Geben.*
Der Gebende Mensch ist ein Prophet. Da zeigt sich der Himmel.
Das größte Geben ist aber das Ver-geben.
Alle, die vergeben, sind prophetische Menschen .
Sie offenbaren mit ihrem Vergeben Gott als Vergebenden,
als Barmherzigen.
Vergeben heißt ja: Auf das Recht verzichten, eine Schuld einzuholen
bei dem, der sich schuldig gemacht hat gegen mich .

Schuldennachlass auf finanzieller Ebene ist auch eine Art von
Vergeben. Wer schon einmal persönlich eine größere Summe
Geldschulden nachgelassen hat, weiß , was für eine Überwindung das
kostet!

Aber ist nicht überhaupt die *Ehe und die Familie* insgesamt
ein prophetisches Zeichen? Ein Stück Himmel auf der Erde,
weil auch immer ein Kämpfen je gegen sich selbst..
Und nicht nur anerkannt in der Heimat dieser Welt...
Das Prophetische, das Über-Weltliche eines Familienlebens zeigt
sich in all den Tugenden, von denen ein Familienleben getragen
wird:
In der Bemühung um die gewaltfreie Liebe…
In den Opfern und im Geben überhaupt...
Im Vergeben als der größten Weise des Gebens.

Im gegenseitigen und später dann auch einseitigen Dienst der Pflege bis ins hohe Alter.. und im Sterben.
Prophetische Menschen sind die, die leiden und auf erstaunliche Weise ihr Leiden tragen, die verbergen, wie schwer ihr Leiden ist.. ja, die Nächsten geradezu in Schutz nehmen vor ihrem Leiden.
In dieser größten Selbstüberwindung und Selbsthingabe
zeigt sich der Glaube, dass das Leiden vollkommen macht und zu Gott führt...

4. Sonntag C 2016 Lk 4,21-30

Jesus ist in seine Heimatstadt Nazareth gekommen.
Er soll in der Synagoge aus der Hl Schrift vorlesen.
Und sein ganzes Auftreten, seine heiligmäßige Autorität,
sein fesselndes Reden,..
das alles machte großen Eindruck auf seine Landsleute.

Und so hätte Jesus jetzt das *Bad in der Menge* genießen können:
Wenn er auch in seiner Heimatstadt als der schon berühmt
gewordene *Wundertäter* aufgetreten wäre.
Aber dazu ist er nicht in die Welt gekommen...
Das ist nicht seine Sendung: Nur Wunder zu tun ..
Er will nicht die Faszination der Menschen.
Er will, dass sie liebende Menschen werden,
dass sie das göttliche Mitleid und die göttliche Barmherzigkeit
lernen.
Er ist gekommen, ihnen das größte Beispiel zu geben für die
Nächstenliebe und für die Gottesliebe: Dass man von ihm lernt.
Lernt von mir, denn ich bin gütig und von Herzen demütig.
Aber die Leute von Nazaret wollen nicht belehrt werden,
schon gar nicht von einem der Ihren.
Und so stellt sich Jesus vor sie hin und sagt:
Kein Prophet wird in seiner Heimat anerkannt....
Wir sind alle gerufen, prophetische Menschen zu sein.
Er : *Bemühe dich, jetzt schon so zu sein, wie du später einmal sein wirst...*

Bei der Taufe heißt es:
Du wirst nun mit heiligem Chrisam gesalbt, denn du bist ein Glied des Volkes Gottes und gehörst für immer Christus an, der gesalbt ist zum Priester, König und Propheten..
Ähnlich Ihm sind wir gesalbt und berufen zum Prophetischen Leben.
Das Prophetische, das Rettende in der Welt,
es wird gelebt von Frauen, wenn sie Mütter werden
und es dann sind.

Wenn sie - zusammen mit den Vätern –
sich herausnehmen lassen aus dem bisher gewohnten Leben
für sich selbst - und jetzt *für die Kinder da sind und für die Familie.*
Prophetisch sein ist: *Lebendiger Verkünder der Hingabe sein...*

Das ist auch der Ruf an jeden Menschen in der *Politik,*
in der Wirtschaft, in der Wissenschaft :
Ein prophetischer Mensch sein;
ein Mensch der Verantwortung über allen Eigennutz hinaus..

Menschen, die krank sind und im Sterben liegen und die in dieser
äußersten Situation eine große Ergebenheit zeigen,
sind Propheten der christlichen Ergebenheit.
Sie leben zutiefst das Erste Gebot:
*Du sollst Gott lieben ....mit deiner ganzen Seele, mit all deiner Kraft
und all deinen Gedanken ..*
Und ebenso die, die bei ihnen sind und sie pflegen Tag und Nacht –
Sie sind Propheten der Liebe und der Geduld und der Treue ...
Jesus sagt den Leuten in der Synagoge:
Kein Prophet wird in seiner Heimat anerkannt..
Und als Beweis dafür erinnert er sie daran,
dass auch schon ihre Vorfahren die Propheten Elija und Elischa
zu keinem der armen Menschen geschickt haben:
Damit diese helfen und trösten und vielleicht Wunder hätten wirken
können....

Heute wird bei uns von Seiten des Staates gesorgt für Menschen,
die in Armut leben. Dürfte man nicht sagen:
Ein *Sozialstaat* ist eine prophetische Einrichtung, eine großes
Zeichen der bedingungslosen Achtung vor jedem Menschen...
Und wir denken an die *Caritas* und andere Soziale
Hilfseinrichtungen:
Sie sind auf ihre Weise *prophetische Einrichtungen :*
Durch sie ist die Barmherzigkeit in der Welt tätig..

Aber was ein Prophet vor allem zu bringen hat,
ist die Kraft und das Licht des Glaubens
an einen Guten, Allmächtigen Gott..
In diesem Sinn ist die *Kirche insgesamt die große Prophetische Einrichtung in der Welt* – mitsamt der Hl Messe, die wir heute feiern.
Und Jesus zerstört das fromme Bild,
dass die Leute von Nazareth von sich haben,
er deckt ihre Täuschung auf und stellt sie vor die Wahrheit:
Dass sie unbarmherzig waren und es noch immer sind.
und dass er deshalb nichts tun kann für sie.

Als sie das hörten, gerieten sie alle in Wut..
So eine Wut springt wie ein Feuer auf alle über ..
Nein, wir lassen uns nicht schlecht machen
von diesem Nestbeschmutzer!

Es ist einfach, in einer Gemeinde oder in einem Betrieb die
Stimmung zu vergiften und zum Zorn anzuheizen ..
oder den Bürger zum *Wut-Bürger* anzustiften ...
Weit schwieriger ist es, gute Stimmung, ja Dankbarkeit zu stiften,
grade auch dann, wenn die Umstände nicht günstig sind..

Und Jesus schritt durch die Menge hindurch und ging weg...
Jesus hängt an nichts.
Nicht an seiner Vaterstadt, nicht an seiner Ehre .
Er ist ganz der Einzelne.
Er ist vollkommen frei.
Er musste ihnen die Wahrheit sagen:
Über ihren Egoismus, ihr hartes Herz gegenüber den Armen,
ihre Missachtung der wahren Gottesmänner ...

Ich bin die Wahrheit. Ich bin, der ich bin.
Er: *Um mich euch zu offenbaren, muss ich eure Täuschungen zerstören..*
Segnet die Mitmenschen, die eure Täuschungen aufdecken ..
und euch arm, aber wahr werden lassen vor dem Himmel..

Was können wir für uns aus dieser Geschichte,
aus dieser bedeutenden Station im Leben von Jesus lernen?
Was steckt da in diesem Ereignis drinnen..
Ein Erstes :
Jesus hat den Mut, nach Jahren wieder in seine Heimatstadt zu gehen...Er ist ja der *Jesus von Nazareth.*
Seine Mutter Maria lebt noch da und seine Verwandten.
Josef wohl nicht mehr.
Es braucht Mut, als einer, der berühmt geworden ist,
in die erste Heimat zu kommen,
wo man ihn nur als Bub und jungen Mann bei Josefs Haus gekannt hat.
Und wir haben es letzten Sonntag gehört:
Er ist in die Synagoge gegangen, wie von früher her gewohnt,
und man hat ihm als hohen Gast gebeten, aus der Hl Schrift vorzulesen: Ein Kapitel, das ihm wichtig erscheint..
Vermutlich hält er eine kleine Predigt
und es gefällt ihnen sehr, wie er redet,
ja staunen darüber, wie begnadet er redete!
frei aus seinem Herzen, ohne Zettel wie ich ..

Aber frei auch in dem Sinn, dass er ohne jede Menschenfurcht,
innerlich unabhängig vor ihnen steht und redet..
ganz aus sich selber heraus, nicht eigens Vorbereitetes..
Wem das Herz voll ist, dem geht dem Mund über..
Gürte dich, tritt vor sie hin,
und verkünde ihnen alles, was ich dir auftrage...
Erschrick nicht vor ihnen, sonst setze ich dich vor ihren Augen in Schrecken...

Er ist absolut aufrichtig. Er lebt in der Wahrheit..
Er ist durch und durch wahr.
Ja, er sagt später von sich:
Ich bin die Wahrheit,
so wie ich das immerwährende Sein bin...

Ein Zweites:
Wenn man merkt, dass man mit der eigenen Meinung nicht gut
ankäme, ist man eher still und denkt: Ist ja nicht so wichtig...
Vielleicht irre mich ohnehin.
Wäre nur unbequem für mich, wenn ich dagegen rede.

Jesus hat es von vornherein gewusst, dass man ihn in Nazareth
als Wunderheiler erwartet.
Er muss diese Erwartungen enttäuschen.
Er muss die Leute enttäuschen.
Damit kommt zum Vorschein:
Jesus widersteht der Versuchung, den Leuten vor allem zu gefallen.
Es gibt eine Grenze zwischen Gefallen-wollen und Wahr-sein.
Ideal wäre, wenn das *Wahr-sein* gefällt,
auch dann, wenn die Wahrheit eine unangenehme ist.

5. Sonntag C 2013 Lk 5,1-11

Fürchte dich nicht,
von jetzt an wirst du Menschen fangen...
Was für ein mächtiges Mittel ist heute der *gute Kinofilm*,
Menschen für das Gutsein und das Wunderbare des Gutseins zu
fangen...!
Ich muss wieder einmal von einem Film berichten,
auch darum, weil der Film den Titel hat:
Unter Bauern – Rettung in der Nacht.
Es ist die Verfilmung einer wahren Geschichte in der Nazi-Zeit.
Die Hauptpersonen leben noch heute ..
...Man sieht, wie da in einem Dorf in Westfalen Ende der dreißiger
Jahre die Judenverfolgung aufflammt:
Ein Jüdischer Mann aus dem Dorf muss verschwinden
und ein Bauer nimmt Frau und Kind von dem Jüdischen Freund
unter falschem Namen bei sich auf :
Von 1942 an bis zum Kriegsende.
Aber Tochter und Bäuerin sind zunächst unfreundlich zu der
jüdischen Frau.

Umso mehr freut man sich als Zuschauer (!),
wie das Mitleid in der Bäuerin überhandnimmt und auch sie
die jüdische Familie lieben lernt.
Da kommen andere Bauern dahinter, wer da beim Nachbarn versteckt
wird und man fürchtet schon: Die zeigen sie jetzt an!
Aber im Gegenteil: Es stellt sich heraus, dass ein anderer Bauer den
Jüdischen *Mann* die zwei Jahre lang versteckt hält ober dem Stall.
Fürchte dich nicht,
von jetzt an wirst du Menschen fangen...
Der Film zeigt, wie diese Bauern ihre eigenen Kinder für das
Mitgefühl *fangen* und für die Gerechtigkeit; sie gewinnen für das
Mitgefühl...und für die Wahrheit – mitten in der lügenhaften
Propaganda.
Vor allem aber wird man *als Kinobesucher gefangen* von der Güte
und dem Mut dieser Bauern!
Was für eine Wirkung auf die Herzen der Zuschauer hat ein Film,
der von Menschen erzählt, die so viel riskiert haben für das Gute…!
(Gut-und gerecht sein ist in unserer Welt immer ein mehr oder
weniger großes Wagen samt Risiko..)
Meister, wir haben die ganze Nacht gearbeitet und nichts
gefangen. Doch wenn du es sagst, werde ich die Netze auswerfen..
Es kommt vor, dass man mit viel Eifer und Mühe eine Arbeit
erledigen und den Erfolg geradezu erzwingen will...
(..*wollen doch sehen, ob wir das nicht hinkriegen!*)
Aber man bleibt erfolglos.
Erst, wenn wir loslassen müssen; erst wenn wir uns sagen müssen:
Es bringt nichts mehr…! Erst da kann es sein, dass mich ein Impuls
dazu drängt oder ein Freund den Rat gibt: *Wirf dein Netz noch*
einmal aus! Aber anders als bisher!
Und es stellt sich ein übergroßer Erfolg ein!
Es gibt berühmte Wissenschaftler, die die lange gesuchte Formel
geträumt haben...oder in einem ganz anderen Zusammenhang drauf
gekommen sind...
Ob das nicht zum Beispiel auch bei der Arbeitsplatzsuche so
vorkommt?
Dass ein junger Mensch 50 Mal und öfter vergeblich eine Anfrage
wegen einem Job startet..und er will aufgeben..

Aber jemand sagt (Eltern oder Freund.. oder unmittelbar Er in mir!) :
Mach weiter mit den Anfragen... ..
Und siehe da: Wo man nicht mehr gerechnet hat mit einem Erfolg,
da klappt es ! Und es wird sogar ein Glückstreffer: Ich hätte es nicht
besser treffen können…!

Aber wenn dann **Petrus** die mit Fischen übervollen Boote sieht und
Jesus zu Füßen fällt und sagt:
Herr, geht weg von mir...ich bin ein Sünder!
dann sagt er doch damit :
Mein Glaube ist so irdisch klein! Ich habe eine so kümmerliche
Vorstellung von Gott und von dir!
Dieser Fischfang am helllichten Tag:
Das ist doch ein Zeichen deiner Macht und deiner Güte…!
Alles was geschieht, ist anbetungswürdig,
sagt ein Wort des Glaubens.

Eine der Fastnacht-Gruppen hat für den Umzug *die Kirche* aufs Korn
genommen: Auf dem Umzugs-Wagen steht großgeschrieben – neben
einigen Kreuzen: *Im Auftrag des Herrn..*
Wenn Petrus sagt: **Herr…,**
dann meint er eben wirklich den *Herrn, der Herr ist* – jetzt und in
allem..
Spiritual: *Er hält die ganze Welt in seiner Hand..*
He's got the whole world in his hand..
Und dann ist es - letztlich - kein Unterschied mehr, ob wir Erfolg
haben oder Misserfolg;
ob wir als Kranke gesund werden oder nicht; ob wir reich sind oder
arm; ob ein Erdbeben sich ereignet oder ob die Erde ruhig bleibt...

Herr, geh weg von mir, ich bin ein Sünder!
Ich bin auf Besuch bei N.
Da wird mir gesagt, dass ein weiterer Gast gekommen sei:
Du wirst ihn beim Abendessen kennen lernen..
Ich bin enttäuscht und böse: Wer weiß, was das für einer ist..
Und dann - ! Dann war mir *der Fremde* auf den ersten Blick an
sympathisch und ich denke:

Wie konnte ich vorher mit so viel Ablehnung von diesem Menschen
denken! Müsste man sich nicht jedes Mal freuen, einen Mitmenschen
kennen zu lernen!
Ich bin ein Sünder!
Vor der Kreuzung in der Stadt fährt ein Auto immer langsamer:
Ich schimpfe: Warum fährt der so langsam! Es wird doch gleich
wieder rot! Dann sehe ich: Der hat eine Schweizer Nummer.
Der kennt sich nicht aus..!
Wie bin ich immer gleich so ungeduldig und unbarmherzig!
Ich bin ein Sünder!
Wir pflegen – immer noch – zur Erstkommunion hin
die sog *Erstbeichte – Versöhnungsfest*. Und es ist zum Staunen,
wie Kinder schon mit diesem Alter selbstkritisch sein können
und eigene Fehler erkennen und (reuevoll) sich vornehmen,
es besser zu machen .
Und der Liebe Gott schenkt uns durch Jesus die Löschung der Fehler
dazu! Oft würden wir diese Gnade gar nicht spüren...
Und schon am frühen Morgen sind meine Gedanken wie von selber
bei dem Geld, das man mir schuldet..!
Was muss ich tun, damit ich es baldigst bekomme!
Ich werde *klagen*! Ich werde einen Rechtsanwalt nehmen!
Ich bin ein Sünder!
Die *Spielbuben* (Musterung für Bundesheer) habe ich angefaucht!
Habe auf ihr Betteln hin zornig gesagt, dass ich keinen Euro Spende
für die blöde Sauferei! habe ich zornig gerufen..
Ich hätte es anders sagen sollen...gewinnend..
Ich bin ein Sünder!
Jemand sagt dir eine Verabredung ab:
Es gehe an diesem Tag nicht..
Und du denkst: Das ist doch nicht wahr.., eine Ausrede…!
Ich bin ein Sünder!
Von jetzt an wirst du Menschen fangen!
Paula...
Es gibt Eltern , die mit einem Kind große Sorgen haben
und alles versucht - mit Gewalt, mit Drohungen, mit Schimpfen,
aber nichts erreicht.

Erst wo sie nicht mehr mit der *alten* Methode der Gewalt und der
Androhung gekommen sind, sondern in der Sanftmut des Herrn:
Da wandelt sich der junge Mensch.
Von jetzt an wirst du Menschen fangen..
Gertrud - Pascal...
Junge Leute haben in ihrem Zimmer und Kästen ein Chaos ..
Mütter oder Großmütter...machen aus dem Durcheinander immer
wieder eine schöne Ordnung:
Eines Tages liebt das große Kind die Ordnung so sehr, dass
es anfängt, selber den Kasten schön einzuräumen...
Das ist einen Menschen *fangen* für die Ordnungsliebe..
Von jetzt an wirst du Menschen fangen...
Ob man eines Tages die *Spielbuben fangen* könnte für eine sinnvolle
und auch für sie selber schönere Verbringung dieser Woche nach der
Musterung für das Militär..?
Es wundert mich, dass die Betriebe für so eine Zeitverschwendung
Urlaub geben.
Ich zweifle, ob die Buben wirklich Spaß an diesem tagelangen
Besäufnis haben..
Ich glaube, die fühlen sich jedes Jahr auf neue gezwungen,
dieses Ritual wieder aufzuführen.
Und würgen halt ein Bier nach dem andern hinunter, (den meisten
schmeckt s doch gar nicht!), damit dieser öffentliche Auftritt leichter
geht.
Wenn die *Musterung* einen Übergang zum Erwachsensein darstellen
soll und zum Mann sein:
Sollte man das nicht erfreulicher gestalten ? *Saufen* ist noch nicht das
Zeichen von Männlichkeit und Erwachsensein...
und die Bier-Flasche in der Hand ist keine Ehrung für Österreich..

Frage also: Wie könnten diese Tage gestaltet werden, dass die
Burschen selber etwas davon haben und andere auch
und dass es eine Art Signal wäre für den Anfang zum mündigen
Staats-Bürger, der sich jetzt als mitverantwortlich erklärt...sozusagen
seine Unterschrift gibt..
Man könnte eine Exkursion mit ihnen machen durch die Kasernen in
Vorarlberg.

Oder ein, zwei Tage Lebenshilfe oder Gemeindedienst oder
Altersheim: Da würde die Öffentlichkeit staunen und bewundern;
Fürchte dich nicht, von jetzt an wirst du Menschen fangen.
Das *Fischfangen* ist nicht das Wichtigste:
Geld verdienen, damit man leben kann…
Die weltlichen Zwecke des Lebens sind noch nicht Sinn und Ziel.
Wirtschaft und Staat und Europa und Welt ..werden nicht ewig
leben..Banken und Unternehmen sind nicht berufen , vollkommen zu
werden: Aber der einzelne Mensch ist berufen, heilig zu werden und
zum Himmel zu gelangen…freilich auch durch sein Arbeiten...
Deshalb geht es darum, *Menschen zu fangen und nicht nur Fische..*
Für die Mit-Menschen da zu sein und nicht nur für die
Lebensbedingungen..(Fische…) .
Für Eltern und Lehrende und Erziehende und für Priester und
schließlich für jeden Christen darum, zuerst und immer neu sich
selbst *fangen* zu lassen ..und dann Andere..
Wofür ?
Schon den jungen Menschen *gewinnen* für ein aktives, opferbereites
Mitsein, für seinen Part für die Erneuerung der Welt,
für seinen Beitrag zum Glücklich seins Anderer.
Den Menschen *fangen* für das Interesse am Anderen
und dessen Leben; ihn *fangen* für die Dankbarkeit.

Den Menschen *fangen* für das Streben, Freude zu machen...
für den Willen, dem Gemeinwohl zu dienen,
ihn fangen für den Glauben an Gott..für den Glauben an *Christus,*
an das *Neue Universum*..an das *Reich der Nächstenliebe..*
Fangen (gewinnen) für ein innerliches Leben...
Das äußere Leben (Politik, Wirtschaft, Geld, Arbeit..Gesundheit..)
wird vergehen zu einem Nichts,
das Innere Leben dagegen wird sein Ziel berühren..

5. Sonntag C 2016 Lk 5,1-11

**In jener Zeit, als Jesus am Ufer des Sees Genezareth stand,
drängte sich das Volk um ihn und wollte das Wort Gottes hören.**
Jesus muss ein großartiger Redner gewesen sein,
der ganz aus sich heraus, aus dem vollen Herzen geredet hat.
Wes das Herz voll, dem geht der Mund über.
Und es war nicht eine Spur von Eindruck-machen-Wollen dabei..
Sein Reden war von einer absoluten Ernsthaftigkeit getragen..
Das Volk drängte sich um ihn und wollte Ihn , das Wort Gottes hören..
Wenn wir zu bestimmten Anlässen in die Kirche gehen und das
Evangelium hören, also das „Wort Gottes",
sind wir dann nicht immer wieder angerührt und in der Tiefe
angesprochen...
Ich erinnere nur an die Evangelien, die wir bei Begräbnissen hören.
Das Evangelium von den *Talenten* etwa, wo es heißt:
*Du bist im Kleinen ein treuer Verwalter gewesen, ich will dir eine
große Aufgabe übertragen. Komm, nimm teil an der Freude deines
Herrn.*
Wir sind überzeugt, dass das stimmt und wahr ist:
Dass man lernen muss, *im Kleinen* ein treuer Verwalter zu sein:
Mit dem Geld...im Beruf...mit dem Haus...im Haushalt..
Dass uns also *hier* schon eine *Aufgabe übertragen* ist,
die eine Große Aufgabe vorzeichnet... Und dass der Mensch
geschaffen ist, an der Freude Gottes teilzunehmen...

Oder wenn es heißt bei Jesaja:
*Nimm alles an, was über dich kommen mag..
halte aus in vielfacher Bedrängnis..
Denn im Feuer wird das Geld geprüft, und jeder, der Gott gefällt,
im Schmelzofen der Bedrängnis..!*
All das sind doch Worte, die unendlich trösten,
weil sie uns den Sinn des Lebens und damit auch den des Leidens
aufzeigen ..

Und dann heißt es :**...er lehrte sie vom Boot aus...**
Heute rufen alle Politiker angefangen vom Land bis EU nach *Bildung* und dass mehr Geld in die Bildung und Forschung investiert werden müsse.
Aber alle diese fachlichen Ausbildungen geben nicht Auskunft über die Welt und das Leben *insgesamt*: Was das Ziel des ganzen Lebens ist und worauf es jeden Tag und jederzeit ankommt...
Was also zuerst und zuletzt wichtig ist ..
Und dass es nicht darauf ankomme, welche Arbeit man tut:
Bei ihm gebe es nur die Rangordnung der Liebe und der Hingabe.
Er lehrte sie... Aber auch wir sind gerufen zu lehren....
Unser Lebensweise soll Seine Lehre veranschaulichen...
Predige die Worte Gottes durch dein Leben...
Und wenn er sagt: *Ich bin sanft und demütig von Herzen..*
Dann sage du diese Worte, indem du sie lebst;
indem du lernst, demütig und sanftmütig zu werden...

Als er seine Rede beendet hatte, sagte er zu Simon:
Fahr hinaus auf den See!
Dort werft eure Netze zum Fang aus!
Simon: **Meister, wir haben die ganze Nacht gearbeitet und nichts gefangen. Doch wenn du es sagst, werde ich die Netze auswerfen!**
Um erfolgreich zu sein - so wie Petrus mit dem Fischfang - muss man bereit sein und willens, sich über das Gewohnte hinaus bemühen...Die Netze auswerfen, auch wenn es unmöglich scheint wie eben Fischen bei Tageslicht. ..

Erfolgreiche Künstler oder Wissenschaftler werden sagen auf die Frage nach dem Geheimnis ihres Erfolges:
Man muss viel arbeiten... jederzeit bereit sein...
auch Wege gehen, die unmöglich scheinen...
Es ist immer ein Wagen samt Risiko..
Wir geben zu früh auf. Vielleicht wollen wir oft gar nicht wirklich und das mit aller Beharrlichkeit und Hoffnung...
Petrus hatte die Netze gegen alle Erfahrung noch einmal ausgeworfen und heimst einen unglaublichen Erfolg ein!
Mit einem einzigen Fang ...zum richtigen Augenblick...

Es ist auch schon vorgekommen, dass Forscher die Lösung eines
Problems geträumt haben...oder Künstler eine große Idee...
Freilich:
Jesus hat Petrus und den Jüngern und uns gezeigt,
dass letztlich Er hinter allem Erfolg steht..
dass er unsere Opfer und Mühen vollendet...
Er schaut aber nicht zuerst auf den Erfolg,
sondern vielmehr auf unsere *Absicht...*
auch wenn wir nicht so erfolgreich sind...
Er: *Prüfe immer wieder nicht nur den Wert deiner Handlungen,*
sondern vor allem den Wert deiner Absicht, in der du etwas tust. Die
Redlichkeit deines Willens verherrlicht mich..
Als Simon Petrus das sah, fiel er Jesus zu Füßen und sagte:
Herr, geh weg von mir; ich bin ein Sünder..
Das Bekenntnis des Petrus betrifft uns alle:
Da gibt es dieses wunderbare Kirchenlied, wo es heißt:
Ja, ich danke dir, dass du mich kennst und trotzdem liebst..
Ich habe Erfolg, es geschieht mir so viel Gutes,
obwohl ich gar nicht *gut* bin,
obwohl ich neidisch bin und hinterlistig und gemein und
missgünstig..
Das ist so ähnlich, wie wenn ich ungut über jemanden denke oder
rede und ihm dann begegne und eigentlich zu ihm sagen müsste:
Geh weg von mir...Ich schäme mich...
Ich habe schlecht über dich geredet...
Geh weg von mir, du, mein Mitmensch, ..
Ich bin ein neidischer Ich-Mensch,
ich bin dein Gegner, dein Konkurrent..
ich liebe dich nur, solange du nicht besser bist als ich..
ich freue mich nicht, wenn du Erfolg hast ...
im Gegenteil...
ich habe mein Mehr von deinem Weniger..
Ich bin unfähig zur Zusammenarbeit..

Aber genau diese radikale Selbsterkenntnis ist der Anfang der Verwandlung, der Umkehr.
In der Gegenwart dessen, der der Gute ist und der Heilige, erkennt Petrus seine Unheiligkeit, seine Selbstherrlichkeit, seine Eitelkeit, seinen Egoismus..
Das ist Anfang und Ausgang seiner Sendung!
Fürchte dich nicht!
Von jetzt an wirst du Menschen fangen..
Mit dieser tiefsten Selbsterkenntnis, ein selbstherrlicher Sünder zu sein, wird Petrus würdig, berufen zu werden zum Jünger..!
Von nun an wirst du Menschen fangen..,
aber nicht für dich...sondern für mich,
für den Glauben an Gott Vater und an mich..
Und nicht durch List oder Angstmache oder Manipulation oder Zwänge wirst du Menschen für mich *fangen*,
sondern:
Je schweigsamer du bist und je mehr du zurücktrittst,
nicht zu beeinflussen suchst, desto mehr wirkst du in den Seelen...
Je mehr du aber dich behaupten willst, deine Wünsche, deine Art ,
deine Ideen aufdrängst, um andere zu überzeugen, desto weniger
wirst du wirken..

Man muss die Religion um jeden Preis liebenswert machen.
Die Seelen müssen aus eigenem Antrieb sich meiner Kirche anschließen..

Petrus ist später noch einmal gefallen:
Er: *Petrus hielt zu viel von sich, und so kam es dazu, dass er mich drei Mal verleugnete...Erbitte mein Hilfe... Du weißt doch, das du nichts bist und dass ich alles bin..*

2. Fastensonntag C 2016 Lk 9,28-36

Jesus nahm die drei Jünger beiseite und stieg mit ihnen auf einen Berg, um zu beten..
Ob es viele Menschen sind, die beten ? Viele Christen?
Man glaubt zwar an einen Gott, aber man betet nicht;
man *kann* nicht Beten, weil man meint, man müsse da vornehme Sätze sagen…Oder man meint, man sei überhaupt nicht würdig zu beten...
Charles de Foucauld weiß: *Das Gebet muss vollkommen natürlich sein, vollkommen echt, Ausdruck eures tiefsten Herzensgrundes…*
Es braucht weder lange Zeit noch viele Worte und Gedanken..
Je nach den Wünschen des Herzens kann auch ein einziges Wort genügen..oft wiederholt...
Und Er selber:
Zum Beten brauchst du kein Sonntagsgewand anziehen…
sei vor mir so wie du bist, so natürlich wie zu Hause..
Aber denke auch, was du mir sagst..
Bitte mich um Rat...Erzähle mir ...ich höre zu ..
Ich liebe euch mitsamt euren Schwächen und Armseligkeiten..

Und wenn du das Vaterunser (mit mir) sprichst, welche Kraft ist dann in dir! Sprich es oft. Ich höre es immer so gern:
Es ist der Lobpreis der Erde.
Der ganze Himmel lauscht..

Und während er betete, veränderte sich sein Gesicht..
und sein Gewand wurde leuchtend weiß..
Jesus ist durch und durch von Gott erfüllt ....
Hier auf dem Berg Tabor zeigt sich seine *Herrlichkeit, die er hatte, bevor die Welt war..*(Joh)
Auch wir verändern uns, wenn wir betende Menschen sind: psychisch und physisch...Und unsere Lebensweise wird sich verändern..

Dann erscheinen die zwei größten heiligen Führer Israels,
Mose und Elija...
und die Grenze zwischen Diesseits und Jenseits ist hier aufgehoben..
Es öffnet sich für Momente die andere Welt...
Und sie sprachen von Seinem Ende, *das sich in Jerusalem erfüllen sollte.*
Auch wir sollen über *unser Ende* denken und angemessen sprechen.
Wie viel tiefer wird das Leben und werden unsere Beziehungen,
wenn wir oft an den Tod denken:
An den von unseren Geliebten und an den eigenen...
Aber Jesus sagt:
*Selbst wenn ihr an euren Tod denkt, seid nicht traurig, denn ich,
euer Gott, ich habe denselben Weg genommen..
Meine Mutter wollte ihn gerne gehen.
Das Sterben aber ist die große Wiedergutmachung eines Lebens,
das oft voller egoistischer Sorglosigkeit war.*
Und dann wird Petrus wach und sieht Mose und Elija und Jesus in
strahlendem Licht..
und er ist so hingerissen von dieser Erscheinung,
dass er nichts anders wollen kann, als diesen Augenblick festhalten...

Er : *...Ich erweise dir jeden Augenblick Güte über Güte, aber du
siehst es nicht. ...Übe es, in der Frömmigkeit (Kontemplation) des
gegenwärtigen Augenblick zu leben..
Ich fordere von dir den gegenwärtigen Augenblick.
Stell dir ein Leben vor, in dem alle jeweils gegenwärtigen
Augenblicke zur Verherrlichung Gottes gelebt würden..*

Für Petrus war dieser Augenblick ein Glückserlebnis,
das ihn die Welt vergessen ließ.
Wenn ich an Glückserlebnisse denke, denke ich z.B. an schöne
Kinofilme, wo du glücklich *weg* bist für eine Stunde.
Mütter denken an ihr Glück nach der Geburt ihres Kindes.
Wie glücklich sind wir bei der Genesung von einer schweren
Krankheit ...

Und was für ein herzliches Glück in einer schönen Verliebtheit ...
Glücklich die Menschen, die nach ihrer Flucht Mitmenschen gefunden haben ...
Das große Glück der Versöhnung nach einem langem Streit ...
Und das Glück, Gott ein wenig näher zu sein:
Hier und persönlich in einem guten religiösen Buch: Ich denke dabei an meine *Quelle* !
Dort heißt es aber:
Du siehst, wie glücklich Menschen sind, wenn sie sich ein Haus bauen. Doch sie täuschen sich, wenn sie ihr ganzes Herz daran hängen..Diese starke Sehnsucht nach einem Zuhause ist dem Menschen für seine Himmlische Wohnung gegeben..

Alle unsere persönlichen *Taborstunden*, diese großen Glückserlebnisse : Gott schenkt sie uns, um uns Kraft und Trost für die schweren Stunden unseres Lebens zu geben;
und uns eine Vorahnungen, eine Vorerfahrung der vollkommenen, der auferstanden Freude zu schenken.
So wie die Verklärung Jesu, dieser Vorausblick in die Ewigkeit, den Jüngern helfen sollte, in den darauf folgenden dunklen Kreuzesstunden nicht zu verzweifeln.

Und dann ...aus der Wolke eine Stimme:
Das ist mein Sohn, auf ihn sollt ihr hören...
Vielleicht habe ich auf Ihn gehört, wo ich zwar widerwillig, aber dann doch diesem Roma-Bettler zugehört habe..
Auf ihn sollt ihr hören..
Auf die Stimme eures Gewissens sollt ihr hören,
dieses Drängen in euch, das euch nicht in Ruhe lässt,
euch über eure Eigenliebe hinaus ruft..
euch hinausruft zur Erfüllung eurer Standespflichten
und zu alldem, was ihr persönlich tun *müsst*...

P.S.
Apropos „Hütten bauen".
Ich habe in den letzten Wochen auch ein Haus gebaut,
nach unserem Begriffen eher eine Hütte,

nämlich in Rumänien – bei der Stadt Ploiesti!
Der kleine Roma Leonhard (28) hat es verstanden,
mich mit seinem beharrlichen, ja zudringlichen Bitten zu gewinnen:
Ihm zu helfen, die Hütte seiner Familie mit Mutter,
 drei kleinen Brüdern, seiner Frau mit drei Kindern zu retten..
Im Jänner ist (laut seinem Notruf) Wasser durchs Dach in ihre zwei Wohnräume geronnen..
Er: *Don Pfarrer, Firma sagen: Neues Dach…!*
Ich: *Ja, da mach ich mit, - aber dann Schluss mit Geld !*
Zwei Wochen später,
Er: Mama sagen: *Zwei Zimmer dazu, dass vier Zimmer ..*
für acht Menschen !
Ich stöhne und gebe nach..
Wieder zwei Wochen später:
Er: *Firma sagen, Korridor zwischen Zimmer ..!?*
Ich schimpfe - und sehe es ein.
Letzte Woche:
Don Pfarrer, bitte ! Fehlen noch 4 Fenster und drei Türen..
Ich schreie Nein! - und denke:
Klar, mein Haus muss doch Fenster und Türen haben!
Im Sommer fahre ich vielleicht nach Rumänien – mit einer Caritas
gruppe und möchte mein Haus sehen, meine Hütte -
auf dem *Berg Tabor in Ploiesti*.

PS. Zwei Jahre später: Somerta, seine Frau, hat sich aus dem Fenster in den Tod gestürzt. Aus Angst (vor ihm…). Er dann auch – und ist jetzt schwer verletzt im Gefängnis.

3. Fastensonntag C 2007 Lk 13,1-9

Ihr werdet alle genau so umkommen, wenn ihr euch nicht bekehrt.
Dieser Tage habe ich Gelegenheit gehabt, mit einem Menschen,
der blind ist, über das Leben zu reden...
Weil er aber von Geburt an blind ist, ist es für ihn, so sagt er,
kein großes Leiden, nicht sehen zu können.

Er hat noch nie *gesehen*. Er weiß nicht, wie Farben aussehen.
Er weiß nicht, wie er selbst aussieht. Wie seine Frau, wie die Wiesen und Berge...wie sein Haus...
Deshalb fehlt ihm das Sehen nicht wirklich. Ja, im Gegenteil, sagt er:
..ohne dass ich etwas dafür kann, bin ich als Blinder weit weniger den tausend Ablenkungen ausgesetzt als Ihr mit Eurem Sehen...

Und wie wir so reden, bemerke ich, dass mein Blick tatsächlich immer wieder von Dingen in der Wohnung abgelenkt ist und von seinem Aussehen ...und ich ihm nicht gut genug zuhöre....
Aber dann war in unsrem Gespräch die Frage:
Wovon sollten wir uns nicht ablenken lassen..?
Was muss (müsste) in der Mitte unserer Aufmerksamkeit sein..und bleiben..?

Der Schriftsteller Borges sagt:
Er habe als 85 jähriger festgestellt:
Wenn ich noch einmal leben könnte, würde ich – vor allem – versuchen, mehr gute Augenblicke zu haben.
Aus den guten Augenblicken besteht nämlich das Leben,
nur aus Augenblicken...
Vergiss also nicht den jetzigen...
Lass dich nicht ablenken vom jetzigen...

Was also in der Mitte der Aufmerksamkeit sein soll:
Das ist der je gelebte Augenblick.
und damit zugleich das Ewige in jedem Augenblick.

Er: *Lebe in der Andacht des gegenwärtigen Augenblicks..*
Jetzt und in Ewigkeit ...betet die Kirche .

Aber, so findet da eine Menschenkennerin:
*Wir leisten uns einen unglaublichen Luxus in der Verschwendung dieser guten Augenblicke...Wir verpassen sie ständig...nehmen sie nicht wahr...*schreibt die Literatin Iris Radisch.
So wäre **Umkehr** die Hin-kehr zum Augenblick...zu dem, was jetzt ist..

Wir können es noch einfacher sagen mit Ihm:
..Zur Zeit der Arbeit widme dich richtig der Arbeit..
Zur Zeit der Geschäfte widme dich richtig deinen Geschäften..
Doch zur Zeit es Gebets, in den Stunden der Erinnerung an Gott soll nichts dich ablenken von Ihm und seiner Sache..
das sollst du dich immer wieder sammeln...versammeln..
..dann wird der Feigenbaum deiner Tage und Augenblicke Früchte tragen ..
Dass wir Gott so wenig Gelegenheit geben, uns gute Augenblicke , gute Tage schenken zu können: Das liegt am Abgelenkt-sein..
aber auch an einer anderen, verwandten Schwäche:
nämlich dem *Aufschieben.*
Wir sind Meister im Aufschieben.
Im Kleinen, Alltäglichen: Das Email , das schon länger da liegt zum Beantworten.
Der Besuch, den ich vor Wochen versprochen habe..
Die Glühbirne im Gang...
Die Lohnsteuererklärung... Das Buch, das mir zum Geburtstag geschenkt worden ist und ich anschauen sollte..
Und im Großen: Wenn das Haus halbwegs abgezahlt ist, werden wir Familie gründen..
Und wenn wir dann Zeit und Geld genug haben, werden wir eine Reise machen..
und dann werde ich Bücher lesen... und wir werden endlich nach Rom oder nach Israel reisen..oder nach Norwegen...

Auch das ist eine Form der **Umkehr:**
Die Dinge, die getan werden sollen, *jetzt* tun.
Und die Guten Ideen umsetzen in die Tat:
Sofort – oder so bald wie möglich..

Und ein anderes Wort:
..Achte gut auf die Kraft deiner Liebe..zu Gott und den Anderen..
Wenn du ein großes Feuer anzündest, aber dich dann tausend andere Dinge davon ablenken, dem Feuer Nahrung zu geben:
Würde das Feuer nicht verlöschen?

Diesem Feuer Nahrung geben:
Wirf oft in dieses Feuer deine Opfer ... auch deine Freuden...deine
Seufzer...deine Reue für Vergangenes, deine Wünsche nach Seinem
Reich; dem Reich der Reinheit, der Güte, der inneren Freiheit...
wirf hinein dieses Feuer deine Rufe ...

Gott möchte uns, wenn wir es so sagen dürfen,
immer neu gute Tage geben, gute Augenblicke...
Ein *guter Tag* wäre eine Fülle von guten Augenblicken…
von guten Gegenwarten...
Aber wir geben Gott so wenig Gelegenheit dazu,
weil wir selten *ganz da* sind…,
weil wir in Gedanken und Vorstellung immer *woanders* sind...
in der gedachten Zukunft oder in der erinnerten Vergangenheit...
Umkehr.
Ich hatte es mir geschworen und ich habe es ihm gesagt:
Wenn Sie mir nicht etwas von dem, was ich Ihnen gegeben habe,
zurückgeben, so wie jetzt versprochen,
dann lassen Sie sich ja nicht mehr blicken bei mir!
Ich werde Sie hochkantig und ohne jedes Anhören hinauswerfen!
Er schickte mir *natürlich* nichts zurück ...
Aber er hat nach drei Monaten die Stirn oder müssen wir sagen:
den Mut der Verzweiflung?, wieder vor meiner Türe zu stehen!
Und in meinem Ärger schneide ich ihm seine Erklärungsversuche
sofort ab…: VerschwindenS! GehnS! GehnS! rufe ich.
Aber nach seinem dritten inständigen:
Hörens mir doch zu! Nur kurz! …
denke ich: Hörst halt dem Schein nach zu..
Aber damit war ich schon besiegt:
Ich habe ihm wieder herausgeholfen in letzter Minute....
und - wieder - mit der erzieherisch gedachten Auflage und seinem
Versprechen, dass er wenigstens eine kleine, symbolische
Rückzahlung leisten werde...
Vielleicht bringt er doch einmal etwas zurück...habe ich gedacht -
Vielleicht trägt der Feigenbaum doch noch Früchte..!
und er muss nicht umgehauen werden..

Aber ist damit *er* gemeint – oder *ich:*
Mit dem *Endlich-doch-noch-Früchte-bringen?*
Ich fürchte, *ich* bin gemeint: Ich, der Reiche, muss lernen,
mit eindeutigem Herzen zu geben, nicht aus Zwang..
Denn: *Gott liebt den fröhlichen Geber!* nicht den, der dabei
jammert.. und zusammenzählt, wie viel es schon geworden ist..
Wie wird gesagt zu den *fruchtbaren Feigenbäumen?*
Bei Euch soll die Linke nicht wissen, was die Rechte tut...

Umkehr

Nächsten Sonntag ist PGR-Wahl.
Die Wahlzettel sind in die Häuser gekommen
und als Pfarrer freut man sich, wenn da elf Personen (sechs honorige Männer und fünf kluge Frauen)
sich bereit erklärt haben, in der Pfarre und für die Pfarre so mitzuarbeiten.
Und wenn wir auch einen PGR im Licht unseres heutigen Evangeliums sehen wollen, müssen wir sagen:
Es ist auch die Kirche, auch ein PGR samt Pfarrer.. nicht gefeit davor, ein Feigenbaum zu sein, an dem keine Früchte zu finden sind.
Großer Betrieb, aber letztlich oder grad deshalb.. fruchtlos..
Worin bestünden diese Früchte..?
Sind es die Zahlen der Gottesdienstbesucher?
Ich glaube nicht.
Aus meiner persönlichen Sicht sage ich:
Die erste und *wichtigste Frucht eines PGR* ist es, wenn man beitragen kann zum *Leben* der Gemeinde:
Also zum Einander Kennen...zum *gegenseitigen Interesse* aneinander...zum heiligen Respekt...
in den Familien, den Betrieben, in der Landwirtschaft,
in den Vereinen, in den Schulen, Kindergarten, im Altersheim..
in der politischen Gemeinde...
Und wie es den jungen Leuten hier in unsere Gemeinde geht...
wie den Alten....den Kranken...
und denen, die am Rand leben, von der Öffentlichkeit übersehen.
und das alles ohne Missionieren zu wollen…
Einfach aus Sorge und Liebe und aus Freude am Leben und aus Dankbarkeit für die Talente.. ..

Jede Familie (von den etwa 1.000) und jede einzelne Seele,
die hier in der Gemeinde lebt und wohnt:
Keine ist nur zufällig hier.
Jeder und jede ist ein „Stein" im dem Bau dieser Gemeinde
Alberschwende. Und ich betone: Alberschwende, - weil jede
Gemeinde noch einmal anders und eigen ist.
Und wie kommt es zu diesen Früchten?
Ich glaube: Früchte bringt ein Pfarrgemeinderat, wenn da zuerst
einmal ein guter Geist (Der Gute Geist..) in dieser Runde selbst ist...
Und:
Wo versucht wird, um noch einmal mit dem *Dichter Borges* zu
sprechen: ... *die Augenblicke auch eines Sitzungsabends zu guten*
Augenblicken zu machen..die Dinge weniger ernst zu nehmen..
vielleicht auch ein wenig verrückter zu sein ..
und dabei auch Fehler in kauf zu nehmen...
Und noch einmal gefragt:
Welches sind die Früchte, die aus so einem PGR-Jahren erwachsen
mögen – und zwar wie von selbst, ohne Gewalt, ohne Zwang...
für eben diese Familien und diese Seelen..
und diese Gemeinde mit dieser Geschichte …
mithilfe dieser Männer und Frauen, die ihr „vorangehen"..?
Antwort:
Dass man beitragen will zum Glücklichsein der Anderen..
und – nicht zu glauben – am Glücklichsein Jesu,
des Sohnes Gottes selbst.!..
Beitragen zum Wachstum der gegenseitigen Liebe ..und damit zu
allem, was das Glücklichsein fördert, was Hindernisse wegnimmt
von der *Liebe,* von der es heißt,
dass sie naturgemäß (aus ihrem Geist heraus) an das Glück der
andern denkt..

3. Fastensonntag C 2010 Lk 13,1-9

Eine erste Frage ist hier: Ob und inwieweit Unglück und Leid die Folge von einem sündigen Leben ist..
Da wurden Galiläer umgebracht auf Befehl des Pilatus.
Jesus dazu:
Meint ihr, dass nur diese Galiläer Sünder waren, weil sie so ein Ende gefunden haben, die andern Galiläer aber nicht?
Nein, im Gegenteil: Ihr alle werdet Unglück erleiden, wenn ihr euch nicht bekehrt..
Ihr alle seid genau so sündige Ich-Menschen und müsst die Folgen eures egoistischen Lebens erleiden und so in eure Wahrheit zurück geführt werden.
Und bei dem Turmeinsturz, wo die 18 Menschen erschlagen wurden: Meint ihr, dass nur diese Verunglückten Schuld auf sich geladen hatten, alle andern aber nicht..?
Nein, im Gegenteil: Niemand ist unschuldig...
Ihr alle müsst die inneren und äußeren Folgen eurer Verfehlung und Unterlassungen des Guten tragen.
...wenn ihr nicht umkehrt..
Und wo ihr wirklich ohne Schuld seid, werdet ihr wegen der Sünden Anderer Leid und Unglück erfahren...und überhaupt wegen der Sünden der ganzen Menschheit .
Zusammengefasst:
Alles Handeln hat Folgen, böse oder gute Folgen.
Es gibt das Gesetz des *Karma*:
Was der Mensch sät, das wird er ernten.
Ein Gewohnheitstrinker wird Krankheit und den Verfall des Gedächtnisses ernten. Ein Raucher - das muss ich gegen meine eigene Schwäche sagen - wird Probleme mit der Lunge, mit dem Atmen bekommen. Ein junger Mann, der nächtelang Gewaltspiele spielt, wird voll von Gewalt-Phantasien sein, die eines Tages zum Ausbruch kommen. Und wenn ein Mann notorisch Sex-Filme anschaut, wird er bald obsessiv Sex im Kopf haben.. und die Fähigkeit unbefangener Liebe verlieren..
Was der Mensch sät, das wird er ernten.
Gott straft nicht.

Aber die Welt ist so geschaffen, dass alles, was geschieht und getan wird, Folgewirkungen hat; dass ein Verstoß gegen die Ordnung der Natur oder gegen die Gesetze des moralischen Lebens unvermeidlich die entsprechenden Konsequenzen mit sich bringt...
Aber es ist möglich, umzukehren.
Es ist möglich, die Folgen des schlimmen Handelns zu mildern, ja aufzuheben:
Wie? Dadurch, dass ich angefangen habe, das Gute und Richtige zu denken und zu tun...
Wer Schlechtes tut, bewirkt Schlechtes – äußerlich und mehr noch in sich selbst.
Wer Gutes tut, kann mit seinen Guten Taten die schlechten Taten von früher aufheben, sodass die früheren Sünden den (inneren) Fortschritt nicht mehr behindern.
Dank dem Gnädigen Wirken Gottes..!

Wenn ihr euch nicht bekehrt, werdet Ihr alle umkommen,
Diese Wochen bin ich noch ein paarmal Schi-Langlaufen gegangen..
Und weil ich das Langlaufen früher einmal renn-mäßig gemacht habe, komme ich in Versuchung, so zu laufen wie früher!
Und wenn dann Andere schneller sind, wacht der Konkurrenz-Ungeist auf: Ich will mithalten..und komme in Gefahr, dass ich mich vor lauter Ehrgeiz übernehme....
Es wäre dann eine Umkehr in meinem Wollen und Streben,
dass ich es annehme, von andern überholt zu werden..
und eben langsamer daherkomme...
Dass ich endlich lerne, *für mich* zu laufen, unabhängig von den Andern, angepasst an meine Kräfte, meine *Luft*...
Würde ich nicht **umkehren** von meinem *alten Adam* und in einem krankhaften Ehrgeiz die Signale des Körpers übergehen, dann wäre Gefahr, dass ich **umkomme** mit Herz und Kreislauf-Zusammenbruch oder Infarkt. Es ist ein Bild für verkehrtes Streben, dass man sich treiben lässt vom Ehrgeiz, groß zu sein und dann wegen all dieser Übertreibungen und Grenzüberschreitungen in Krisen gerät; gesundheitlich und seelisch ...***umkommt.***

Ihr werdet alle umkommen , wenn ihr euch nicht bekehrt..
Was mich in diesen Tagen berührt :
Da hat ein junger Mensch nach fünf Jahren sehr anstrengender Arbeit auf dem *Bau* die Arbeit geschmissen und ist in ein seelisches Loch gefallen...Dabei hätte er das viele Arbeiten leicht verkraftet:
Wenn das *Arbeitsklima* nicht so *böse* gewesen wäre..!
Kränkungen und Herumkommandiert-werden haben dazu geführt, dass der junge Maurer in eine tiefe Abneigung, ja Hass gegen die ganze Arbeitswelt verfallen ist und sich *fast zwei Jahre* lang in seinem Zimmer eingekapselt hat! Bis es für die Familie gefährlich wurde und die Polizei ihn herausholte in die Nervenklinik!
Fünf Jahre war er bei der Bau-Firma !
Wäre es da nicht zu erwarten gewesen, dass so ein junger Mensch in dieser Zeit aufblühen hätte können..? müssen..?
Jesus hat an dem Feigenbaum Früchte gesucht:
Auch so ein *Betrieb* ist ein Feigenbaum.
Wo die Mitarbeiter aber nur als Rädchen gebraucht werden,
da wird zwar Umsatz und Gewinn gesteigert,
aber das Unternehmen bringt keine Früchte – ....
keine Freude an der Arbeit, keine Kollegialität,
keine Liebe zur Arbeit und zum Unternehmen selber..

Daher gibt es auch für eine *Unternehmensführung* immer den Ruf nach einer *Umkehr*...,Nämlich weg von dem Starren auf Umsatz und Aufträge hin zu einem echten Interesse an den Mitarbeitern:
Wie es ihnen geht...wie es ihren Familien geht...und der herzliche Wunsch, dass es ihnen gut gehen möge.. vor allem auch den Jungen, dass sie Freude haben können am Arbeiten...
Da passiert einem Mitarbeiter in der Buchhaltung ein ziemlich grober Fehler, der sich nur schwer wiedergutmachen lässt und der schon ältere Buchhalter kommt voller Sorge zum Chef und gesteht ihm diesen großen Fehler: Und dieser Abteilungschef handelt nicht nach dem Motto des Unternehmens, sondern tröstet den Angestellten, baut ihn auf und hilft bei der Suche, wie man diesen Fehler mittelfristig wieder ausbügeln kann..
Die *Fehler-Akzeptanz,* wie man umgeht mit Mitarbeitern, die Fehler machen: Das gehört zur *Umkehr eines Führungsstils..*

Wenn ihr euch nicht bekehrt...zum Tun, zum großmütigen Tun..
Gutes Tun: Das ist ein Besuch, bei dem man die Zeit vergisst und sich vertieft in ein Gespräch, wo man dann auch zu den tieferen Dingen des Lebens findet..
Am schwersten fallen uns die Besuche bei schwerkranken Mitmenschen. Es ist eine echte Frucht, wenn man da Frohsinn mitbringen kann, wenn man da vom Leben spricht, von den Ereignissein hier bei uns...von gemeinsamen Bekannten..
und vom Glauben an einen gütigsten Gott, dessen Pläne wir zwar nicht kennen, aber mit dem Psalmgebet beten:
Harre auf Gott, du wirst ihm noch danken...
Das glauben wir jetzt schon: Dass du Ihm *später* danken wirst...wenn du im Rückblick siehst, wie Er dich auf diesem Weg vorbereitet hat für das andere Leben, für das wir alles loslassen müssen...
Wenn ihr euch nicht bekehrt...
und Frucht bringt mit Eurem Tun.
So ein Tun ist auch ein kleiner Tel-Anruf bei Jemanden, der sich freut...Wie leicht, jemanden ein Wort zu sagen , wo man doch nur eine Nummer wählen muss zum Fragen, wie es geht...
Das Telefon ist so gebraucht eine großartige Sache !
Wenn ihr euch nicht bekehrt.. zum großmütigen Tun..
Und dann bist du näher bekannt mit einer Familie –
so bekannt, das man auch über die Geldsorgen reden kann:
Und du lässt dich ein und es wird der ganze Haushalt zu Papier gebracht:
Einnahmen und Ausgaben...
Und wenn man einmal so tief hineingesehen in die materielle Not anderer, dann genügt es dir nicht mehr, zu mahnen, wo sie überall sparen müssen: Da wirst du großzügig in die eigene Geldtasche greifen, wenn du genug hast zu helfen.
Würde man nämlich wissen, wie schlecht es jemanden geht und dann trotzdem nicht helfen...
Wenn ihr euch nicht bekehrt ..
Grad wieder in diesen Tagen vor der Papstwahl wird kritisch gefordert. Die Kirche muss sich ändern..! Die sog Strukturen …
die Hierarchien...Sie muss eine Reform erfahren…
Seit Jahrzehnten Reformstau !

Aber all die äußeren Reformen der Kirche führen nicht dazu, worauf es ankommt: Dass *ich* mich ändere...dass *ich* an mir arbeite.. dass *ich* ein Mensch werde, der für andere da sein kann...der Freude am Leben hat...der Sinn erfüllt....der gerecht ist... der auch Unrecht ertragen kann..der tröstet und selber Krankheit annehmen kann…
Wenn ihr euch nicht bekehrt, werdet ihr genauso umkommen...
Wenn ihr in eurer Haben-Mentalität stecken bleibt und Euren Besitz nicht loslassen wollt, werdet ihr in Eurem Geiz und Eurem Festhalten innerlich umkommen; zu „bösen" Menschen werden...
Wenn ihr und eure Kinder in der Unterhaltungssucht und den Ablenkungen stecken bleiben, werdet ihr darin verkümmern…
und so *umkommen.*
Wenn ihr in euren sinnlichen Phantasien stecken bleibt, werdet ihr die Liebe verlieren...
wenn ihr euch nicht bekehrt aus dem Lärm hin zur Stille..
werdet ihr im Lärm umkommen
wenn ihr euch nicht bekehrt aus dem ewigen Kritisieren..;
euch nicht bekehrt aus eurem „Nur ans Geld-Denken"…:;
wenn ihr euch nicht bekehrt hin zur Freigebigkeit...zum Geben..
wenn ihr euch nicht bekehrt aus eurem Ehrgeiz, aus eurem Neid,...
wenn ihr euch nicht bekehrt aus eurer Trägheit, aus eurer Faulheit...
Wenn ihr nie an Gott denkt...nie an einen Himmel…
werdet ihr in den Sorgen der Welt umkommen..und in ihrer Trostlosigkeit..
Wenn ihr euch nicht bekehrt ... zum Guten Tun ..
Denn das, was du tust, das ist wichtig..
ist der Titel einer Kurzgeschichte einer jungen Vorarlberger Schriftstellerin. Und sie verarbeitet in der Geschichte das Gleichnis, das wir grad gehört haben. Sie bittet Gott darum, das Er ihr eine tolle Geschichte eingeben möge: Damit sie groß da wäre bei den Lesern der Landeszeitung..Aber Gott sagt ihr: Gut dastehen ist nicht wichtig... Das wäre so wie bei dem Feigenbaum, der bloß schöne Blätter, aber keine Feigen bringt..Nein, gut dastehen und Eindruck machen ist nicht wichtig: Wichtig ist, was du tust..! Dass du also mit deinem Tun Feigen hervorbringst, wenn du schon ein Feigenbaum bist..Und zwar solche, die gut schmecken und die einen stärken. Wie du dabei aussiehst, ist unwichtig..

Wenn ihr euch nicht bekehrt, werdet ihr umkommen
wenn ihr euch also nicht bekehrt aus Eurem bloß Gut-dastehen-Wollen und Gut-Aussehen wollen - um jeden Preis..
Wenn ihr euch nicht bekehrt aus eurem Euch-selbst-Darstellen..
statt Gott darstellen:
werdet ihr umkommen, indem ihr euer *Selbst* verliert...
**Jetzt komme ich schon drei Jahre und sehe nach,
ob der Feigenbaum Früchte trägt und finde nichts.
Hau ihn um!
Der Weingärtner:
Herr, lass ihn dieses Jahr noch stehen.
Ich will den Boden aufgraben rund um ihn herum und düngen.
Vielleicht trägt er doch noch Früchte.
Wenn nicht, dann lass ihn umhauen.**
Gottes Geduld ist unendlich und sie ist tätig, aktiv.
Der Weingärtner ist ja *auch* Gott: Gottes Sohn..
Alles, was dir geschieht und begegnet - Außen und Innen - grade auch das Schwere – ist doch so ein *Boden-Aufgraben* rund um dich..und ein Düngen, damit du hoffentlich doch noch Früchte trägst .. Wenn nicht, dann...

3. Fastensonntag C 2013 Lk 13,1-9

Wenn ihr nicht umkehrt, werdet ihr alle umkommen..
Auch im gesellschaftspolitischen Leben braucht es die Umkehr,
und sie hängt zutiefst mit der Lebensweise des einzelnen Bürgers zusammen.
Ich denke dabei z.B. an den Ruf nach einer *Energiewende:*
Wenn ihr nicht umkehrt *von der fossilen Energie zur erneuerbaren Energie,* **werdet ihr alle umkommen!**
Wenn die Politik Europas und der Welt nicht umkehrt
aus den überkommenen Verstrickungen in ÖL und Atom und Gas und Kohle ..,dann werdet ihr umkommen.
Wenn ihr nicht ..
Das andere große Thema ist das *Flüchtlingsthema,*
und da gibt es von der einen Seite her auch den Ruf:

Wenn ihr nicht umkehrt... aus einer nur *gut meinenden* Flüchtlingspolitik, dann ist es um unsere christliche Kultur geschehen..! Christen werden in fünfzig Jahren eine Minderheit sein und unsere Kindeskinder von einer Machtreligion (dem Islam) beherrscht werden....

Es gibt aber auch die entgegen gesetzte Mahnung:
Wenn ihr euch nicht bekehrt zu einem hilfsbereiten, mitleidvollen Handeln an den Armen..
Wenn ihr nicht umkehrt aus eurem Besitzstandsichern, aus eurem ungerechten Lebensstil auf Kosten der Armen,
dann wird euch einmal alles genommen werden..

Die Wahrheit liegt wohl in der Mitte:
Global denken, lokal handeln.
Global und strategisch braucht es Vernunft und Weitsicht, was *real* möglich und *was nicht: H*insichtlich Integration der Zuwanderer vor allem auf dem Arbeitsmarkt...
Jedenfalls wird man mitverantwortlich für Flüchtlinge und Einwanderer, wenn sie einmal hier angekommen sind..
Dass diese Menschen ein (volkswirtschaftlicher) Gewinn sein könnten für das Land, darf nicht Hauptmotiv sein für die Hilfsbereitschaft.
Lokal handeln heißt dagegen: Denen, die Asyl bekommen haben, muss zielführend geholfen werden.
Wobei ein Stachel der ist, dass es Einheimische gibt,
die rufen: Und wir? Bekommen wir auch eine günstige Wohnungen gestellt... und finanzielle Absicherungen? Wir, die wir *uns schon lange i*n den großen Topf des Staates einbringen mit Steuern und unserm Arbeiten und Sorgen für unsere Kinder, die hier leben werden..?

Ihr alle werdet genau so umkommen, wenn ihr euch nicht bekehrt..
Zuletzt und zuerst aber ist der Ruf zur Umkehr der Ruf an jeden Einzelnen!

*Er: Betrachte einmal den großen Unterschied zwischen diesen beiden Menschen: Der eine denkt nur an sich und sucht in allem seinen Vorteil, seinen Gewinn . Der andere lebt für seine Aufgaben, für das gemeinsame Leben in der Familie, im Beruf,
im öffentlichen Leben und lebt so für Gott;
Er ist bei diesem Leben fröhlich und freut sich an seinem Leben ..
Der andere, der nur auf sich schaut, schleppt sich mit viel Unzufriedenheit und Ängsten und Sinnlosigkeitsgefühlen durch die Tage.
Und nun betrachte die Verschiedenheit dieser beiden Seelen am Ende ihres Lebens, wenn sie ihr Leben abgeschlossen haben!*

Wenn ihr nicht *umkehrt* zu dem Ruf, der an jeden persönlich ergeht , werdet ihr *umkommen*: Werdet ihr *umkommen* in Traurigkeit und Ängsten und schließlich in dem Erschrecken, eurer Berufung nicht gefolgt zu sein.
Ihr werdet *umkommen* in den vielen Aktivitäten und Arbeiten;
umkommen in der Übertreibung..
Burnout ist Symptom eines solchen Umkommens;
der Herzinfarkt als Folge eines atemlos-verkrampften Aktiv-seins.

Umkommen in einem Leben, das kein Inneres Leben kennt... ,
keine Frömmigkeit, kein Beten..
Nur von Außen und für das Äußere...
Auch im Rahmen des kirchlichen Aktivismus,
wenn alles im Äußerlichen stecken bleibt..
an der Oberfläche..

Bei einem Philosophen lese ich, was wir alle kennen,
nämlich: Dass alles und daher auch der Mensch *(erbsündig)* sich in einer heillosen Trägheit befindet, dem Hang zur Bequemlichkeit, zum Sich-gehen lassen, zum Verfall: A*nstatt dass auf dem steilen Weg gegangen wird, der zum Leben führt, geht alles auf dem breiten Weg, der ins Verderben führt...und Viele gehen ihn..(Mt)*

Dazu sagt der Philosoph: Die Rettung liegt in der *Kultur:*
Kultur verstanden als die stetige Anstrengung, gegen diesen Verfall anzukämpfen..
Kultur ist daher immer *Umkehr*:
Umkehr von der Trägheit hin zur Anstrengung, der Nivellierung und der Unordnung entgegenzuwirken...

Kultur als Kraft, dem Leben Gestalt zu geben, Struktur...
Mein Leben gestalten - täglich , wöchentlich ...
in Treue, mit Mühe: *Für Gott - gegen mich !*
Kultur beginnt also schon da, wo wir uns wegen einer leeren Flasche auf dem Gehsteig bücken, um sie in den Abfallkorb zu werfen..
Das ist *Umkehr* gegen die Trägheit und gegen den Stolz,
sich nicht zu bücken ...
Kultur der Umkehr ist schon jedes Aufräumen,
jedes kleinste Wiederherstellen der Ordnung...
der ständige Haushalt in der Familie,
der Haushalt im Staat, im Land, in der Gemeinde..
Mülltrennung und die Altpapiersammlung gehören da hinein.

Jetzt ist wieder die Zeit der *Jahreshauptversammlungen der Vereine*:
wie Krankenpflege oder Familie oder Kapellenausschuss Fischbach...
Da wird Rückschau gehalten, was getan wurde und was noch nicht.
Da wir das Programm fürs nächste Vereinsjahr aufgestellt.
Da wird Kassa geprüft: Die Ein und Ausgaben auf den Cent genau.
Und es wird festgehalten, wer was tut bzw. tun soll...
Das ist Kultur !
Und *solche Kultur ist stetige Umkehr* ..
Umkehr zum gemeinsamen, öffentlichen Leben..

Kultur ist die gemeindliche Sonntags-Messe Messgang ..gegen die Trägheit des individualistischen Für sich seins.
Umkehr zum gemeinsamen Gebet...zum Denken an Gott..
zur Suche nach Übersicht...

Das Gleichnis vom *unfruchtbaren Feigenbaum* verdeutlicht es noch einmal: Umkehr ist Umkehr zu einem Leben, das Früchte bringt.

Ihr werdet alle umkommen, wenn ihr euch nicht bekehrt …
zu einem Leben, das fruchtbar ist.. für euch selber und für die Welt..
Umkehr heißt:
Den Gefühlen nicht viel Bedeutung zumessen, sondern:
Tu, was du tun musst.
Umkehr heißt:
Umkehr zu Gott...zum Beten...heißt:
Umkehr zur Wirklichkeit, zum Hier und Jetzt..
heißt: Im Gespräch ganz da sein, präsent.
heißt: Den Apfel mit der gewissen Andacht essen,
anstatt gierig wie bisher.
Umkehr heißt: Sich aufmachen zu einem Besuch...
Umkehren ist Handeln gegen den eigenen Willen...
Auf ein Vergnügen verzichten, um dem Nächsten zu helfen.
Umkehr heißt: Böses durch Gutes überwinden...
angefangen bei den Gedanken, im Reden und Urteilen..
Umkehren ist: Immer neu den direkten Kontakt mit den Andern
suchen; das bricht Vorurteile...Ängste...Feindbilder...

Umkehr ist Umkehr zur Goldene Regel:
Was du willst, das man dir tut...
Umkehr ist, wenn ihr euch bekehrt von den *Werken des Fleisches*,
wie Paulus sie nennt, zu den *Früchten des Geistes*.

Denn Ihr werdet umkommen in einem Leben ,
das bloß **Werke des Fleisches** hervorbringt:
*Ausschweifendes Leben, Unsittlichkeit, Streit, Eigennutz, Spaltungen,
Parteiungen, Neid und Missgunst, Trink und Essgelage,*
Wer so lebt, wird das Reich Gottes nicht erben...und wer das Reich
Gottes nicht erbt, der wird umkommen.

Die Früchte des Geistes aber sind:
*Liebe, Freude, Friede, Sanftmut und Selbstbeherrschung, Güte,
Treue, Freundlichkeit, Langmut, Geduld...*
das sind die Früchte eines bekehrten Menschen.
Wenn der Geist diese *Früchte* in uns bringen kann, werden wir nicht
umkommen, sondern (ewig) leben...

4. Fastensonntag C 2016 Lk 15,1-32

Barmherziger Vater..!
Vorweg gesagt: Es ist wohl das schönste und tiefste und trostreichste Gleichnis des ganzen Evangeliums.
Und weil doch dieses Kirchenjahr vom Papst zum
Jahr der Barmherzigkeit ausgerufen wurde:
Das Gleichnis wird genannt das *Gleichnis vom Verlorenen Sohn* und *das Gleichnis vom Barmherzigen Vater*...Jesus lehrt das Gleichnis nicht zufällig den Schriftgelehrten und Pharisäern:
Mit der Gestalt des *älteren Bruders* sind vor allem sie gemeint, damit aber auch jeder brave und fromme Mensch, der stolz ist auf seine eigene Tugendhaftigkeit, auf das moralisch ordentliche Leben und auf seine Tüchtigkeit..
..und der deshalb in seinem Eigendünkel die Mitmenschen im Geheimen verachtet; vor allem diejenigen, die moralisch und auch psychisch und dann auch existenziell auf Abwege geraten sind...

Im Großen gesehen denke ich beim Bild vom *Älteren Bruder* auch an eine Weltreligion, die sich insgesamt als moralischer und überlegen wähnt…, die mit Härte und Unbarmherzigkeit ihre Rechtspraxis gegen eigene Angehörige des Glaubens durchführt
und so mit purer Gewalt den äußeren Schein einer sittlich höchsten Religion aufrecht zu erhalten sucht ...

Und dann sind da die einen, die den *geraden Weg* ohne große Kämpfe und Prüfungen und Abirrungen gehen können:
Dank günstiger Umstände, dank des (natürlich) genetischen Erbes, dank eines gesicherten Milieus von Anfang an, dank einer entsprechenden Formung von Jung auf..
Und die anderen, aus derselben Familie vielleicht,
die dem menschliche Bedürfnis nachgeben, aufzubrechen aus der gewohnte Ordnung…, sich ihrer *Freiheit bewusst* werden...und sie erproben wollen.
Gott hat den Menschen, jeden Einzelnen,
als freies Wesen erschaffen...

Er:
Ich kann zwar in eure Umstände eingreifen…
in eure Gesundheit, eure Situation..
Aber ich kann euch nicht Eure Freiheit nehmen,
im Gegenteil: Ich brauche eure Freiheit…
Und:
Erinnere dich daran, dass ich dir bei der Geburt einen Weg
vorgezeichnet habe, ganz für dich bestimmt.
Er kommt von mir und darum führt er dich zu mir.
welch ein schöner, gerader Weg..!
Jeder Mensch hat seinen eigenen, aber wenige folgen ihm.
Viele suchen sich Wege nach eigener Willkür, Wege voller Gefahren
und Verderben. Suche meinen Willen für deinen Weg..

Der *jüngere Sohn* steht für den Menschen, der sich einen anderen Weg gesucht hat; einen Weg, der ihn von seiner Bestimmung entfernt...
Er zog in ein Fernes Land...
was so viel heißt wie : Er zog aus der Nähe Gottes in das Land der Gott-Ferne. Aber müsste man nicht sagen:
Es ist doch mehr als legitim für einen jungen Sohn,
aufzubrechen aus dem Vaterhaus in die Welt..,
in die Freiheit: Da, wo er sich selbst bewähren muss.
Allein: Er hat seine Freiheit verloren an die Leidenschaften...
Dort führte er ein Zügelloses Leben und verschleuderte sein Vermögen..
verschleuderte seine Talente und Begabungen ...
samt der Gabe des Glaubens..
Und Gott lässt ihn den Abweg gehen in die tiefste Sackgasse,..
bis die es keinen Fluchtweg mehr für ihn gab ...,..
Das Seil aber, mit dem Gott ihn zu retten beginnt in Seiner Barmherzigkeit, das ist der Hunger(!) und die Erinnerung
an das Haus des Vaters,
in dem es mehr als genug zu essen gibt:
..während ich hier (in der Welt) vor Hunger umkomme..
Es ist der Hunger nach Liebe, nach Freude, nach Geborgenheit, nach dem Wiedergewinn seiner persönlichen Freiheit...

Da ging er sich...
...heraus aus der Verlorenheit an diese Welt..
...hinein in die Wahrheit über seine ganze Situation......
und es überkommt ihn Reue …

*Auf Erden hängen wir an vielen Dingen und sind uns dessen stark bewusst, und an sich ist es gut so. Die Regung der Natur heißt uns, an ihnen gefallen zu finden und unser Ziel in sie zu setzen – aber darin liegt auch unsere Schwäche und die Gefahr, dass die Dinge uns irgendwie dem **Vater** entfremden...*
Doch die gnadenhafte Bewegung des Priesterlichen in uns allen ist der Bewegung unserer Natur entgegengesetzt.
*Sie opfert die (menschliche) Natur von innen her auf und bezieht sie so von der Mitte her auf den **Vater**...Und wie sehr bedarf es der ganzen unendlichen Kraft des **menschgewordenen Wortes in uns**, damit diese verzichtende Hinbeziehung (Hinopferung) zum Vater umfassend und dauerhaft sei..! (Marie de la Trinité, 81).*
Ich will aufbrechen..
und zum Vater sagen:
Ich habe mich versündigt
gegen mich selbst und meine Bestimmung...
Ich bin nicht mehr wert, dein Sohn zu sein..

Und der Vater sieht ihn von weitem kommen..
Er hat ihn immer gesehen.
Aber nicht der Sohn fällt dem Vater um den Hals:
Der Vater fällt dem Sohn um den Hals und küsst ihn.
Und der sagt dem Vater, was er sich vorgenommen hat zu sagen:
Denn das Bekenntnis der Versündigung muss ausgesprochen werden...
Aber der Vater geht gar nicht darauf ein:
Er lässt ein Fest ausrichten..
das Mastkalb schlachten...
Wenn etwas je gefeiert gehört, dann ist es die Umkehr eines einzigen Menschen. Und das ist ja nicht nur eine moralische Besserung, sondern es heißt:

Mein Kind ...war tot und lebt wieder..
Es war verloren und ist wieder gefunden.
Eigentlich eine Unmöglichkeit, dass man von einem Menschen sagen kann: Er **war** tot - und kann jetzt zurückschauen auf sein eigenes Totsein wie *Pinocchio!,* der ausruft:
Wie lächerlich war ich doch als Hampelmann!
Und wie froh bin ich jetzt, dass ich ein richtiger Junge bin!
Zurückschauen auf ein Leben, das kein Leben mehr war oder gar nie gewesen ist: Ohne Aussicht auf Zukunft.. *Tot* wie jemand im Zustand einer schweren Depression oder im Hass der Kränkung ...Aber vor allem *tot,* weil ohne Inneres Leben, ..ohne Kontakt mit dem Himmel..
Aber jetzt lebt er wieder und das u*nendlich lebendiger als vorher:*
Weil er *zurückgefunden* hat im grenzenlosen Vertrauen zum Vater .
Weil er sich vom Vater hat finden lassen, der ihn immer gesucht hat…Und sei es noch im Sterben als letztem Akt der Umkehr
ins Haus des Vaters.
Zum Schluss aber wird klar:
Das Gleichnis zielt letztlich genau so auf den *älteren Bruder,* der sich nicht freuen kann darüber, dass sein Bruder wieder heimgekommen ist.. .dass er wieder heil ist und das noch viel mehr als früher…
Und es stellt sich heraus, dass grade er, der scheinbar gehorsame Ältere in Wirklichkeit noch viel tiefer der Erlösung und der Rettung bedarf !
Es stellt sich heraus, dass er nie von Herzen gehorsam war...
Nur aus Ehrgeiz und weil er den Vater gefürchtet hat..
und immer in Konkurrenz und Neid gegen seinen jüngeren Bruder , der sich alle Freiheiten herausgenommen hat..
So ist der ältere Bruder auf noch tiefere Weise tot und verloren.
Seine Härte und sein Neid gegen den Bruder ist *Tod…*
Vgl. Johannesbrief. Tod der Bruderliebe.
Das Gleichnis vom Barmherzigen Vater ruft uns zu,
barmherzig zu sein wie Gott .
Er*: Sei für alle ganz Nachsicht und Barmherzigkeit.*
Ich habe sogar Judas noch meinen Freund genannt..
Vor allem: Verachte niemanden, auch nicht die größten Verbrecher!
Du würdest Gott verletzen. Diese großen Sünder können bereuen
und dann höher steigen in meinem Reich als du...

5. Fastensonntag C 2016 Caritas Mt 25,31
Sonder-Predigt für Caritas, Märzsammlung

Ich bin bei der Vorbereitung auf diesen Sonntag ausnahmsweise nicht den vorgegebenen Lesungen gefolgt.
Es ist nämlich wieder die März-Sammlung für die Caritas im Gange .
Dazu wird es aber jedes Jahr schwieriger, Sammler-Innen zu finden, was ja durchaus begreiflich ist.
Die Folge ist allerdings, dass in etlichen „Strichen" der Gemeinde die *Haussammlung* nicht mehr durchgeführt werden kann.
Und so haben wir uns gedacht, dass ich eine Informations-Predigt halte, und dass wir Caritas-Brieflein verteilen (am Ende der Messe an den Türen), die man nächsten Sonntag wieder – gefüllt - bringen möge..
Erstens:
Diese März-Haus-Sammlung der Caritas ist die wichtigste Spendenaktion für die Inlandshilfe ! Im Unterschied zum Caritas-Sonntag im Herbst.. November. Das Geld bekommen also ausschließlich Einheimische ! Keine Ausländer und vor allem auch keine Flüchtlinge: Flüchtlingshilfe wird zur Gänze von Land und Bund bezahlt.
Wenn man dazu die Bereiche unterscheidet, wofür das Geld verwendet wird:
Einzelfallhilfe.
Das sind *Existenz- und Wohnungskosten.*
2.700 Personen haben im letzten Jahr diese Hilfe in Anspruch genommen in unserer Diözese.
Hier gehören die Partner-Innen und die Kinder dazu:
Dann sind es etwa 6000 Personen, denen diese Hilfe zugekommen ist. Es sind Leute, die an der Armutsgrenze leben,
oft Frauen, die Alleinverdienerinnen sind..

Überbrückungshilfen für Menschen in *akuten Notsituationen.*
Sie bekommen Geldspenden, Gutscheine, Kleider , ..
Beratung zur Selbsthilfe..

Zur *Einzelfallhilfe* gehört auch das bekannte **Hospiz:**
Der Schwerpunkt dieser Arbeit liegt neben der *Sterbebegleitung* für die Caritas auf der *Sozialen Ebene.*
Es ist *Begleitung.* Es ist *palliative* Versorgung.
Es sind im *Kinderhospiz* 60 Kinder, die letztes Jahr mit 1200 Stunden betreut wurden. Alles zu 100 Prozent aus Spendengeldern..

Für alle die hier aufgeführten Hilfen sind ausgegeben worden letztes Jahr 277.739 Euro
Insgesamt wurden letztes Jahr in Vbg. 330.000 an Spenden gesammelt bei der Märzsammlung.
10 Prozent davon bleiben in der Pfarre für ähnliche Zwecke.

Von den verbleibenden ca. 50.000
15.000 verwendet für **Wohngemeinschaft Mutter und Kind.**
10.000 **Hospiz Vorarlberg.**

Sozialpaten 10.000: Das sind Wegbegleiter-Innen , die engagierte Menschen begleiten,
sie unterstützen...mit Weiterbildung , mit Austauschtreffen..
Sie stehen auch Menschen bei in schwierigen Lebenssituationen..
Kümmern sich um Betroffene..u.Ä.
Und dann gibt es noch das **Lerncafé:**
In fünf Lerncafés werden 178 Kinder von 67 Begleitern begleitet..
Es werden Hausaufgaben gemacht, auf Schularbeiten gelernt,
es gibt eine gute Jause..

Warum ist es so schwierig, Sammlerinnen zu finden für die Haussammlung?
Weil der Caritas gegenüber – besonders der Sammlung fürs Inland – von der Vergangenheit her ein Misstrauen entgegen gebracht wird.
Da werden Leute und Familien unterstützt, die nicht mit dem Geld umgehen können..die ständig mehr ausgeben als sie haben..
einnehmen..Da bekommen Leute Geld, die es gar nicht bräuchten..usw.

Wenn solcher Missbrauch vorgekommen ist oder vorkommt:
Dann ist das für die Caritas-Mitarbeiter selber sehr bedauerlich..
Aber man kann sicher sein: Es wird alles getan, dass das Geld auch wirklich an echt Bedürftige ausgegeben wird..
Es gibt immer mehr Menschen in unserm Land, Einheimische,
die unter der Armutsgrenze leben müssen.
Die sich ihre Wohnung nicht leisten können..,
die sogar mit Essen knapp daran sind..
und das ohne ihre persönliche Schuld..
Und wenn es doch eine solche Schuld gibt:
Dummheit, Unvernunft, ein Unglück ... Verfehlungen..,
dann ist es genau so berechtigt , um Hilfe zu rufen und ebenso zu helfen. Ja, noch mehr!
Man wird ja nicht so engherzig und selbstherrlich sein und sagen:
Nur wenn jemand *nicht* selber schuld ist an seiner Not, gebe ich ihm etwas..
Wenn der Liebe Gott uns allen gegenüber so dächte…!
Wir können also heuer nicht alle *Striche* besuchen mit der Sammlung..Daher bitten wir, dass diejenigen, bei denen heuer niemand an die Türe kommt, dass sie dieses eine Säcklein mitnehmen mögen für nächsten Sonntag.

Wer also nicht nur an der Türe um eine Spende gebeten wird von einer Sammlerin, und wer nicht nur wegen der Sammlerin etwas gegeben hat, weil er die Sammlerin nicht beleidigen wollte... nicht zurückstoßen, der möge doch auch *von sich aus*, ohne den Einfluss seitens der Sammlerin so ein Säcklein mitnehmen für nächsten Sonntag..und es großzügig gefüllt zur Messe mitbringen..

Karfreitag C 2016 Joh 18,1-19

In der Kreuzwegandacht heißt es:
Durch dein Heiligen Kreuz hast du die Welt erlöst..
Christus ist für uns gekreuzigt worden: Für die Sünden Welt..
(Was ist gemeint mit *Sünde/n* ?)
Er: *Ich habe Eure Sünden nicht nur auf mich genommen,
sondern zu den meinigen gemacht,
um so die Vergebung des Vaters, die Erlösung für Euch zu erlangen..*
Jesaja : **Er trug die Sünden von vielen und trat für die Schuldigen ein. Wir hatten uns alle verirrt wie Schafe..
Jeder ging für sich seinen Weg..
Doch der Herr lud auf ihn die Schuld von uns allen..**
Was, wenn er nicht gekommen wäre, um diesen Tod für die Menschheit zu erleiden als *Sühneopfer...?*
Dann wäre die Welt endgültig und heil-los dem Hass (der Nicht-Liebe) verfallen und so dem *Krieg aller gegen alle,* ..
einem Prozess (entsprechend dem sog *Entropiegesetz* !), in der sich die Welt ja schon heillos(!) befunden hat und aus der sie *(einzig von Außen) gerettet* werden musste!
So gesehen hat er die Menschheit aus der *Hölle* (des gesetzmäßigen Verfalls) gerettet. (Auch der Fürst dieser Welt hat ein Reich. Das Gesetz dieses Reiches ist die Entropie. Es ist das Gesetz, das zum Tod führt. Es ist das Gesetz der Selbstbehauptung aller Wesen und deren Scheitern durch den Tod und das umfassendere Gesetz der Entropie.. R. Spaemann, Med. eines Christen, 142).

Er : *Sonst ist es euch doch selbstverständlich, jemanden zu lieben, der euch aus einer Gefahr gerettet hat. Mich aber, der ich euch aus der Hölle gerettet habe, warum liebt man mich nicht?*
Und wir müssen antworten: Weil wir es (noch) nicht erkannt haben!
Lass es uns doch endlich erkennen, damit wir dich lieben können..! ..:

Und Er: *Mit welch innerer Freude habe ich mein Kreuz umarmt, als man es mir brachte...Mein Kreuz! Seit lange Zeit habe ich es ersehnt, euretwegen und um meinem Vater zu gehorchen. Es war euer Heil. Die Welt retten! Weißt du, was das für mich bedeutete? ... Aber wer denkt daran? Wer glaubt daran ..., dass alles in den höchsten Schmerzen vollendet wurde...*
Ich zitiere diese Worte, nicht weil ich sie schon restlos verstehe..
Ich möchte sie aber tiefer verstehen, weil ich glaube, dass Er diese Worte gesagt hat und dass es so ist, wie er es gesagt hat..
Doch so viel meine ich zu verstehen:
Aus einer in sich selbst eingekapselten Welt heraus kann es durch diese selbe Welt keine *Rettung* geben, keine *Erlösung:*
Nämlich **Erlösung** aus einem *Leben **für mich - gegen Gott** und die Andern...hin* zu einem *Leben **gegen mich - für Gott** und die Anderen.*

Im Tagesgebet haben wir gehört:
Der Tod ist vom Ersten Adam auf alle Geschlechter übergegangen . denn nach dem Gesetz der Natur tragen wir Bild und Prägung des Ersten Adam in uns.

Der Erste Adam (Archetyp) in allen Menschen sagt:
Nicht wie Gott will, sondern wie ich will...
Nach seiner ersten (gefallenen) Natur liebt der Mensch sich selber mehr als Gott. Seine Eigenliebe ist größer als seine Gottes-und Nächstenliebe.
Er: *Bist du Gott oder bin ich es? Warum denkst du dann mehr an dich als an Gott?*

In Jesus, dem Christus, ist der Neuen Adam (Archetyp von Oben..) in die Welt gekommen, der genau *umgekehrt* eingestellt ist:
Nicht mein Wille gesehen, sondern dein Wille, Gott Vater , geschehe.
Wenn es möglich ist, lass diesen Kelch an mir vorüber gehen, aber nicht wie ich will, sonder wie du es willst, soll geschehen..
Im Leiden und im Sterben am Kreuz zeigt sich sein vollkommen freier Gehorsam.

**Er, der Gott gleich war, aber nicht daran festgehalten hat, wie
Gott zu sein, entäußert sich und wurde den Menschen gleich.
er erniedrigte sich und war gehorsam bis zum
bis zum Tod, bis zum Tod am Kreuz....**

Mit Christus ist ein Neues Menschsein in die Menschheitsgeschichte
eingetreten..
Nicht als (biologische) Entwicklung von Unten, sondern als Gnade
und Sendung von Oben. Er ist gekommen, das Beispiel der absoluten
(heiligen) **Selbstlosigkeit** zu bringen
und das Beispiel der größten **Opferbereitschaft.**.
Mit ihm hat die entscheidende Umkehr angefangen..
vom *Wie-der-Mensch-will...*zum *Wie-Gott-will*...
Er: *Lass dich mit mir kreuzigen...*
gekreuzigt sein heißt: Ankämpfen gegen die natürliche Neigung der
Eigenliebe, gegen die egoistischen Wünsche und Vorlieben..
im Hören auf die Wahrheit in dir..
Aber denk daran: *Das Kreuz ist das Vorspiel der Auferstehung..
das heißt aller Freuden.*

... wenn wir jetzt zur Kreuzverehrung kommen,
dann heißt das, dass wir um seine Gnade, seine geistige Kraft bitten
für die Kämpfe, die wir zu bestehen haben in diesem Leben.
Kämpfe wegen der Mängel, die wir dank Seinem Licht in uns
erkennen ...

P.S.
Bei dem Gottesdienst am Nachmittag habe ich für die Kinder einen
anderen Vergleich gebracht, den ich auch irgendwo einmal
aufgelesen habe:
Eine Schulklasse hat sich zu einer ziemlich wilden Klasse entwickelt
und es ist zu einem schlimmen Vorfall gekommen, an dem mehr oder
weniger alle beteiligt waren..
Der Direktor ist gekommen und hat nach Schuldigen gefragt.
Aber niemand hat sich zur Schuld bekannt..
Die Hauptschuldigen wurden von den Anderen gedeckt...alle waren
irgendwie verstrickt ..

Nur einer deutlich nicht...ein Außenseiter..!
und genau der hat nach einiger Stille aufgezeigt:
Er sei der Schuldige...
Er habe das wertvolle Denkmal kaputt gemacht.....
Er verdiene deshalb auch die Strafe ...
Zuerst hat dem niemand widersprochen.
Im Gegenteil: Man mochte den Außenseiter ohnehin nicht ...
Ja, der muss es gewesen sein! Ja, der war's !
Er hat eine ziemlich schwere Strafe bekommen..
aber nachdem er die Strafe abgebüßt hatte,
da waren immer mehr in der Klasse beschämt und erkannten,
wie feige sie waren und sind..
Nicht lange, haben sie sich als die wahren Täter bekannt..
Aber man sagte: Man solle jetzt die Sache nicht noch einmal
aufwirbeln..
Jesus ist der Außenseiter...der Unschuldige , der die Strafe für alle
auf sich nimmt.,
Er: *Opfer mich dem Vater auf, um dein verfehltes Leben so wieder gut zu machen..Ich bin der unendliche Wiedergutmacher..*
Mir scheint, obiges (fiktive) Beispiel könnte ein Bild sein für das ,
was Gott selbst in seinem Sohn für uns getan hat:
Weil es ein Grundgesetz gibt, wonach die Verfehlungen der
Vergangenheit– wenn sie nicht gesühnt werden, den Menschen
immer tiefer hineinziehen, einzeln und im Ganzen der Welt

Nur wenn ein Mensch dieser Welt die Sühne auf sich nimmt,
ein Mensch, der selber keiner Sühne bedarf, weil fehlerlos, also
vollkommen: Nur durch diesen Menschen könnte die Welt, könnte
jeder Mensch gerettet werden aus einer ansonsten unrettbaren
Verfallenheit und Verlorenheit in die Gott-Ferne..

Nur wenn *der Himmel selbst* eingepflanzt würde in die gottwidrige
Welt; nur wenn der *Gehorsam selbst* eingepflanzt würde in den
Ungehorsam der Welt; die heilige *Selbstlosigkeit und
Opferbereitschaft in den naturhaften Egoismus der Welt*....,
nur dann könnte die Welt gerettet werden ....
von einem *Oben*, das ins *Unten* hinein gepflanzt wäre...

Karfreitag C 2015 Joh 18,1-19

Der für uns gekreuzigt worden ist.
Am Anfang der Menschheitsgeschichte ist etwas geschehen,
was die Einheit zwischen Gott und den Menschen,
aber auch unter den Menschen und in ihm selbst gebrochen hat.

Der Mensch hat sich in seiner Freiheit selbst zur Mitte erhoben.
Er ist der Eigenliebe so verfallen,
dass er sich selbst mehr liebt als Gott.
Nicht Dein Wille, Gott, sondern mein Wille geschehe.
Die Hl Schrift nennt diese *Verkrümmung* des Menschen auf sich
selbst den „Ungehorsam" gegen Gott.

Diese Trennung des Menschen von Gott hat den Tod hervorgebracht
(Warum den Tod verursacht ? frage ich, weil ich verstehen möchte,
was ich glaube..!)
und ist zugleich Ursache für die seelischen und sozialen und
ökologischen und kriegerischen Katastrophen.

Die einzige *Rettung* aus dieser *adamitischen* Verirrung war,
dass Gott *seinen Sohn* in die Welt gesandt hat:
Er sollte in Jesus von Nazareth einen *absolut neuen Anfang* stiften.
Einen Anfang, der die *Menschliche Natur wieder vereint* mit der
Natur Gottes (*Natur* im Sinne von *Sein*...von *Wesenszüge*..).
Und er hat das Werk vollbracht, indem er den *Gehorsam* in die Welt
gebracht hat.
**Das Gehör hast du mir eingepflanzt und einen Leib hast du mir
gegeben.. Siehe, ich komme um deinen Willen zu tun.. .**
im Gehorsam bis zum Tod, bis zum Tod am Kreuz.
Das Kreuz selbst war nicht die Erfindung Gottes, sondern des Bösen ,
der aber die *göttliche Natur* von Jesus nicht durchschaut hat noch
sein Ziel.
Jesus hat die Absicht des Bösen in sein Gegenteil gekehrt..
Er hat den Kreuzestod zum Sühnetod gemacht und auch für seine
Henker gebetet und gelitten.
Der Kreuzestod ist der stellvertretende Sühnetod Jesu für alle:

Der für uns gekreuzigt worden ist.
Er hat den Tod, den *die Sünde* verursacht, auf sich genommen und so den Tod erhöht in die Stunde des großen Vertrauens und in die Stunde der Wiedergutmachung für ein sorglos egoistisches Leben.

Vor allem: Jesus hat die göttliche Nächstenliebe gebracht als Heilmittel gegen den Hass; die Selbstlosigkeit als Heilmittel gegen die Sünde des Egoismus; die heilige Opferbereitschaft gegen die unheiligen Opfer der Welt; das Mitleid hat er gebracht gegen die Gleichgültigkeit (apathie) der Welt...
Er:
Musste ich nicht derjenige sein, der das Beispiel für die größte Opferbereitschaft zu geben hatte und für die absolute Selbstlosigkeit..?
Wer aber nun *Eintritt* in den *Gehorsam* Jesu, des *Neuen Adam*, und sich unter sein Kreuz stellt...Wer eintritt in seine Tugenden...sein Denken, der ist auf dem Weg der Erlösung, der Heiligung;
der ist schon (anfanghaft) vereint mit Gott, mit seinem Willen, mit seinem Sein.., mit seinen Eigenschaften...
Er :
Das Wichtigste ist, dass du die Absicht hast, mich nachzuahmen..
Wie sehr freut es mich, wenn ihr versucht, mir ähnlich zu werden..

Kreuzverehrung bedeutet daher, den Weg der Selbstverleugnung zu gehen: *Wer mein Jünger sein will, der verleugne sich selbst, nehme täglich sein Kreuz auf sich und folge mir nach...bis ans Ende des Lebens und darüber hinaus.*
Und dazu heißt es einmal an uns alle gerichtet:
Er: *Lass dich mit mir kreuzigen. Gekreuzigt sein, das heißt hingestreckt sein gegen seine menschliche Natur, gegen seine Wünsche, gegen die Eigenliebe, in Armut , in Dunkelheit, im Gehorsam gegen den Vater. ....*
Denk aber daran, dass jede Art von Kreuz das Vorspiel der Auferstehung, also aller Freuden ist...

Karfreitag B 2018 Joh 18,1-19,42

In **Er und Ich**, meiner Quelle, hört G. Bossis Ihn sagen:
In all den Sätzen, die jeden Tag auf der Erde gesprochen werden, kommt selten das Wort **Gott** *vor…während sich doch alle auf mich zu bewegen, und ich alle gerettet habe..*
Sollte es nicht ganz natürlich sein, dass man daran dächte..?
Ich habe dich erschaffen, und ich bin es auch, der dich gerettet hat..
Hättest du es gewagt, an den Tod deines Gottes für seine Geschöpfe zu denken? An solche einen Tod?

Aber wie können wir das ein wenig besser verstehen,
damit wir wirklich und tiefer **danken** können..?
Dass Gott selber in seinem Sohn den Tod auf sich genommen hat -
für seine Geschöpfe...
Was heißt das *Für uns,* wenn wir bekennen:
Der *für uns* gekreuzigt worden ist…?

Der Glaube sagt: Er habe *stellvertretend* für die Menschheit und so auch für mich die Sünden der Welt auf sich genommen.
Er sei das göttliche Sühneopfer.
Paulus: *Er hat sich für uns zur Sünde gemacht..*
Mit seinem göttlichen Opfer habe er die *Gerechtigkeit wieder hergestellt* ..(Vgl. Jesus zu Johannes d Täufer..)
Ohne seinen *Sühne-Tod* und sein vollkommenes Beispiel gäbe es keine Erlösung aus unserer Egoistischen Natur , keine Möglichkeit des Neuanfanges ..
Die schlechte Vergangenheit würde uns zunehmend
beherrschen..quälen und böser werden lassen..
Neid und die Eifersucht würden sich vertiefen…
Kälte und Härte und die Angst
und die Gleichgültigkeit…ja eine tiefe Apathie..
und in allem der gegenseitige Hochmut.
Und eine tiefe Freudlosigkeit würde sich ausbreiten...verdeckt durch Arbeit und Unterhaltung, ..eine *metaphysische* Depression..
Es gäbe keine Möglichkeit der Entwicklung hin zum selbstlosen, barmherzigen, mitleidvollen, liebenden und lebensfrohen Menschen..

Wir könnten Gott nicht mehr ähnlich werden...
Wir könnten nicht mehr in Gottes Nähe gelangen..
wir wären nicht Gott-fähig...
Wir könnten das auch nicht einmal *wollen!*
Wir würden diese göttliche Art der Liebe weder kennen noch vermissen!
(oder einer tiefsten, doch *unstillbaren Sehnsucht* nach dem einst Verlorenen..!?)
Wir würden uns selber genügen;
würden uns je selber mehr lieben als Gott und den Nächsten..
Wir würden die Finsternis mehr lieben als das Licht (Joh),
die *sinnlichen* Freuden der Welt mehr lieben als die *tiefen* Freuden eines höheren Lebens..(letztere gar nicht kennen..?)
Wir würden eine Art *Teufel* werden ..
Die Bosheit und der Hass *in uns* und *in der Welt* würde alles beherrschen...
Es gäbe nirgends mehr wirkliche Liebe/Barmherzigkeit noch wahre Gerechtigkeit..bzw. hätte es noch nie gegeben..
Die Vereinigung der menschlichen mit Gottes Natur wäre absolut unmöglich:
Das aber ist Sinn und Ziel der Schöpfung
und der *vergöttlichenden Erlösung:*
Eins werden mit Gott...mit seinem Willen...seinem Wesen, seiner Heiligkeit..seiner Freude..seiner Freiheit..
und grad so erst *ich selbst,* - in Vollkommenheit:
Er:
Du hast alles, was du brauchst, um die Persönlichkeit zu vervollkommnen, die ich in Leben rufen wollte, als ich dich erschuf..
Karfreitag ist der Ursprung der Rettung..
Anfang der siegreichen Gegenbewegung durch Ihn,
den Gott-Menschen, der stellvertretend für uns
alles wieder *gutgemacht* hat.

Und das noch einmal mit Seinen Worten gesagt…
Er: Ich habe alles bezahlt. Ich habe euer Glück teuer erkauft.
Um dich nicht zu verurteilen, habe ich mich an deiner Stelle verurteilen lassen.

Was fürchtest du den Tod?
Für deine Sünden findest du meine Barmherzigkeit..
Ich habe dich erkauft um den Preis so vieler Leiden.

Die Sünden des Neides und der Feigheit und des Nichtgebens und Nichtdienens..
Ich sühnte sie mit meinem Leiden...
Um dir die Kraft zu geben, sie auch selber wieder gut zu machen..
Hier auf Erden ertönt der Ruf der Sühne. Hört ihr ihn nicht?
Der Liebe muss man alles opfern..
Um zu sühnen, opfere mich und mein Leiden dem Vater auf...

Ich habe eure Fehler nicht nur verziehen, ich nehme sie auf mich...,
um für sie die Vergebung des Vaters zu erlangen..
Ich nahm deine Fehler als die meinen ...
ich litt den Todeskampf für sie.
Ich starb für sie. Ich bin die Vergebung für alles.
Und so bitte ich euch, für eure Nächsten Vergebung und Erbarmen zu sein...
Ihr seid gerufen, in meiner Nachfolge auch Sühne zu leisten ..
mit Opfer und verborgener Liebe.
Ich bin die Sühne.
Ich habe den Geist der Sühne (die Macht der Sühne) in die Welt gebracht :
Dem Bösen entgegengesetzte Akte zu tun..aufzuopfern..
Das Böse durch Gutes überwinden...

Theologe 1
Die höchste Macht Gottes ist es, dass er liebt.
Die Liebe aber kann sich nicht weigern, für den Geliebten zu leiden.
Deshalb ist das Wappentier Gottes schon vor der Erschaffung der Welt kein anderes als ein *verwundetes Lamm*.
Das Lamm zeigt an , dass Gott, der Schöpfer, einverstanden ist , selbst das *erste Opfer* seiner Schöpfung zu sein..
Und dass er uns eigenwilligen, ungehorsamen und stolzen Narren es nie übelnehmen wird, dass wir ihn gleichsam gezwungen haben, diesen Weg in unsere Welt zu gehen und sich für uns zu opfern…,

Sühne zu *sein*, Vergebung-sein für die Sünden der Welt - samt den meinigen - und so den Geist der Sühne in uns Menschen und Christen einzupflanzen..

Theologe 2
Es hat eine innere Logik, dass der Retter der Welt nicht an Altersschwäche stirbt, sondern als Opfer, getötet am Kreuz.
Denn wenn er alles das lösen, erlösen soll, was die Menschheit sich gegenseitig angetan hat und derzeit antut, ..
wenn er die riesigen Gebirge an Schuld, die der Mensch aufgehäuft hat, auflösen will...gleichsam *abtrage, (ausgleichen..Vgl. Ausgleich vor Gericht..)* dann geht dies offensichtlich nur so.
Das Christentum ist mit Karfreitag und Ostersonntag in die Weltgeschichte eingetreten und hat damit alles auf den Kopf gestellt...
Ausgleich der **Sühne..**
Dass ihr von andern nichts, von euch selber aber alles fordert.
Statt Fehler anprangern sie mit Nachsicht entschuldigen oder übersehen. Gewalt und Kränkung *ausgleichen* mit Sanftmut und Erbarmen, die Habgier mit Freigebigkeit sühnen.
Die Verfehlungen der Sinnlichkeit *ausgleichen* mit schöner Liebe..
Die Verachtung mit Hochachtung.
Zorn und Wut mit Ruhe und Beruhigung, den Hass mit Feindesliebe, das Schlecht-denken und Schlecht-reden mit Gut-denken und Gut-reden..
Er: Ich tilge alle deine Sünden bei der Lossprechung durch den Priester, aber auch die, die du im Stillen bereust, lösche ich…
Oft spürst du diese Gnade gar nicht..

Ostersonntag C 2016 Joh 20,1-9

Ganz ähnlich wie gestern berichtet auch das Evangelium vom Ostersonntag von dem Ostermorgen damals:
Wie zuerst *Maria von Magdala* das leere Grab sieht:
Der Leichnam von ihrem Lehrer und Großen Freund liegt nicht im Grab, wohin sie ihn gestern noch hineingelegt hatten.
Und sie berichtet es Petrus. Und Petrus und Johannes laufen beide die Strecke zum Grab. Sie ahnen, dass ...
Und nachdem Petrus ins leere Grab hinein geht
und nur die Binden dort liegen sieht und das Schweißtuch von Jesus:
Da geht auch Johannes hinein und von ihm heißt es:
Er sah und glaubte..
Wir heute sehen nicht das leere Grab,
aber wir glauben, dass Johannes und Petrus das Grab leer vorgefunden haben. Und wir glauben, was Johannes im Anblick des Leeren Grabes geglaubt hat.
Wir glauben an die Auferstehung von Christus.
Wir glauben an die Auferstehung der Toten..
Wir glauben an unsere eigene Auferstehung und die unserer Lieben..
Glaubensbekenntnis der Kirche:
...Jesus Christus, ...gelitten unter Pontius Pilatus, gekreuzigt, begraben, hinabgestiegen in das Reich des Todes,
am dritten Tage auferstanden von den Toten...

Wir haben alle von der *Evolutionstheorie* gehört;
davon, dass mit der Schöpfung die Entwicklung von allem in Gang gebracht wurde und immer noch...
und dass aus niederem und einfachem Leben sich immer *höheres* Leben entwickelt..bis hin zum Menschen..

Mit der Auferstehung von Jesus von Nazareth geschieht etwas, was außerhalb der Evolution ist...
Auferstehung ist nicht das letzte Ergebnis der natürlichen Evolution und Auslese.

Auferstehung von Jesus v. Nazareth geschieht *innerhalb* der
Geschichte, eben an jenem Ostermorgen,
aber sie kommt von *Außerhalb* der Schöpfung ...von *Oben,* nicht von *Unten.*
Die Natur gibt uns Bilder (Kunde..) von der Auferstehung;
etwa das wunderbare Bild von *Raupe und Schmetterling:*
Ein Bild für Tod und Auferstehung des Menschen,
deinem und meinem Tod.
Er: *Bist du dir klar, dass ihr noch gar nicht geboren seid ?*
Der Eintritt in das andere Leben - jenseits des Todes - ,
das ist die wahre Geburt..Bereite dich vor...!Schau nur auf das Leben
de bescheidenen, kriechenden Raupe, dann an die Puppe, *dieses*
geheimnisvolle und verborgen Leben,
und schließlich an den Schmetterling mit seinen zauberhaften
Farben, der sich frei in den Lüften bewegt
Freue dich , in die Fülle des Lebens zu gelangen..!

Er hat *die Natur und das Universum* erschaffen,..
also auch Raupe und Schmetterling ...
Und: Er ist selbst zur *bescheiden kriechende Raupe* geworden und
verborgenen Puppe, um uns schließlich zu zeigen, dass Er der *Große*
Schmetterling geworden ist; dass er in die *Fülle des Lebens* gelangt
ist.
Aber wenn es dann heißt:
Bereite dich vor..! ..bereite dich vor auf deine Auferstehung,
auf den Übergang, dann heißt das doch:
Auferstehung nimmt hier in diesem Leben ihren Anfang.
Deshalb wird uns von ihm gesagt:
Lass mich, die Auferstehung, leben in dir, an deiner Stelle..
Löse dich von dir selbst..Ich wünsche, in euch mein Leben
fortzusetzen..Und : Erstehe du zu neuem Leben...Erstehe mit mir..
Das heißt: ...Sei eine Gewandelte, Bessere .
Mir näher. Immer näher. ..
Da wird deutlich: Auferstehung beginnt hier in diesem Leben
auf unendlich viele Weisen .

Beispiele...
Unser *Auferstehungsleben* (ein Ausdruck von Kardinal Martini!)
zeigt sich im alltäglichen *Ich muss!*
Da, wo wir gegen unsere Trägheit uns selbst befehlen:
Ich muss das und das erledigen...
Ich muss aufstehen, es ist sechs Uhr.!
Ich muss...jetzt gehen..

Auferstehungsleben, das ist vor allem auch das *Arbeitsleben.*
Der Papst spricht (mit der Kirche) von der *Heiligkeit der Arbeit:*
Der beruflichen Arbeit und ebenso von der des Aufrechthaltens des
häuslichen Familienlebens...u.a.
Wer mein Jünger sein will (Jünger der Auferstehung), der verleugne
sich selbst (überwinde seine Erste Natur...) und nehme täglich sein
Kreuz (seine Arbeit ..) auf sich..
Das Kreuz aber ist das Vorspiel der Auferstehung.
Auferstehungsleben ist im Geben:
Wer dich bittet, dem gib, sagt die Auferstehung selbst.
Auferstehungsleben, wo ein Mensch den jahrelangen Zustand von
Schmerzen annehmen lernt und immer mehr nach Innen lebt...
Erfahrung von *Auferstehung,* wo wir den Rand des Lebens erfahren
und tief den Unterschied erkennen zwischen dem *Leben in der Welt*
und dem *Ewigen Leben..*
Denn auf s Ganze gesehen heißt es:
Löse dich von dir selbst..
Auferstehen ist Auferstehen zum Bewusstsein meiner Lebenszeit:
Mein Leben ist *meine Zeit ...*
Der Hund ist sich seiner Zeit nicht bewusst.
Die Raupe auch nicht..
Wir gehen auf die Letzte Auferstehung zu jeden Tag, mit allem, was
wir tun und nicht tun. Und wir können das denken und müssen es
denken. Das ist Vorbereitung. Das macht uns *erwachsen..*

Sollte man es nicht vergleichen können mit der Vorfreude, wenn man
für den Abend eine schöne Begegnung im Terminkalender stehen
hat, womit der Tag *gerettet* ist über alle Schwierigkeiten und Stunden
hinweg..?

Sicher: Wir sind meist noch weit davon entfernt, uns auf den
Abendtermin des Lebens zu freuen;
uns zu freuen auf die Begegnung aller Begegnungen;
Begegnung, die ich schon hier geübt habe tausendfach in den inneren
Begegnungen mit ihm..
Und nach all den Toden und Auferstehungen im Laufe dieses Lebens
sind wir - hoffentlich – bereit für den letzten Tod und die Letzte
Auferstehung..
Dabei verunsichert uns, dass im Hochgebet und auch bei Paulus
von der zwar sicheren *Hoffnung* auf die Auferstehung die Rede ist,
aber doch *nur Hoffnung!* Als ob mir der Auferstehung zum Leben
nicht absolut sicher ist noch sein kann;
ich der Auferstehung als *unwürdig* gelten könnte...

Wir werden unsern Tod nicht direkt erwarten können,
auch wenn wir glaubend wissen, dass er *die Türe* ist.
Erst wenn wir todkrank sind, wenn es keine *irdische Flucht*
mehr gibt, dann werden wir *heimgehen* wollen.
Er: *Erst am Abend deines Leben wirst du wahrhaft zu leben*
beginnen, wenn du denken wirst, dass du heimgehen möchtest...

Aber da sind Andere um uns und mit uns, die noch vor uns auf das
Sterben zugehen! Wir wollen für sie an die Auferstehung glauben..
bei ihrem Sterben und Nachher.
Jesus Christus ist der erste der Auferstandenen
Er *ist* die Auferstehung.
Und er sagt:
Für euch bin ich auferstanden. Nicht zu meiner Verherrlichung,
sondern dass ihr glaubt und eure eigene Auferstehung erwartet...
Nach den Leiden kommt die Verherrlichung!
Ja, ich bin auferstanden - und ich bin zu euch zurückgekommen.
Ich wollte euch nicht euch selbst überlassen..!
Und ein anderes Wort:
Euer Herz ist das Grab, aus dem ich aufzuerstehen wünsche..
Zuerst war ich darin wie begraben! Jetzt lebe ich darin...
Lass mich aber leben in deinem ganzen Leben, damit ich (die
Auferstehung) durch dich offenbar werden kann; damit ich, der ich
die Auferstehung bin, durch dich erfahrbar werden kann..

3. Ostersonntag C 2007 Joh 21,1-14

Da sind diese Männer nach der Auferstehung Jesu wieder beieinander und Petrus sagt, weil ja nichts anderes bleibt als weiter zu machen:
Ich gehe fischen.
In dieser kleinen Ankündigung des Petrus steckt aber etwas Allgemeines: *Ich gehe fischen..*, das verweist darauf, dass wir von Natur dazu gedrängt sind, etwas zu tun.
Wir fühlen uns wohl, ja wir freuen uns am Leben,
wenn wir etwas Nützliches tun können.
Müßiggang ist aller Laster Anfang..

Ich gehe fischen könnte heißen:
Ich gehe Aufräumen in den Keller. Ich gehe ins Holz.
Ich gehe Lernen. Gehe meiner Arbeit nach..

Und die Andern sagen daraufhin:
Wir kommen auch mit..
Petrus ist der, der vorausgeht und andere mitzieht..
Es braucht immer jemanden, der uns anregt, der uns mitzieht, der den Anfang macht, die Initiative ergreift.
Aber in dieser Nacht, heißt es, **fingen sie nichts..**
Bei der Buchhaltung kann es sein, dass man stundenlang (eine Nacht lang) nach einem Fehler sucht - ohne Erfolg!
Man kann auch denken an Nächte, wo der Schlaf nicht kommen will, wo man sich immer neu *müht,* nun endlich schlafen zu können:
Nichts ! Bis der Morgen kommt und man wieder aufstehen muss, niedergeschlagen und bitter !
Oder: Du solltest dringend ins Geschäft kommen, aber du findest keine Käufer.
Oder du kommst mit einer guten Initiative nicht durch .
Da braucht es dann solche, die ermutigen, es noch einmal zu versuchen – so wie Jesus es getan hat und durch uns tun will:
Mut machen ist das Gegenteil von Angstmachen, von Entmutigen ...
Wo entmutigt wird, sei der Teufel dahinter :
Der Teufel wolle immer entmutigen...

Die Apostel haben Jesus an diesem Morgen am Ufer stehen sehen :
Am Ufer des Erdenlebens, im Jenseits - und doch hier.
Und er ruft herüber:
Meine Kinder , habt ihr nicht etwas zu essen…?
obwohl Er wusste, dass sie nichts gefangen haben
und zurückrufen müssen: **Nein!**
Worauf er:
Dann werft doch euer Netz auf der rechten Seite des Bootes aus und ihr werdet etwas fangen..!
Es heißt: Je mehr man sich anstrengt und den Erfolg immer mit der gleichen Methode (und zunehmender Gewalt) erzwingen will, desto mehr schwinden die Chancen auf Erfolg...

Und sie warfen das Netz noch einmal aus – diesmal auf der rechten Seite..und konnten es nicht wieder einholen, so voller Fische war es. Da sagte der Jünger, den Jesus liebte, zu Petrus: Es ist der Herr!
Glauben wir, dass es diesen *einen Herrn* gibt ?
Er : *Betrachte das Meer, die Berge, den Himmel, das Gras, das Wasser. Die Werke offenbaren den Meister. Und du selbst offenbarst Ihn als sein kleines Ebenbild. Suche Ihn zu sehen in den Geschehnissen deines Lebens. Vor allem aber gehöre nicht zu denen, die rufen: Herr, Herr, aber den christlichen Geist nicht leben*
**...und als Simon Petrus hörte, dass es der Herr sei,
sprang er in den See...um hinüber zu kommen zu Ihm..**
Was für eine übergroße, ja kindliche Freude, die Petrus ergreift !
Er kann gar nicht schnell genug bei Ihm sein, bei seinem Meister, seinem *Väterlichen Freund*....
Diese freudige Reaktion von Petrus zeigt:
Was bedeutet schon der noch so große Fischfang
(Wirtschaftliche Erfolge..) gegen die Nähe des Herrn !

Er: *Die Freude in eurer Seele entsteht durch den täglichen Umgang mit eurem Schöpfer und Erlöser.*
Ihr seid ja Kinder Gottes.
Warum also sprecht ihr nicht mit ihm, so wie Kinder es tun...
Damit ist die Zeit nie vertan...

**....Und als sie an Land gingen, sahen sie am Boden ein
Kohlenfeuer und darauf Brot und Fisch
und Jesus sagte zu ihnen:
Bringt von den Fischen, die ihr gefangen habt..
Und dann sagt er: Kommt und esst!
und er nahm das Brot und gab es ihnen..**
Letzten Sonntag war *Erstkommunion.*
Für den Außenstehenden irgendwie verrückt,
was da geglaubt wird von der Kirche - von uns:
Dass in diesem angeblich geheiligten (ge*wandelten*) Brotstück die
geistige Kraft, ja, das Herz, etwas vom Wesen des Gottessohnes
verborgen da sei…, das uns mit Anteil gebe an seinem Sein
(*Ich bin das das immerwährende Sein*) und uns zutiefst verändert
zum Menschsein nach Seiner Art.
Es läutet an der Türe: Eine Frau mittleren Alters.
Ich sehe sofort: Die braucht Geld.
Die Caritas könne ihr erst am Montag...
Drei Kinder habe sie..Sie müsse noch etwa Einkaufen fürs
Wochenende..
Ich dachte an die vielen Not-Lügen, die da zwischen Tür und Angel
erfunden werden...
Aber auf meine Frage sagt sie das Alter ihrer drei Kinder so sicher,
so ohne Zögern, dass ich ihr glaube.
Ich wollte sie noch nach ihrem Namen fragen und nach ihrer
Adresse, aber das erschien mir entwürdigend.
Da habe ich ihr 10 Euro in der Hand gedrückt und denke:
Was kann sie damit kaufen...Fast nichts!
Und gebe ihr noch 25 dazu. Sie bedankt sich freudig.
Nein, sie brauche mir nichts zurückzahlen, sage ich ..
Wo sie weggeht, habe ich doch wieder den misstrauischen Gedanken:
Und wenn sie dich angelogen hat..?
Wenn da hinten irgendwo ein Mann wartet, eine kleine Mafia ..?
Aber Er sagt*:*
Auf die Absicht kommt es an...
Ich hoffe *für sie*, dass sie nicht gelogen hat
und entschuldige ihre Lügen, sollte sie doch...
Dass sie arm ist, war jedenfalls eindeutig zu sehen.

4. Ostersonntag C 2013 Joh 10,11-18

Habe für heute nur zu diesem einen Satz von Jesus nachgedacht:
Meine Schafe hören auf meine Stimme..
Gestern Abend haben wir, eine kleine Schar von Kino-Freunden,
einen Film angeschaut – *Hugo Cabret* - in der Aula der Mittelschule
(gut geeignet für künftige Filmabende..!)
und da gibt es eine Stelle in dem Film, wo die Idee von dem ganzen
Film zu hören ist:
Dass jeder Mensch eine Bestimmung hat, eine Sendung.
Und dass es darauf ankommt, dass jeder diese Bestimmung lebt..
Und dass es - bildhaft gesprochen - *ähnlich i*st wie mit einer
Maschine, die nur funktioniert, wenn die Teile funktionieren..
Aber weil das öfter nicht der Fall ist, ist es nötig,
auch die *Maschine Mensch* immer wieder zu reparieren..
Jeder muss sich selbst ständig reparieren, ausbessern, perfektionieren,
und er muss andern dabei helfen..
Der Bub *Hugo Cabret,* Held der Filmgeschichte,
ist begnadet im Reparieren von Uhren..
Und *wie nebenbei* verhilft er einem alten Künstler,
aus seiner Verbitterung herauszukommen.
Er hat nicht nur meine Maschine repariert, er hat mich repariert.

Der kleine Held Hugo ist mir das Bild für so ein Schaf, das auf seine
Bestimmung hört..
Meine Schafe hören auf meine Stimme..
Das ist die Stimme Eurer Sendung, eurer persönlichen Berufung..
Sie ruft dich von Innen und von Außen.
Sie ist die Seele deiner Seele.
Und keine Seele gleicht der andern..
Niemand kann deinen Part zum *Heil der Welt* ersetzen..

Mein Schafe hören auf meine Stimme
In der so weisen Geschichte von dem berühmten *Pinocchio*
(Weltliteratur!) kommt das vor: Die Stimme der Grille stellt für
Pinocchio die Stimme des Gewissens dar.

Immer muss er sie hören in diesem lästige Zirpen der Grille,
bis er einen Hammer nach ihr geworfen hat,
um sie, d.h. diese *gegnerische* Gewissensstimme, endgültig zum
Schweigen zu bringen, das innerste Gericht in jedem Menschen:
Diese *Stimme* des Heiligen in jedem Menschen,
das Drängen einer persönlichen Norm, die mehr ist als ein Prinzip
und die noch *vor* meinen Interessen und Vorlieben und Abneigungen
und Ängsten in mir lebt und wirkt...
Das Gewissen, das mehr einfordert als ein s*chönes* Leben...
und grade deshalb Quelle des *erfüllten* Lebens ist.
In Jesus Christus ist diese Stimme Gottes in der Welt erschienen.

Wie hören wir diese Grille in uns?
Du hast einen terminfreien Nachmittag vor dir:
hast Lust, Tennis spielen zu gehen oder Fotografieren,
und da kommt er dir wieder in die Quere, dieser bestimmte *Impuls*:
Du solltest und könntest doch heute diesen alten Menschen besuchen
gehen...Er würde sich sehr freuen...

Meine Schafe hören auf meine Stimme..
Und schon wieder wolltest du nötige Einzahlungen hinausschieben:
Ich mache das morgen oder am Montag...
Nein, sagt mein Gerichtshof: *Du machst das jetzt!*
Und den Anruf wirst du auch gleich jetzt erledigen!
Meine Schafe hören auf meine Stimme..
Alle am Tisch bestellen etwas zu Essen.
Es ist schon später am Abend.
Du hast dir vorgenommen, am Abend nichts mehr zu essen
und sagst:
Nein, danke...! für mich nichts mehr...
Jetzt iss halt noch etwas mit uns...!
Und ich habe noch etwas mit ihnen gegessen!
Die Stimme ist kein *Prinzip*, sondern *das lebendige Leben.*
Meine Schafe hören auf meine Stimme..
Auf die Stimme der Kirche...
die Stimme des Evangeliums...
der Gebete der Kirche...
auf seine Eingebungen...

Meine Schafe hören auf meine Stimme
Ist die Stimme des guten Hirten nicht auch zu hören in der reinen Stimme der Vögel...?.. weil überhaupt in der Natur..?
Der Komponist *Olivier Messiaen* ist in der ganzen Welt herumgereist und hat mit dem Tonband *Vogelstimmen* aufgenommen, nach denen er dann großartige Stücke komponiert hat.

Ich kenne sie…
Apropos *Kennen:* Wenn ich am Fenster stehe und auf den Dorfplatz schaue, sehe ich Leute vorbeigehen.
Dabei sage ich jetzt ungern *Leute,* aber fürs erste muss es
so gesagt werden..So wie man sagt:
Es sind viele Leute im Geschäft...oder im Wartezimmer..
Oder : Was werden die Leute sagen...
Oder: Man solle so tun wie d'Lüt...
Jeder von uns ist eines von den *Leuten* …auch ich...

Aber dann *erkennt* man manche von den Leuten
und sagt sich leise den Vornamen von dieser Person..
Die jungen Leute, sagen Ältere, *kenne* ich leider nicht mehr..
Die Allernächsten in der Familie *kennt* man natürlich am besten...
und doch kommt es vor, dass man überrascht zum Kind oder sogar zum Mann sagt: So *kenne* ich dich ja gar nicht !
Ich kenne sie...
Chefs, die Personal haben: Da gibt es tolle Chefs, die ihr Personal gut kennen; die auch immer wieder einmal fragen:
Wie geht's..? Was macht die Familie , deine Kinder..?
Der *Landeshauptmann* erinnert in seinen Grundsatzreden immer wieder, dass er für Vorarlberg *eine Wirtschaft mit menschlichem Gesicht wünsche...*

Ich kenne sie..
In *meinem Urlaubs*-Hotel arbeiten sich die angestellten Frauen kaputt..mit 80 Stunden in der Woche..ohne geregelten freien Tag…für einen Hungerlohn! Der Chef kennt ihre Situation nur vom Computer her. Er kennt sie also nicht!

Er sollte kommen und sie fragen, was zu bessern ist und wie.. damit sie wieder Freude haben an der Arbeit..und das Unternehmen lieben..
Ich gebe ihnen ewiges Leben...
Die Firmlinge werden morgen bei der 9 Uhr Messe zum *Bußakt* mehrere selbstkritische Sätze vortragen:
1.Sprecher: *Hoffentlich ist dieser Gottesdienst bald zu Ende..*
Ich habe keine Lust, über mein Leben nachzudenken..
2. Sprecher: *Wer nicht er selbst wird, hat nicht gelebt..*
1. Sprecher*: Die Schule geht mir gegen den Strich..*
Aber ich muss gute Noten haben, sonst kann ich die Ferien vergessen..
2. Sprecher: W*er nicht er selbst wird, hat nicht gelebt..*
1. Sprecher: *Meine Eltern haben keine Lust und keine Geduld, mit mir zu diskutieren, sie sagen: Musst du immer anderer Meinung sein..*
2. Sprecher*: Wer nicht er selbst wird, hat nicht gelebt..*
1. Sprecher: *Manchmal ist es ganz schön schwierig, von andern akzeptiert zu werden, immer cool darauf zu sein, nicht als Streber gelten..*
2. Sprecher: *Wer nicht er selbst wird, hat nicht gelebt..*
Ich gebe ihnen Ewiges Leben.. sagt Jesus..
Ewiges Leben: Das ist auch schon der Weg, auf dem jeder *er selbst wird*...Er*:*
Du hast alles, was du brauchst, um die Person zu vervollkommnen, die ich ins Leben rufen wollte , als ich dich erschuf.

Ich gebe euch Ewiges Leben..
Ich gebe euch Anregungen, innere Impulse;
ja, ich gebe euch mein Leben, meine Gedanken, mein Wollen,
mein Mit-Fühlen, meine Tatkraft, meine Leidenskraft...
All das enthält (ist) Ewiges Leben. ... ..

Ich gebe ihnen ewiges Leben, sagt Jesus.
In der Zeitung wird berichtet von den Jahren, wo Juden verfolgt wurden..und es wird berichtet von Vorarlbergern, die unter Lebensgefahr Juden versteckt haben.
Da zeigt sich *Ewiges Leben*: In diesem Mut, in dieser Hilfe..

Dass ihnen die Rettung dieser Leute ein so großes Risiko wert
war. Wenn sie entdeckt worden wären...
Ich gebe ihnen ewiges Leben..
wo wir Leiden annehmen: Unsere Leiden, unsere Kreuze.
Das ist unserer nur menschlichen Natur nicht möglich:
Wir haben dazu nicht den Willen, nicht den Geist...
Von unserer *Natur* aus können wir das Leiden, das Kreuz nicht
wirklich annehmen.
Es ist seine Gnade, es ist das ewige Leben, das er uns eingibt..

Ich gebe ihnen ewiges Leben..
Da weiß ein Gehirnforscher:
Der Mensch ist auf Beziehung hin programmiert..
Nicht das Übertreffen des Andern, nicht das Besser sein und nicht der
Erfolg, sondern: Der Mensch braucht Beziehung, er will zusammen
arbeiten mit dem Andern..

Wir leben aus unseren Beziehungen zu Anderen..
Isoliert leben führt zum Kranksein...

Ein Dokumentarfilm über das Leben von Menschen in *Bangladesh*,
die immer wieder mit ihren Blechhütten umsiedeln müssen, die jedes
Jahr fliehen müssen vor der Flut..
Ihre größte Hoffnung bei solchen Umsiedlungen: Dass die neuen
Nachbarn auch so nett sein mögen wie die alten, die sie verlassen
mussten..
Und: Der Film zeigt, wie innig diese Menschen einander beistehen
und helfen…
Oder das Leben in einem Slum von *Nairobi in Kenia*:
Wie diese Armen (Normalität!) ihr Leben gemeinsam und
wechselseitig organisieren und doch noch einmal jeder persönlich
seine Rolle spielt..
Zeigt sich da nicht Ewiges, Göttliches Leben ?
Mehr als nur die natürliche Notwendigkeit zu überleben?...
Mehr als Überlebens-Kalkül..

Der Wissenschaftler:
Der Kern aller Motivation...aller Antriebskraft zum Leben... ist es, zwischenmenschliche Anerkennung und Wertschätzung zu finden..
...Nichts motiviert so sehr wie der Wunsch, von andern gesehen zu werden..
Ich ergänze: Die Beziehung des Menschen zu Andern muss **erlöst** werden...gewandelt…
Beziehungen können erst wahr sein und heil, wenn der einzelne Mensch *zugleich* unabhängig (innerlich) vom Andern ist..
und den andern nicht braucht, um *er selbst* zu sein...
Erst da wird doch eine Beziehung wahr und frei und würdig..
...Erst wenn der Mensch auch dann motiviert ist zur *Beziehung,* wo er angefeindet wird, wo er Ablehnung erfährt...,
in einer gewissen Unabhängigkeit vom Verhalten des Andern,
auch gegen Gefühlszustände wie von Sympathie oder Antipathie…
Ich bin überzeugt: Erst die in uns angelegte *innere (persönliche)* Beziehung zu einem höchsten Gott befreit die Beziehungen zwischen uns allen: Wenn wir diese Ursprüngliche Gabe der Gottesliebe auch entwickeln müssen...

6. Ostersonntag C 2016 Joh 14,23-29

Jesus sagt:
Wenn jemand mich liebt, wird er an meinem Wort festhalten...
Beim Frühstück habe ich bisher immer die Zeitung danebenliegen zum Lesen..und so war meist das Wort der Tageszeitung das erste Wort, an dem ich *festgehalten h*abe..
  Inzwischen lege ich mir entweder *ER und Ich* zum Lesen nebenbei her oder die Bibel und denke: Dass für die Bibel, das Wort Gottes doch keine Situation unwürdig sein kann, auch nicht der Frühstückstisch, nicht einmal das WC..
Zeitung kommt dann später dran..

Wenn jemand mich liebt, wird er an meinem Wort festhalten...
Wird er meine Worte immer neu hören und lesen;
wird sie auswendig können und mit der Zeit inwendig..
so inwendig, dass einige Worte der Hl Schrift zu Leitworten für sein Leben werden..
Wenn jemand mich liebt, wird er an meinem Wort festhalten..
Zu jeder hl Messe kommen wir, um an *Seinem Wort festzuhalten.*
Ich erinner hier einige seiner Worte:
Selig die Barmherzigen...Selig die Frieden stiften..
Selig die Sanftmütigen, die keine Gewalt anwenden..
Die Goldene Regel:
Was du von andern erwartest , das tue du ihnen ..
und zwar gleich, wer der andere ist und wo er dazu gehört..
Sein schönstes Wort für die ganze Menschheit ist
Das Vaterunser.. (Mt 6):
Es ist das tiefste Gebet, weil uns Jesus mit diesem Gebet lehrt, dass Gott auch unser ewiger Vater ist.. und dass wir zu seiner geistigen Familie gehören..und er uns in den sieben Bitten des Vaterunser lehrt, wer Er ist und wer Wir sind. Man kann an jedem Wochentag fortlaufend eine der Bitten (mit der Anrede) in den Tag mitnehmen. Sonntag: Geheiligt werde dein Name..
Er: *Bete es oft. Ich höre es so gerne. Der ganze Himmel hört zu*...Manche beten das Vaterunser bei Schlafstörungen gegen das Chaos ihrer Gedanken; so oft, bis (meist) Ruhe einkehrt..
Wenn jemand mich liebt, wird er an meinem Wort festhalten..
An dieser Stelle meiner Predigtvorbereitung ist mir eingefallen:
Unser Pfarrhaus ist ja rundherum mit Zitaten /Worten aus dem Hl Schrift geschmückt!
Worte Gottes als *Fensterläden*...
Gleich auf der Seite der Eingangstüre:
Bittet, dann wird euch gegeben werden..
Dazu sagt Er an anderer Stelle:
Bitte mich um zwei Gnaden für das gemeinschaftliche Leben: Nachsicht mit den Anderen...
und bitte um die Kraft, bei jeder Gelegenheit schweigend das Ungute durch das Gute zu überwinden..

Und dann – Joh 15 -
Das ist mein Gebot: Liebt einander, wie ich euch geliebt habe...
Wie hat er uns geliebt? Welcher Art war und ist seine Liebe.?
Dazu ein Wort aus Mt 5
Wenn ihr nur die liebt, die euch lieben, was tut ihr da besonderes?
Das tun auch die Sünder.
Ihr, die ihr Kinder Gottes seid, ihr sollt vollkommen sein wie euer Vater im Himmel und sollt auch denen mit Wohlwollen begegnen, die euch nicht lieben..
Das ist mein Gebot: Liebt einander!
Aber.. *Lieben heißt, nicht nur äußere Handlungen verrichten;*
sie entspringen zwar der Liebe, aber ihre Quelle ist im Herzen.
Lieben heißt, Gesinnungen des Wohlwollens und der Achtung haben, die nicht beim Geschöpf stehen bleiben, sondern (durch den Nächsten hindurch) zum Schöpfer sich erheben.
Lieben heißt deshalb: Den Geist des Glaubens an Gott haben.

Und dann das eine Wort aus der Bergpredigt, das wir kaum noch ernst nehmen: Von den zwei Wegen (Mt 7):
Geht durch das enge Tor!
Denn das Tor ist weit, das ins Verderben führt
und der Weg dahin ist breit ..Aber das Tor, das zum Leben führt, ist eng und der Weg dahin ist schmal ..

Dazu Seine Gerichtsrede (Mt 25):
Was ihr dem Geringsten eurer Nächsten getan habt, das habt ihr mir getan...das habt ihr also Gott getan..
Was ihr dem Geringsten nicht getan habt, das habt ihr mir nicht getan...
Und auf unsern Besuch der Hl Messe gerichtet.
Kommt all zu mir, die ihr viel schwere Lasten zu tragen habt, ich werde eure Seele Ruhe verschaffen...
Nein, er sagt nicht: Werft eure Lasten ab,
sondern : Kommt jederzeit zu mir (in jedem Aufzug..).
Er: *Redet mit mir wie mit eurem besten Freund...*
Die Verbindung mit mir würde euer Leben leichter und froher machen..

Und noch ein Wort von ihm bei jeder Hl Messe, damals und heute:
Das Wort, das die Konsekration von Brot und Wein wirkt:
Nehmt und esst, das ist mein Leib, der für euch hingegeben wird...Das ist mein Blut zur Vergebung der Sünden...
...damit ihr den willensmäßigen Antrieb gewinnt
für die Erfüllung des anderen Wortes:
**Nehmt täglich euer Kreuz auf euch
und seid so meine Nachfolger auf der Erde..**
Und noch ein Wort von Jesus, das wir zur Verabschiedung hören:
**Wenn ich gegangen bin ...werde ich wieder kommen ..
und euch zu mir holen, damit auch ihr dort seid, wo ich bin..**

**Wenn jemand mich liebt und an mich glaubt,
wird er an meinem Wort festhalten..**
Er: *Die ganze Religion und euer ganzes Glück besteht in einigen Worten des Evangeliums ; es genügt, dass man sie versteht und lebt..*
...suche zuerst das Reich Gottes...und seine Gerechtigkeit , und das andere wird euch dazu gegeben werden.
Suche das Herz Gottes im Evangelium.. seine Gesinnung.. und alles andere..

7. Ostersonntag C 2013 Joh 17,20-26
Zum Muttertag

Zwei Sätze aus dem Gebet von Jesus sind mir Ausgang für Gedanken zum Muttertag und zur Mutterliebe:
Heiliger Vater, ich bitte ...für alle, die durch ihr Wort an mich glauben..
Wir dürfen sicher sein: Es sind vor allem auch die Mütter,
für die Er betet, weil sie *durch ihr Wort an Gott glauben.*
Damit ist aber nicht das allgemeine Glaubensbekenntnis gemeint, sondern die vielen Guten Worte, die eine Mutter im Laufe ihres Lebens zu ihren Kindern spricht.
Gute Worte: Das sind schon jeden Morgen die Appelle zum Aufstehen, zum Anziehen, zum Waschen ...zum Frühstück, zum Aufbruch in Kindi und Schule und Lehre.

Die guten Worte von Mama...zu Mittag und am Abend ,
das sind Mahnungen und Aufforderungen zum Lernen…
zum Hausaufgaben machen...statt Fernsehen…
Das gute Wort von Mama, wenn sie bittet, dass man ihr das und das tun möge..
Gute Worte der Mutter, die Tröstungen, wenn Kinder krank sind...
Wenn sie streiten, das strenge Wort von Mama, sofort aufzuhören..
Und das notwendige Wort zum Schlafen gehen...

Und dann die Bitte von Jesus an Gottvater:
Alle sollen eins sein...
Der erste Lern-Ort für Einigkeit und Einheit ist die Familie..
und da ist es auf besondere Weise die Mutter,
die diese Einheit stiftet.
Es heißt:
In dem Maße, als du sich selbst vergisst, förderst du Einigkeit und Einheit..
Mutterliebe ist dieses Selbstvergessen, auch wenn man heute immer wieder rät, sie möge doch mehr an sich selber denken....
Für ihre Kinder vergessen die Mütter sich selbst..
Alle sollen eins sein.. betet Jesus
Die Einheit einer Familie ist eine lebendige,
will sagen: Jedes Kind ist anders, ist eine eigene Seele, eine eigene Sendung.
Muttersein heißt deshalb , zusammen mit dem Vater jedes Kind in seiner Art zu lieben und zu fördern.
Die Einheit der Familie bewahren grade da, wo alle verschieden sind..
Die Einheit in der Familie lebt auch davon, dass keines etwas nur für sich allein hat.
Die Kinder dahin erziehen, dass man das Eigene auch hergeben kann.
Mütter leben das täglich vor..

Mutterliebe ist nicht Liebe, die *von selber* geht .
Harmonie und Einheit in der Familie ist die Frucht von Überwindungen und inneren Anstrengungen..
In der rechten Mutterliebe überwindet die Mutter ihre Eigenliebe ....

Mutter sein ist eine besondere Art von Autorität.
Alle wahre Autorität offenbart etwas von der Güte Gottes und von
der Demut Jesu, und etwas von der Weisheit des Hl Geistes.
Das gilt auch für die Autorität der Mütter .
Diese Autorität kommt von Gott und ist etwas Heiliges
und ist nicht nur Überwachen und Leiten;
sie führt zu Gott...führt zu seiner Nachahmung:
Zum Gut- und Gerecht-sein.

Mutterliebe heißt Kraft zum Ertragen.
Die Ecken und Schwächen der Kinder und des Partners zu ertragen.
 im Bewusstsein der eigenen Fehler..Dankbar, wenn auch sie ertragen
werden. Überhaupt ist eine Einheit erst dann stark, wenn sie unter
schwierigeren Charakteren erkämpft wird...und gewahrt.
Fundamental für die Einheit einer Familie ist die Mutterliebe,
wo es um Traditionen und Bräuche eines Familienlebens geht:
Weihnachten, Geburtstage, Erstkommunion, Firmung, ..
und Taufe und Hochzeit .Da ist überall die Mutterliebe am Werk..
Wobei die täglichen Mahlzeiten zwar das Selbstverständlichste,
aber zugleich das größte Werk der Mutterliebe sind .
Was wären Küchen ohne Mütter..!
Wo wäre die ganze Küchen-Industrie ohne die Mütter..!

Und alle die äußeren Bräuche und Gewohnheiten Tag für Tag und
Woche für Woche stärken die innere Einheit ,
die gefühlsmäßige und seelische...Schlussendlich:
Eine bloß Ich-bezogene Liebe kann nie die Ursache für Einheit sein...
ebenso wenig eine nur Du-bezogene, weder in der Welt noch in der
Familie.
Die tiefste Ursache für Einheit und Gemeinschaft kann nur eine
innerste, intime (!) Gottesliebe sein.Aus der Liebe zu Gott
erwächst und lebt die Einheit der Familie
und die *Einheit der Menschheitsfamilie* insgesamt.
Für diese *größere Familie* glauben wir an eine *geistliche Mutter,*
die man die *Königin des Himmels* nennt..
und *Königin des Rosenkranzes*: Maria ...
und dies besonders im Monat Mai, im Monat auch des Muttertags..

11. Sonntag C 2016 Lk 7,36-50

Das Wort *Sünde* kommt heutzutage nicht gut an.
Ein ungeliebtes Wort.
Man sagt kritisch: *Bei der Kirche ist alles gleich Sünde!*
und da klingt mit: Gott wird dich dafür bestrafen..
Eher kann man annehmen das Wort *Fehler*, Verfehlung.
Verfehlung gegen die Nächstenliebe, gegen den Nächsten, den
Mitmenschen und seinen menschlichen Fortschritt,
gegen mich selbst, meine Seele, meinen persönlichen Fortschritt..
Heilige Maria, Mutter Gottes, bitte für uns Sünder..
Und dann im Vaterunser: *Vergib uns unser Schuld..*
Zur Wandlung: *Das ist mein Blut, das für euch*
und für alle vergossen wird..zur Vergebung der Sünden..

Vergebung der Sünden: Das kann uns erst dann
etwas sagen, ja unendlich viel sagen, wenn wir begreifen,
was mit dem Wort *Sünde* gemeint ist.

In der Freitags-Zeitung :
Eine ältere Frau, wohnhaft im Kolpinghaus Götzis:
Der Alkohol hat mich beinahe kaputt gemacht..
Ich war 12, als mich ein Verwandter zum ersten Mal vergewaltigt
hat…
Der Missbrauch ging über Jahre – bis sie 19 war.
Ich fühlte mich schuldig und total minderwertig..
Ich verweise auf diese Geschichte, weil sie uns zeigt,
was mit dem Wort *Sünde* gemeint sein kann:
Vergewaltigung und Missbrauch eines 12 jährigen Mädchens. Das ist
Sünde. Versündigung eines Mannes an einem halben Kind.
Mit der Folgewirkung, dass diese Frau schon früh emotional und
psychisch verstört ist, abhängig..
Und dann:
Es scheint, sie kommt heraus aus der Sackgasse,
sie heiratet, bekommt drei Kinder.
Aber der Ehe-Mann schlägt sie, immer wieder.
Sünde: Das ist auch die Gewalt.

Gewalt in all ihren Formen.
Folgewirkung bei der Frau:
Sie braucht jeden Tag ein Quantum an Alkohol..
Abwärtsspirale in ihrem Leben:
Scheidung, Verlust des Zuhause,
Arbeitsunfähigkeit,
Therapien..

Zwei Männer mit ihrer Sünde der Gewalt
und mit ihrer eigenen Vorgeschichte..

Aber da gibt es so eine Einrichtung wie ein *Kolpinghaus* in Götzis.
Und Menschen, die der Frau helfen.
Kolping: Das war der Pfarrer, der diese Häuser gegründet hat.
Es sind Häuser der Wiedergutmachung,
Häuser der Heilung der tiefen seelischen Schäden
als Folge der Sünde der Gewalt und der Sucht,
des Missbrauchs.

Aber das wirklich Größte in der Geschichte der Frau kommt noch:
Sie habe sich mit ihrem Schicksal ausgesöhnt!
Früher gab es Momente, da war ich nahe am Verzweifeln.
Heute bin ich in Frieden.
Vor allem: Sie hat ihren Peinigern verziehen
...sonst hätte ich keine Ruhe mehr.
Damit folgt sie dem Vorbild Jesu:
Setzt *unbewusst* das Leben von Christus auf der Erde fort:
Das Christliche in der Vergebung, in der Verzeihung...
ohne, dass die Männer sie darum gebeten hätten...
Ob diese Männer bei sich selbst Reue *geweckt* haben
und Vergebung erfahren für ihre Sünde?
Die Frau meint, dass die Menschen, die sie verletzt und entwürdigt
haben, das *mit sich selbst ausmachen müssten..*
und *dass alles einmal auf sie zurückkommen werde..*
Aber kann man eine Versündigung *mit sich selbst ausmachen?*

Die Frau sagt:
Es wird alles auf sie zurückkommen.
Gewisse Folgen von Sünden (*Strafen*) können und sollen uns nicht
erspart bleiben! Wie könnte es sonst seelische Heilung geben!
Aber: Es gibt die Vergebung, die Löschung für den, der seine Sünde
erkennt und bereut...*Oft merkst du sie gar nicht, diese Gnade..*

Sünde:
Das meint nicht nur einzelne *Sünden.*
Sünde: Das ist in unser aller Leben der tiefe gegenseitige Mangel an
Wohlwollen, an Offenheit, an Güte, an Opfer,
Mangel an Vertrauen, an Freundlichkeit und an Freigebigkeit,
an Hilfsbereitschaft..
Bitte für uns Sünder..
wer könnte also sagen, er sein kein *Sünder.*
Das Gegenteil wäre nämlich der *Heilige.*
Aber grade Heilige sind darin heilig, dass sie am aller deutlichsten
ihre Fehler und Mängel, ihre Verletzungen *Gottes in seiner
Schöpfung* sehen…, in der Schöpfung, die auch ich bin.

Ein zweites – und das zum *Vatertag*:
Diese Mängel und Fehler belasten auch die Beziehungen der Väter
zu den Müttern, der Männer und Frauen.
Ja, die Fehlerhaftigkeit des Menschen wird grade
in der Beziehung von Frau und Mann, von Mutter und
Vater..schmerzlich erfahren.
Vor allem weil die Liebe eine oft *egoistische Liebe* ist..
(Das gilt übrigens für jede Art von Partnerschaft).

Aber da sind Väter, deren Ehe ein ständiges Gespräch ist:
Tag für Tag..mit Frau und Kindern; Väter, die an den Wochenenden
etwas unternehmen mit der Familie; Väter, die Fußball spielen mit
ihren Söhnen; Väter, die (als Landwirte) ihre größeren Kinder den
Traktor fahren lassen zum Heuen; Väter, die lernen, zärtlich zu
sein..zu Frau und Kindern..
Aber dazu braucht es Frauen, die ihre Männer alles gelten lassen..,
und sie ständig *brauchen:* Selbst wenn sie nur so tun *als ob..*

Und ein Drittes noch: Wenn *Sünde* immer zu tun hat mit *Gegeneinander,* dann sind alle Bemühungen um echtes *Miteinander eine* Überwindung der Sünde, also von all dem, was verletzt..!
Und der Weg himmelwärts.
So ein *Projekt des Miteinander* ist der heurige *Gartenmarkt bei uns,* diesmal mit 1.300 *Nützlings-Hotels!*
Wenn wir nur kurz bedenken, dass weit über 100 *Hotels* oft mit Kindern und Jugendlichen in Familien und Schulen und Vereinen gebaut wurden…und das über Wochen..!
Und noch etwas:
Wenn das, was wir *Sünde* nennen, letztlich Ursache ist für das schwerst gestörte Verhältnis zwischen Mensch und Natur:
Indem der Mensch in seiner Gier und seinem Machtwahn die Natur ausbeutet seit Jahrtausenden…weil er in das Heilige, das Göttliche in der Schöpfung nicht sieht..
Diese originelle Aktion mit den 2000 *Insekten-Hotels* ist ein Zeichen (nicht mehr als das) für die vielleicht kommende Versöhnung mit der Natur, mit den Insekten...Welt der Insekten …,
auch wenn uns die Gelsen (Mücken) wieder plagen werden diesen Sommer…!

13. Sonntag C 2016 Lk 9,51-62

..man nahm ihn nicht auf, weil er auf dem Weg nach Jerusalem war..
..weil er Jude war und weil Samariter mit Juden nicht verkehren.....
Sollen wir befehlen, dass Feuer vom Himmel fällt und sie vernichtet? Da wandte er sich um und wies sie zurecht…
Diese Zurechtweisung durch Jesus bedeutet, dass die christliche Religion eine Religion ist, die sich nur ohne Gewalt ausbreiten kann; eine Religion, die ganz von der Freiheit des Einzelnen abhängt, ja von ihr erfüllt ist, weil sie Liebe ist.
*Selig die keine Gewalt anwenden..*heißt eine der Seligpreisungen Jesu...Und: *Selig die Frieden stiften ..*

Er: *Je mehr du zurücktrittst, je schweigsamer, ehrerbietiger du deinem Nächsten gegenüber bist, ihn nicht zu beeinflussen suchst, desto mehr wirkst du in den Seelen.*
Je mehr du dich im Gegenteil selbst behauptest, deinen Geschmack, deine Wünsche, deine Art, deine Ideen aufdrängst, um die andern zu überzeugen, um so weniger wirkst du in den Seelen..
Es genügt, den Menschen Gott zu zeigen.,..Jesus 157.

Auch wenn es in den späteren Jahrhunderten Glaubenskriege gegeben innerhalb des Christentums: Jesus selbst, der Ursprung ist und Weg und Ziel, er hätte *sich* der Welt niemals aufzwingen können; das radikale Gegenteil ist wahr:
Er hat 12 einfache Apostel berufen als Anfang der Kirche und er hat sich selbst kreuzigen lassen und ist auferstanden von den Toten.
Jesus: *...Man muss darauf achten, die Religion um jeden Preis liebenswert zu machen. Die Seelen müssen sich aus eigenem Antrieb, aus Liebe meiner Kirche anschließen – sonst ist ihre religiöse Betätigung vergebens..*

Die Kreuzzüge, die man immer (reflexartig) gegen das Christentum und die Kirche vorbringt, waren Verteidigungskriege der heiligen Stadt Jerusalem, damals die Mitte für die Christenheit.
Verteidigungskriege gegen den *imperialistischen Islam.*
Die Füchse haben ihre Höhlen , die Vögel ihre Nester, der Menschensohn hat nichts, wo er sein Haupt hinlegen kann...
Der Mensch hat *von Natur* (der unerlösten Natur..) den Hang, sich einzurichten in die Nester und Höhlen dieser Welt: Als ob hier das ewige Leben sei..
Was uns heraus *rettet* aus unseren Nestern und Höhlen:
Das Innere Leben, der Kontakt mit Gott...
Und: Wenn wir schwer krank werden oder wenn wir Schwerkranke um uns haben und sie besuchen gehen..daheim, im Spital, in der Intensivstation.
Da ist der Mensch herausgerissen aus seinem Nest, seiner Höhle..und hat nur noch das Krankenbett, Sterbebett…, *wo er sein Haupt hinlegen kann.*

Er: *Glücklich die Familie, die Kranke haben.*
Denn durch die Besuche wahren die Kranken die Übung der Sanftmut und der Geduld.
Die Kranken sühnen..sie tragen mein Bild in sich...das Bild des in seiner Kirche leidenden Christus..

Da geht oder rennt man den tausend Dingen nach..
mit Arbeit und Geldverdienen und Unterhaltung und Essen und Trinken und Heiraten und Bauen usw.
Und dann kommst du als Besucher in ein Krankenzimmer hinein und dein Vater oder dein Freund kann kaum reden, ringt um Atem…sieht nichts.. hört nichts..
Das muss man sehen und verkraften lernen als noch Gesunder..
Und man sollte vor allem nicht denken, dieser niedrigste und ärmste Zustand des Menschen sei nicht mehr lebenswert..
Das wäre (ist) eine unchristliche, ja anti-christus-mäßige Auffassung; Zeichen der Gottlosigkeit der Welt:
Wenn man nicht sieht, dass der Mensch im Leiden am größten ist…;
wenn man die Größe des Menschen im Leiden nicht sehen will..
Dagegen ist es christlich (christus-gemäß) und damit zutiefst menschlich, im niedrigsten und schwersten Zustand das Höchste und Größte im menschlichen Leben zu sehen.

Und dann geht man nach einer halben oder ganzen Stunde wieder aus dem Spital hinaus in den Alltag
und denkt, das sei die große Freiheit, das sei das wahre Leben *draußen* …man geht vielleicht Fußball schauen...oder die Millionenshow...

Aber weil all die Argumente nichts nützen und weil wir das meist nicht erkennen, müssen wir auf den Boden geworfen werden..
müssen niedergeschlagen werden:
Mit Krankheit, mit Unglück , mit Verlusten ..
Kollektiv und persönlich.
Ich glaube, wir müssen immer wieder von Gott niedergeworfen werden, auf den Boden, herunter von unseren verkehrten Höhen; heraus aus unserem Flüchten in die weltlichen Tröstungen …

Lass mich zuerst heimgehen und mein Vater begraben..
Lass die Toten die Toten begraben,
du aber verkünde das Reich Gottes.
Es gibt den Hang, kirchliche Feiern so zu gestalten, dass der Gehalt der Feier kaum noch bewusst werden kann. Tot-Gestalten.
Auch der Priester ist manchmal versucht, nur auf das zu sehen, was er *tut*, statt auf das, was sich bei der Heiligen Eucharistie *ereignet*..

Kirchliche Feiern wie Taufe, Hochzeit, Firmung, Erstkommunion...können übertrieben gestaltet werden, so dass die Sorge wegen dem *Klappen* die ganze Feiern beherrscht..
Auch Begräbnisse können übertrieben gestaltet werden:
Lass die Toten die Toten begraben:
Lass die *begraben*, für die das Äußerliche das Wichtigste ist..

...Denn keiner, der die Hand an den Pflug legt
und nochmals zurückblickt, taugt für das Reich Gottes...
Hand an den Pflug legen: Das ist, wenn wir Familie gründen und täglich tragen; das ist der berufliche Aufbruch am Anfang und dann täglich..Da lässt man zumindest für eine Zeit alles Private hinter sich..
Hand an den Pflug legen, das tun wir, wenn wir schöpferisch sind und Neues erfinden im Kleinen und Großen. Da blicken wir nicht zurück und schauen gerade nicht nach, wie wir es *immer gemacht* haben..Wir tun etwas, was wir bisher so noch nie gemacht haben oder noch nie auf diese Weise..
Er: *Wage und ich gebe dir das Können..*
Nicht zurückblicken heißt auch : Vergeben, verzeihen, vergessen ..
Die Hand an den Pflug legen: Das tut der Mensch zuletzt, wenn das Sterben kommt und damit der große Aufbruch in die große Zukunft..
Zurückblicken würde da heißen:
Nicht Abschied nehmen wollen..nicht *gehen* wollen..

Aber in einem andern Sinn sollen wir sehr wohl *zurückblicken,* nämlich *dankbar* zurückblicken auf Ereignisse und Entscheidungen und vor allem auf Mitmenschen, die uns mit ihrer Hilfe weiter gebracht haben.

Und *zurückblicken* müssen wir, wenn wir aus der Vergangenheit lernen wollen und sollen...
Zurückblicken heißt schließlich : In allem Geschehenen den Willen (die Absicht..) einer Gottheit suchen..
Alles ist der Ausdruck seines Willens, also Seiner Liebe!
Alles, was geschieht, ist anbetungswürdig..(P. Claudel?)
Tout-ce-qui arrive est adorable...

14. Sonntag C 2016 Lk 10,1-20

Die Ernte ist groß, aber es gibt nur wenig Arbeiter.
Bittet also den Herrn der Ernte, Arbeiter für seine Ernte auszusenden.
Wenn in 10 Jahren hier im *Bregenzer Wald* nur noch zwei Pfarrer sind und in Alberschwende keiner mehr, dann könnte man ja sagen:
Das Leben geht weiter, mit Kirche oder ohne... Glauben kann man auch ohne Kirche..und Leben kann man auch ohne Glauben ..
Es gibt viele Menschen, die nicht gläubig sind und doch gute Menschen ...
Man könnte aber auch sagen: Wenn keine Kirche mehr da wäre…
keine gemeinsamen Gottesdienste…
wenn man die Kinder nicht mehr taufen ließe....
die Sonntage ohne Heilige Messe.
wenn schließlich Sterben und Tod als absolutes, daher sinnloses Ende angesehen würde...
Begräbnisse also ohne Gebet...ohne Hl Schrift..
Wenn überhaupt nicht mehr gebetet würde, weil man es nicht nur nicht mehr kann, sondern denkt:
Es gibt keinen Gott, der da zuhört..
Seien wir doch nicht so kindisch, so unaufgeklärt..!

Man müsste sagen: Eine furchtbare Zukunft wäre das!
Fruchtbar im Sinne: Dass man sich fürchten müsste vor dieser Zukunft, weil sich so der (geistige) Untergang der Welt ankündigte..
Und das ist ja der eigentliche *Untergang..*
Deshalb der Aufruf von Jesus:

Bittet den Herrn der Ernte, Arbeiter für seine Ernte auszusenden..
Aber so ein Arbeiter, also zuerst ein Pfarrer, ein Priester :
Das ist nicht nur einer, der Messen hält und Taufen und Begräbnisse und Hochzeiten…, der sozusagen gut *funktioniert:*

Jesus zeigt auf, was es heißt: Arbeiter zu sein für die Ernte des Herrn, also Für den *Herrn der Ernte* zu arbeiten..
Geht, sagt er, ich sende euch wie Schafe mitten unter die Wölfe..
Mit *Wolf* ist gemeint die *gefallene*, unerlöste Menschennatur, nach der der Mensch *nur für sich* leben kann im *naturgemäßen* Zwang zur Selbstbehauptung - gegen die Andern.
Mit *Schaf* ist der erlöste, zur *Sohnschaft* erhöhte Mensch gemeint, der aus seinem erlösten, geheiligten Innersten her *sanftmütig* ist und *mitleidvoll und hilfsbereit, Böses mit Gutem zu überwinden sucht…* der *sich selbst vergisst* in seinem Dienst für das Leben...
(und damit *für den Dreifaltigen Gott, der das Leben ist...*)
und der also den Neuen Adam darstellt: Christus.
Denn jeder Getaufte ist ein Anderer Christus.

Arbeiter sein für diese *Ernte* heißt:
Durch die Haltung des Schafes (Sohneshaltung) die Wölfe *bekehren,* dass auch sie werden wie die Schafe:
Dass Härte und Gewalt im Menschen verwandelt werden in Milde und Sanftmut, weil er im Licht des Beispiels erkennt, wie hart und böse er *früher* war.
Wo der *Hl Benedikt* (5.Jh.) einer Gruppe von Räubern gegenüber stand, die ihn berauben wollten, waren sie von seiner Gütigen Autorität so beeindruckt, dass sie sich zuerst schämten und sich ihm dann anschlossen..!
Nehmt keinen Geldbeutel mit!
Als radikales Zeichen mitten in einer Welt, wo das Geld praktisch *alles* ist.
Er: *Es scheint, als gebe es zwei Götter.*
Den einen im Himmel und den andern auf Erden,
nämlich das Geld. Bediene dich des Geldes nur, um Gott zu dienen und dem Nächsten um Gottes willen.

Keine Vorratstasche und keine Schuhe!
Der Mensch nach dem Bild des Wolfes ist einer, der für alle
Situationen gerüstet sein *muss,* überversichert für alle Fälle..
der alles speichert; der grenzenlos (weil er die Dinge nicht besitzt,
sondern von ihnen besessen ist) Vermögen und Geld anhäufen *muss*
als Sicherung für alle Zukunft …
Gott in der Nacht zu ihm:
Du Narr, heute noch wird dir dein Leben genommen..!
Die Arbeiter aber für die Ernte Gottes sind Menschen voller
Vertrauen..
Er: *Lass nie die Flamme deines Vertrauens zu mir erlöschen..Tauche
immer und immer wieder am Tag ganz in dieses beglückende
Vertrauen ein, denn ich möchte, dass du fest wirst in meinem
Vertrauen.*
Halte also deine Augen verbunden, frage nicht nach der Zukunft..
Ich führe dich.
...Das Sterben aber ist der Moment des höchsten Vertrauens..
Grüßt niemanden unterwegs..
Die Arbeiter Gottes gehen ihren Weg.
Sie lassen sich durch nichts und niemanden ablenken von ihrer
Sendung. Sie sind innerlich unabhängig von allen.
Sie sind ganz *zielgerichtet...*
Er: *Erkennen die Seelen, dass Gott der große Beglücker im harten
Alltag ist und das **einzige Ziel** ihre Existenz ?*
*Sprich daher oft das Gebet: Befreie mich, o Herr, von den Sorgen
um die Kleinigkeiten ..*
Er...*(zu Gabrielle Bossis):*
*Alles ist nach deinem Maß ausgelegt, für deinen Weg, um **das Ziel** zu
erreichen, dass das deine ist..Du hast alles, was du brauchst, um die
Gabrielle zu vervollkommnen, die ich ins Leben rufen wollte, indem
ich dich erschuf..*
Und wenn ihr in ein Haus kommt, dann sagt als erstes:
Friede diesem Haus!
Das ist der tiefste Wunsch der Ernte-Arbeiter und der Kirche:
Der Frieden für jedes Haus ..
Aber das ist nicht zuerst der Friede, den Europa zwischenstaatlich
seit dem beiden Weltkriegen erlebt...

Es ist zuerst und immer zuerst der persönliche Friede, der innerlich das Gemüt erfüllt..
und zwar in jeder noch so friedlosen Situation;
ein Friede, der jeden Angriff, jede Aggression
abfängt…(deeskaliert);
ein Friede, in dem du einen aufgeregten Menschen beruhigen kannst;
ein Friede, der umgehen kann mit Menschen, die dich abstoßen...
Dieser große Friede will und kann Streit kultivieren trotz gegensätzlichen Standpunkten...

Der Friede ist wie ein Fluss, der von einem Gott des Friedens kommt…
Es ist Sein Friede in uns..
Es ist der Friede des Menschgewordenen Wortes in uns ...
Theresa von Avila:
Nichts soll dich ängstigen..erschrecken.
Alles vergeht. Gott allein bleibt derselbe....
Und sagt den Aposteln:
Das Reich Gottes ist euch nahe!
Er:
Ich betone immer wieder die Kürze der Zeit und es stimmt..
Wenn das Ende gekommen ist,
was für ein Freude für jene, die nur danach gestrebt haben, Gott zu gefallen..
Und welche Qual für jene, die nur gelebt haben,
um sich selbst zu genügen..
Und das Ende kommt mit der Geschwindigkeit eines Sturzbaches, der alles mit sich reißt..

15. Sonntag C 2016 Lk 10,25-37

Diese erdachte Geschichte Jesu vom **Barmherzigen Samariter** ist seine Antwort auf die Frage:
Was ist Nächstenliebe und wer ist mein Nächster ?

Dazu ein Wort aus meiner persönlichen Erfahrung:
Man weiß, dass ich alle die Jahre eine ziemlich offene Pfarrhaustüre für Bettler und Sandler habe.
Deshalb sind – *logisch* - immer mehr gekommen,
so dass mich das zunehmend Geld und Nerven gekostet hat.
Und: Meistens waren sie nicht zufrieden mit den 10 Euro, die ich jedem gegeben habe. !
Und sie haben erwartet, dass der *Barmherzige Samariter* jede Woche, jeden Monat immer wieder gibt..
Bis ich erkennen musste: Die nützen dich listig aus und du selber gefällst dir noch in der Rolle des *Barmherzigen Samariters* !

Ein Berater schreibt mir:
Diese Leute müssen ihre Realität erkennen können!
Du darfst sie nicht bewahren vor ihrer eigenen Wirklichkeit..
Du musst Abstand gewinnen..
Du bist da für sie nur Mittel zum Zweck…
Gib kein Geld mehr für Miete, für Kinder oder sonst welche Geschichten…!
Und wenn der eine oder andere rausgeschmissen aus der Unterkunft, dann ist das okay!
Dann muss er eine Entscheidung treffen, wie es für ihn weitergeht.
Du nimmst ihm immer die Entscheidung ab,
so muss er sich seiner realen Zukunft nicht stellen..
Aber er muss seinen Weg selber gehen.
Gib nichts mehr! Evtl. noch zwei Euro. Nicht mehr.
Halte durch! Sonst macht das keinen Sinn mehr.
Zitat Ende.

Die andere Situation, das andere Erlebnis:
Da geht es nicht um einen *Hilfsbedürftigen*, sondern um einen *Reichen*, der aber in anderem Sinn hilfsbedürftig ist…,
der also ebenso *mein Nächster* sein kann!

Da sitze ich auf der Terrasse bei *Cäsars* .
Auf einmal schaut alles auf den Kirchplatz hinüber:
Ein selten teures Sportcabriolet fährt vor, offenes Dach natürlich..
Man flüstert an andern Tischen :
Ein Aston Martin..kostet um die 400 000!
hat gegen 500 PS..!
Und ich denke - im Blick auf das Nummernschild
eines benachbarten kleinen Landes: Angeber !
Ob er das Geld für das Auto ehrlich verdient..?
Ich mag Leute mit so teuren Autos nicht.
Wie kann man als Christ - und das heißt als gebildeter,
kultivierter Mensch - vierhundert Tausend und mehr für ein Auto
ausgeben..!
Der müsste zur Buße wenigstens die Hälfte, also 200. 000,
für Arme geben..!
Aber kaum zu Ende gedacht, kommt d*er Nächste* schnurstracks zu meinem Tisch und setze sich genau neben mich…
und ist auch gleich *per Du* mit mir und ich dann passenderweise mit ihm.
Ein Schweizer Unternehmer.
Nach einer halben Stunde Gespräch – und wir haben nicht bloß Floskeln ausgetauscht und schön geredet - wir haben über Geld geredet, haben über das Auto geredet,
über die Geschwindigkeitsbegrenzungen in der Schweiz…
über seine Familie, über seine Seitensprünge..
Nach einer halben Stunde habe ich zu ihm gesagt:
Jetzt aber sage ich dir: Es freut mich, dich von einer ganz anderen Seiten her kennen gelernt zu haben..!
Nicht nur deine sichtbare Außenseite, sondern etwas von dir und dass du nicht der Snob bist, für den ich dich gehalten habe.
Ich habe ihn leider *nicht* gefragt, ob er er auch schon manchmal einem Armen heraus geholfen hat..Ich hätte es tun sollen...

Was ich sagen will:
Ist es nicht auch *Barmherzigkeit*, wenn man einen solchen reichen Menschen nicht nur *von Außen* sieht und beurteilt, sondern sich bewusst ist:
Wenn du selber die materiellen Mittel hättest, würdest du auch ein Angeber sein ! Würdest auch groß wirken wollen..größer als viele andere..!

Wir *alle* bedürfen der Barmherzigkeit..
am meisten dann, wenn wir uns moralisch erhaben wähnen über anderen: Dann sind wir am meisten in Gefahr,
schlechte Menschen zu werden : Im Hochmut der Frommen und Armen gegen die Nicht-Frommen und Reichen…,
nicht zuletzt im Hochmut der Geistlichen, der Bischöfe und Priester.

Was muss ich tun , um das ewige Leben zu gewinnen?
...um hier schon (geistig) über das vergängliche Leben *hinauszukommen*?
Denn das *vergängliche Leben* ist das Leben, das am Vergänglichen *hängt.*
Er*: Wer aber an seinem Leben hängt, wird es verlieren..*
wer es aber um meinetwillen verliert, wird es das ewige Leben gewinnen.
Am *vergänglichen Leben* hängen heißt,
an Mitmenschen hängen…
heißt abhängig sein von einer Beziehung..
in Unfreiheit ..
Ewiges Leben ist frei werden von allen verkehrten Bindungen..Verstrickungen..unabhängig von allen..

Aber das geht nur als Teilhaben am Leben des menschgewordenen Gottes*, der als solcher absolut unabhängig ist und sich aus freiem Willen in die Abhängigkeiten des Menschseins erniedrigt hat..*
Und geht nur, wenn ich den wirklichen Gott im Himmel als meinen Gott anbete…anstelle der Dinge und Menschen , ja anstelle von mir selber..!

Egoismus ist, aus sich selber eine Gottheit machen...
Frei werden von allem…,geht nur, wenn ich mich löse von allem…
ja von mir selbst..
Was muss ich tun, um das ewige Leben zu gewinnen?
Wenn du das ewige Leben gewinnen willst,
dann lebe das Erste Gebot:
Du sollst Gott lieben…
Er: So wie ihr nötig habt, euch geliebt zu wissen, um euch entfalten zu können und euch für das Leben zu öffnen, so habe ich nötig, mich von euch geliebt zu wissen, um euch meine Gaben schenken zu können, um mich für euch öffnen zu können..

Du sollst Gott lieben..heißt:
Du sollst an Gott denken..
Solches Denken enthält selbst schon ewiges Leben!
wie es bei Johannes steht :
Ewiges Leben, das ist Gott erkennen und Jesus Christus, den er gesandt hat..

Gott lieben...heißt: Sich bewusst machen,
dass Gott gegenwärtig ist..
Er: Sieh mich in allem...
In jedem Menschen und in allen Ereignissen ist Gott.
Alles ist Ausdruck seines Willens (Absicht) ...und seiner Zulassung...
Ich bin mehr anwesend in dir als du selbst..
Und doch wollte er, dass der Mensch frei ist.
Er soll *von sich aus* aus Gott lieben können und den Anderen,
denn nur aus Freiheit ist Liebe wirklich Liebe..

Er: *Die menschliche Liebe ist etwa so zartes.*
Sie verlangt viel Ehrfurcht.
Man muss ihren Eingebungen folgen..
Denn sie ist größer als ihr....
Die göttliche Liebe ist noch viel größer.
Sie verlangt große Ehrfurcht und man muss noch tiefer ihren Eingebungen folgen...

Was muss ich tun, um das ewige Leben zu gewinnen?
Antwort: Liebe Deinen Nächsten wie dich selbst..
dann gewinnst du ewiges Leben..
Die Nächstenliebe enthält selbst schon ewiges Leben..
im Bewusstsein, dass Gott meinen Nächsten liebt...

Er: *Versenke dich in die Sorge Gottes..!*
Und welches ist seine Sorge ?
Dass man glauben möge an seine außerordentliche Liebe zu allen Menschen, zu allen, verstehst du?
Das zu glauben, ist Gott lieben.

Aber woran erkenne ich, dass ich Gott wirklich liebe.?
Der Beweis der Gottesliebe liegt in der liebenden Sorge um meinen Nächsten ...

Was muss ich tun , um das ewige Leben zu gewinnen?
Ist das überhaupt unsere Frage heute?
Wenn nicht, dann sollte sie es dringend werden !..
Zur Ursache und Bedeutung von Kriegen heißt es da :

Er: *Man wollte nicht mehr an das ewige Leben denken..*
Man wollte nur mehr die Lust und die Freuden des vergänglichen Lebens...

19. Sonntag C 2010 Lk 12,35-40

Selig die Knechte, selig die Mägde, die der Herr wach findet, wenn er kommt...
Zu diesem Wort vom *Wach-sein* möchte ich drei, vier Situationen einbringen, die ich auf meiner Urlaubsreise erlebt habe – und die meiner Überzeugung nach etwas von dem zeigen, was Jesus – was die Kirche - unter diesem *Wach-sein* versteht...

Wie ich in Bregenz am Bahnhof vor der großen Fahrplan-Tafel stehe
mit meiner Reisetasche in der Hand und nachschaue, auf welchem
Bahnsteig der Inter-City Zug nach Wien abfährt,
grüßt jemand laut von der Seite her: *Grüß Gott, Herr Pfarrer!*
Meine Reaktion war nicht die eines *wachen* Menschen im Sinn von
Jesus, des Evangeliums, im Gegenteil: Der Gruß und die Begegnung
überhaupt war mir in dieser Situation unangenehm!
Jetzt wollte ich einmal *nicht Pfarrer* sein, sondern Reisender,
ein Fremder.
So schaute ich also nur widerwillig und mit einiger Verzögerung in
die Richtung des Grüßenden, erkenne ihn als einen entfernt
Bekannten und grüße nur so nebenbei,
um sofort wieder angestrengt auf die Fahrplan-Tafel zu schauen..
Später habe ich ihn dann noch einmal gesehen auf dem Bahnsteig
und habe mir gedacht:
Dumm von mir! Ich hätte dem Menschen mit einem freundlichen
Gruß und ein paar Euro (er war mir als Sandler bekannt) eine kleine
Freude machen können.
Es wäre Zeit genug gewesen.
Möge meine späte Reue auch noch als ein solches Wach-sein gelten.
Möge uns alle, wenn nötig, die Reue überkommen:
Die Wachheit der Reue darüber, dass wir in so vielen Situationen
geschlafen haben; schuldhaft geschlafen.
Selig, die der Herr wach findet, wenn er kommt..
In den Zügen ist es heutzutage nobel zu reisen. Und sehr im
Unterschied zum Auto kann man aus einem Zug unbegrenzt in die
herrlichen Landschaften hineinschauen.
Es ist fast wie ein Film. Ein Kulturfilm, der da vor dir abläuft. Nur
dass im Unterschied zum Kinofilm hier du der bist , der sich bewegt,
und die Bilder draußen die *stehende* Wirklichkeit sind.

Und es hat beinahe etwas Unwirkliches an sich,
wenn du da gewissermaßen von Oben, aus der Sicht des
zugreisenden Urlaubers hinunter und hineinschaust - für
Augenblicke - in tausend kleine Situationen, an denen du im Zug
vorbeifährst.

Da sitzen Leute gerade im Garten hinterm Haus, - da spielen Kinder auf einer Nebenstraße,- dort lehnen sich welche beim Fenster heraus und schauen dem Zug nach...und sehen ihrerseits die Reisenden, die so wie ich, grad zum (geschlossenen) Fenster hinausschauen…
Leider ist es ja nicht mehr so wie in meiner Kindheit, wo man die Fenster im Wagon noch aufmachen hat können und Gesicht und Arme in den Fahrtwind halten...

Aber im Wagon selber ist freilich auch *Wirklichkeit* - und zu der Wirklichkeit gehört etwas, was mich aufregt:
Wenn nämlich bei dem Mitreisenden dir gegenüber plötzlich ein Handy sich meldet und er munter anfängt in *Lautstärke sieben* mit seiner Freundin zu palavern – als ob er allein sei.
Man hat auch schon gesagt: Das Handy sei so eine Art Schmuse-Lappen, den man bei sich hat, wenn man schon von daheim weg muss.
Selig, die der Herr wach findet, wenn er kommt...
Und dann an einem Informationsschalter beim Wiener Südbahnhof: Ein offensichtlich hoffärtiger, unfreundlicher, stolzer Beamter hinter dem Schalter, der dich zuerst einmal –es scheint – absichtlich noch ein wenig warten lässt, um sich dann *gnädig* herabzulassen zur schnoddrigen, anonymen Frage, was man wünsche...
Ich wollte zornig werden: Was glaubt der eigentlich!
Also ob ich für ihn da sei - und nicht umgekehrt!
Aber ist es da nicht auch ein Zug dieser *Wachheit des Evangeliums,* sich zu sagen: Es tut mir ganz gut, ein wenig vom hohen Ross des Reisenden herunterzusteigen…
Ich bin für diesen Bediensteten einer von Hunderten jeden Tag!
Und jeder zweite kommt mit einem befehlsmäßigen Ton daher und meint, er müsse wie eine Heilige Kuh behandelt werden..
Wach-sein – das heißt hier, sich bewusst werden: Dass man eben einer von Vielen ist; und dass es einem (mir) gut tut, nicht wichtig genommen zu werden..ja, durchaus gering geschätzt.
Was sind wir für eitle Tröpfe geworden, die sofort die *Menschenrechte* anrufen!

Selig, die der Herr wach findet, wenn er kommt..
Noch ein kleines Erlebnis, das mir scheint, mit dieser *Wachheit* zu tun hat.
Durch puren Zufall bin ich für eine Viertelstunde ins AKH geraten; ins Wiener Allgemeine Krankenhaus.
Und sehe im Foyer einen Patienten, der einen ziemlich großen Nasenschutz und Mundschutz vorgebunden hat, also Mund und Nase großflächig verdeckt. Der Kopf war ganz kahl,
die Arme und Oberarme mit einem dichten roten Ausschlag übersät: Ich ahne, was unter diesem Mund und Nasenschutz zu sehen, besser gesagt, nicht mehr zu sehen wäre.

Und ich bin erinnert an das, was kürzlich ein Patient gesagt hat:
Dass viele von uns oft lange Zeit in ihrem Leben frei geblieben sind von Schicksalsschlägen.
Ja, dass wir natürlich möglichst ungestört von Krankheit und kranken Mitmenschen unser Leben führen wollen.
Dass aber mitten im Leben eben solche Schläge hereinbrechen – und den Betroffenen plötzlich *wach* machen können:
Ganz *wach* in dem Sinn, dass dir die *ganze* Wirklichkeit bewusst wird.
Dass du also hinüber *geschlagen* wirst auf die andere Seite:
Auf die Seite all derer, die auch herausgerissen worden sind aus einem gesunden und normalen Leben in die Wirklichkeit eines Leidens. .
Wir haben dann gesagt: Ist es nicht eine Gnade, in die Wirklichkeit, d.h. in die Wahrheit des Lebens *gezwungen* zu werden...
Also *wach* gemacht zu werden..für das Ganze des Lebens;
und die Sterblichkeit an sich selbst zu erfahren;
die ersten Gongschläge zu erleben, die davon Kunde geben, wie zerbrechlich, wie sterblich ich bin (und wie groß Gott ist!) ... Und dass der Tod uns immer begleitet.(Von daher gesehen bewundern wir ja alle die Menschen, die beruflich mit dieser *anderen* Seite des Lebens leben...

Selig, die der Herr wach findet, wenn er kommt.…
In Budapest auf einem sehr belebten Platz in einem Fußgängerbereich sitzt eine alte Dame auf einer Bank - locker umgeben von meist jungen Menschen, die im Gras sitzen oder auf den Bänken .
Die alte Dame, völlig für sich und ganz versunken, ohne im geringsten sich darzustellen im Sinn von *Sehen und Gesehen werden*. Nein, sie ist ganz woanders mit ihren Gedanken. Man sieht sie kaum, obwohl sie da mitten auf dem Platz auf einer der Bänke
am Rand der Bank sitzt - wie eine Fremde, wie eine Außerirdische.
Ich denke heute, diese alte Frau ist auf geistliche Weise *wach* gewesen: Nicht *wach* für das Treiben hier, sondern *wach* im Sinn eines Nachdenkens, einer großen Übersicht, eines Erinnerns…
So erinnert diese alte Frau an den Unterschied von *Äußerem Leben* und *Innerem Leben* ...
Selig die Menschen, die er wach findet, wenn er kommt..
Wach-sein: Damit ist vor allem gemeint dieses Innere Leben:
Dazu heißt es einmal:
Habt ihr nicht zwei Leben, das eine so frei wie da andere? Das äußere Leben und das Innere Leben? Man kennt das erste kaum und das zweite überhaupt nicht.
Aber das innere Leben allein zählt: Es ist Euer unmittelbare Aufblick zu Ihm, eurem Retter.
Und wenn ihr euch dem Tod nähert, wird das äußere Leben allmählich zu nichts, während das innere Leben sich verdichtet, da es sein Ziel berührt....

Immer sind es die alten Menschen, aber auch die Kinder und die sog. *einfachen* Leute – oft aus andern Ländern - und es sind auch die Behinderten:
Sie alle bewahren eine Stadt vor der eitlen Äußerlichkeit, vor Fassadentum:
Der Mensch, wenn er alt geworden ist, erinnert allein durch sein Dasein an die Wahrheit des Menschen, an die Kleinheit und an die Gebrechlichkeit des Menschen von Anfang an.

Selig die Menschen, die der Herr wach findet, wenn er kommt...
In Dresden, der Heimatstadt meiner Mutter, bin ich bei einer
Bushaltestelle gestanden und habe auf den Bus gewartet.
Da ist eine ältere Frau auf mich zugekommen und hat mich gefragt,
wohin ich fahren wolle.
Sie hat an meiner Reisetasche gesehen, dass ich fremd bin.
Ich sage: *Nach Sebnitz !*
Sie: *Da sind sie aber falsch hier! Dort drüben, auf der andern Seite,
bei dieser Nebenstraße, ist die Haltestelle..!*
Ich war regelrecht *weg* über so viel Aufmerksamkeit und konnte ihr
gar nicht genug Danke sagen. Sie ging weiter, als sei es eine völlige
Kleinigkeit gewesen...War es auch.

Ist das nicht ein zwar kleines, aber schönes Beispiel für diese
Wachheit, für eine schöne *Aufmerksamkeit,* die sich darin zeigt, dass
wir mitten in der Anonymität handeln wie in einer Familie..
Da hat diese ältere Frau , ohne dass sie darum gefragt worden ist,
sich eingemischt – hat diesen Fremden da an den Haltestelle
wahrgenommen und hat die Ahnung gehabt: Der ist da falsch! Dem
muss ich sagen, wo er warten muss!

Selig die Menschen, die der Herr wach findet, wenn er kommt...
So eine aufmerksame Hilfsbereitschaft entsteht in einem Menschen
aber nicht von heute auf morgen..
Eine ähnliche Hilfe habe ich dort zwei Mal erlebt.
Dazu möchte ich weitergeben:
Erstens: Man darf nicht stolz sein; man muss sich fragen trauen.
Die meisten Mitmenschen geben ja gerne Auskunft.
Zweitens: Man muss die Auskunft wirklich verstanden haben…
also rückfragen! Und man muss als Auskunftgeber sich versetzen in
die Lage des Fremden, um daraus heraus die genaue Auskunft zu
geben.

Selig die Menschen,
die der Herr wach findet, wenn er kommt...
Kürzlich war ich – das muss ich einfach erzählen - bei einer Familie
auf Besuch...

...und habe mitbekommen, dass einer der jungen Söhne doch tatsächlich mit großen Eifer – von sich aus - angefangen hat, die Garage aufzuräumen: Mit großer Ordnungs-Wut, sodass der Vater regelrecht bremsen hat müssen und mahnen:
Da möchte ich dann auch noch ein wenig dabei sein, damit ich nachher weiß, wo das Zeug ist...
Selig die Knechte, die Mägde, die der Herr wach findet, wenn er kommt..
Obwohl wir alle das ganze Jahr über mitten in der Natur leben und wohnen, kann es leicht sein, dass wir eben diese Natur überhaupt nicht sehen: Dass man sogar als Bauer die Felder, die Wiesen, den Wald, die Hänge, das Grün, die Wolken... dass man das alles nur *als Arbeitender* sieht.
Wenn man manchmal mit dem Zug fährt - vielleicht eine längere Strecke in Österreich oder auch in Deutschland oder ..
Da kann das zu einem einziges Hineinschauen werden:
In die Täler und in die Felder . Gerade auch im Osten von Österreich für uns Vorarlberger das ungewohntes Bild:
Die weiten langen Felder mit Getreide oder Sonnenblumen.
Oder - was bei mir schon einige Jahre zurückliegt, das Erlebnis des Meeres, das Meer zu sehen an einer Küste.
Aber wir brauchen gar nicht neue Landschaften suchen: Ein und dieselbe Landschaft daheim kann immer wieder neu gesehen werden.
Ja schon beim Stubenfenster hinaus bei so vielen Häusern.

Ich bin in den letzten Sommern öfter mit einem alten Freund, der von Jugend auf im Rollstuhl sitzt wegen Kinderlähmung, hinauf an einen Platz gefahren, der nahe beim Stausee in der Silvretta liegt.
Es ist ein Platz, von dem aus man rundum hinauf schauen kann in die Berghänge und Felsen und den Bach rauschen hört und die Schatten der Wolken über die Landschaft wandern sieht..

Ein großer Denker der alten Zeit –Hl *Irenäus* - hat geschrieben:
Das Leben des Menschen ist die Schau Gottes..
Und Er: *Sieh mich in der Natur...Die Schöpfung ist ein Bild des Schöpfers: Das Werk zeigt den Meister..*

Selig die Menschen, die der Herr wach findet, wenn er kommt..
Man müsste es immer besser üben und tun - dieses Hineinschauen in die Natur. Es ist schon hier auf der Erde eine Schauen Gottes.
Und dazu würde genügen – als Anfang und Ende vielleicht - der Baum vor dem Fenster..
(sofern man ihn hat stehen lassen..)

Ein sehr berühmt gewordener englischer Dichter des 19Jahrhunderts: William Wordsworth - hat viele Gedichte geschrieben in seiner großen Liebe zur Natur:
Oft dankt er der Natur, dass sie ihn immer wieder über alles Niedrige und Schlimme hinaushebt:
..Wenn ich mitten im Weltverkehr Genüge fand an meinen schlichten Freuden
und gelebt weit ab von kleinlichem Gezänk und niedrigen Begierden, ist das dein Werk – o herrliche Natur!
Die Winde,- das Wasserfallgetös! – dein Werk!
Die Berge! – Dein Werk - Natur!
Und im Blick voraus an die Zeit, wo unsere Augen schlecht geworden sind und wir die Natur kaum noch sehen können:
Wenn auch der Schimmer, prächtig einst und frei, für immer mir vom Aug genommen sei, und nichts die Stunde wiederbringen kann, das Leuchten durch das Gras, da Glut durch Blumen rann: Grämen wir uns nicht! Uns treibt Kraft aus dem, was nicht vergeht,- was uns verbleibt.
Selig die Menschen, die der Herr wach findet, wenn er kommt.
Vor Zeiten hätte ich vermutlich noch mit Ablehnung und mit Mahnung über so ein Openair, so ein Freiluft - Mega - Konzert geurteilt wie es das Musik-Fest mit den *Klostertalern* ist an diesem Wochenende…, hätte gedacht: Wie einfältig, wie stumpfsinnig, wie geistlos solche Massenveranstaltungen - auch in Lustenau letzte Woche..!
Aber wenn man die jungen Leute kennt und hört, die da hingehen: Sie sagen, es ginge ihnen mit der Musik auch um die Begegnung, das Kennenlernen, das Gemeinsam-sein, das erleben der großen Gemeinschaft…

Solches Aufbrechen und Hinfahren zu einem solchen Fest:
Man sollte vorsichtig sein mit abwertenden Urteilen!
Das ist doch auch etwas von diesem „Wach-sein",
das im Evangelium als notwendig angesehen wird.
Wach-sein in dem Sinn, dass man Gemeinschaft übt, - dass man einander begegnet...
Selig die Menschen, die der Herr wach findet, wenn er kommt..
Du hast einen Brief als e-Mail geschrieben und wie du ihn gesendet hast und eine Kopie rauskommt für deine Bestätigung, dass er weg ist, da siehst du mit Schrecken:
Ich habe 4 Schreibfehler gemacht! Ein Wort sogar ausgelassen in der Eile.! Wie konnte ich nur so schlampig sein! Was wird man denken von mir, wenn man den Brief liest..
Und ich wollte mich schon dran machen, den Brief noch einmal zu schreiben und neu zu senden ...
Wach-sein *heißt aber auch:*
Diesen eitlen Perfektionismus abwehren - und den Brief samt Fehlern zu schicken..!

19. Sonntag C 2013 Lk 12,35-40

**Legt euren Gürtel nicht ab,
lasst eure Lampen brennen!**
Aber jetzt zur Urlaubs- und Ferienzeit:
Da kann man den Gürtel doch einmal ablegen
und die Lampe löschen…
Es heißt dann: *Wir sind drei Wochen nicht da.*
Auch der Arzt schreibt das an die Türe mit dem Hinweis auf die Vertretung.
Aber der Arzt, der dann im Urlaub zufällig zu einem Unfall kommt, er wird da nicht denken:
Ich bin jetzt im Urlaub, will meine Ruhe haben..
Nein, er wird ohne Überlegen seine Hilfe leisten!
Er lässt sei*ne Lampe* also doch brennen…
und legt de*n Gürte*l *nicht* ab..!

Und so gibt es viele, die ihre beruflichen Pflichten im Kopf und Herz mittragen: Nachts aufwachen und daran denken, dass sie morgen dies und das nicht vergessen dürfen...
Erst recht gilt das für das Familienleben :
Wie könnte eine Mutter zur Familie sagen:
Ich bin jetzt für zwei Wochen in Griechenland!
Familienleben geschlossen !

Und so ist es mit dem *Mensch-sein* überhaupt:
Wie könnte man sagen:
Ich bin von 8 früh bis 18 abends hilfsbereit!
Wenn jemand Hilfe braucht, dann ab morgen früh um acht…!
Legt euren Gürtel nicht ab,
lasst eure Lampen brennen!
Sorgt euch darum, dass ihr eure Zeit nützt;
eure Stunden und Tage, indem ihr eure Aufgaben *erfüllt*,
die jeder Tag aufgibt.
Wenn man Familie hat, muss man nicht lange überlegen, was heute zu tun ist: Das Familienleben gibt das vor.
Da muss man nur *re-agieren* auf die Situationen.
Ich denke, das ist das Wach-sein, von dem das Evangelium spricht:
Selig die Knechte, die Mägde, die der Herr wach findet, wenn er kommt..
...die der Herr dabei vorfindet, dass sie ihre Aufgaben erfüllen...
und sich früh genug darauf vorbereiten…
Wach-sein: Meine Gefühle und mein Denken und Reden immer wieder überprüfen und korrigieren ..
Wach-sein: Leben lernen in dem Bewusstsein, dass Er anwesend ist…gegenwärtig...
Wach sein, das ist, wenn wir das Wunderbare der Natur sehen, den Wolken zuschauen, den Wind spüren, die Stille in den Wäldern erleben, die Vögel hören, die Bäche sehen und hören; das Licht am Morgen wahrnehmen und das Dunkel der Nacht ..
Wach sein für die Schöpfung, in der Gott der Schöpfer da ist.
Wach-sein heißt:
Lernen, an das Ende zu denken - als Anfang des anderen Lebens.
Das kann morgen sein.

Denn der Tod begleitet uns immer..
Die Ewigkeit kommt ständig auf uns zu – und die Erde wir dann nur noch wie ein Traum von einer Minute sein.

Wach- sein, das üben wir, wenn wir am Sonntag zu Hl Messe gehen..
Wenn wir da an Gott denken und *Du s*agen zu Ihm.,
uns erinnern an den Himmel, an Jesus und Maria..
und uns sagen lassen, dass Gott uns *unendlich* liebt..

Das Gebet, so heißt es, übertrifft jede andere Beschäftigung an Wert.
Er wird sich gürten, sie am Tisch Platz nehmen lassen und sie der Reihe nach bedienen.
Die Heilige Messe ist ein lebendiges Bild dafür,
dass er uns *der Reihe nach bedient*
bei der Hl Kommunion..
Aber dazu heißt es:
Er dient uns, damit wir dienende Menschen werden.
Das heißt Wach-sein:
Wach für die Dienste am gemeinsamen Leben..
in der Familie, im Beruf, in der Nachbarschaft, in der Gemeinde…,
um so Gott selber zu dienen.

20. Sonntag C 2010 Lk 12, 49-53

In der Wochenendausgabe der VN ist ein Interview mit dem Schriftsteller *Michael Köhlmeier* und da kommt das Wort *Feuer* vor:
Und zwar in einem Sinn, der unserem Evangelium geradezu entgegengesetzt ist: **Ich bin gekommen, Feuer auf die Erde zu werfen.. Wie froh wäre ich, wenn es schon brennen würde…**
Er - Köhlmeier - sei einmal für eine Weile von dem *politischen Feuer der Links-Radikalen in Deutschland angezogen gewesen: Dieses Feuer, sagt er, hätte ihn eine Weile anstecken können - mit der Proklamation, für das Volk Krieg zu führen gegen den kapitalistischen Staat..*
Beim Rosenkranz wird in Alberschwende gebetet:
Bewahre uns vor dem Feuer der Hölle..

Ich denke mir immer, wenn Auswärtige da sind:
Die werden sagen, wie rückständig die Alberschwender sind!..
Dass die immer noch an *Hölle* und gar ans *Feuer der Hölle* glauben..!
Aber *Feuer der Hölle,* diesen Ausdruck würde ich als Bild
verwenden für *abgründige* Faszinationen, die wir im Kleinen und im
Großen kennen:
Unsere *Fatima-Kapelle* ist erbaut worden, weil Männer von
Alberschwende vom Krieg heimgekehrt sind. Die NS Zeit und der
Zweite Weltkrieg - der erste Weltkrieg auch: Das sind solche
Falschen Feuer gewesen; verkehrte Faszinationen,
höllische Begeisterungen..

In *Egg* hat man diese Woche ein modernes Theaterstück gespielt:
Das zeigt Menschen, die von einem *Feuer der Hölle b*eherrscht sind:
Die können nicht normal ruhig miteinander reden.
Sie können nur überlaut reden - und rasend schnell..und immer
monologartig, nie wirklich zueinander..Und sie reden, wie man
treffend sagt, nur *Blech:* Verlieren sich in sinnlose Reflexionen über
das Läuten an der Tür, statt zu schauen, wer draußen ist..
Was sie übrigens sehr erschreckt, wenn da *wirklich j*emand an der
Tür sein könnt..

Welches Feuer hat Jesus gemeint, wenn er ruft:
***Ich bin gekommen, um Feuer auf die Erde zu werfen...wie froh
wäre ich, es würde schon brennen..***
Es ist auch das *Feuer,* das es braucht, dass ein paar Beherzte und
Mutige so ein Theater (siehe oben) auf die Bühne bringen.
Und es braucht etwas von diesem *Feuer,* wenn Leute sich abends
aufmachen, das Theaterstück anzuschauen...

Welches Feuer hat Jesus gemeint, wenn er ruft:
***Ich bin gekommen, um Feuer auf die Erde zu werfen.
Wie froh wäre ich, es würde schon brennen..***
...es ist das (kleine) *Feuer ,* das es braucht, dass man heute hier her
zu der Hl Messe und (morgen) zu dem kleinen Kapellenfest kommt:
Dazu braucht s einen Funken Liebe..und Treue..

Es ist das *Feuer* im Herzen der Schülerin, die jetzt in den Ferien das bekannte Buch *Herr der Ringe* liest, diesmal aber in Englisch, weil sie im Englischen weiterkommen will..
Das *Feuer* lebt in all denen, die immer tätig sind und daher unzufrieden, wenn sie Zeit *verplempern:*
Jemand sagte: *...Ich bin zwar nach den zwei Wochen Urlaub ziemlich geschafft, aber hochzufrieden..!* Er hat endlich den kleinen Anbau zu seiner Ferienhütte aufgerichtet!
Es ist das Feuer, das in dem jungen Menschen brennt, der nach Jahren sich noch einmal in die Abendschule setzt und die Matura nachholen will.
Das Feuer brennt in der alten Frau, die es genau wissen will und dazu das alte Lexikon holen geht und schauen, in welchen Jahren die erste Zeitung in Vorarlberg herausgeben worden ist..
Von dem *Feuer* erzählt aber auch der herrliche Kino-Film *Nach der Hochzeit:*
Wo die Hauptperson, der Mann aus Dänemark, sich mit seinem ganzen Herzen für die Straßenkinder in Bombay hingibt..
Wie er aber dann einmal wieder nach Europa fahren muss, um Geld aufzutreiben: Da wäre er um ein Haar dem *andern* Feuer, dem *unheiligen Feuer* zum Opfer gefallen: Der neuerlichen Verliebtheit in eine Frau, mit der er früher einmal gelebt hat, die aber jetzt längst verheiratet ist und große Kinder hat..
Das Besondere an der Filmgeschichte: Der Held fällt nicht wie in den meisten Filmen zurück ins *alte Feuer...*ins *private Feuer..*
Er bleibt seinen Straßenkinder und seinem Versprechen, zurückzukommen, treu...und damit dem Heiligen Feuer des Geistes.
Ich bin gekommen, Feuer auf die Erde zu werfen
wie froh wäre ich, es würde schon brennen..!
Aber im letzten - und hinter (in) all den so verschiedenen Erscheinungen dieses *einen Feuers* meint Jesus das Feuer einer stillen, heimlichen Begeisterung, die auf Ihn, auf das Ewige.. gerichtet ist...eine freudige Begeisterung für das Leben, für das Geheimnisvolle des Lebens...Eine Begeisterung für die Kinder, für das Gemeinsame Leben…für die Aufgabe...für die Geschichte, in der wir leben...eine Begeisterung für das Schöne und Große an Gott... für die Rede von Gott... vom Menschen...vom Leben ..

Er: ...Oh, dass du von Begeisterung zu Begeisterung fortschreiten kannst ..bis zum Tod..Wenn du ein großes Feuere anzündest und tausend Dinge in der Welt lenken dich ab davon, diesem Feuer Nahrung zu geben, dann ist Gefahr, dass das große Feuer verlöscht...dass deine Begeisterung verlöscht..
deine Liebe für den Andern..., deine Liebe für Gott selbst...
deine Liebe zur Kirche und zum Beten und zum An-Gott-Denken..
und ..dann deine Liebe ...für das Gemeinsame..

Man muss dem Feuer Nahrung geben, immer wieder ein Scheit Holz nachlegen, sonst verlöscht es:
Das ist das Herkommen heute zur Heiligen Messe.
Das ist das Übungs-Lesen in Englisch.
Das ist das *Aufstellen* von dem Holzschopf im Urlaub..
Das ist eine richtige Reise..
Das Feuer wird genährt mit dem Nachschauen im Lexikon.
weil man s genau wissen will..
Und woher kommt das Feuer?
Von wo oder von wem geht es aus..?
Es ist ein Feuer, das wir nicht von Anfang an (mit unsren Genen..) in uns haben: Es kommt ursprünglich von Ihm…
Es kommt durch Ihn.. durch sein Leben und seinen Tod ..
durch sein Beispiel...
Es kommt durch die Kirche...
Es kommt durch die Schule..einen Lehrer.. ein Buch...
ein Ereignis…
Es kommt durch den Geist, der weht, wo er will..

20. Sonntag C 2013 Lk 12,49-53

Einführung
Da war von *Prioritäten* für unsere Lebensführung die Rede :
Wer verantwortungsvoll *mit sich selber* umgehen will,
bei dem ist die *Arbeit* - wertmäßig, nicht zeitmäßig - erst an fünfter Stelle ! An erster Stelle steht da die einfache *Erinnerung an Gott*.
Dann der *Schlaf*. Dann die *Luft (sprich Draußen-sein)*.
Dann die *Familie*. Dann erst die *Arbeit*.
Wer keinerlei Kontakt mit dem Himmel kennt.
Wer zu wenig schläft. Wer keine *Luft* aufsucht.
Wer die Familie vernachlässigt: Wie könnte der ein aufmerksamer, wacher Mitmensch und Arbeiter sein..? Wahrnehmen des Hier und Jetzt und des *Realen*..

Predigt
Ich bin gekommen, um Feuer auf die Erde zu werfen, wie froh wäre ich, es würde schon brennen!
Dazu darf ich noch einmal an meine 6 Tage *Schweigeexerzitien i*n Wien denken:
Kein Buch, kein Handy, keine Zeitschrift, kein Radio, FS..
Im Kreis mit 8 andern Teilnehmern und dem Leiter
die Innere Stille zu üben...und dafür braucht es die äußere Stille.
Der direkteste Weg zu Gott ist die Stille.., heißt es.

Ein Leitwort der Exerzitien:
Wahrnehmen.
Und zwar Wahrnehmen nichts als das Hier und Jetzt und *Reale*.
Zuerst meinen Körper, meine Beine, Arme, Hände, Kopf.
Und meinen Atem ..im Atmen lassen. .
Und das alles im Gefühl der Dankbarkeit.
Und dann Hinausgehen in das kleine Wäldchen
und einen Baum *wahrnehmen*. Nur diesen einen mit seiner Rindenstruktur, seiner Schwäche oder Stärke, des Lichteinfalls, der Blätter, der Vögel, der Autogeräusche in der Nähe...

Ich bin gekommen, um Feuer auf die Erde zu werfen:
Das Feuer des Geistes, Feuer der Dankbarkeit
Feuer des Wahrnehmens, des Bewusstseins für das Wirkliche im Hier und Jetzt..
Die letzten zwei Tage waren wir angeleitet,
das *Russische Pilgergebet* zu üben, das aus zwei Worten besteht,
nämlich: **Christus-Jesus.**
Beim Einatmen still bei dir selber *Christus* sagen,
beim Ausatmen *Jesus*...
Zwei, drei oder mehr Stunden am Tag (!) nichts anders als diesen
Seinen Namen innerlich anrufen im Bewusstsein, dass Er da ist ...
Ich bin gekommen, Feuer auf die Erde zu werfen..
das Feuer des inneren Gebetes....und das Feuer von Dem,
der ja der *Ich bin da* ist. . .
Dieses Üben müsse *stimmig* sein, werden wir gemahnt.
Also nichts übertreiben und nicht sich vergleichen mit dem,
der neben mir übt .

Und dann war von der Nächstenliebe die Rede...
Ich bin gekommen, um das Feuer der Nächstenliebe auf die Erde zu werfen..wie froh wäre ich, es würde schon brennen.
Das stille Feuer der Nächstenliebe...
kann auch brennen an einem Ort wie der U-bahn.
wo dir mehr als sonst bewusst wird, dass du einer von (uns) allen bist.
Und dass jeder von uns hier seine Lebensgeschichte hat:
Der junge schwarze Afrikaner, die Bosnierin neben mir mit ihrem
Handy, die schöne Blondine, der Türkische Arbeiter, ich selber ,
das kleine Büblein... der Italiener, der sich mit seiner Ziehharmonika
den Fahrgästen aufdrängt..

Später sehe ich in der Stadt einen Mann mit einem Gesicht voller
Beulen. *Das ganze Gesicht übersät mit Beulen!*
Und ich denke: Wie eitel bin ich selber …!
Die kleinste Unregelmäßigkeit macht schon Sorgen..

Feuer der Nächstenliebe..
ist auch da, wo man seinen Nächsten etwas Schönes zeigen will ..
Ich habe den PGR Müselbach gewinnen können,
mit mir in das *Garneratal* zu wandern..Sie waren begeistert.
Und ich denke mir dort immer wieder:
Dass Gott so wunderbare Gebirgstäler entstehen lässt..!
Und dass dieses Tal (wie) eine Einladung Gottes ist zum
Glücklichsein..für einige Stunden ..
Schöpfung der Liebe Gottes:
Jeden Tag gleich und doch jeden Tag neu
mit den Murmeltieren, den Gemsen und den Dohlen..
und den Bächen ..
Und dann mein Freund, 75, bei dem ich gewohnt habe:
Seit 60 Jahren im Rollstuhl.
Mit 15 Kinderlähmung.
So stark, dass er immer getragen werden muss:
Ins Bett, in den Rollstuhl, aufs Klo, beim Anziehen …
Jetzt leistet das der Hebekran..
Er ist 75 und von einer so wohltuenden Ausgeglichenheit und einer
unendlichen Geduld.

Ich muss mit einer Taufe getauft werden,
sagt Jesus..Er meint seine Kreuzigung für uns.
Bei meinem Freund ist sein Zustand des Gelähmtseins eine
lebenslange Taufe..seine lebenslange Ohnmacht und Angewiesenheit
auf die Hilfe Anderer....

Und dann der junge Bekannte, der zu mir sagt:
Die Kirche sollte doch endlich mit der Zeit gehen!
Die heftige Forderung von meinem Bekannten erinnert an das Wort
von Jesus :
Meint ihr, ich sei gekommen, Frieden zu bringen?
Nein, nicht Frieden, sondern Spaltung.
und das zuallererst in der Familie..!
Aber wie ist das zusammen zu bringen mit all den Worten Jesus,
wo er den Frieden predigt und wünscht und stiftet.
Meinen Frieden gebe ich euch..

Könnte es nicht sein, dass Jesus diese Spaltungen,
die er indirekt verursacht, gar nicht negativ sieht, sondern im
Gegenteil: Dass diese Zwietracht zwischen Jung und Alt geradezu
ein Zeichen von Wahrheit und lebendiger Einheit sind..
grad auch, was Kirche und wirklicher Glaube angeht..?
Eine Art Läuterung von falschen Harmonien in der Familie
und von einem Glauben, der nicht echt gelebt wird.
...eine ständige Beunruhigung bei Alt und bei Jung.,
im Sinne von:
*Wer Vater und Mutter mehr liebt als mich, der ich die Wahrheit bin,
ist meiner nicht würdig..*
Ja, die Kirche muss mit der Zeit gehen, aber doch immer im Blick
auf ihre Aufgabe, wie der bekannte Sozialforscher Sedmak schreibt:
*Die Kirche hat die schöne und schwere Aufgabe, den Blick auf den
einen Gott-Menschen zu lenken, der das Beispiel für alle ist: Auf
Jesus ....*
Und wie blickt man auf Ihn, das *Ideal aller Tugenden*?
Durch die Texte der Heiligen Schrift und durch VIPS, very inspiring
people, durch Menschen, die auf je ihre Weise das Leben Jesu
fortsetzen..
Sie reden wenig von Werten, sie zeigen die Werte still und
unauffällig durch Ihre Art zu leben und zu sein ...
Werte wie ... Güte, Freundlichkeit, Fleiß, Friedensliebe, Mitleid,
Hilfsbereitschaft, Freigebigkeit, Nachsicht, Bescheidenheit,
Wahrhaftigkeit und in alldem die persönliche Gottesliebe...

Alle diese Eigenschaften bilden sich im (jungen) Menschen durch
Erfahrungen und über persönliche Beziehungen, über Vorbilder und
durch besondere Momente im Leben..
Ein guter Mensch wird man nicht durch Argumente,
sondern über Erfahrungen, über Milieus, über die Lebenswelt der
Familie.. im täglichen Miteinander und Füreinander
und manchmal Gegeneinander...in glücklichen und in leidvollen
Zeiten der Krankheit und des Sterbens..
Das stille Feuer der Tatkraft...

Man müsse doch immer etwas vor sich haben..
eine Tätigkeit, eine Arbeit, eben ein Vor-haben
rechtfertigt sich ein Pensionist für seine ständiges Arbeiten am Haus
und Stall..Der Däta habe das auch immer gehabt:
Heute muss ich noch die Sense dengla... und die Axt schlifa und Tagesprogramm.
Und dann muss man immer wieder Besuche auf das Tagesprogramm
setzen. Man muss diesen kleinen Widerstand des Ego...
der Bequemlichkeit übersteigen...des *Für mich ...*
und immer wieder die Freude eines kleinen Wiedersehens erfahren..

Nächstenliebe nicht als Aktion, die man *machen* kann,
sondern im Nachhinein danken, wenn sie gelungen ..absichtslos...
oder bedauern, wenn nicht..

Und dann bei der Hl. Messe im vollbesetzten Stephansdom ..
der ältere Herr, spaziert an den Leuten vorbei durch den Seitengang -
und schaut herum - mit der Hand im Hosensack,
die er nie raus nimmt...Er regt mich auf. Aber ich habe die Hände ja
auch gerne verschränkt…oder gar im Rücken, um mich (Innerlich-
emotional) freizuschaufeln......

Eine kleine Krise hat es bei meinen Exerzitien (s.o.) auch gegeben:
Ich war zum Spülen vom Mittagsgeschirr eingeteilt..
habe mich einteilen lassen...Und wo nach 1 Stunde die Spülmaschine
immer noch gelaufen ist, habe ich eine Mitorganisatorin *leise* gefragt:
Die Spüle geht ja ein Ewigkeit..
Antwort: *Dann ist es so..Es gibt Erfahrungswerte..*
Das war mir ziemlich patzig – und einen Tag lang dachte ich :
Ich bin doch da Gast und nicht Untertan…!
Die Frau war mir einen Tag lang unsympathisch.
Bis ich mich dem Frieden zuliebe aufgerafft habe, sie zu fragen, ob
sie mit ihren Haarföhn leihen könnte....
Klar. Ob ich ihn gleich wolle..? Damit war *das Wetter* wieder schön!

20. Sonntag C 2016 Lk 12,49-53

Ich bin gekommen, um Feuer auf die Erde zu werfen. Wie wie froh wäre ich , es würde schon brennen!..
Was für ein Feuer meint er da?
Wenn wir uns fragen, ob wir das Feuer vielleicht von uns her schon kennen, dann denke ich z.b. an Wirtsleute, die jahraus und jahrein täglich neu mit derselben Freundlichkeit und Hingabe für ihre Gäste da sind.
Das ist doch ein *Feuer, das nicht nur* von Unten kommt , sondern *auch* von Oben...
Oder der junge Lehrer, der jahraus jahrein ohne auf die Zeit zu schauen, den Unterricht vorbereitet...
und immer neu nach Wegen sucht, wie er die Schüler interessieren kann und gewinnen für den Stoff…und wie er es ihnen erklären könnte..
Das ist das *Feuer einer großen Liebe* für die jungen Menschen..!
Oder der Handwerker, der jeden Tag und durch Jahre immer bemüht ist, seine Arbeit so gut wie nur möglich zu machen..
Oder die Frau, die ihren kranken Mann pflegt und alles dafür tut, dass er gesund wird...
Oder die Krankenschwester….die Altenpflegerin..
oder ganz einfach die Mama daheim bei den Kindern..

Ist da nicht immer dieses Feuer, das antreibt und brennen lässt für die gute Sache…? Ganz zu schweigen von Künstlern und Schriftstellern: Wie könnten sie so viel schaffen ohne dieses Feuer…!

Da hat eine alte Person rückblickend gesagt:
Ich habe immer gern gearbeitet!
Wir haben zuerst gesagt: *Du übertreibst..! Das gibt es nicht, dass man immer gern zur Arbeit geht!*
Aber die Frau hat darauf bestanden..und wir haben ihr geglaubt:
Das Feuer von Oben/Innen hat sie angetrieben und begeistert.

Aber es heißt:
Man müsse um das Feuer von Oben bitten.
Wir hätten es von uns aus nicht.
Ich bin gekommen, um Feuer auf die Erde zuwerfen.
Wie froh wäre ich, es würde schon brennen!
Er: *Achte gut auf die Kraft deiner Liebe!*
Wenn du ein großes Feuer anzündest, aber tausend Dinge lenken dich ab, dem Feuer Nahrung zu geben, dann wird das Feuer verlöschen..Wirf also in das Feuer der Liebe immer wieder deine Opfer, deine Freuden, deine Seufzer, deine Blicke ..deine Reue für Vergangenes, deine Wünsche nach meinem Reich der Nächstenliebe...
und rufe mich immer wieder, denn ich warte nur darauf zu kommen..

Andere Stelle Er:
Halte dich nicht zu lange auf, ohne Mich in einem religiösen Buch oder in deinem Inneren ..oder in der Kirche zu suchen .
Man muss in das Feuer blasen; man muss es nähren.
Sonst fällt es zusammen.
Ebenso ist es mit der liebenden Erinnerung an euren Großen Freund, den Gott im Himmel.
Verlasst ihn nicht.
Unterhaltet erfinderisch das täglich Feuer der Nächstenliebe und der Liebe zu Gott..
Die Tage vergehen und sie führen ganz ohne Anstrengung bis zum letzten Feuer.
Meint ihr, ich sei gekommen, Frieden auf die Erde zu bringen?
Nein, sage ich euch, nicht Frieden, sondern Spaltung..
Und dann beschreibt er diese Spaltung in einer Familie: Sozusagen als Muster dieser Zweitracht. Und zwar als Zwietracht zwischen Jung und Alt, zwischen den Generationen.
Und diese Spaltung sehen wir ja heute besonders deutlich, auch was Kirche angeht, wenn die jungen Generationen nicht mehr zur Kirche gehen..und ihr Leben frei und nach eigenen Vorstellungen leben wollen und es auch tun.

Aber man könnte auch denken, dass mit dem *Christlichen* eine neue persönliche Freiheit in die Welt gekommen ist;
eine persönliche Verantwortung...
Und so ist das dann ja erfreulich, wenn Junge Menschen die Bahnen der Eltern und Erwachsenen persönlich aufbrechen und eigene Wege gehen..

Nicht Frieden bringe ich auf die Erde ,
sondern Spaltung ...

Man muss dieses Wort von Jesus so verstehen, dass für echten Frieden die *Wahrheit* Platz haben muss…
Jemand sagt:
In unser Familie, da wird öfter gestritten , dass die Fetzen fliegen!
Da geht es dann richtig laut zu!
Aber das führt uns nicht auseinander, im Gegenteil: Das bindet uns noch mehr zusammen...
Dagegen wäre es ein falscher Friede, wenn wir unsere unterschiedlichen Standpunkte verdrängen würden, gar nicht zuließen... oder es uns egal wäre, was die Andern sagen..und meinen..nach dem Muster:
Jeder hat recht.. Es gibt keine Wahrheit.
So dass das Leben ein gleichgültiges Nebeneinander wäre..

Aber gilt nicht oft auch das Wort : *Um des lieben Friedens willen..gebe ich nach...bin ich still..*Und so rettet man oft den Frieden im Familienleben. Auch im Politischen.!? Ja. Und doch: Man kann und darf nicht zu allem um des Friedens willen Ja sagen, wenn man spürt: Da kann ich eigentlich nicht zustimmen! Die Aufrichtigkeit kann viel kosten.. Aber Falschheit und Kalkulieren kostet noch viel mehr: Nämlich das gegenseitige Vertrauen.. –z.b in der Ehe, aber auch auf der politischen Ebene:
Ein integrer Politiker wird nicht still sein, wo er Unrecht und Ungerechtigkeit sieht.

Ich bin nicht gekommen, Frieden auf die Erde zu bringen, sondern Spaltung..
Jesus will damit nicht sagen, dass er aktiv die Spaltung bringen will,
sondern: Dass sich notwendig eine Spaltung ergibt,
je nachdem, wie man zu Ihm steht…
ob man ihn ablehnt oder annimmt.
Mt 11: *Selig, wer an mir keinen Anstoß nimmt..*
Ob man ihn als das größte Vorbild glaubt..
Ob man lernen will, wie Er so barmherzig zu sein - oder beim
Urteilen bleibt. Ob man Mitleid zulässt oder hart bleiben will.
Ob man freigebig sein will oder alles für sich behalten .
Ob man helfen will oder seine Ruhe haben .
nur für sich leben will oder für …das Gemeinsame .

Ich bin nicht gekommen, Frieden zu bringen, sondern Spaltung..
Dazu müssen wir auch denken an Völker und Nationen, wo sich eine
mentale Spaltung auftut zwischen nationalistischen und völkischen
und religions-fanatische Tendenzen auf der einen Seite und einer
weltoffenen Einstellung auf der andern..
Zwischen Freiheit und Recht auf der einen Seite und Macht und
Gewalt auf der andern…...zwischen Tendenzen zu Diktatur und
Selbstherrlichkeit auf der einen Seite und auf der andern Seite
*Menschen mit einer Liebe zu allen Völkern in dem Sinn, dass die
Menschheit insgesamt eine Familie werden soll.*
Ich bin nicht gekommen, Frieden zu bringen, sondern Spaltung.
Aber es gibt im Kleinen und im Großen einen Weg der Hoffnung,
Spaltungen aufzulösen und zu überwinden:
Nämlich durch das *Gespräch;* durch ein *wirkliches* Gespräch,
wo die Gesprächsteilnehmer auf einander hören..ja beim Zuhören den
eigenen Standpunkt kurz verlassen (sich verlassen..), um ganz beim
Andern zu sein. Da kann Friede werden: Das ist schon Friede.
Da ist es so, dass die Kontrahenten einander fragen:
Wie hast du das gemeint..Ich habe dich nicht verstanden…
wiederhole noch einmal.. .
*Es kann aber auch sein, dass es keine Einigung gibt
noch geben kann !*

Ich bin nicht gekommen, Frieden auf die Erde zu bringen, sondern Spaltung
Denn von nun an wird es so sein:
Wenn fünf Menschen im gleichen Haus wohnen, wird Zwietracht herrschen..in der Familie...
Aber wir müssen doch noch fragen, wie diese Zwietracht, dieser Gegeneinander von Jung und Alt verhindert werden..? besser gesagt: Überwunden werden kann ...?
Dazu einige Worte von Papst Franziskus aus seiner neusten Schrift, wo er kleine Anregungen gibt, die helfen, dass das Familienleben besser gelingen kann...
Drei Schlüsselworte im Leben der Familie:
Darf ich?
Danke!
Entschuldigung!
Und einander anschauen beim Reden, aufmerksam zuhören..
Liebe braucht geschenkte Zeit
Der Kuss am Morgen...Vor allem für die Kinder...
Den Tag nie ohne Friedensschluss beenden.
Zeiten der Erholung ,
Feste feiern,
Gebet der Eltern mit den Kindern..
Christus kann und will jedes Familienleben einen.

20. Sonntag B 2018 Joh 6,51-58

Wer dieses Brot isst, wird leben in Ewigkeit..
Wer mich isst, wird durch mich leben..
Wir könnten das Wort fortsetzen:
Wer in den Evangelien von mir liest und hört,
wer mich kennenlernen will…, mein Denke, meine Worte,
mein Handeln: Der wird durch mich *leben*..
und wer mich im Sakrament in sich aufnimmt, wird *leben*...
Wer mich isst, wird durch mich leben..

Ich frage heute:
Was ist das für ein Leben, das er uns geben will und gibt?
Was gehört zu diesem Leben-durch-ihn?.. Zum wahren Leben also?

Zu diesem Leben gehört z.b. das, wovon Papst Franziskus in dem *Interview Film* spricht, wenn er diese zwei Eigenschaften lobt:
Nämlich **das Lächeln**, das erfrischende, freundliche Lächeln..
Und den **Sinn für Humor**..Er bete oft zu Thomas Morus um diesen Humor: Diese göttliche (heilige) Distanz zum eigenen Leben... zu jedem Augenblick.. auch noch zum ...schwersten..
Ein anderes Kennzeichen wahren Lebens,
 von dem der Papst spricht,
ist die Würde und **Heiligkeit der Arbeit..**
Er sagt das im Blick auf die ärmsten Länder, wo eine für uns unvorstellbare Arbeitslosigkeit herrscht..Ein Skandal..
Und er sagt: Wie soll sich ein junger Mensch persönlich entwickeln ohne Arbeit.?
Und er sagt damit allgemein:
Zum **wahren Leben gehört das Arbeiten …**
das Arbeiten-Können und -Wollen.. (work-life-balance)

Und im Blick auf die **reichen Völker** der Welt appelliert er in diesem Film (und auch das ist ein Fundament von Wahrem und gutem Leben):Wir Reichen müssen sozusagen **ärmer werden**…
einfacher ...wir müssen , wenn wir ein gutes und erfülltes Leben leben wollen, b**escheiden** werden...

Was ist Wahres Leben?
Wahres Leben ist **das richtige Verhältnis von Innerem und Äußerem Leben..**
Er :
Ihr habt ein äußeres und ein Inneres Leben..
das Äußere Leben vergeht und wrid allmählich zu nichts..
wogegen das innere Leben, euer Verbindung mit Gott..
sich verstärkt...und schließlich sein Ziel berührt..
Leider sind wir oft total einseitig nur auf das **Äußere Leben** fixiert..

Das Innere Leben ..
das ist der Kontakt ,den ich innerlich zu mir selber habe..
wo ich auf mich höre…auf mein Herz...auf mein Gefühl..
mein Gewissen..meine Gedanken..
auf das Drängen in mir…und wo ich auch gegen Trends und
Zwänge mein persönliches Leben lerne zu leben…
und mich selbst bestimme...und nicht mitmache -auch gegen den
Willen anderer.

In unserem Innersten aber lebt Gott..lebt der Auferstandene ..
lebt der, der das *Leben* ist..,
das Leben unseres Lebens..
Was kennzeichnet **Wahres leben…?**
Wahres Leben ist **vielseitig..nicht einseitig..**

Vielseitig ist das Leben durch das Leben der Familie..
Das *Familienleben* rettet
aus dem **einseitigen Arbeitsleben** ..
Der Papst sagt, er habe früher im Beichtstuhl die Väter, die viel
arbeiten, oft gefragt:
Spielen Sie mit ihren Kindern..?
Und sicher würde der Papst das Jassen hier auch gelten lassen,
das Spielen der älteren Menschen miteinander..
Zum *Wahren Leben* und in diesem Sinn zum ewiges Leben, gehört
das zweckfreie **Spielen**..

Was gehört zum Wahren Leben?
Zum Leben gehört das rechte Verhältnis zwischen
Werktag und Sonntag..
Der Sonntag als notwendigster Ausgleich zum Werktag..,
als Tag der Familie, Tag der Begegnungen..
und als Tag der Erinnerung an das Ziel des Lebens,..
das wir nicht aus den Augen verlieren dürfen
(den Himmel verdienen.);
als Tag, der bewusst machen will,
wie großartig es ist, zu leben ..
und was für eine großartige Zukunft uns verheißen ist..

Wer mich isst , wird durch mich leben..
Da habe ich über einen Link einen sehr interessanten Artikel
zum Thema Afrika und Europa und Flucht und Migration
bekommen. Aber nicht über den Artikel möchte ich etwas sagen,
sondern da wird dir deutlich:
Leben braucht immer neue Erfahrungen und Gedanken von Außen
her…
Das ist wie mit dem *kleinen See* hinter meinem Ferienhotel, bei dem
die Zulaufrohre verlegt waren und das stehende Wasser trüb
geworden ist, weil kein frisches Wasser mehr dazu gekommen ist
..… Ich durfte die Rohre wieder richtig legen und bis am Abend war
das Wasser im See wieder wunderbar frisch - weil auch der Abfluss
funktioniert hat..
Das ist ein Bild für Leben, ewiges und wahres Leben.
Deshalb ist das **Zuhören** so lebenswichtig für das wahre Leben
..und das Lesen, - auch Religiöses..:
Weil damit frisches Wasser in den See des eigenen Lebens zufließen
kann…!

Der Papst hat das Zuhören gelobt als Stärke des Hl Franziskus!
Hören und Erfahren vom Leben Anderer,
das ist Teilnehmen am Leben, gerade auch am Leben Fremder !
Und **Teilnehmen** am Leben, das ist **Leben..!**

Das ist aber das Leben, das er uns zu *essen* geben muss
durch seinen Geist und sein Beispiel und sein Sakrament..
Denn *von uns aus* sind wir *rettungslos* auf uns selbst bezogen…auf
unser Ich.., können uns nicht selbst vergessen und darum nicht
wirklich *teilnehmen* am gemeinsamen Leben..
Doch...wer mich isst , wird durch mich leben..

21. Sonntag C 2004 Lk 13,22-30

In der Wochenend-Beilage, dem *Magazin*, ist zu lesen (Schlagzeile):
Udo Jürgens plagen Todesängste…
Der Schlagersänger fragt sich, wie viel Zeit ihm noch bleibt..
*In meinem Alter – 70 - musst du auch dazu stehen, dass du Nächte hast, in denen beim Nicht-Einschlafen-Können die grauen Vögel um deinen Kopf kreisen. Und du fragst dich dann:
Wie viel Zeit bleibt dir noch..?* Er lese wöchentlich Todesanzeigen von Leuten, die jünger seien als er und ihm nahe gestanden seien.
Patsch! Patsch! ..Die Einschläge kommen näher..
Wenn ich solche Sätze von einem Schlagerstar höre, bin ich geneigt, misstrauisch zu sein. Kommen diese Worte wirklich aus dem Herzen..? Er hat sicher schon ein Lied mit ähnlichen Worten komponiert und auch damit gutes Geld gemacht und Erfolg..
Alles ist da irgendwie in Gefahr, zur kalkulierten Unterhaltung abzufallen...
Deshalb hat mich dieses *In sich Gehen* des alten Stars an das Wort des *Hausherrn* denken lassen, der zu denen draußen vor der Türe sagt, - sagen muss:
Ich weiß nicht, woher ihr seid..
Aber vielleicht, ja hoffentlich gehe ich fehl und dieser Udo Jürgens ist da ganz aufrichtig…! Dann umso besser !
Es geht mir auch gar nicht um Udo Jürgens.
Es geht um das Wahrnehmen einer Oberflächlichkeit im Leben von uns allen: Das Bewusstwerden eines tiefsten Unterschieds zwischen einem *äußeren Leben* und einem *Inneren Leben..*
Leben nach außen oder fürs Außen - und einem Leben nach Innen ..Um den Unterschied eines glaubwürdigen Lebens und eines unglaubwürdigen...Letztlich können wir sogar nur durch den Hl Geist ganz wahr sein.
Ich weiß nicht, woher ihr seid. .
Es gibt, sagt man , eine Identität, ein Selbstbewusstsein,
das sich definiert von der Welt her; von der Stellung, vom Gehalt, vom Besitz, von den Beziehungen, vom Image, von den Leistungen und Erfolgen.. auch von der Religion her, d.h. von einem äußerlich geübten Glauben..

Die ganz andere Quelle der Identität und des Selbstseins...kann nur
von Gott her kommen, von einem geistigen Innenleben als lebendiger
Beziehung zu Ihm.., aus einer gewissen Einsamkeit...und innersten
Unabhängigkeit von allem....Eingeleitet mit einem Bruch, einer
Trennung, mit gewissen Abschieden von der äußerlichen Welt: Welt
des Äußerlichen, des Inszenierten...
Bemüht euch mit allen Kräften, durch die enge Tür zu gelangen..
Die Enge Tür: Können damit nicht Ereignisse gemeint sein,
die uns als Person erst wirklich *wahr* machen , uns läutern von
Täuschungen und Illusionen und Verplanungen und allem Aufgehen
in dieser Welt..? Uns wahr machen vor dem Himmel..
..und so der **Herr des Hauses weiß, woher wir sind...**
Ist nicht das Altwerden und das Alt-sein so eine *Enge Tür*, die uns
zutiefst wandelt, wenn wir durch sie hindurchgehen: Ohne den
ganzen Ballast, den wir zurücklassen müssen; weil wir damit gar
nicht durch die Enge Türe hindurch kämen..!

Und wie sind es die manchmal buchstäblichen Schläge ,
Schicksalsschläge, die uns diese *Enge Türe* bedeuten sollen !
Wir können dazu an die Lesung denken, die von den *Züchtigungen,*
von den Erziehungsmaßnahmen des Hausherrn sprechen..
Hebr 12, 5-13...*Denn wenn der Herr liebt, den züchtigt er...*
Jede Züchtigung bringt zwar für den Augenblick nicht Freude,
sondern Schmerz, später aber schenkt sie denen, die durch diese
Schule gegangen sind, als Frucht den Frieden und die
Gerechtigkeit....

Ich weiß nicht, woher ihr seid...
Suchen wir nicht deshalb so gerne die Natur, die Berge,
die Seen, die Einsamkeit auf…, um eben zu dieser Wahrheit, zu
diesem *Bei-mir (in-mir)-selbst-sein* zu kommen: Damit der Herr und
ebenso wir selber (!) wissen, **woher wir sind** und **wer wir sind...**
Es gibt Menschen, die mit diesem Wunsch in die Wüste gehen..
oder einfach echt auf Reisen, - fort und hinein in die *Fremde*.

Ich weiß nicht, woher ihr seid...
Da kann es auch vorkommen, dass du bei einem *Sterberosenkranz* teilnimmst und du siehst vor dir jemanden, der während der Gebete betont da hin und dorthin schaut, am Kleid zupft und wiederholt geradezu ungeniert gähnt. ...Und du kannst nicht anders als hinzustarren auf diese Person und du denkst dir:
Wozu ist dieser Mensch eigentlich da..?!
Wenn diese Person die Gottesmutter und das Vaterunser nicht mit beten will...nicht kann... Vielleicht weil es ihr einfältig vorkommt, dieses Beten...und vor allem: Weil sie selbst *draußen* ist und *nicht drinnen* im Gebet.

Aber ich, der ich diese Person so angefangen habe zu beobachten.
Ich bin wohl auch nicht *drinnen*, bin auch *draußen* vor der Tür, vor der inneren Wirklichkeit des Gebetes:
und bin so erst recht *außerhalb* der Gemeinschaft der Betenden - wie gut oder wie schlecht sie auch beten mögen...

Ich weiß nicht, woher ihr seid...
Das muss auch auf dieses Beten hin heißen:
Bemüht euch mit all euren Kräften, durch die Enge Türe zu gelangen..
Die *Enge Tür* als das Bild für den Sprung hinein ins wirklich persönliche Beten, ins wirkliche Sein vor Gott.
Es ist ja ein höchster Anspruch, ins Beten, in dieses Sein vor Gott zu kommen..
Und nur Gott selbst kann uns das ermöglichen…
indem er uns *Hinein-erlöst* vom *außer Gott sein* als *Geschöpf* zum *in Gott sein* (Im Schoß des Vaters) als *Angenommene an Kindes statt*....

Es bedarf der Demut, der persönlichen Einordnung in die betende Gemeinschaft, in dieses gewisse Selbstvergessen..
vor allem für jemanden, dem das *fremd* ist.
Und es bedarf der Übung, es bedarf der immer neuen Übung...
grade was auch die Feier der heiligen Messe angeht!

Da kann man nicht erwarten, dass es einen wie von selber
hineinzieht, etwa wie bei einem Krimi oder wie bei tollen
Schaufenstern oder wie bei dem Hennele-Duft, der von einer Küche
her in unsere Nasen schleicht...
Je mehr eine Sache wert ist, je wertvoller etwas ist, desto weniger
drängt sich das auf.
Das, was wenig oder gar nichts wert ist, das drängt sich uns am
meisten auf. Das zieht einen wie von selber an und hinein..
Daher: Je wertvoller etwas ist, desto mehr muss man sich darum
bemühen.
Desto größer und tiefer ist aber dann auch die Freude daran.

Bemüht euch mit allen Kräften, durch die enge Türe zu gelangen
Kürzlich höre ich mit einem jungen Freund CDs in meiner Stube -
und siehe da: Er wollte *klassische* CDs hören!
Ob ich auch *Schwanensee* hätte -
Und so haben wir ein wenig die Musik von Tschaikowsky gehört
und wir haben beide gefunden: Wunderbar!
Und der junge Freund fragt:
Woher kommt es, dass man diese Musik mag..?
Jedenfalls auch, weil man sie hören gelernt hat...
Und weil sie Seiten in uns anspricht, die tiefer liegen als
die durchaus geliebten Songs etwa von Michael Jackson.
Ob in hundert Jahren von *Michael Jackson* noch die Rede sein wird?
(ich glaube übrigens Ja!) Tschaikowsky wird aber sich noch leben.
Und die Melodie vom Nussknacker und Schwanensee..

Bemüht euch mit all euren Kräften , durch die enge Tür zu gelangen..
Fast zweifle ich und frage mich: Ist es für einen heutigen Menschen
nicht völlig weltfremd, ist es überhaupt zumutbar...und ernst zu
nehmen, wenn da appelliert wird: Wir mögen doch – ja wir sollen
uns bemühen mit all unsern Kräften , durch diese *Enge Türe* hinein
zu gelangen: Nämlich in die Haltung, die man heute etwas
akademisch *Spiritualität* nennt:

Durch die Tage und Jahre zunehmend hinein zu gelangen in eine Art *Inneres Leben*, in ein *gläubiges Bewusstsein…*
oder wie es ein Dichter sagt:
In einen *Dichterischen Zustand gegenüber allem Geschaffenen..*

Bemüht euch mit allen Kräften, durch die enge Türe zu gelangen
Es ist überhaupt eine ständiger Wunsch und eine ständige Anstrengung auch, in gewisse Umstände und Zustände *hineinzukommen:* Wir suchen, hinein zu kommen in ein Gespräch, so dass es uns dann wie von selber trägt und zieht...
*Hinein zu kommen i*n Themen, die uns gemeinsam beschäftigen...
Das ist so heilsam, so befreiend, weil dabei die Äußerlichkeiten verschwinden…
Hinein kommen in ein gutes Buch...
Da wird gesagt, wie es auf den ersten Satz auf der ersten Seite schon ankäme, dass der Leser gewonnen wird… damit ihn das Hineinkommen erleichtert wird..damit ihm schon der erste Satz Geschmack macht zum Weiterlesen..

Hineinkommen müssen unsere Erstklässler in die neue Welt der Schule, einer neuen Klasse, in den Stoff, ins Lesen und Rechnen und Schreiben..
Und *hineinkommen* in eine Sorge: Sorge um das Wohlergehen von Mitmenschen..
Wir suchen hinein zu gelangen in ein besseres Kennenlernen von Mitmenschen auf unserem gemeinsamen Weg.
(Vgl. der kleine Prinz und die eine Rose..)

Aber sind es nicht alle unsere Handlungen, die uns durch die *Enge Türe* hineinführen ...in diese andere Welt, in dieses andere, neue Selbstbewusstsein, in eine andere, neue Gesinnung, in die Atmosphäre (Luft) des Höheren Lebens, des Heiligen...?
einer neuen Lebensfreude…, in ein Leben der wirklichen Nächstenliebe.
Türkisch-kurdisches Paar! Ein Gefühl von Brüderlichkeit kommt auf.. Auch bei Bettlern...

Wenn der Herr des Hauses aufsteht und die Tür verschließt, dann steht ihr draußen , klopft an die Türe und ruft: Herr, mach uns auf!
Er aber wird euch antworten: Ich weiß nicht , woher ihr seid.. Ihr habt alle Unrecht getan..!

Wir kommen nicht umhin,- ich komme nicht umhin, auf den Ernst , auf einen äußersten Ernst in diesen Sätzen hinzuweisen..
Eine indirekte *Drohbotschaft.*
Und mir schiene es verantwortungslos zu sagen : Die Kirche solle doch *Frohbotschaft* und nicht auch *Drohbotschaft* verkünden.
Zutiefst in uns wissen wir doch, fühlen wir, dass es eine Gefahr gibt für unsere Seelen, für unsere Persönlichkeit und für unsere persönliche Zukunft - und zwar für eine Zukunft, die mit dem Tod nicht aufhört.
Eine Gefahr, die absolut ist.
Ein Denken und Tun, das uns mit der Zeit schlecht machen könnte und verderben. Das uns böse machen könnte: Niederträchtig und roh..und kalt und hart..verlogen, falsch, voller Begierde, voller Neid, voller Hochmut…
...bei gleichzeitigem Schwund der Beziehungsfähigkeit, der Hilfsbereitschaft, der Zärtlichkeit, der Freigebigkeit, des Mitleiden-Könnens..
und dass dieser schreckliche Zustand einmal *unumkehrbar* sein könnte..
Dass man Gott nicht mehr lieben könne…
Die Liebe nicht mehr lieben könnte!
Dass man die (wahre) Liebe, also die Zärtlichkeit und das Mitleiden und das Helfen und das Geben und das Dienen ...
hassen würde..!
Und umgekehrt fühlen wir und erfahren wir zuinnerst, wie uns auch nur eine einzige, versteckte gute Tat, ein echt gutes Werk erfüllt und hinaufhebt und anregt, in dieser Richtung weiterzugehen und zu mühen..
Und wie freuen wir uns, wenn wir auf das Leben eines Verstorbenen Menschen zurückschauen und wir da Schönes und Gutes sehen und Liebenswertes ...

und wenn wir sehen können, wie ein Mensch durch Leiden hindurch demütig geworden ist und noch mitten in seiner Not sich sorgt um die Seinigen!

Diese Freude aber über ein gutes, gelungenes Leben bezieht sich nicht nur auf die Vergangenheit, sondern wir freuen uns in der Gewissheit, dass dieses Leben, diese Person mit diesem inneren Zustand über den Tod *hinüber* gegangen ist:

Um dort aufgenommen werden zu können in die Gemeinschaft der Vollkommenen...auf dem *Berg der Vollkommenheit.*

Wenn der Herr des Hauses aufsteht und die Tür verschließt, dann steh ihr draußen, klopft an die Tür und ruft: Herr, mach uns auf!

Er aber wird euch antworten:

Ich weiß nicht , woher ihr seid.

Weg von mir, ihr habt alle Unrecht getan!

Da sind wir einmal zu sprechen gekommen auf diesen Satz im Schuldbekenntnis:

Ich bekenne Gott dem allmächtigen ...und allen Brüdern und Schwestern, dass ich Gutes unterlassen ..und Böses getan habe..

Das hört sich so an, als ob wir halt manchmal oder auch öfter etwas Böses tun und denken und Gutes unterlassen, aber dass das normale Leben ein gutes sei.

Aber wenn wir einmal bedenken, was wirklich gutes Handeln ist;

dass es zum Gutes-tun der Überwindung bedarf; dass das Gute ganz und gar nicht das Leichtere ist , sondern das Schwerere,

dass uns – je größer es ist - desto mehr Verzicht es fordert

und sogar unsere Gesundheit gefährdet und unsere *Lebensqualität* ...,

dass uns Gutes-Tun in Schwierigkeiten bringen kann..

und keineswegs den Dank der Welt sichert..

Dass wir dabei auch *Dummheiten* machen ....

A. Görres!

Wenn wir das bedenken, dann könnte es sein, dass der Normalzustand, in dem wir leben, nicht das Gute-Tun ist,

sondern eher die ständige Unterlassung des Guten .

Dass wir also laufend und täglich Zeit und Gelegenheit und Möglichkeit hätten, Gutes zu tun und wir tun es nicht.

Dass wir stattdessen das tun und uns von dem uns treiben lassen, was
für uns selbst und unsere Selbsterhaltung gut ist und notwendig.
Aber Gut-sein, das ist mehr als viel Gutes tun.
Es käme vor allem darauf an, wie viel Liebe in dem gewöhnlichen
Tun der Pflichten steckt.

Dieser Tage habe ich diesen längst berühmt gewordenen Schweizer
UNO - Vertreter Jean Ziegler gehört, wie er zuerst seine eigene – wie
er es nennt – *Indolenz* gegenüber den Armen in Seiner Stadt kritisiert
und bedauert.
Und zugleich sagt:
*Es gibt keine Entschuldigung für die Indolenz, diese denkfaule
Reproduktion der ungeheuren Ungleichheiten zwischen Reichen und
Armen..Der Aufstand, der stattfinden sollte (in uns!), findet nicht
statt..*
Dieser *Aufstand des Guten* braucht aber nicht nur in dieser globalen
Weise stattfinden.
Dieser Aufstand muss ein Aufstand in meinem täglichen Leben sein.
Ein Aufstand gegen die Vergeudung der Zeit.
Ein Aufstand *gegen mich selbst. Für Gott.*
Für das Handeln. Angefangen im Allerkleinsten und Alltäglichsten.
Und es muss sein der Aufstand, das Aufstehen im geistigen und
religiösen Leben:

Vater: *Nur das will ich von dir: Dass du mich in deinem ganzen Sein
als das anerkennst, was ich bin: Ich, dein Vater.
Deine Anbetung sei reine Zustimmung zu meiner Vaterschaft und
Gottheit…
Es genügt mir, dass du mich ersehnst. Mich, deinen Vater…Mehr
vermagst du nicht..(Marie de la Trinité)*

Das alles hat unendlich viel zu tun mit unserer Zeit,
mit unserer Lebenszeit, die zugleich Gnaden-Zeit ist,.
Udo Jürgens : *Wie viel Zeit bleibt dir noch?*
Möge er diese Frage nicht nur so dahergeredet haben;
möge sie für ihn und für uns zu einer existenziellen Frage und Sorge
werden.

Eigentlich gilt diese Frage immer, gleich wie alt wir sind.
Die Zeit ist immer befristet, begrenzt.
Und sie ist uns, mir ..gegeben als Möglichkeit des Tuns,
der Tätigen Liebe...
und dazu zähle ich auch das Leiden....
die Zeit als *Raum*, als *Zeitraum*, in dem ich wachsen kann,
mich gewissermaßen erschaffen kann – durch das Nützen der Zeit.

Kann man Zeit vertun? Verlieren..?
Ja, wir fühlen das, sofern wir wach sind im Gewissen..
Es reut uns - und diese Reue ist ein Zeichen von Gesundheit in der
Seele, wenn wir einen Tag, ja einen halben Tag oder einen Abend
..vergeudet haben und wir uns sagen müssen:
Schade um die Zeit!
Und das ist keine Kleinigkeit, die kostbare Zeit zu vertun!
Weil es Zeit gewesen wäre, etwas zu tun, was mich und andere
vorwärtsbringt und stärkt...Diese Gelegenheit ist dahin.
Zeit, an Den zu denken, der die Zeit überhaupt und meine Zeit will
und erschaffen hat...

Er: Sieh die Erde als ein Nichts an oder nur als ein Mittel,
dir die Begegnung in unserer göttlichen Wohnung zu ermöglichen..
Sie wartet auf dich...und ich erwarte dich dort..

Jetzt in den Ferien kann es vorkommen, dass Kinder fragen:
Was soll ich tun?
Und Eltern schlagen vor: Das oder das könntest du tun..
Antwort: Das mag ich nicht tun, dazu habe ich keine Lust..
Da wird deutlich, dass man einerseits sich langweilen kann –
andrerseits aber nicht den Willen hat zu der kleinsten
Selbstüberwindung, die notwendig wäre, aus der Langeweile
herauszukommen..

Dieser Tage haben wir darüber diskutiert, welches Gewicht das
Wörtchen *Ich muss* haben soll.
Und es gab die Meinung, dass dieses *Ich muss* nicht richtig sei und
nicht angemessen einem freien Menschen.

Aber dann ist uns im Hinblick auf die tausend kleinen Befehle , die wir uns selbst geben, bewusst geworden, dass das *Ich Muss* ein großes Gewicht hat in unserm täglichen Leben . Und sei es nur, wenn wir – bei einem Gespräch – sagen: Ich muss gehen..!
Man ist eingespannt. Man kann nicht endlos bleiben.
Obwohl man gerne bleiben würde.
Es ist die Verpflichtung, an die ich mich erinnere - oder an die mich sogar der andere erinnert:
Lass dich nicht versäumen von mir, hört man auf dem Land sagen.
Es braucht einen starken Willen und manchmal auch Kompromisslosigkeit, mit der Zeit so umzugehen ,
wie ich das wirklich möchte...und wie *ich es muss..*
Wie ich spüre, dass es für mich bzw. für die Sache passt.

Wir tun, was wir *eigentlich* nicht tun wollen..und tun nicht, was wir *eigentlich* tun wollen (Vgl Röm 7,14ff und Martin Heidegger!):
Aus Anpassung, aus Bequemlichkeit, aus Feigheit, aus Gefälligkeit..
und wenn, dann sind wir oft nicht *dabei*...

Mögen wir die Stärke und den Antrieb gewinnen, die Stunden und Tage zu nützen, indem wir tun, was wir tun müssen und was uns herausfordert in den Situationen!
Und mögen wir es so tun, dass wir möglichst *dabei s*ind und dass es wirklich das je unsrige ist.
Dann wird er, der Herr, nicht sagen :
Ich weiß nicht, woher ihr seid..,
denn er wird dann wissen, *woher* wir sind: Weil wir für ihn erreichbar waren..! Im Gegensatz zum Menschen, der durch seine *Abwendung von Gott* für Gott selbst unerreichbar geworden ist.

21. Sonntag C 2010 Lk 13,22-30

Auch wenn man nicht katholisch wäre oder nicht einmal an eine Gottheit glauben würde:
Irgendwie fühlt doch jeder Mensch, dass es *nicht egal* ist, wie man lebt; dass das Leben einen tiefen, ja unbedingten Ernst hat.

Dass es also nicht *egal* ist, ob ich sage, was *ist* –
oder ob ich täusche und verdrehe..
Nicht egal, ob ich herum langweile...
oder ob ich etwas anfange mit der Zeit...
Und es tut einem nachträglich leid, dass man dies oder jenes getan hat...oder nicht...
Und wenn man etwas Notwendiges und Gutes getan hat, dann freut man sich...ist zufrieden.

Kurzum: Irgendwie spürt jeder Mensch, dass das Leben und jeder Tag... einen Ernst hat, einen *Letzten Ernst*..

Der Mann, der da Jesus gefragt hat:
Ob nur es nur wenige sind, die gerettet werden…
also in den Himmel kommen...
der hat auch diesen letzten Ernst (freilich noch zu äußerlich) vor Augen gehabt..und hat sogar angenommen,
dass Viele am Ernst des Lebens vorbeileben könnten..
Und Jesus widerspricht dem Glauben des Mannes im Grundsätzlichen nicht .
Jesus sagt nicht:
Alle kommen in den Himmel – gleich wie sie gelebt haben…, das bleibt letztlich ohne Folgen.
Und Jesus sagt auch nicht:
Nach dem Tod kommt nichts. Da ist es mit uns allen total aus.
Für solche, die andere nur ausgenutzt haben,
wäre das die Erlösung..
Für die Opfer aber ein unerträglicher Gedanke:
Dass es keine Letzte Gerechtigkeit gäbe...
Aber Jesus sagt,
es gibt eine Letzte Gerechtigkeit:
..einen Herrn des Hauses, der dann – im Tod - die Türe verschließt, und da kann es sein, dass du draußen stehst, an die Türe klopfst und rufst: Herr, mach uns... mir auf!
Aber er wird euch antworten:
Weg von mir. Ich weiß nicht, woher ihr seid!
Ihr habt alle Unrecht getan!

Jesus widerspricht dem Frager nicht.
Aber er gibt ihm auch keine statistische Antwort:
So und so viele kommen (-nicht) in den Himmel..
Jesus sagt nur :
Bemüht euch mit all eure Kräften, durch die enge Türe zu gelangen...
Wo steht diese *Enge Türe,* durch die man in den Himmel, also in die Große Wirklichkeit kommen soll ? Es ist nicht erst das Lebensende.
Es ist die *Tür,* die mitten im Leben jeden Tag vor uns steht..:
Und ich kann durch diese Enge Türen durchgehen - oder an ihr vorbei ..
Kürzlich hat man darüber geredet,
warum *der oder die* den Führerschein nicht fertig macht.
Und jemand hat gemeint: Das ist Faulheit..Da muss man eben lernen!
Ein anderer hat gemeint: Es ist Angst vor der Prüfung...
Ich denke, auch eine Führerschein-Prüfung schon zu dieser Türe, durch die wir mit aller Bemühung durch müssen:
Dass wir uns nützlich machen können damit…!

Und überhaupt alle Prüfungen, die wir machen, sind doch solche Enge Türen, durch die man durch muss, wenn man *weiterkommen* will(persönlich).

Mit Freude und Stolz hat mir da ein Mädchen verkündet, dass sie bei der Gesellenprüfung sehr gut durchgekommen sei..
Das ist ein heiliges Ereignis! Das gehört zu ihrem Weg zum Berg der Vollkmmenheit1

Bemüht euch, mit all Euren Kräften durch die Enge Türe zu gelangen...in Richtung Himmel ..:
Einem langjährigen Mitarbeiter ist es immer schlechter gegangen:
Sein neuer Abteilungsleiter hat angefangen ihn zu *mobben:*
An ihm vorbeigegangen ohne Gruß...Herumkommandiert. .
Das ist so weit gegangen, dass der Mitarbeiter schon vor dem Kündigen gestanden ist..
Aber er hat sich gedacht :

Warum soll ich fliehen, wo doch *der andere* das ganze Arbeitsklima vergiftet..
Und er hat sich durchgerungen, dem Chef davon zu berichten.
Nach zwei Monaten ist der Abteilungsleiter gegangen und das Arbeitsklima ist unter dem neuen Leiter schlagartig wieder frei und offen und leicht geworden.

Durch die *Enge Türe* durchgehen kann also auch heißen: In einer Krise durchhalten und etwas dagegen tun statt davon zu laufen..

Bemüht euch, mit all eure Kräften durch die Enge Türe zu gelangen..
Gestern haben wir eine Hochzeitsmesse gefeiert !
Vor Monaten hat man sich zu dem Kirchlich Heiraten entschlossen.
Jetzt war die Aufregung groß…
Die Tür ist eng geworden..
Aber man weiß :
Da müssen und wollen wir jetzt durch....
Und eigentlich gilt das fürs ganze Leben - mit dem Blick darüber hinaus: Da müssen und wollen wir hinein und *durch*...

Bemüht euch, mit allen euren Kräfte, durch die enge Türe zu gelangen...
Und wir denken an Situation, wo eine schwere Krankheit über uns kommt.
Jemand hat geraten: Nicht gegen die Krankheit kämpfen...
Nein, hineingehen in die Krankheit, in die Enge Tür..
und so durch sie durch, tiefer hinein in die Wahrheit des Lebens, letztlich ganz.
Ein 18 jähriger Franzose (J. Lysseran?), blind geboren!, der in der Nazizeit zum Französischen Widerstand gegen die Nazis gegangen ist und auf einmal wahrgenommen hat, das er damit sein Leben riskiert, schreibt:
Das war für mich der Eintritt in die Wirklichkeit... aus der Oberflächlichkeit....aus der Träumerei..

In den Himmel (der großen Wirklichkeit) kommt man nur, wenn man
die *Engen Türen* durchschreitet: Die aber immer enger werden..
**Bemüht euch , mit all euer Kräften durch die Enge Türe zu
gelangen..**
Das braucht aber nicht gleich Schweres sein:
Schon eine kleine Geste, die tröstet...erfreut...
Jeder Schritt, mit dem ich mich überwinde,
(meinen inneren Schweinehund)
ist ein Gehen durch die Enge Türe.
Jede Selbstbeherrschung, jedes Verzeihen ..
Jedes Ja zu einem Kreuz, zur täglichen Arbeit...,
die wir mit Hingabe tun..
Und ist nicht – vor allem - das Beten die *Enge Tür*, zu der man sich
überwinden muss..
Auch zum Kommen zu dieser heiligen Messe ...
Und man darf nicht nachlassen:
Wir stehen immer wieder am Anfang.
Das Gute geht nie von selber...
Es braucht immer neu die Bemühung gegen die Schwerkraft,
die uns an den engen Türen vorbeigehen lässt.
**Bemüht euch, mit all euren Kräften durch die enge Türe zu
gelangen...**
Dazu muss ich noch ein kleines Erlebnis von mir selbst erzählen:
Ich gehe vorgestern am Morgen in Richtung *Lorena*
und sehe eine Kuh am oberen Rand von der eingezäunten Viehweide
. Und der weiße Fleck daneben ist ein Kälblein!
Und dann sehe ich, dass das Kälblein unter dem Hütebub-Zaun
hinaus geraten ist...
und dass die Kuh-Mama dabei ist, ihr Kind hereinzulocken – mit dem
Maul und mit leisem Brummen... ..
Aber es gelingt ihr nicht...
Und da schaut die Kuh tatsächlich zu mir her..(!)
Aber ich denke (faul) : Da wird doch der Bauer im Laufe des Tages
kommen…! Aber was, wenn er nicht kommt..?
Ja gut, dann geh ich halt hinauf ...
und sehe dann, dass das Kälblein nicht älter ist als ein paar Stunden:
Ein Stuck Nabelschnur hängt noch unterm Bauch.

Schließlich hat es gar nicht viel Hilfe braucht -
und das Kälblein ist wieder bei der Kuh gewesen
und die hat ihr Kind fast aufgefressen mit Ablecken von allen Seiten..
und ich bin - glaube ich - durch eine kleine *Enge Tür* gegangen,
die an dem Morgen mir gegolten hat...
Wie oft begegnen uns ähnliche Situationen, die genau je meine
Antwort brauchen...

Aber was, wenn am Ende des Lebens der Herr des Hauses zu dir
sagen müsste:
Ich kenne dich nicht!
Du warst zeitlebens wie eine Kapsel - in deinem Stolz...
Hast mich nie um etwas gebeten. Hast nie gedankt...
Hast dich nie wirklich hingegeben....
Es wird gesagt: Zum Aufwachen ist es nie zu spät.
Immer kann ich anfangen, für andere da zu sein ..Gutes tun.

Das ist das Große an uns Menschen: Dass wir uns selber erkennen
können und uns ändern können..und das eigentlich ständig müssen..
Er: *Das Leben ist euch gegeben, dass ihr an euch selber arbeitet,*
immer wieder an euch arbeitet. Die letzte Korrektur ist der Tod..

Es ist, als ob es da eine *übernatürliche*
(universale) Haushaltsrechnung, Ökonomie) gibt, die das Leben
selber schreibt; wo das Gute, das man getan hat...und das Gute, das
man nicht getan hat..oder echt Ungutes... unser ganzes Leben,
uns selbst qualifiziert...sodass man – wenn man ein halbwegs wacher
Mensch ist – weitsichtig darauf aus ist, ein gutes, fruchtbares Leben
zu führen.., schon damit es einem selber echt gut geht..

Ob das auch eine solche Enge Türe ist, wenn ich von einer Idee
betreffs Müselbacher Kirche rede?..
Ich hatte es schon wieder vergessen, aber jetzt brennt doch noch
einmal ein kleines Feuer in mir für das alte Deckengemälde von der
Müselbacher Kirche..!
Irgendwo habe ich ein Abbild davon gesehen..
und jetzt denke ich mit Begeisterung wieder dran:

Dass das ein überaus originelles Bildnis ist :
Fromme Bauern beim Heuen... !
Ich verstehe ja, wenn man das *Christus-Bildnis* schätzt: Obschon das überall zu sehen ist..Wenn man jetzt aber den Christus erhalten könnte und rundherum Teile der bäuerlichen Szene freilegen könnte...?!
Ach, wenn ich doch endlich im Lotto ein paar Tausender gewinnen würde! Ich tät damit sofort den Müselbachern das alte Bildnis an der Kirchen-Decke freilegen lassen..!

21. Sonntag C 2013 Lk 13,22-30

Herr, sind es nur wenige, die gerettet werden?
Eigentlich sind einem solche Fragen und Fragesteller eher unsympathisch : Diese fromm-statistische Frage, ob und wie viele wohl in den Himmel kommen und mehr noch: Wie viele *nicht*...
Zudem scheint es, als ob der Fragesteller selber sich *nicht* mit einschließt in die Frage..Er sieht sich selbst - wie alle Statistiker - weit über den andern ...
Und: Er glaubt offensichtlich, dass letztlich alles vorbestimmt ist: Wer das Ziel erreicht und wer nicht; wer - gläubig gesprochen - in den Himmel kommt - und wer... in die Hölle.

Was wir aber alle - mit dem Frager – glauben sollen:
Dass das Leben des Menschen über den Tod hinausgeht..
und dass es hier und über den Tod hinaus zwei gegensätzliche Richtungen gibt : Eine gute und glückliche – und eine schlechte und unglückliche.
Aber man könnte hier denken:
Ob nicht *die* Menschen am sichersten *in den Himmel kommen*, die gar nicht fromm darüber nachdenken oder sich statistisch sorgen, ob und wie viele.., sondern ihr Leben zu meistern suchen mit all den *normalen* Kämpfen...
Und Jesus scheint solche Menschen im Auge zu haben,
wenn er sagt:

.. man wird von Osten und Westen und von Norden und Süden kommen und im Reich Gottes zu Tische sitzen....
Dann werdet ihr ausgeschlossen sein und mit den Zähnen knirschen, wenn ihr das seht..
Ihr, die ihr sagt: Du hast doch auf unseren Straßen gelehrt und wir haben mit dir gegessen und getrunken.. (..Heilige Messe gefeiert..!)
Aber: Jesus weist die naive Frage, ob es nur wenige, die gerettet werden, nicht zurück. Er nimmt sie ernst, nimmt sie als Anlass zu einem großen Anruf an uns alle und damit auch an den, der so fragt:
Bemüht euch mit all euren Kräften, durch die enge Tür zu gelangen..
Das Leben, unser Leben ...dein und mein Leben ..ist in Entwicklung begriffen. Wir müssen *wachsen*. Die Liebe und alles, was damit gemeint ist (die Tugenden!), muss wachsen.
Das ist aber nicht ein *Wachsen,* wie wir es bei Pflanzen und Tieren sehen: Wir müssen uns selbst – mit Gottes Hilfe - bilden und schaffen. Wir sind in der Schule des Lebens, in der Schule je unseres Lebens .
Es ist der Sinn unseres Daseins, dass jeder bewusst an sich selbst arbeitet. - wie der Bildhauer an seinem Block..
Werdet heilig, wie euer Vater im Himmel heilig ist.
Heiligkeit, das ist Frei sein von aller Unreinheit,
allem Schmutz..
Und irgendwie ist sich dessen jeder Mensch bewusst,
ob gläubig oder nicht, ob religiös oder nicht:
Dass es ein *Abwärts* geben kann bei jedem Menschen und ebenso bei uns selbst: Mit unserer Seele, mit unserer Menschlichkeit, mit unserem Herzen..mit unserer Liebe.
Und dass es ein *Aufwärts* geben muss;
ja, dass man darauf *hofft* und danach strebt..
Und dass die Möglichkeiten, die in uns schlummern, groß sind;
viel größer als wir meinen und manchmal fürchten...
Theoretisiert also nicht über Himmel und Hölle...
Unendlich wichtiger ist, dass jeder von Euch das Seine tut:
*Dass ..***du dich mühst mit all deinen Kräften,***
umso durch die Enge Türe zu gelangen..

Durch die Enge Türe wohin zu gelangen? Ich sage jetzt nicht einfach
Himmel und *Ewiges Leben,* sondern ich sage:
Durch die Enge Türe zu gelangen...
ins Reich des Lebens...der innigen Gemeinschaft...
ins Reich der opferbereiten Liebe...der Selbstvergessenheit...
ins Reich der Hilfsbereitschaft....ins Reich der Verantwortung...
ins Reich des Dienens...und der Tat...und der Hingabe...
ins Reich des Kleinseins...ins Reich der Unbefangenheit...und der
Freude (!)...der Gottesliebe... der Stille und der Innerlichkeit,
ins Reich der Sanftmut und des Friedens...
Und wo ist diese *Enge Tür,* die hineinführt in dieses Reich,
in dieses Haus..?
Sie steht nicht erst am Ende .
Die Enge Tür steht mitten in meinem gewöhnlichen Leben...
Jetzt und jederzeit stehe ich vor ihr...
ich habe sie – hoffentlich – oft schon durchschritten, um immer aufs
neue vor ihr zu stehen...
die Türe, die mit jedem Durchschreiten enger wird - und noch mehr
Kräfte verlangt..

**Müht euch – Tag für Tag - mit all euren Kräften durch die Enge
und immer neue Tür zu gelangen..**
... Vielleicht bin ich eine alleinerziehende Mutter.
Es sind Schulden da. Ich bin versucht, alles hinzuwerfen.
Da ist es dieses Mühen, in dem ich Tag für Tag Gott um Hilfe rufe .
Und es ist diese Mühe, in der ich vorangehe ...
und mit all meinen Willens-Kräften täglich den Haushalt in Ordnung
halte und so den Kindern, so gut es geht, ein Daheim biete..

Und da wird es geschehen, dass Hilfe kommt:
Wenn ihr alles getan habt,- was an Euch liegt, dann sagt:
Wir sind unnütze Knechte..
Denn Gott wird dann eure Hilfe sein...durch gute Menschen..und
Zufälle und Umstände..und Ereignisse...

Müht euch mit all euren Kräften, durch die enge Tür zu gelangen...
Da ist der alte Mensch, der plötzlich sieht, was es heißt, alt zu werden, nicht mehr mitarbeiten zu können...
Durch die *Enge Tür* sich mühen heißt hier:
Mehr noch als bisher ins Haus der Innerlichkeit und der Stille zu gelangen, in das Reich der Einsamkeit vor Ihm und mit Ihm..
das äußere Leben los zu lassen, das innere zu vertiefen...

Müht euch..., durch die enge Tür zu gelangen..
...ins Haus der Geschwisterlichen Liebe....
...In dem Postbus hinauf ins Gebirge: Junge Eltern mit Kind und Hund steigen ein und das Kind weint ein wenig...
will wieder vorgehen zu Papa, der vorne sitzt..
will dann wieder zurück zu Mama, die weiter hinten sitzt
und so ein paar Mal hin und her:
Aber niemand von den Fahrgästen zeigt eine Unfreundlichkeit!
Im Gegenteil: Ein junger Mann hält das Kind am Arm, jedes Mal wenn es durch den Busgang vor und zurückzulaufen will..
und alle machen sich bewusst: Da muss man mit-leben;
da muss man jetzt sich hineinversetzen in die Eltern...
Manche mussten sich nur erinnern an die eigene Zeit...

Die *Enge Türe*...ist diese Geste der Aufmerksamkeit…
ist diese kleine, manchmal große Überwindung,
sich hinein zu versetzen in die Lage des Anderen..

Müht euch, durch die enge Tür zu gelangen..ins Reich der Feindesliebe....
Du sitzt im Kino - und bist voller Erwartung des schönen Films.
Und da kommt eine Gruppe von Gästen herein, die wohl ein wenig angetrunken sind...
Nach einer Weile gehst du – enttäuscht und zornig, stillschweigend hinaus aus dem Kinosaal:
Die dummen Lacher dieser Gäste haben ein Genießen des Films unmöglich gemacht:

Hättest du es ihnen hinein sagen sollen, was du in deinem ersten Zorn
gedacht hast..? deine Schimpfworte...
Später:
Muss man nicht auch lernen, mit Menschen zu leben,
die – zumindest jetzt - sich unmöglich benehmen…
Verachte niemanden, selbst den größten Sünder nicht..
Er kann sich bekehren und ist dann höher als du...
Diese Liebe der *Engen Türe..*
Das ist das gute, aufmunternde, *tröstliche Wort* :
Es bewirkt mehr als ein äußerliches Wunder..
Es geht in die Seele...es wandelt.. es *rettet.*
Jeder Besuch ist so ein Schritt durch die Enge Tür hinein –
immer wieder und immer mehr hinein ins Liebesreich der
Gemeinschaft, der Zusammengehörigkeit, der Trostes..
Wann haben wir dich besucht..?
fragen die Gerechten den König im Gericht.
Es scheint keine große Mühe zu sein, einen Besuch zu machen, aber
was braucht es oft für eine innere Überwindung/ Ruck..!

Müht euch mit all euren Kräften, durch die Enge Türe zu gelangen...ins Reich der Einfachheit..
...Beim *Hofer* sind gute Wanderjacken, Anoraks im Angebot.
Sie gefallen dir ...und sind um die Hälfte billiger!
Du müsstest nur die Karte reinstecken in den Bankomaten.
Aber da rettet dich dein eigener innerer Befehl:
Schau zuerst daheim nach, was du schon hast an Anoraks..
und prüfe, ob die nicht doch noch ihren Dienst tun,
und damit ist der Reiz zu kaufen fürs erste überwunden..
Das Neue kaufen: Als ob es dein Leben und dich selber neu machen
könnte..
Müht euch....
..wenn man Geld ausgeliehen hat, also selbst der *Schuldner* ist:
Wie schwerfällig da der Mensch doch ist, seine Schulden zu
begleichen, sofern das abhängt von seiner Freiwilligkeit...
Wie leicht vergessen wir das...verdrängen es...
als ob wir uns von unserem eigenen Geld trennen müssten,
obwohl es ja das Geld des Gläubigers ist..

Müht euch....
umgekehrt vom Geber/*Gläubiger* aus gesehen:
Man wird keinen Prozess anstrengen, wenn es nicht ein großer Betrag ist..Aber man darf und muss den Mut haben zu erinnern:
He, du weißt, dass du mir..noch einiges ..du brauchst es ja nicht auf einmal… und du brauchst auch nicht alles zurückzahlen, wenn es dir wirklich schlecht geht: Aber den Guten Willen würde ich gerne sehen..

Müht euch mit all euren Kräften, durch die enge Türe zu gelangen ...
ins *Reich der Arbeit,* der Arbeitsamkeit...
Die Schule ist so eine enge Türe - und die Lehrzeit auch ..
Aber wie soll ein junger Mensch hineingelangen ins *Reich der Arbeit* und des Beruflichen Lebens, wenn es zu wenig Lehrstellen gibt, zu wenig *Enge Türen*...

Man kann es gar nicht laut genug sagen:
Nichts ist für die Entwicklung junger Menschen und damit eines Landes gefährlicher und schlechter ...als wenn 15, 16..jährige Jugendliche nicht arbeiten lernen …
keinen Beruf erlernen (können)...und faul würden und aggressiv in ihrem Mangel an Selbstvertrauen, drohenden Minderwertigkeitskomplex….
weil sie diese *Enge Türe* der Lehre und der Schule nicht vorfinden, durch die hindurch sie ihre Kräfte und Talente, ihre Persönlichkeit, ihre Freiheit entwickeln könnten...
Wie es für den jungen Menschen gilt, so auch für den *Unternehmer:*
Mühe dich mit all deinen Kräften und Möglichkeiten, durch die *Enge Türe* zu gelangen..…
Mühe dich mit all deinen Kräften und Möglichkeiten, mitzuwirken an der Bildung und Erziehung und Entwicklung der nachkommenden Generationen..

Müht euch…, durch die enge Tür zu gelangen..
Und dann der Mensch, wenn er an chronischen *Schmerzen l*eidet.
Sind nicht Schmerzen auch diese Enge Türe..! Ja ist nicht in
besonderer Weise die Not der Krankheit und der Schmerzen diese
Enge Türe, durch die ein Mensch hineinkommen soll in das Reich
der Hoffnung, der Sehnsucht, aber auch in das Reich des Solidarität
mit all den andern Kranken...und Leidenden..
Und führt diese *Enge Türe der Schmerzen* nicht hinein in eine große
Nüchternheit, in eine letzte Erkenntnis der Welt..!
...Wird dem Menschen nicht erst hier bewusst, was er ist
und dass diese Welt eben doch *Fremde* ist... und nicht *Heimat* sein
kann. Vgl. Hl Paulus.
Müht euch mit all euren Kräften, durch die enge Türe zu gelangen...
Müht euch..durch die Enge Türe des *Nachgebens* hineinzugelangen
ins Reich der Gemeinschaft...des Verstehens...der Freundschaft....
Da ist an diesem Wochenende wieder Altpapier-Sammlung durch das
Rote Kreuz. Und diesmal ist von der Firma Ennemoser der dringende
Wunsch gekommen, ob man nicht die zwei Container über den
Sonntag stehen lassen dürfe.
Zunächst haben wir uns gewehrt: Wie schaut denn das aus! über den
Sonntag diese zwei grausigen Container neben der Kirche..!
Aber dann haben wir uns gedacht:
Man soll nicht stur und fanatisch sein. Drei oder vier Mal im Jahr die
Container da...
So sehr ist die Optik an dem Sonntag wohl auch wieder nicht gestört..
und muss nicht das Praktische und Menschliche wichtiger sein als
die Optik?
Müht euch... , durch die enge Türe zu gelangen..
..immer gegen den Strom ..
Die breite Türe, die breite Straße...ist es nicht, die zur Freiheit und
zur Individualität führt.
Geht durch das enge Tor! Denn das Tor ist weit, das ins Verderben
führt, und der Weg dahin ist breit und viele gehen auf ihm..
Aber das Tor, das zum Leben führt, ist eng, und der Weg dahin ist
schmal und nur wenige finden ihn..Mt 7,13ff

Und: ..wenn dann der Herr des Hauses aufsteht und die Türe
verschließt, dann steht ihr draußen, klopft an die Türe und ruft:
Herr mach uns auf! Er aber wird euch antworten:
Ich weiß nicht, woher ihr seid....

Es kann sein, dass jemand von einem Bekannten sagt:
Wir haben zwar täglich miteinander zu tun
und doch muss ich nach Jahren sagen:
Ich kenne ihn eigentlich nicht. Er hat sich nie persönlich geäußert...
hat nie wirklich Stellung bezogen...
er hat meist dem zugestimmt, was grade Mode war..
oder was der Chef für gut befunden hat..
ein sehr arbeitsamer Mitarbeiter...

Ich weiß nicht, woher ihr seid....Ich kenne euch nicht..
Ach, wärt ihr doch heiß oder kalt, aber weil ihr lau seid,
will ich euch ausspeien..
Ihr gehört hier nicht dazu…
Ihr seid gar nicht *wirklich*..
Ihr seid wie Schemen...
(In einem Gespräch ist es um die Frage gegangen,
was Identität sei. ...)
wenn es nie auch nur einen Funken des Kontaktes gegeben hätte
zwischen dem Geschöpf und dem Schöpfer.
wenn es da toten-still gewesen wäre zwischen Gott und diesem
Menschen..,
wie könnte es da ein *Kennen* geben zwischen Gott und ihm...
und das könnte sogar bei denen sein, die äußerlich religiös waren:
..du hast doch auf unseren Straßen gelehrt und wir haben mit dir
gegessen und getrunken..
Aber sie haben nicht *gehandelt* wie Er..
Sie haben gelebt nach ihren eigenen Willen und Plänen..
für sich selbst ..
Weg von mir , ihr habt alle Unrecht getan!
Euer ganzes Tun und Lassen war verkehrt ausgerichtet.
Ihr habt Eure Verantwortung nicht auf euch genommen....
Ihr habt nur gesorgt um eure Sicherheit, um Euren Reichtum..

Ihr habt mit Eurem Geld nur für euch gelebt..
habt nichts den Armen gegeben..
so wenig, dass es gar nicht der Rede wert ist..

Und die Karriere und das möglichst große Einkommen,
der große Gewinn, das große Haus...war euch wichtiger
als Familie und Kinder.. und Andere.. und der Himmel..

Und dann habt ihr auch noch Eure Familien zerstört...
Warum ? Ihr seid nur euren Gefühlen nachgelaufen ....
ihr seid zu willenlosen Götzen eurer Gefühle geworden....
der Reize ...Aber *lieben muss* man mit dem *Willen*..

Da werdet ihr heulen und mit den Zähnen knirschen, wenn ihr seht..., dass man von Osten und Westen, von Norden und Süden...kommt und im Reich Gottes zu Tisch sitzt: ihr selbst aber ausgeschlossen seid..
Das mit dem *Heulen und Zähneknirschen:*
Das ist ein klein wenig ähnlich, wie wenn wir es manchmal sehr bereuen, wenn wir erkennen müssten, dass wir viele Möglichkeiten (Gnaden) vergeudet haben..und klagen:
Was hätte ich mit dieser Zeit, mit diesem Geld..mit meinen Talenten..Gutes und Sinnvolles tun können !
Wie hätte ich diese und jene Gelegenheit nützen sollen..!..
Oder dazu Er:
Stell dir vor, du würdest deine Berufung nicht erfüllen, dass du dem Vater nicht die Ehre erwiesest, die er von dir erwartet,
was für eine Traurigkeit müsste dich erfassen, wenn du dein ganzes Leben in allen Einzelheiten vor deinen Augen sich abrollen siehst...
Stell dir aber vor, dass du heilig für deinen Gott gelebt hast: Wird es dann nicht ganz einfach sein, deinem Tod in den Armen Christi zu begegnen?
Im Leben aber ist es möglich, das Versäumte wieder gutzumachen:
Die Zeit, vielleicht die Jahre, die man vergeudet hat an die Eitelkeit, an die Dummheit...indem man doppelt und dreifach zurückzahlt..
Wie Zachäus..!

Aber wenn die Lebenszeit aus ist, dann kann man nichts mehr tun..
Dann ist man *ausgeschlossen*, wie es da heißt.
Ausgeschlossen aus dem Reich des Lebens, des Tätig-seins,
der Opferbereiten Liebe....
Das wäre dann – im schlimmsten Fall - nichts als die natürliche Folge
davon, dass ich mich zeitlebens *selbst* zunehmend *ausgeschlossen*
hätte aus dem *Reich der Nächstenliebe*..

Es gibt den *Ernst des Lebens*.
Und ob gläubig oder nicht: Wir spüren, dass es nicht egal ist, wie ich
handle, entscheide, ..wie ich lebe und eingestellt bin:
Und dass alles seine Folgen hat - in mir selbst...
und für mein ganz persönliche Zukunft -
hier und über den Tod hinaus...
Ja, es ist denkbar, dass es auch im Schlechten einen Punkt gibt,
ab dem kein *Umkehren* mehr möglich wäre..
weil man nicht mehr wollte..
Kardinal Biffi:
*Alles weist darauf hin, dass das Los des Sünders gerade darin
besteht, dass in ihm der Geist zur Materie wird, bis dieser sich im
Zustand der Verdammnis immer mehr und unumkehrbar von Gott
entfernt wiederfindet..
So wie das ewige Leben, so beginnt auch das Verderben hier unten.
Die gewollte fortschreitende Verrohung wird zunehmend
unumkehrbar...weil der Geist immer mehr mehr erlahmt und in die
Automatismen der psychologischen Abläufe verstrickt wird.
Liebst du die Erde ? Dann wirst du Erde (Materie) werden, schreibt
Augustinus. Es ist das Geheimnis des Vorganges, dass der Mensch
zum Raubtier wird...(Kardinal Biffi, Pinocchio ...S 164f)*

**Müht euch mit all euren Kräften, durch die enge Tür zu
gelangen..**
Die Radiohörer – besonders die von Ö1! – wissen, dass da von
Morgen an immer wieder das Tagesprogramm vorgetragen wird,
das Programm bis Mitternacht..
Mit welchen Sendungen der Tag gefüllt sein wird..

Ich glaube, es gehört auch zu diesem Mühen, durch die *Enge Tür* zu gelangen, dass man sich ein Wochen und Tagesprogramm macht:
für die Stunden, die man selber organisieren kann.
So spannt man sich schon im Vorhinein ein.., macht sich ein Programm, damit man dann dies und jenes auch dann tut, wenn die Lust nicht da ist: Ich habe es ausgemacht *mit mir* ...
und ich habe es mir vorgemerkt: Ich muss das tun..
Müht euch mit all euren Kräften , durch die enge Tür zu gelangen..
Müssen wir als Ältere hier nicht auch dankbar zurückschauen auf die viel kleinen und größeren Situationen,
wo wir schon durch so manche Enge Tür gegangenen sind,
die aber alle zu dieser *Einen Engen Türe* gehören, durch die wir ständig, ein Leben lang gehen müssen…
Das Sterben ist die Vollendung aller Engen Türen..
Müht euch mit all euren Kräften, durch die enge Türe zu gelangen..
Es ist auch die Türe der *Großzügigkeit*.
Wie muss ich da an eine alte Person denken,
die weiß von der **Türe zu Gott in mir.**
Man muss nicht ständig etwas tun *nach Außen*.
Man muss üben und lernen, *nach Innen* zu wandern,
zu Ihm, der in mir lebt, unendlich tiefer als ich selbst.

21. Sonntag C 2016 Lk 13,22-30

Herr, sind es nur wenige, die gerettet werden?
Der Glaube der Kirche sagt:
Der Mensch ist nicht nur vergänglich:
Er ist auch *verloren* – er muss gerettet werden...
Aber aus welcher Verlorenheit muss er gerettet werden?
Antwort :
Seit dem *Sündenfall* ist der Mensch verloren in einer metaphysischen Egozentrik: Verloren in seiner gefallenen Natur der Ichbezogenheit, in der er sich selbst als Mitte sieht.
Egoismus heißt: Einen Gott aus sich selber machen..

Die Theologie sagt, der Mensch habe sich *abgewendet* von Gott *auf sich selber hin*. Dieser schuldhaft-naturgemäße Egoismus zeigt sich in drei Fehlhaltungen:
im Haben-wollen als Habsucht,
im Herrschen-wollen als Herrschsucht,
im Ehrgeiz als Ehrsucht.
Aber es gibt auch noch im schlimmsten Menschen die vorgängige *Stimme des Gewissens*, der ein geschaffene Sinn für die Liebe zur Wahrheit.
Die Antwort Jesu deshalb auf die Frage, ob und wie man denn überhaupt *gerettet werden* kann aus dieser heillosen Selbstsucht:
Bemüht euch mit all euren Kräften , durch die enge Türe zu gelangen..
Ich habe vor einiger Zeit jemanden verletzt mit einer sehr direkten kritischen Beurteilung.
Ich hätte das anders sagen sollen oder überhaupt schweigen ...
Jetzt tut es mir leid um die bis dahin schöne Beziehung.
Ich will und muss mich bemühen um Versöhnung
und hoffe, dass man mir meine unfeine Aufrichtigkeit entschuldigt...
und mich nicht als Person auf diese Entgleisung reduziert.
Aber man antwortet nicht auf meinen Anruf und ich bilde mir ein:
Die wollen nichts mehr wissen von mir...
Da gilt das Wort von Jesus umso mehr:
Bemüht euch mit all Euren Kräften, durch die enge Türe der Demut ins Reich Gottes zu gelangen.. gegen die Ehrsucht und die Selbstherrlichkeit.
Bemüht euch um Versöhnung... um neue Harmonie
Ein Bekannter erzählt, dass er aufgehört hat, Bier zu trinken.
Er trinkt also auch in der Betriebskantine kein Bier mehr.
Kollegen fragen, ob er wohl *spinnt!*
Überhaupt kein Bier mehr !?
Aber er will das durchziehen.
Bemüht euch mit allen euren Kräften , durch die enge Tür der Selbstbeherrschung und des Verzichts zu gelangen..
 gegen das Haben-wollen und durch die Enge Türe einer *persönlichen Entscheidung* gegen das *breite Tor der Öffentlichen Meinung*..

Du hast jemanden eine höhere Summe Geld geliehen.
Der Schuldner kommt in (noch größere) Schwierigkeiten und du stehst vor der Frage: Exekution oder laufen lassen...
Wahrscheinlich letzteres, wenn du durch die *Enge Türe* gelangen willst...durch die Enge Türe des Hergebens und des Loslassens als Vorübung fürs Sterben, also für die Letzte *Enge Türe*.
Mein Widerstand gegen das Aufstehen am Morgen,
wenn ein größerer Gottesdienst bevorsteht, z.B. ein großes Begräbnis oder eine große Hochzeit.....
Die Sorge, dass alles gelingt...

Bemüht euch mit all euren Kräften, durch die Enge Türe des Dienens zu gelangen ...
Es braucht kein Erfolg zu sein:
Es braucht nur den *Guten Willen im Aufstehen*.
Er: *Immer wieder frage ich euch nach nichts anderem als nach eurem guten Willen. Das ist schon ein Geste der Liebe, die mit Vertrauen meine Hilfe anruft..*
Müht euch mit all euren Kräften, durch die enge Türe zu gelangen...
Und dann erzählt man von einem Verwandten, der – wie so viel andere - jahrelang an einem Krebsleiden gelitten hat.
Und er hat das Leiden *angenommen*, auch die Angehörigen.
Angenommen als sein Weg zur inneren Vollendung;
zur Heiligkeit und als Wiedergutmachung..
Bemüht euch, mit all euren Kräften durch die enge Türe des Leidens... und der Ergebenheit ins Himmelreich zu gelangen.
gegen das Herrschen-Wollen.
Sich bemühen, durch die Enge Türe gelangen, das heißt freilich noch Vieles! Es heißt:
Bemüht euch, Eure Arbeiten möglichst vollkommen zu erfüllen, mit Liebe...
Bemüht euch, das Böse durch das Gute zu überwinden .
Nachsicht mit den Fehlern anderer...
Euch selbst zurückzunehmen...
Bemüht euch, das Unangenehme zu tun und das möglichst sofort..
Auf jemanden zugehen, dem ich eher ausweichen möchte..
Jemanden endlich um Entschuldigung zu bitten...

Bemüht euch, eine Kränkung auf euch zu nehmen als Mittel, den eigenen Stolz zu mäßigen..
Bemüht euch, einen materiellen Verlust wegzustecken als Weg, die eigene Habsucht zu überwinden..
Bemüht euch, Tag für Tag den Sprung wagen vom Reden zum Tun.

Bemüht euch mit alle euren Kräften, durch die Enge Türe zu gelangen.
Das heißt auf Ganze gesehen:
Bemüht euch mit all Euren und meinen Kräften,
von der Habsucht weg zum Geben und Teilen gelangen...
vom Herrschen-wollen hin zum Dienen zu gelangen...
vom Ehrgeiz zur Ehrfurcht zu gelangen...
vor Gott und dem Menschen...
Dann wird der Herr des Hauses sagen können:
Ihr habt das Rechte getan.
Ihr seid nicht nur äußerlich und dem Namen nach in meiner Nachfolge:
Habt nicht nur schöne Messe gefeiert und das Evangelium gehört:
Ihr habt den christlichen Geist auch gelebt..

Diese Umkehr durch die Enge Türe..
geschieht durch Erfahrungen, durch Vorbilder,
durch besondere Ereignisse, innere Einsicht, durch Entscheidungen ..
Und in alldem durch die Gnade Gottes:
Denn all das Genannte sind äußere und innere Hilfen Gottes..

Wir könnten genauer fragen:
Was für Erfahrungen sind das, die mich bekehre, also *retten* vom Ich zum Du ...
Das sind die Erfahrungen des Familienlebens...
Das sind die Erfahrungen der Schule ...das Lernen...
Umkehr von der Ich-Bezogenheit zum Du und Wir des gemeinsamen Leben, durch die Berufliche Arbeit, die mich lehrt, mich zu vergessen und zu dienen...
Und ist nicht das Sich-Verlieben ein mächtiger Anfang
vom Ich zum Du…!

Das Heiraten ist dann der Anfang und Auftakt des Weges, auf dem
wir immer tiefer unser Ego vergessen im gemeinsamen Leben ;
uns immer mehr hingebe...*für uns..*
Deshalb zieht die Kirche die Familie vor.. Kinder…
Wirklich Hervorbringen und Herausfordern und Geben..kann erst die
Liebe…Und dann, wenn die Kinder aus dem Haus: Loslassen..und
wenn ein Partner stirbt: Loslassen..
Werden es nur wenige sein, die gerettet werden?
Bemüht euch mit all euren Kräften, durch das Enge Tor zu
gelangen..
Die Enge Türe,
das sind äußere Ereignisse, besondere Momente,
die uns umwandeln können...zu inneren Einsichten und neuen
Ausrichtungen..
Die Enge Türe: Das ist das Unangenehme, das ich fliehe und das
doch notwendig getan werden muss..
Die Enge Tür: Initiativen, die niemand anderer als ich jetzt
verwirklichen kann..
durch die Gott selber wirken kann

Die *Enge Türe:* Das ist ein Weg.
Der Weg von der Ersten Taufe, dem Sakrament,
bis hin zur Letzten Taufe, dem Sterben,.
der letzten Korrektur, der ich mich ergebe .

Und die *Enge Türe* ist die Reue:
Die Reue über Versagen, Fehler, Versündigungen, die ich selber
nicht mehr gutmachen kann.
Da ist ER der große Wiedergutmacher, der stellvertretend für mich
meine Fehler auf sich genommen hat.....
wenn ich nur annehme seine Verdienste für mich..
und dass ich selbst ein Vergebender werde...
der Schulden nachlässt..
Vergib uns unsere Schuld, wie auch wir..

Müht euch mit all euren Kräften, durch die enge Türe zu gelangen..
Denn es kommt die Stunde, wo diese Türe geschlossen wird und ihr nichts mehr tun könnt für Euch…
für Eure Heil, für euer Glück..
Dann steht ihr draußen und ruft:
Herr mach uns auf!
Er aber: Ich weiß nicht woher ihr seid!
Ihr seid zwar in die Kirche gegangen.
Ihr habt das Evangelium gehört, die Heilige Schriften.
Ihr habt die Sakrament empfangen.
Ihr habt oft das Credo gesprochen.
Aber Ihr habt nicht mein Leben gelebt, sondern das eure.
nicht meine Haltungen, sondern eure.
nicht meine Wünsche gesucht, sondern eure..
nicht meinen Willen gesucht, sondern euren..
nicht mein Reich gesucht, sondern euer menschliches Reich..

Daher sage ich euch: **Ich weiß nicht woher ihr seid. Weg von mir, ihr habt alle Unrecht getan!**
Ja, Ihr habt zwar viel gebetet, aber ihr habt nur in eurem Egoismus gebetet...habt um dies und das gebetet, was Gott euch geben soll... und wovor er euch schützen soll und wovon er euch heilen soll..
Aber Ihr wolltet damit Gott nur *gebrauchen* als Mittel für euer Leben.
So habt Ihr ein Doppelleben gelebt, ohne es selber zu bemerken.
Hier die Gottesdienste..und dort Euer Ichbezogenes Leben..
Euer habsüchtiges...euer ehrsüchtiges und machtsüchtiges Leben.

Weg von mir, ihr habt alle Unrecht getan!
Ihr habt zwar von Außen gesehen Gutes getan, aber mit unlauterer, egoistischer, eigennütziger Absicht..
Ihr habt viel gegeben, aber nur von eurem Überfluss, der ohnehin den Armen gehören würde..

Und Ihr habt Unrecht getan in dem Sinn, dass ihr Gutes unterlassen habt, das ihr hättet tun können...

Ihr seid nicht zu mir ins Gefängnis gekommen, mich zu besuchen..
ihr habt mir keine Kleidung gegeben als ich nackt und arm war,
ihr habt mir nicht zu essen gegeben, als ich hungrig war..
habt mir kein Obdach gegeben..
Denn das geringste, was ihr dem Nächsten *nicht* getan, habt ihr *mir* nicht getan...

Bemüht euch, mit all euren Kräften durch die enge Türe zu gelangen.
in das Reich Gottes...in das Reich der wahren Nächstenliebe und Gottesliebe...
und manchmal in das Gefühl und die innere Sicherheit, nichts tun zu müssen…, in das Bewusstsein zu gelangen, dass ich einfach da sein darf...dass ich nichts aufweisen muss...
dass ich frei bin von der Sorge wegen der Meinung,
die andere vielleicht haben über mich.
Er kennt mich.

Bemüht euch mit all euren geistigen Kräften, Ihm zuzuhören.
Gott spricht in der Stille.
Und nicht mit menschlichen Worten.
Er spricht durch die Realität. Durch seine Tat.
Wir müssen realitätsbezogen sein:
Die Realität des Andern wahrnehmen,
die Realität Gottes im Andern,
in den Ereignissen, in der Natur, in den Kindern,
in den Einfällen meines Herzens.
in der Heiligen Schrift... im Geheimnis der Sakramente.

ER offenbart sich in unserm tiefsten Wesen,
in unserem Bewusstsein.

22. Sonntag C 2010 Lk 14,1-14

Wer sich selbst erhöht, wird erniedrigt werden..
Ich gehe oft in die Berge – und da treibt mich - manchmal heute noch eine gewisse Schwäche, sagen wir ruhig: Ein tiefsitzender Ehrgeiz, der es nicht ertragen kann, wenn da hinter mir einer kommt, der schneller unterwegs als ich..
Und umgekehrt kenne ich natürlich auch diesen *Trieb,* andere, die vor mir sind, einzuholen und zu überholen...
Was dann aber zur Folge hat, dass ich mich nahezu überfordere:
Wer sich selbst erhöht, wird erniedrigt werden…
heißt hier:
Wer der Schnellere sein will, schneller als er eigentlich kann, der wird bald erschöpft sein bis kaputt ..
Übrigens: Dieser fast heillose Hang, vorne zu sein, erster zu sein…vor den andern, zeigt sich auch auf der Straße.
Und auch da führt das Konkurrenzverhalten, die Raserei..(siehe Motorrad!) zwangsläufig zu Unfällen mit schlimmsten Folgen...
Wer sich selbst erhöht, wird erniedrigt werden..
Wer kennt nicht bei sich selber, wie der Mensch sich *instinktiv* vergleicht mit andern.
Wer aus dem Vergleich mit den andern lebt, wird *erniedrigt (zum Sklaven seiner selbst),* indem er sich ständig übernimmt,
sich ständig behaupten und beweisen muss...
immer an sich selbst denken muss... .
Angetrieben von Außen und von Innen lebt er tendenziell *über seinen Verhältnissen* (Siehe Welterschöpfungstag) im Anschaffen und Kaufen, in lebenslanger Last von Schulden, im Streit, im Überstress…; ein Leben, das nicht sein wirkliches Leben ist...
Wer sich selbst erhöht...
Da haben wir von kaputten Wirbelsäulen und Bandscheiben geredet als Folge davon, dass man jahrelang den (körperlich) *Starken* spielt und schwere Lasten (statt mit einer Maschine oder wenigstens zu Zweit mit einem Kollegen) *allein* heben und tragen will.
Ich brauche kein Hilfe...Ich kann das allein...

Wer sich in diesem Sinn erhöht
und sich als Starker inszeniert, der wird *erniedrigt* werden:
Der wird Jahre später große Nöte mit seiner Gesundheit haben…Das Rückenleiden oder dann das Altern wird umso mehr eine Erniedrigung, eine Sühne sein…

Übrigens - weil gerade die Zeit des Reisens vorüber ist:
Da gibt es auch in mir die Neigung, den geübten Reisenden zu *spielen*, obwohl ich es gar nicht bin..
Und statt Leute nach dem Weg zu fragen,
irre ich stundenlang herum..
Erst nach langem stolz-vergeblichen Herumirren *erniedrige ich mich*, indem ich endlich jemanden frage und mich so bekenne als Unwissender, als Hilfsbedürftiger…
Wer sich selbst erhöht, wird erniedrigt werden..
In einem Gespräch über die (berufliche) *Lehre* wird von Unternehmerseite oft gesagt, man müsse die Lehre wieder aufwerten und den Handwerklichen Beruf ..
Aber wenn man dann einen Unternehmer fragt:
Und auf welche Schule schickst du deinen Sohn, deine Tochter?
Aufs Gymnasium natürlich oder in die HTL..(mit 11 Jahren..)
und dann wird das Kind studieren gehen..!
Schickt man die Kinder dann trotz mangelhafter Begabung und Fleiß in höhere Schulen und zum Studieren:
Früher oder später wird sich diese *Selbsterhöhung* strafen,
wird die *Erniedrigung* folgen..

Umgekehrt:
Wer sich selbst erniedrigt, wird erhöht werden..
Dazu muss ich mit Begeisterung hinweisen auf junge Menschen, die sich auf ihre Weise zuerst *erniedrigen* und daraus *Erhöhung* erfahren: Ich möchte hinweisen auf die Leichtathletik-WM in Osaka!
Wer da manchmal zuschaut:
Das sind Frauen (große Mädchen meist) und junge Männer, die sich jahrelang *erniedrigen* unter einen strengen Lebensstil und jahrelanges Training…; sich *erniedrigen* unter die Spannung und Aufregung eines Wettkampfes. Das sind Erniedrigungen, aus denen die Erhöhung wächst zu einer charakterlich festen Persönlichkeit.

Bei den Athleten sieht man keine Angeber, keine eitle
Selbsterhöhung: Aufs das Siegespodest kommt man nicht mit
Angeberei !
Wer sich selbst erniedrigt, wird erhöht werden..
In diesen Tagen fängt die *Schule* wieder an:
Ort der gesunden Selbst-Erniedrigung unter die Pflichten,
unter eine Ordnung, unter das Lernen...
Das ist Schule der Selbsterniedrigung im Sinne der Demut,
des Gehorsams, des Hörens, des Lernens..
Lernen ist eine tiefste Form der Demut.

Wer sich selbst erniedrigt, wird erhöht werden...
Und wenn man alt geworden ist: Ist es nicht geradezu der Sinn des
Alters, sich selbst erniedrigen zu können..?
Diese Erniedrigung des Kleinwerdens *mit zu vollziehen..*
Erst recht, wenn du leidend bist; wenn dein Herz schwach geworden
ist; wenn dein Atem schwer geht, wenn du nichts mehr tun kannst.
Indem du Ja sagst zum Abnehmen des äußeren Lebens,
wirst du *erhöht* zum Innerlichen, Geistlichen Leben..

Wer sich selbst erniedrigt, wird erhöht werden..
Es gibt da einen historischen Kino-Film, der von dem großen
Nelson Mandela handelt.
Genauer gesagt: Er handelt von dem **Gefängnis-Wärter,** der damals
(70iger Jahren..) eigens beordert wurde, Nelson Mandela
zu überwachen. Dieser junge Unteroffizier und seine Frau:
Sie haben zuerst vor allem an die Karriere gedacht…
Dass er Offizier werden könnte, wenn er den Job gut macht..
Dass dann ein eigenes Haus drinnen wäre..
Sie haben freundschaftliche Beziehungen gehabt mit all den andern
Weißen, die alle von dem selben Dienst lebten, die gefangenen
Schwarzen auf der Insel zu bewachen..
Eine kleine Gesellschaft, wo man einander gegenseitig geschätzt hat
und eingeladen, wo man dieselbe Abneigung gegen die Schwarzen
geteilt hat. und so ganz unter sich war..

Bis der junge Gefängnis-Offiziersanwärter erkannt hat,
dass dieser *Mandela* ganz anders ist...und dass den Schwarzen großes
Unrecht getan wird...und er heimlich zu einem Freund von Mandela
wird, von dem Mann, den er eigentlich bewachen sollte !
Und der junge Gefängniswärter hat es in Kauf genommen, dass die
andern Weißen, die Offiziere und Familien ihn und seine Familie
abgelehnt, ja gehasst haben...
Sie hassten ihn, weil er ein *Kaffern-Freund* geworden sei,
ein Neger-Freund...Und sie hassten ihn, weil er aus ihrer
Gemeinschaft, aus ihrer Gesinnung ausgestiegen ist..(Willst du nicht
mein Bruder sein, dann hau dich den Schädel ein..)
Er hat gewagt, *er selbst* zu sein…Letzteres ist aber seine wahre
Erhöhung gewesen: *Er selbst* geworden zu sein..
Wer sich selbst erniedrigt...
Der eine der beiden Söhne von Diana aus dem englischen
Königshaus habe bei dem Gottesdienst für ihre Mutter eine Rede
gehalten und dabei gesagt: Ihre Mutter würde von ihnen sicher
wünschen, dass sie:
..humorvoll, großzügig, bodenständig und völlig wahrhaftig sind.
Mich hat besonders beeindruckt, dass er gesagt hat:
...völlig wahrhaftig..

Da bist du eingeladen zu einem Fest:
und du magst nicht hingehen: Du hast noch Wichtiges zu
erledigen..und außerdem magst du diese Art von Fest nicht.
...Aber wenn wir nicht gehen, was werden die denken:
die werden uns nicht mehr einladen...
vielleicht werden sie denken, wir hätten was gegen sie..
So macht man sich Zwänge
und ist nicht aufrichtig, ist nicht völlig wahrhaftig und *man selbst*.

Ich glaube, dieses Evangelium will sagen,
was **Dag Hammerskjöld** einmal schreibt:
Besser als andere sein wollen…
Warum...

Du bist, was du sein kannst..
oder du bist es nicht -
wie die andern.
Was du wagen musst: Du selbst sein...

Kommunikationskurs . Abschlussübung.
Was gefällt mir an dir ...Was stört mich an dir..?
Der so Angesprochen muss laut antworten:
Über das, was du mir gesagt hast, werde ich nachdenken...
Ich werde es prüfen...
Aber vor allem :
Ich bin nicht auf der Welt, um so zu sein, wie du mich haben möchtest...Oder: ...wie die Welt mich haben möchte...(wie mein eigener Ehrgeiz mich haben möchte..)

22. Sonntag C 2013 Lk 14,1-14

Als Jesus in das Haus eines führenden Pharisäers zum Essen kam, beobachtete man ihn genau..
Aber auch Jesus beobachtet seinerseits und sieht
die Eitelkeit und den Ehrgeiz der Gäste.
Ehrgeiz ist ja einerseits eine starke Motivation für das Vorankommen:
In der Schule...im Beruf...im Sport...(Fußball) , in der Politik :
Man möchte auch, dass *die Heimatgemeinde Alberschwende* im Vergleich gut dasteht..
Jeder Unternehmer ist auch von Ehrgeiz angetrieben.
Man möchte anerkannt werden...Sich einen guten Namen machen.

Wo aber Ehrgeiz der Hauptantrieb wird,
da wird das Klima hektisch und hart .
Mobbing…!

Die weltberühmte *Bergsteigerin aus Oberösterreich*
hat kürzlich gesagt,
sie sei froh, dass jetzt eine Koreanerin die erste Frau der Welt ist,
die allein alle 14 höchsten Himalaja Gipfel bestiegen hat.
So komme sie nicht mehr in die Versuchung , diesen Wettkampf zu
führen, weil sie Wettkampf eigentlich gar nicht will, ja hasst.
Dieser Ehrgeiz würde ihr die Freude stehlen
und würde sie auch leichtsinnig machen..

Aber – wir wissen : Der Mensch ist *naturgemäß* vom *Ehrgeiz und*
Konkurrenz-Denken getrieben.
Alles drängelt und drängt nach vorne und hinauf...
Man bemerkt den Hang auch bei sich selbst (!)
Auf meiner Zugreise bin ich Erste Klasse gefahren
und habe mich aufgeregt, wenn Mitreisende ins Abteil gekomen
sind ohne 1. Klasse Ticket. ..und war zufrieden, wenn der Schaffner
sie wieder hinaus befohlen hat...

Kürzlich habe ich von einer Studie gehört, welche Bedeutung
das Auto für uns hat..
Je reicher, desto mehr gibt man prozentuell aus fürs Auto,
nämlich bis zu 25 Prozent - nur18 fürs Wohnen..
Bei kleinen Einkommen sind bis zu 40 und mehr Prozent fürs
Wohnen notwendig. Fürs Auto gehen sich da noch bis zu 4 Prozent
aus..
Das Auto werde als Unterscheidungsmerkmal zwischen arm und
reich immer wichtiger..

Der *Hauptmotor für das ganze Wirtschaftsleben* ist das
Konkurrenzdenken und damit ein *übersteigerter Ehrgeiz*:
Jedes Jahr eine noch größere Wachstumsrate veröffentlichen zu
können..
Dagegen wird heute ein Umdenken gefordert, wo das Wohl
möglichst aller im Blick ist - und nicht das Reichwerden von
Wenigen..Aber solches Umdenken (*Umkehren*) muss aus viel
tieferen Beweggründen kommen als nur gesellschaftspolitischen.. !
Da hinein gibt nun Jesus seinen guten Rat:

Wenn du zu einer Hochzeit geladen bist, setz dich nicht auf den vorderen Platz, setz dich auf den hintersten...
Welcher Wohlhabende, der sich leicht einen Porsche leisten könnte, würde die Demut haben, einen billigen Mittelklassewagen zu fahren.. sich also in diesem Sinn auf den hinteren Platz zu setzen..
Früher oder später aber werden wir vom Schicksal auf den hintersten Platz gesetzt. Eine Niederlage...ein Misserfolg...eine Pleite.. eine Krankheit..ein Unfall...im Sterben...

Und Jesus sagt:
Dann wird der Gastgeber kommen und zu dir sagen :
Freund, rück herauf...
Aber ist das nicht ein billiger Trick?
Sich nach hinten zu setzen in der Erwartung, dass ich dann erst recht hinaufgesetzt werde..?
Nein, es ist kein Trick, es ist ein Test meiner Demut..
Denn es kann auch sein, dass mich der Gastgeber
übersieht..(scheinbar) und ich da *unten* hängen bleibe..
und *da Unten* heißt vielleicht (übertragen) : In einer elenden Krankheit..
Wie reagiere ich?
Bin ich dann sauer, weil er mich nicht vorgerufen hat ?
Oder habe ich *ehrlich* diesen Platz gewählt -
ohne das Kalkül, dass er mich herauf rufen wird....

Und vor allem: Wird mir bewusst, dass es darauf ankommt, wie ich vor Gott dastehe, also vor der Wahrheit selbst, und nicht, ob man mir *hier* einen vorderen Ehren-Platz einräumt...

Er: *Was bedeutet es, ob die Leute diese oder jenes über dich denken?*
Es muss dir genügen, dass ich um dich weiß...
Und: *Was bedeutet dieses Leben, wenn eine Ewigkeit auf euch wartet...*
Hier zeigt sich, dass Jesus mehr sagen will als Irdisches...
Das Gastmahl ist ein Abbild des Himmels.
Wenn Jesus vom Himmel redet, gebraucht er das Bild von der Hochzeit..

Aber werden denn da auch Ehrenplätze vergeben?
Gibt es da auch –oder erst recht eine Art Rangordnung?
Was auffällt: Jesus sagt nie:
Vor Gott sind alle Menschen gleich, im Gegenteil:
Er sagt:
Es könnte einer zum Mahl kommen, der vornehmer ist als du..
Und diese Vornehmeren:
Das werden dann die sein, die nach seinem Maßstab...nach dem
Maßstab des Himmels groß sind; die werden *Oben sitzen*.
Und das werden solche sein,
die durch ihre Hingabe ein großes Herz entwickelt haben,
Sie werden nach dem Maßstab des Himmels
die *Vornehmeren* sein, die dann *Höhergestellten* ...
Die Heiligen, deren Heiligkeit darin bestand, dass sie das
Gewöhnliche mit Liebe erfüllten...
Und: Die Heiligkeit ist keine zusammenzählbare Summe: Eine
einzige (innere) Tat der Liebe im Augenblick des Todes in Hingabe
und vollkommenem Vertrauen kann einen zu einem Heiligen machen.
Zu denen also wird der Himmel...sagen:
Freund, rücke höher herauf!
Und die werden überrascht sein, weil sie bei ihrem Tun nie mit einem
Ehrenplatz *gerechnet* haben.
Deshalb die zweite Beobachtung von Jesus:
(die wiederum an die Lehre der Erbsünde erinnert)
Es gibt unter Euch so viel Berechnung und Kalkül.
Der lädt mich ein, dann lade ich ihn auch ein!
Lobe ich, werde ich gelobt werden...
tadle ich, wird man mich tadeln..
Bin ich gefällig, wird man mir gefällig sein..

Nein! Du sollst umkehren:
Sollst auch solche einladen, die dich nicht einladen können..,
die es dir nicht vergelten können..
sollst Geben, ohne an Gegenleistung zu denken..

Er*: Deine Rechte soll nicht wissen, was deine Linke tut..*
Dann bist du vollkommen..

Genau das tut doch Gott letztlich und immer schon mit Dir!
Was könntest du ihm schon zurückgeben?
Und dennoch lädt er dich ein,
jeden Tag..
Sei wie Er! Werde so wie Er!
Ja, mehr noch -
Er sagt: *Sei Ich!*
Nur dazu hat er die Menschennatur angenommen…
...ist Mensch geworden in seinem WORT:
Damit der Vater seinen Sohn (sein *Leben*) *in uns* finden kann..

22. Sonntag C 2016 Lk 14,1-14

In meiner Quelle heißt es einmal, wo die Autorin G.B. als Hotelgast an die Geschirrwäscherinnen in der Küche gedacht hat:
Er: Hast du noch nicht begriffen, dass es gleichgültig ist, welche Arbeit man für mich tut? Ich unterscheide die Dinge nicht so, wie ihr sie unterscheidet. Ich sehe Rangunterschiede nur in der Liebe..
Denn Heiligkeit besteht darin, dass man die gewöhnlichen Dinge mit Liebe erfüllt..

Es gibt in allen Menschen den Hang zum Ehrgeiz:
Das übermächtige Bedürfnis nach Ansehen in der Welt..
Aber: **Wer sich selbst erhöht, wird erniedrigt werden..**
Da kommt auf der Straße ein teurer Sportwagen, ein Porsche daher, und man denkt sich:
Ein tolles Auto.
Aber dann denkt man vielleicht:
Als Fahrer von einem so teuren Auto...100.000 und mehr... könnte man versucht sein, sich höher und wichtiger fühlen als die andern Menschen.. Dann wäre das Auto eine Verführung dazu, sich selber zu erhöhen... über das hinaus, was man *wirklich* ist..

Ein Test wäre: Wenn derselbe Porschefahrer ein anderes Mal still und bescheiden mit einem billigen Toyota daherkäme...
Das würde zeigen, dass er ein *gesundes Selbstbewusstsein* hat..
unabhängig von Auto oder andern Vorzeige-Dingen...
... dass er im Herzen ein bescheidener Mensch geblieben oder geworden ist.
Siehe *Jesus Sirach 3:*
Mein Sohn, bei all deinem Tun bleibe bescheiden.
und du wirst mehr geliebt werden als einer, der Gaben verteilt.
Je größer du bist, um so mehr bescheide dich..
dann wirst du Gnade und Kraft finden bei Gott.
Denn von den Bescheidenen und Demütigen wird Gott verherrlicht...
Für die Wunde des Hochmütigen gibt es dagegen keine Heilung...
Wer sich selbst erhöht, wird erniedrigt werden..
Es gibt auch den starken Hang im Mensch, mit seinen Leistungen groß zu tun. Und dass man sich selbst *erhöht* mit zu viel Arbeit ..
und dass man dann *erniedrigt* wird durch eine Krankheit als Folge von Überarbeitung.
Oder dass man zu viel investiert... zu hohe Schulden gemacht hast und dann darin *erniedrigt* wird, dass man verkaufen muss...
Wer sich selbst erhöht...
Das gibt es auch im Verkehr:
Wenn ich mich nicht gern überholen lasse...
und dann schneller fahre als es angemessen wäre.
Die *Erniedrigung* besteht dann darin, dass ich Strafe bezahlt habe.
Das nächste Mal kann es ein Unfall sein.
Sich selbst erhöhen : Das ist auch da, wo ich über andere auf eine gewisse abwertende Art denke und rede ..
und dass ich dann mich selbst dadurch erhöhe, dass ich den andern *hinunter tue*..Dass ich also mein *Mehr* vom *Weniger* des Andern beziehe..
Die Erniedrigung kommt spätestens dann, wenn man mein Schlechtreden durchschaut...

Manchmal kommt die Erniedrigung erst ganz spät im Leben.. durch die Umstände. Zuletzt radikal durch Krankheit und Sterben.

Aber umgekehrt:
Wer sich selbst erniedrigt, wird erhöht werden...
Gestern hat mich ein alter Mann auf originelle Weise aufmerksam gemacht, was es heißt, sich selbst zu erniedrigen im Sinne Jesu :
Der Mann hat mit dem Zeigefinger auf den unsichtbaren Mitmenschen gezeigt und gesagt:
Wir tun viel eher auf andere zeigen –
wir sollten aber–
und dabei hat er den Zeigefinger gegen sich selber gewendet -
...wir sollten aber diesen Finger immer zuerst auf uns selber richten..
Er wollte damit sagen: Wir sollten zuerst unser eigenen Fehler erkennen und bedauern – bevor wir ..Vgl. Mt 7, 3ff !

Wer sich selbst erniedrigt, wird erhöht werden..
Eine alltägliche Art, sich selbst im Guten Sinn zu erniedrigen, ist, wenn ein Mensch, - schon ein Kind – *bitten* kann.
Bitten ist doch ein Bekenntnis der eigenen Bedürftigkeit..
und so eine positive Art der Selbsterniedrigung..

Oder auch, wenn man etwas gut und gehörig macht,
ohne mit Dank zu rechnen oder Lohn...
und dann noch kritisiert würde !

Aber auch einem Mitmenschen zu vergeben ist eine *Selbsterniedrigung:* Ich verzichte damit auf meine Macht, die ich über ihn habe...
Ich verzichte auf mein Recht gegen ihn...
Mit der Vergebung gebe ich ihn frei...und kann nicht mehr anklagen...

Wer sich selbst erniedrigt, wird erhöht werden..
Es gibt Krisen in einer Ehe.
Man kommt nicht gut zurecht miteinander. Man kann nicht reden..
Sich erniedrigen würde heißen: Diese Situation jetzt einmal anzunehmen..zu akzeptieren..auf sich zu nehmen..
in der Hoffnung..

Wer sich selbst erniedrigt..
Und dann kommt ein Schlaganfall über dich –
du kannst nicht mehr reden..
sich erniedrigen ist, dass du dich *ergibst*,
dass du zulässt und annimmst
in grenzenlosem Vertrauen auf Gott.
Und ist nicht das Familienleben insgesamt ein *Sich-Erniedrigen* ..
unter all das, was das Familienleben erfordert jeden Tag..
unter die Kinder vor allem..dass man so zum Dienenden Menschen
wird...und charakterlich erhöht...
Wer sich selbst erniedrigt, wird erhöht werden..
Eine wunderbare Art, sich im Sinne des Evangeliums selbst zu
erniedrigen, ist der *Humor*.
Wenn man sich nicht zu wichtig nimmt ,
und über sich selbst lächeln oder gar lachen kann .
Und wenn man auf die Wünsche Anderer eingehen kann..
und nicht stur festhält an eigenen Vorstellungen...
Ein Engel im Traum zu Papst Johannes 23:
Nimm dich nicht zu wichtig.
Wer sich selbst erniedrigt, wird erhöht werden..
Darin steckt überhaupt das ganze Gebot der Nächstenliebe.
Vgl. Wahlplakat.
Der Heilige Pauls schreibt einmal:
Man muss den Andern höher einschätzen als sich selbst ..
Das muss aber heißen, dass ich den Andern ernst nehme,
ihm u.U. auch *meine Meinung* sage.

Ja, dass ich Schluss mache mit jemanden,
der mich ständig ausnützt und anlügt.
Ich will mit dir nichts mehr zu tun haben.
Du bist ein verlogener Mensch!
Auch das ist ein Form, sich selbst zu erniedrigen: Nämlich die
Wahrheit zu sagen, anstatt sich zu *erhöhen*, indem ich dem Andern
nur gefällig bin...

Aus **Kardinal Schönborn** noch einmal das Evangelium:
Mit dem Bezug auf ein Hochzeitsmahl deutet Jesus immer auf das Himmlische Festmahl .
Wer wird da die Ehrenplätze einnehmen?
Wohl kaum die, die hier die vorderen Plätze gesucht haben, sondern die, die in den Augen Gottes groß geworden sind.
Vielleicht werden das gerade die sein, die in der Welt als die Unqualifizierten gelten, aber ein großes Herz haben...
Denen wird Gott sagen:
Freund – rücke höher herauf !
Sie werden überrascht sein, weil sie gar nicht gerechnet haben mit einem Ehrenplatz..
Gott lädt die ein, die nichts zurückgeben können:
Und eigentlich ist das jeder von uns.
Wie könnten wir uns einen Ehrenplatz *verdienen!*
Und dennoch lädt er dich ein:

Als Gast – zu jeder heiligen Messe. ..und zu jedem neuen Tag, den er für dich schafft...
Ob mein ***Glaube an Gott*** ..(*meine Nachahmung Gottes!*)
echt ist, zeigt sich allein daran, wie ich mit meinen Mitmenschen lebe: Wie ich meine Mitmenschen sehe, wie ich über sie denke und rede...
Wenn jemand meint, er glaubt an Gott,
denkt und redet aber über Mitmenschen, als ob sie *Gegenstände* wären auf dem Markt...wie Karikaturen...
wenn er sich also derart über die Andern **erhöht**, dann ist sein Glaube eine fromme Einbildung.

Man kann nicht an Gott glauben und den Anderen verachten...
Sich selbst erniedrigen heißt deshalb:
Den Nächsten achten wie sich selbst,
den Nächsten als diesen Einen sehen, der mit mir im Dienst eines Höheren steht..
und zwar jeden Nächsten und das im alltäglichen Leben in jeder Situation...im Beruflichen Alltag, in der Familie, auf der Straße...

Es genügt also nicht, fromme Lieder zu singen und schöne
Gottesdienste halten, es genügt nicht, die Bibel zu studieren..
Sich selbst erniedrigen heißt:
Sich selbst vergessen im achtsamen und aufmerksamen Dienst am
gemeinsamen Leben..

23. Sonntag C 2007 Lk 14,25-33

Trachtensonntag.
Kleider machen Leute...Aber nicht nur in einem äußerlichen Sinn.
Eine noble Kleidung erfordert, dass man sich nobel bewegt ..
So ist es mit der Tracht.
Mit *Kleidung* kann man aber im übertragenen Sinn
auch den *Habitus* meinen, die guten Gewohnheiten,
die Haltungen, die wir uns selber -
und unsere Kindern aneignen durch das Verhalten...
Der Gang zur Heiligen Messe kann auch so *Habitus* sein -
eine tiefe gute Gewohnheit,
die sich entwickelt durch Tradition und Disziplin und Treue

Zur Hl Messe kommen heißt aber genauer:
Zu Gott und zu Christus kommen. Und da hören wir heute von Ihm:
Wenn jemand zu mir kommt und nicht
Vater und Mutter und Frau und Kind und Bruder gering achtet
ja sogar sein Leben nicht gering achtet,
kann er nicht mein Jünger sein.
Was meint Jesus mit *gering achten* der Eltern und der Frau und der
Kinder und des Vermögens..und *des eigenen Lebens....?*

Ich möchte zum Verständnis für mich und für uns alle eine Erzählung
verwenden, von einem alten Exerzitien-Meister.
Es ist eine Grenzerfahrung, die Erfahrung des Todes, die wir alle
früher oder später einmal machen werden oder schon gemacht haben
mit tiefen Umwandlungen in uns selbst..
Nur dass die Umständen verschiedene sind..

Wir erfahren die Grenze in der Krankheit oder bei einem Unfall oder Unglück.
Bei der Erzählung geht es um eine Kriegserfahrung.
Er hat damals als 17 jähriger eine Bombennacht erlebt,
eine Bombenregen, der ein ganzes Stadtviertel zerstörte
und es habe ihn schreckliche Angst überfallen.
Er habe gespürte, dass er in jedem Augenblick tödlich getroffen werden könnte, aber er wollte nicht sterben.
In seiner Angst überkam ihn zugleich Wut, weil er so ohnmächtig war, so ausgeliefert..

Und als so in mir Wut und Angst tobten,
überströmte mich plötzlich ein ganz großer Friede.
Ich wusste auf einmal mit tiefster Gewissheit:
Gott ist da. Ob ich sterbe oder nicht, hat keine Bedeutung.
Es ist gut so, wie es ist...
Das waren keine Gedanken, das war eine gefühlsmäßig absolute Gewissheit..
Als er den Keller verlassen hat können, sei er innerlich verwandelt gewesen und habe eine große Hilfsbereitschaft gespürt – und tatsächlich eine Freude.

Später, schreibt er, ist dieses Gefühl verschwunden.
Aber geblieben ist mir die Ahnung des Ewigen
und die Sehnsucht danach ...
Mir wurde geschenkt, dem Tod in die Augen zu schauen und damit
die Nichtigkeit der Welt zu erkenne...zu erfahren .
die Vergänglichkeit ...das Vorläufige der Welt
bei all der Schönheit, bei all der unendlichen Bedeutung der Welt..
und unsre Lebens hier..
bei all dem Offenbarungscharakter der Welt...
Die Welt war von da an auf den zweiten Platz gerückt.
Sie hat für mich ihre alles beherrschende Macht verloren.
Ich habe damals den unendlichen Wert des Todes kennen gelernt,
des Verzichts und des Leerwerdens..
Ich habe erfahren, dass Verlust und Ohnmacht nicht das schlimmste auf Erden sind..Mir wurde die Bedeutung des Kreuzes bewusst..
Bis hierher diese Erzählung.

Wie gesagt:
Viele Menschen haben solche Grenzerfahrungen gemacht
und werden sie noch machen (müssen...
Auch wir.
Wie z.B. Gabrielle Bossis einmal an diese Grenze des Lebens, des
Todes gekommen war, sagt Er zu ihr:

Er: Diese große Prüfung hat dir gut getan:
hat dich an die Grenze des Leben genähert,
und du hast mit den Augen der Wahrheit erkannt,
was das Leben auf der Erde ist
und was das ewige Leben bedeutet..
Diese schwere Erkrankung war ein Mittel, um deine Aufmerksamkeit
ganz auf Mich zu lenken..
Wenn jemand zu mir kommt und nicht Vater und Mutter und
Frau und Kind , ja sein eigenes Leben gering achtete, kann er
nicht mein Jünger sein.
Die Erfahrung der Grenze ist zugleich die Erfahrung, dass
die irdische Welt an zweiter Stelle und nicht an erster Stelle ist.
Und dass im Licht der Gotteserfahrung auch die Allerliebsten,
Frau und Kinder und sogar das eigene Leben..
ganz von selber *gering geachtet werden*:
Weil Ich dann weiß, dass Eltern und Frau und Kind und Bruder und
das eigene Leben in Ihm aufgehoben sind.
Wenn jemand zu mir kommt und nicht Vater und Mutter,
Frau und Kinder, ja sogar sein Leben gering achtet,
kann e nicht mein Jünger sein.."
Was meint Jesus mit diesem *gering achten?*
Ich bin grad einmal den einzelnen Titeln, die Jesus nennt,
nachgegangen und zu jedem eine bündige Antwort versucht.
Vater und Mutter gering achten..
Eigentlich können Eltern nur hoffen, dass sie von ihren Kindern
*gering geachtet w*erden..Dass ihre Kinder nicht an ihnen *hängen*
bleiben..Im Gegenteil: Auch wenn es schmerzlich ist:
Dass sie sich lösen von ihnen.. und den Weg gehen, zu dem sie
berufen sind.

**Wenn jemand zu mir kommt und nicht
die Frau gering achtet..**
Das heißt für den Mann:
Nicht alle Erwartungen in die Frau hinein projezieren –
und meinen:
Nur wenn ich *die* habe, hat mein Leben einen Sinn..dann bin ich
glücklich für immer..
Die Frau hat dann einen guten Mann,
wenn der auch seine Überzeugungen lebt...
wenn der vor ihr *steht* ...
und nicht vor ihr kniet ...
Sie nicht abgöttisch liebt ,
sondern frei und innerlich unabhängig..
und seinem Gewissen verpflichtet.

Kinder gering achten..
Kinder wollen von sich her *gering geachtet* werden in dem Sinn,
dass sie aufrichtige, klare Begegnungen wollen,..
Sie respektieren Eltern und Lehrer,
die – wie man sagt – authentisch sind –
ihnen Grenzen zeigen...
die Ordnung aufrechterhalten...die führen…
Was Kinder gar nicht wollen,
wenn man sie verhätschelt
und sie zu wichtig nimmt..
Kinder respektieren eine Person nicht, ..
die ihnen alles tut und sie machen lassen..
Das eigene Kind *gering achten* heißt also:
Es gibt Werte, die höher sind als der Wille des Kindes..
Ich will, dass mein Kind sich diese Werte und Haltungen aneignet...

Das eigene Leben gering achten..
heißt glauben:
Dass das Leben auf der Erde nicht zum Ruhen gegeben ist ,
das ist für den Himmel ..
Das Leben gering achten heißt:

An sich selber zu arbeiten.. Fehler und Schwächen
korrigieren..immer wieder..
der Tod ist die letzte Korrektur..
Das eigene Leben gering achten heißt:
Sich übersehen lassen...
Verkennungen von Herzen annehmen...
Demütigungen als wertvoll ansehen für die Heilung meines Stolzes
und Hochmuts..

Das Leben gering achten...
Sich hingeben an die Aufgaben, Dienste, Beruf, Familie..
...*heißt:* Die Kürze der Zeit bedenken..

Das eigenen Leben gering achten heißt :
den eigenen Tod gering achten
und erwarten als Übergang...

Das eigene Leben gering achten heißt:
von *Gott her gesehen* das Leben annehmen, das mir für heute
gegeben ist: ob gesund oder krank.. ob lang oder kurz...ob reich oder
arm...
Und wenn er nicht auf seinen ganzen Besitz verzichtet..
Du leihst einem Freund von deinem Ersparten -
sagen wir 10 tausend..
Ihr macht einen Vertrag mit Recht auf Exekution.
Aber dann wird es dem Freund wieder knapp..
er kann nicht einmal eine kleinste Rate bezahlen..
Auf den ganzen Besitz verzichten..
Das Leben gering achten...
das Geld gering achten..
die Welt gering achten..
Du sagst: Bezahle wieder eine kleine Rate, wenn s dir besser geht .
Und erinnerst dich an das Wort Gottes:

Wenn ihr leiht, dann sollt ihr das nicht nur tun in der Hoffnung, alles sicher wieder zurückzubekommen;
Ihr sollt auch dann leihen, wenn ihr nicht sicher hoffen könnt... es wieder zurückzubekommen.
Wer nicht sein Kreuz trägt und mir nachfolgt ....
Schulbeginn .
Jedes Schulkind muss sich wieder bemüht, hineinzukommen in die *Materie..*
Hineinkommen in die gewohnte Ordnung,
in den gewohnten Zeit-Rahmen.. mit Stundenplan.
Aufstehen am Morgen. Waschen. Anziehen. Schulsachen.
Frühstück...Schulweg
Das alles ist zuerst mühsam..
aber dann , wenn man einmal *drinnen* ist, …
geht's wie in einem Schwungrad..

In den Klassen hängt oft ein Kreuz.
Es sagt den Schülern und Lehrern:
Nimm die Mühe des Hörens und Übens auf dich..
dann wirst du erwachsen.....
Und für jeden von uns ist es auch immer „mein" Kreuz...
Jeder muss sich selber mühen .
Das kann niemand abnehmen... und soll auch niemand können.
Auch nicht Gott.
Weil wir nur erwachsen werden , wenn wir uns selber mühen...

24. Sonntag C 2007 Lk 15,1-32

Wenn einer von euch hundert Schafe hat und eins davon verliert...
Das eine 100-ste Schaf. Der je einzelne Mensch.
Radio-Sendung: Eine für Hörer offene Interview-Sendung.
Es geht um ältere Arbeitnehmer und die Schwierigkeiten.
Ein Hörer ruft an und schildert seine Lage (Beispiel eines Suchenden..)

Die Expertin, die im Studio sitzt, gibt speziell für diesen Mann einen
Rat..und bietet ihm an, sich nach der Sendung bei ihr zu melden.
Da wurde aus dem zunächst allgemein gehaltenen Gespräch ein
Sprung gemacht in die Not eines einzelnen Menschen..
Da wurde die Lage eines *einzigen Menschen* wichtig genommen...

Freut euch mit mir, ich habe mein Schaf wieder gefunden..
Morgens um 7 Uhr. Ein junger Bursche geht mit gesenktem Kopf
über den Dorfplatz und du denkst dir: Den kannst du jetzt nicht
ansprechen. Der geht nur mit Graus zum Arbeiten...
Aber dann - siehe da: Doch, er gehe gern in die Lehre!
Schon seit einem Jahr..!
Dieser eine Bursche mit seiner Zustimmung zur Arbeit!
Er berichtet von seinem Chef und von seinem guten Umfeld...
Ich freue mich über seine Situation!
Ist meine Freude nicht ein wenig verwandt mit der Freude des
Himmels über einen, der umkehrt..?
Die Freude am menschlichen Fortschritt eines Einzelnen
in seiner Arbeitswelt..
**Im Himmel sei mehr Freude über einen einzigen, der umkehrt
als über 99 Gerechte, die es nicht nötig haben umzukehren.**
Da fragt man sich: Sind alle anderen, sind also wir alle *Gerechte*?
Gehören wir zu den 99 Gerechten, die keine Umkehr nötig haben?
Man sagt: Man dürfe doch jetzt im Hinblick auf die innerkirchlichen
Verfehlungen (Missbrauch) nicht pauschal alle in einen Topf werfen.
*Wie komme ich dazu, in einem Atemzug genannt zu werden mit dem
oder jenem Täter..?*
Aber: Ist denn der Unterschied so radikal, so unendlich zwischen
dem Täter und mir?
Könnte es nicht sein, dass wir vielleicht *Glück* hatten und die
Umstände so waren, dass wir nicht in Versuchung geführt wurden..?
Könnte es nicht ein tiefer Pharisäismus sein,
sich selbst *über* all diese Verfehlungen zu stellen..
und mit dem Finger auf die *Sünder* zeigen…?

..geht er dann nicht dem verlorenen nach , bis er es findet..?
Thema *Hund* .
Der Freund, dessen Hund ich inzwischen besser kennen lernen
konnte und der mir berichtet, ist dabei, ein Sachbuch über die *Seele,*
also über das *Wesen des Hundes* zu studieren.
Ja, man könne in gewissem Sinn auch von *Seelsorge* für einen Hund
reden. Jeder Hundebesitzer (Frau wie Mann) ist doch spontan besorgt
darum, dass der Hund einen guten Charakter entwickelt.
Es sei denn, der Hundebesitzer (nur Mann) ist ein Menschenhasser,
ein kranker Misanthrop, ein krankhafter Misstrauer, der den Hund als
Waffe gebraucht, um die Mitmenschen von sich abzuhalten..
Da wird der Hund missbraucht und seines Wesens beraubt.
Eines Tages wird er seinen Herrn –hoffentlich – ordentlich ins Bein
beißen.. Er wird seinen Herrn hassen.
Ein Hund, so sagt das Sachbuch, braucht einen Herrn, der *um des
Hundes willen* den Hund erzieht. Und ein Hund braucht es von
seinem Wesen her, dass er *gehorchen kann.*
Er braucht es, dass er geführt wird, dass er Befehle bekommt und
dass er so in die *Kultur des Herrn* aufgenommen ist.
Dass er das dann *kann,* darauf sei der Hund *stolz.*
Das *freue ihn, das erfülle ihn.*

Diese Sorge um die Seele oder besser, um die rechte Entfaltung der
Natur eines Hundes: Das ist doch auch eine Art von *Seelsorge,*
von Liebe; ja, von *Bewahrung der Schöpfung* !

Ich erinnere mich dazu an den berühmten Film *Wolfsblut,* wo sich ein
junger Bursche zur Aufgabe gemacht hat, den bissig gemachten
Wolfshund *wieder gut zu machen,* wieder gesund
und heil zu machen, ihn *wiederherzustellen*... auf einem freilich
langen Weg schier unendlicher Liebe !

...und geht dem einen Verlorenen nach, bis er es findet...
Das ist es ja : Diese Sorge um meinen Mitmenschen ist eine,
die nicht in einem Zentrum sitzt und wartet, sondern *nachgeht.*
Das kennen wir doch von uns selber her und bei anderen:

Wenn es einem schlecht geht, psychisch oder auch materiell,
dann zieht man sich zurück.
Wer in Depressionen ist, zieht sich zurück...
Wer arm ist...und wer einsam ist und alt..
Da bauen sich Mauern auf, Mauern der Hemmungen und der
Menschenscheu und der Menschenfeindlichkeit.

Ich werde manchmal gefragt, ob viele Leute zu mir in den Pfarrhof
kämen mit Problemen und Sorgen..
Ja, es kommen viele, die um Geld betteln.
Aber andere kaum. Ein Pfarrer, ein Seelsorger muss hinaus gehen
..muss *nachgehen!* (ich sollte es mehr tun!)

Eltern müssen, wenn Kinder einmal eine gewisses Alter bekommen,
nachgehen. Behutsam nachgehen. Sie werden vergeblich warten ,
dass die Jungen von sich aus etwas sagen.. usw.

Ist uns, - dir und mir - nicht auch schon einmal jemand in diesem
Sinn *nachgegangen?* Ein Hirtenmensch, der ernsthaft fragt:
Wie geht es dir..?

Heute ist auch das Telefon eine wunderbare Möglichkeit,
einander *nachzugehen* .
Ich sage *einander*, weil es nicht nur ein einseitiges *Nachgehen* ist,
sondern ein gegenseitiges.

Dieser Tage läutete es an der Türe :
Draußen steht ein alter Schulkamerad!
Er habe sich vorgenommen, mich zu besuchen, wenn er das nächste
Mal...Jetzt steht er da und wie es so ist: Ich war grade mitten in etwas
drin und hatte mein Programm - und zögere noch , wo er fragt, ob ich
Zeit hätte..
Es war wohl auch ein wenig Antrieb der Gnade, dass ich alles habe
sausen lassen und mitgegangen bin …
und wir dann immer tiefer ins Gespräch gekommen sind über unser
Leben..
Einander nachgehen. ..

...Freude über einen einzigen Sünder, der umkehrt *(*15,7...)
Wenn plötzlich eine schwere Operation nötig wird.
Mitten im Leben. Bei dir selbst. Bei einem Angehörigen.
Und sei es nur, dass du davon hörst.
Eine erste Reaktion kann sein, dass man das nur nebenbei hören will...Man will sich nicht näher damit befassen und belasten...
Es ist *außerhalb* von meinem Lebenskreis..

Umkehr – das ist, wenn du dich einlässt auf diese Nachricht - auf die Situation; wenn du sie anschaust, die Wirklichkeit.

Umkehr ist Umkehr zum Denken an das *ganze* Leben...
Bei einer Hochzeit diesen Sommer hat das Brautpaar als Antwort auf die Frage, warum sie kirchlich heiraten , gesagt (unter anderem):
Weil wir den *wirklichen Ernst* unserer Ehe, unseres gemeinsamen Lebens mit unsern Kindern an/erkennen wollen ...sehen wollen...uns und allen bewusst machen wollen..Und wir wollen zu diesem Höhepunkt unseres Lebens auf das ganze unseres Lebens schauen...
bis der Tod euch scheidet..

Das Bild von dem Hirten, der dem einen Verlorenen Schäflein nachgeht: Das ist doch eine Beschreibung (Definition) von dem, was Liebe will, was Liebe tut: Nämlich – wie es heißt:
An das Glück der andern denken.

Das Gleichnis vom verlorenen und wiedergefunden Schaf…
Es braucht ja nicht nur gemeint sein für einzelne Menschen, sondern auch für Völker, die in extremer Verlorenheit, in moralischer, geistigen, menschlicher Verlorenheit leben .

Und das Gleichnis spricht doch davon, dass ein fundamentales *Wohlwollen i*n jedem Menschen wachsen soll - gegenüber jedem Menschen! Eine Art ursprüngliche Seelsorge gegenüber jedem Menschen auf der Welt! Ein Wohlwollen, das aber gebildet werden, entwickelt werden muss:
Und das darin bestehen müsste, dass ich jedem Menschen auf der Welt wünsche, er möge ein guter Mensch werden, der seinerseits dieses Wohlwollen in sich bildet...

In dem Zusatzgebet zum Rosenkranz heißt es:
Führe alle Seelen in den Himmel...
Aber: Kann das meine Sache sein, meine Angelegenheit:
*Alle Menschen?! W*as gehen mich die Milliarden an, die noch auf der
Welt sind ...und überhaupt: Was könnte ich schon bewirken?
Und außerdem gibt es Menschen, denen wünsche ich ,
zumindest spontan, *nicht* den Himmel!
Denen wünsche ich, dass ihnen Gerechtigkeit und Strafe widerfährt :
Weil sie Feinde der Menschheit sind.. und Feinde des Menschlichen..

Aber dazu heißt es noch im Zusatz:
Führe alle Seelen in den Himmel, ..besonders jene, die deiner
Barmherzigkeit am meisten bedürfen.. !
Das muss eine Bitte sein, die uns Gott eingegeben hat, weil sie
seinem eigensten Wesen, seinem Willen (seiner Zielsetzung,)
entspricht: Führe alle Menschen so, dass sie liebende Menschen
werden...Liebende in deinem Sinn..

Führe alle Seelen in den Himmel.
Freilich: Wenn das wirklich mein ureigenster Wunsch werden soll,
dann müsste ich selber schon irgendwie (im) Himmel sein, im
Himmel eines tiefen Glücklich seins.
Man müsste selber glücklich sein - voll der Gnade,
weil doch erst aus diesem Glücklichsein der herzliche Wunsch nach
dem Glücklich-sein der Anderen kommen kann...

Führe alle Seelen in den Himmel..
Da gibt es doch diesen herrlichen *Woody Allen*, -
und weil er ein Künstler ist, will er, dass Seelen hier schon etwas
vom Himmel erfahren. Er sagt einmal:
Ich wäre sicher ein guter Disk-Jockey geworden, denn es bereitet mir
sehr viel Spaß, Leuten zu sagen:
Hör dir mal das an! Und dann das! Und das!..
Das ist wunderbare Musik! Diese Musik macht dich froh und
glücklich. Ebenso wie mich.
Und deshalb wünsche ich dir, dass du diese Musik anhörst..!

In letzter Zeit kommt manchmal ein alter Freund zu mir in die Stube.
Wir haben ein wenig den Plan, öfter gemeinsam klassische CDs
anzuhören: Von Mozart, Beethoven, Dvorak, Tschaikowsky…
mit der Hoffnung, dass wir so eine tiefere Freude, einen tieferen
Trost erfahren...
Diese großen Künstler sind doch immer Seelsorger...priesterliche
Seelsorger, die das Evangelium verkünden mit ihrer Kunst.

Woody Allen:
Aber es gibt viele Filmemacher, die dumme Filme machen.
Sie sagen: Die Leute wollen ja dumme Filme oder schlechte..also
machen wir dumme Filme..
Aber wenn die Filmemacher sagen würden : Wir wollen gute Filme
machen, dann würde sich mit der Zeit ein Publikum dafür finden..
Also : Die Verbesserung der Filme muss von oben kommen. Die
Leute werden nicht von sich aus gute Filme wollen... wenn sie
schlechte und dumme gewohnt sind..

So ein Künstler wie dieser *Woody Allen* : Das ist ein Hirte, der
beitragen will zum Glücklichsein der Leute..
Aber ist das mit Gott und den Menschen nicht haargenau so?
Argumentiert Gott-Vater im Prinzip nicht so wie *Woody Allen*...oder
besser umgekehrt: Dieser ähnlich wie Gott-Vater?
Dass man ohne Hemmung die guten und besten Werke (Gaben) von
Oben bringen müsse, auch wenn die Menschen (zuerst) lieber, ja
ausschließlich das *von Unten* wollen; ja, dass sie das Gute und
Schöne von Oben mit aller Gewalt zurückweisen..!
Dass sie aber mit der Zeit doch noch auf den Geschmack kommen
und dann immer mehr und schließlich *nur noch* das Gute von Oben
hören und sehen wollen..?

Schule - was ist die Schule ?
Schule ist in einem tiefen Sinn gedacht: *Ort der Seelsorge.*
Der Ort, wo dieses große Wohlwollen sozusagen zur Institution,
zur lebendigen Institution gemacht ist immer neu.
Führe alle Seelen in den Himmel....
Das braucht nicht erst ein Himmel im Jenseits sein.

Vgl Johannes 23..(s.o.)
Diese Seelsorge um die Seelen und den Charakter der Kinder ,
der heranwachsenden jungen Menschen, diese allgemeine/personale
Seelsorge zeigt sich auch darin, dass schon seit Jahrzehnten gerungen
worden ist, die *Rechte der Kinder* festzuschreiben und zum
politischen Ziel zu machen für die Staaten der Welt.

Im Jahre 1989 ist von den Vereinten Nationen die
Kinderrechtskonvention erklärt worden:
191 Staaten haben sie mittlerweile anerkannt (2007).
Sie gelten von Geburt bis zum 18 Lebensjahr.
Die Umsetzung und Verwirklichung dieser Rechte der Kinder
werden von verschiedenen Int. Einrichtungen unterstützt und
beobachtet:
UNICEF (Kinderhilfswerk der UNO..)

Es sind 9 ausformulierte Rechtsgrundsätze. Diese Rechtssätze sind
globale Zielvorgaben, sind fast eine Art Ideale, die erst aufzeigen ,
wie groß die Kluft zwischen Ist-Zustand und Soll-Zustand ist.
Und die zugleich eine Handlungsnorm sind für das politische
Handeln ...eine Art Plan für die Politik der Staaten ...ein Maßstab, an
dem sichtbar wird, wohin die Politik sich bewegen muss... nach
welchen Zielen sie streben muss..bzw. was nicht in Ordnung ist, was
nicht recht ist an der gegenwärtigen Welt.

1.Alle Kinder haben die gleichen Rechte.
Kein Kind darf benachteiligt werden.
Wie fast unendlich groß sind die Benachteiligungen der Kinder in
Afrika und in asiatischen Ländern oder in Oststaaten Europas oder n
Städten Südamerikas!
Wenn wir nur diese Bilder der hungernden Kinder uns vor Augen
halten, die wir kaum ertragen können am Fernsehschirm..
Aber dieser Tage hat jemand gesagt: Da haben die Kinder nichts
davon ,wenn du diese Bilder nicht ertragen kannst..
Erst wenn du ihnen auch deine Hilfe zukommen lässt..

Bischof war in Afrika und legt uns besonders die Aids-Hilfe für Aids-Weise ans Herz: Ein unvorstellbare Los, das diese Kinder erfahren..

Kein Kind darf benachteiligt werden...
Dieser naturgegebene Rechtsanspruch gilt aber auch für die Familie, für die Eltern und die Schulen.
Es fordert das Gerechtigkeitsgefühl heraus, – vor allem gegenüber den Kindern, die schwer zu erziehen und zu lehren sind; die gar abstoßend sind – sei es durch ihr gestörtes und notorisch störendes Verhalten, sei es durch ihr Aussehen...

2. Kinder haben das Recht gesund zu leben und Geborgenheit zu finden..
Haben das Recht, gesund zu leben: Das ruft die Verpflichtung heraus, Kinder gesund zu ernähren und regelmäßigen Mahlzeiten hin zu erziehen und vor allem auch, sie zu Bewegung , zu körperlichen Bewegung, zu sportlicher Bewegung zu erziehen. Und so die Kinder vor Fettleibigkeit zu bewahren.
Dass sie das Recht haben, Geborgenheit zu finden: Die Tierwelt macht das ja vor. Ist das nicht auch ein Hinweis auf die Bedeutung der Familie..?!
Aber auch die Mahnung, Kinder nicht einem ehrgeizigen Leistungsdruck zu unterwerfen. Familie muss so etwas wie Heimat sein: Wo ich Geborgenheit finde und die finde ich nur, wo ich nicht „Leistungen" und Erfolge vorweisen muss. Auch da, wo das Leben der Familie und der Umwelt in geordneten Bahnen verläuft, wo Friede ist:
Diese Rechte sind wie Rufe, die von jedem Kind ausgehen – von seiner Existenz her - nicht erst nachträglich –

3.Kinder haben das Recht zu lernen..
Es besteht eine Ursprüngliche Verpflichtung der Erwachsenen Menschen, Kinder zu lehren,
sie zu unterrichten, sie einzuführen in die Kultur der Menschheit.
Japan ist eines der Länder ,wo nachweislich die Kinder am besten gelehrt werden und lernen.

Für die japanische Kultur ist ein lernender Mensch ein guter
Mensch. Besser gesagt: Nur ein lernender Mensch ist ein guter und
vertrauenswürdiger (und demütiger)Mensch.
Lernen: Das ist eine Hauptform der Selbstkultivierung.
Lernen aber ist ein Vorgang, der selbst geleistet werden muss.
Niemand kann mir das Lernen und Erlernen abnehmen.
Es ist ein je persönliches Sich-Aneignen von Fertigkeiten,
Fähigkeiten, Wissen ..
So haben vor allem auch die Kinder das Recht auf Geduld, das Recht
auf individuell gerichtete Geduld, weil es zum Lernen das Recht auf
Zeit geben muss und weil jedes Kind noch einmal anders lernt.

Das Recht auf Lernen ist zugleich das Recht auf Wissen.
Und zwar nicht einer Meinung oder eine Vermutung und eine
subjektives Dafürhalten von Erwachsenen, sondern ein echtes
Wissen, das von Generation zu Generation weitergegeben wird.
Weltwissen der Siebenjährigen.
Was sollen Kinder mit etwa sieben Jahren wissen und können?
Was soll man sie um dieses Alter herum lehren...?
Was sollen sie schon erfahren und gelehrt worden sein..?
Da zeigt sich übrigens, dass dieses Weltwissen noch wenig mit dem
Wissen zu tun hat, das man heute einfordert für berufliche
Qualifizierung.
Geerntet und gesät haben...
Eine Ahnung vom Welt-Weltraum,
von den Kontinenten,
Ein Baby getragen ..Ein Kind oder einen Erwachsenen mit
schwarzer Haut gesehen... Streit geschlichtet..oder aus dem Weg
gegangen..
Was Lügen ist und Angeberei... Stehlen und Schenken.. Freude an
einem schönen Heft ..
Lese-Erfahrungen – Lesefreude - Freude am Helfen daheim...
erfahren, dass man mich braucht... gewandert sein mit Papa und
Mama ... Gastfreundschaft erlebt.. die von den eigenen Eltern ...
Einkaufen gehen für....E-Mail schicken
Vaterunser... Danksagen, Bitten -
und Absagen akzeptieren mit Grund...Entschuldigen..usw.

Dem *Lernen* entspricht das *Lehren:*
Nur wo gelehrt wird, kann es ein Lernen ich geben.
So ist diese Recht auf Lernen zugleich das Recht auf Belehrung, auf Lehre ..auf Beispiel.!!
Aber der Wille und die Freude am Lernen steht in einem inneren Zusammenhang mit so etwas wie Freude am Können,
wo es praktische Dinge sind...Und es hat zu tun mit Neugierde, mit Fragen, mit Wissen-wollen..
So ist es fast noch wichtiger, Neugierde zu erhalten und das Fragen – als Antworten zu lehren.

4. Kinder haben das Recht zu spielen..und künstlerisch tätig zu sein..

Da denken wir an Tendenzen einer Gesellschaft, die das Kind unter Leistungszwänge stellt – und von vornherein ökonomische Zwecke vor alles Lernen und Erziehen stellt:
Und bald schon die berufliche Qualifizierung als Hauptziel des Lernens und Sichentfaltens anzusehen.
Das Recht auf Spielen ist das Recht auf zweckfreies Handeln, auf freie Neugierde; auf ein Tun, das nicht der bloßen Erhaltung dienen muss.
Diese Recht auf Spielen ist – wie alle anderen - ein Menschenrecht – und sagt Wesentliches aus über das Menschenbild, das hier zum Ausdruck kommt.
Dabei ist das nicht ein Spielen wie Tiere, Füchse oder Murmeltiere oder kleine Tiger spielen oder Delphine..
Das Spielen der Tiere ist aber ein Bild , eine Verkündigung durch die Natur, dass das Geistige, das Zweckfreie , das Freudvolle am Anfang ist.
Und die Weisheit spielte vor Gott alle Tage..

5. Kinder haben das Recht, bei allen Fragen, die sie betreffen, mitzubestimmen und zu sagen, was sie denken..

Das Recht zu sagen, was sie denken. Kinder könnten ja von einem Vater, einer Mutter so präpariert werden, dass sie, wenn sie gefragt werden, was sie denken und was sie sich wünschen, brav das sagen, wovon sie wissen, dass es Papa hören will.

Das Recht zu sagen, was es wirklich selber denkt – und nicht, was man von ihm hören will..
Beim Mitbestimmen haben wir so unser grundsätzlichen Bedenken: dass das doch zu weit ginge.
Aber erstens gilt diese Rechtskonvention ja bis zum
18. Lebensjahr..also Kindern auch über 14 hinaus..
Und wenn wir eine Schultasche kaufen fürs Kind:
Na ja, da werden wir es mit ihm zusammen kaufen und es wird die Farbe und diese oder jene Eigenschaften mitbestimmen dürfen, ja sollen, ja müssen.
Oder wenn's zum Schuhe kaufen ist, wird das Kind mitbestimmen wollen, ja müssen, ob sie passen, ob sie bequem sind, ob sie auch gefallen ...

6. Kinder haben das Recht auf Schutz vor Gewalt.
Da kann sich und muss sich also unter Umständen ein Außenstehender einmischen, wenn in einer Familie Kinder Gewalt erleiden müssten. Das geht jeden etwas an..!

7. Kinder haben das Recht, sich alle Informationen zu beschaffen, die sie brauchen... und ihre eigene Meinung zu verbreiten...
Da werden wir auch wieder an die größeren und großen Kinder denken. Informationen , die sie für ihr Leben, ihre Bildung, ihre Fragen, ihren Forschungsdrang, ihr Wissen-wollen... Infos betreffend das Technische, Praktische des Lebens..
Informationen evtl über ihre eigene Herkunft... über ihre Geschichte. Die Geschichte ihres Volkes....
Es gibt Völker und Staaten, wo dieses Recht eingeschränkt ist auf die Informationen, die man ihm geben will.
Ich fürchte, dass es stimmt: Palästinensische Kinder erhalten natürlich nur die Informationen über die Juden, die man ihnen geben will.. und die ein Feindbild der Juden zeichnen...
Und vermutlich werden serbische Kinder in ihren Geschichtsbüchern lesen, dass Serbien Anspruch hatte auf Bosnien und Kosovo..

Und moslemische Kinder mit 14 oder 16 oder 18 werden nur unter
persönlicher Gefahr sich Informationen beschaffen dürfen über
andere Weltreligionen wie das Christentum.
Was das Recht auf Meinungsverbreitung betrifft:
Zuerst muss man sich eine wirklich eigene Meinung bilden.
Und: Meinung nicht mit Wahrheit und Wissen verwechseln..

8. Kinder haben das Recht, im Krieg und auf der Flucht besonders geschützt zu werden.
Die völlige Barbarei und Verwilderung und Pervertierung in
afrikanischen Ländern, - aber auch bei uns noch vor zwei
Generationen: Dass Kinder anderer Ethnien oder Religionen genauso
massakriert werden wie Erwachsene. Das ist das wohl äußerste an
Bösem, an Verlorenheit, was unter Menschen möglich ist...ja,
möglich!
Dieses Recht, auf der Flucht besonders geschützt zu werden, das lässt
uns an die Flüchtlinge und Asylbewerber auch in unserm Land
denken: Es wäre schlimm, wenn man in unserem Land 16 oder 17
jährige Flüchtlinge wieder zurückschicken würde..
Hier müssen die eigenen Rechte der Kinder angewandt werden in der
Behandlung..

9. Kinder haben das Recht auf besondere Fürsorge und Förderung...
Noch einmal aus der japanischen Kultur mit Kindern:
Ein Leben mit Kindern und das nur als Hausfrau,
gilt in Japan nicht als gedrücktes Frauenschicksal.
Dabei soll die Mutterrolle regelrecht gelernt werden. …
Junge Mütter werden angeregt, unterstützt und auch beobachtet von
einem Netz von Beratung und sozialer Verpflichtung.
Was die Kindergärtnerin betrifft: Sie ist seit den 70iger Jahren von
ihrem Status her einem Universitätslehrer gleichgestellt.
Er hätte zumindest anfangs das gleiche Gehalt wie sie. Sie wird
ebenso auch *Professor* genannt. Kurz: Eine große – ja
wissenschaftliche Aufmerksamkeit gegenüber den
Lebensbedingungen von Kindern läuft da auf hohen Touren.. Dabei
wird im japanischem Vorschulalter vor allem darauf gezielt,
Grundhaltungen aufzubauen: Konzentrationsbereitschaft, aktive

Neugier, das Bedürfnis mit andern zusammen etwas tun ..höflich zu sein... also (für das Gemeinsame..) angenehme Lebensgewohnheiten einzuüben.. ...damit sie aktiv am Leben teilnehmen können...
Das ist eigentlich erst *Leben* : Aktiv am gemeinsamen Leben teilnehmen können. Es braucht ein *Können* zu diesem Teilnehmen, *Lebens-Künste*: Sprechen können, sich ausdrücken können; zuhören können; mitdenken können...usw.

24. Sonntag C 2010 Lk 15,1-32

Am Dienstag vergangener Woche haben wir auf der Titelseite gelesen: *Kirche büßt Macht und Rolle ein...*
Aber wenn wir *wach* sind, müssen wir sagen:
Das kann nur zum Wohl und zur Rettung der Kirche selbst sein, wenn sie keinerlei *weltliche* und Macht mehr hat..noch ist..
Die einzige weltliche Macht, an der die Kirche bei uns in Österreich immer noch *festklammert*, das ist das *Kirchenbeitragssystem*.
Da kommt die österreichische und deutsche Kirche und die Schweizer immer noch mit staatlicher Macht
und behält sich vor, Nicht-Zahler gerichtlich zu pfänden.
Und meist sind das solche Getaufte, die in einem engeren kirchlichen Sinn nicht zu den 99 Schafen gehören, sondern zu denen, die ihr *fern* stehen von Anfang an...
Aber grade sie werden nun durch die behördliche Beitragsforderung eher noch *hinausgetrieben* –anstatt gesucht ...*nachgegangen*..
Weil sie die Beitragsforderung als Zwang erfahren, was es auch ist.
Es macht mich als Pfarrer jedes Mal zornig, wenn wieder eine *Austrittserklärung* auf dem Schreibtisch liegt:
Zornig auf dieses System, auf diese staatskirchliche Machtausübung der Kirche zwecks Finanzierung der Seelsorge.

Allerdings weit gefehlt zu denken, alle aus der Kirche Ausgetretenen seien deswegen zu den *Sündern* zu zählen, von denen das Evangelium heute redet und über die sich der Himmel freute, wenn sie *umkehrten* und wieder *eintreten würden*...

**Ebenso herrscht bei den Engeln im Himmel
Freude über einen einzigen Sünder, der umkehrt..**

Das Leben jedes Menschen ist ein Weg,
aber ein Weg, der in entgegengesetzte Richtungen führen kann:
Es sollte ein *Aufwärtsweg* sein, aber es kann auch unheilvoll *abwärts* gehen....
Wir wissen aus eigener Erfahrung, dass eine Schwerkraft in uns ist,
die *abwärts* zieht, so dass es ständig der Anstrengung bedarf,
aufwärts zu steigen...
Er :
Ihr seid alle gerufen..
jeder mit seinem Namen.
Wie traurig, wie unheilvoll, wenn ihr nicht antwortet..
Wenn ein reicher Mann ein großen Palast auf Bergeshöhen besitzt..
und die Talbewohner eingeladen hat,
bei ihm zu wohnen und diese Talbewohner die Anstrengungen des Aufstieges fürchten..
ja, sich nicht einmal die Mähe machen, den Aufstiege auch nur zu versuchen.
Der reiche Mann, der die herrlichen Belohnungen und Freuden seines Palastes kennt, er wird großen Kummer empfinden über die Nachlässigkeit dieser Leute..
Hilf also, sie alle zum Hinaufsteigen zu bewegen...
und bitte jene, die schon Oben angelangt sind, ihnen zu helfen..

Heute hören wir im Evangelium von der Freude der Engel über jeden Sünder (der sich von Gott abgewendet hat), der umkehrt…
Also über jeden, der sich die Mühe macht, *hinaufzusteigen*....das heißt: An sich selbst zu arbeiten…, sich zu bessern..und so ständig *umzukehren* ...
Wo können wir diese Umkehr sehen...?
Heute Sonntag, 9Uhr Messe ,
begehen die Schützenvereine ihren Tag...
Nach einem Gespräch mit einer Jugendschützin habe ich gedacht:
Die Haltungen, die für das Schießen eingeübt werden müssen,
lassen sich übertragen auf das, was wir mit *Umkehr* meinen..,
also für eine tiefe Veränderung in der Lebensweise.

Da ist zuallererst das Training, das Üben.
Es stimmt einfach : *Übung macht den Meister*!
Das ist im ganzen Leben so, das ist im moralischen Leben so...

Dass man bei diesen Bezirksmeisterschaften immer auch am Sonntag in die Kirche geht: Diese Tradition ist auch so ein Üben, ein Training im Religiösen. Denn wir wissen: *Von selber* geht nichts.
Von selber geht es nur abwärts...wohin die *Schwerkraft* will, die schuldige Trägheit, die *Unterlassung des Guten*...
Zum Schießen braucht es die Fähigkeit, sich zu konzentrieren..
Keine Ablenkung zuzulassen...
Umkehr im religiösen Sinn heißt auch:
Sich sammeln auf die Gegenwart ..
gegen ein Leben /Denken, das von der Zukunft oder von der Vergangenheit besetzt ist.
Er: *Lebe in der Andacht des gegenwärtigen Augenblicks*..

Beim Schießen kommt alles an auf das rechte Zielen.
*Umkehr i*st Erinnern und Suchen nach einem Letzten Ziel über die vielen einzelnen Zwecke und Ziele des Lebens hinaus .
Er: *Verliere das Ziel nicht aus den Augen*...
Erkennen die Menschen, dass Gott ihre Lebenssonne ist, der große Beglücker im harten Alltag, das einzige Ziel ihrer Existenz?

Weiteres: Beim Schießen darf kein ehrgeiziger Gedanke an den Erfolg stören...Mitten in der Spannung sich entspannen..!
Umkehr im Leben heißt *Loslassen,* weg vom Ehrgeiz –
hin zur guten Absicht bei allem.

Was uns der Schütze auch zeigt für unser Leben:
Die tägliche Umkehr hin zur Gespanntheit und Aufmerksamkeit...
gegen den Hang zur Trägheit...

Umkehr im *Hinaufsteigen* zu dem Palast auf den Bergeshöhen:..
zeigt sich in der Liebe zur Natur,
die uns heute auf das Brüggele herauf bewegt hat....

Ausstellung eines großen Malers *Max Weiler* in Wien,
der die Natur gemalt hat:
Nicht abgemalt, sondern ins Hohe gehoben...verklärt...
und ihr Geheimnis angedeutet...
Der Maler sagt, dass er die Natur immer mit Andacht gesehen..
ja geschaut habe. Von der *Unendlichkeit h*at er gesprochen,
die er verborgen sieht in der Natur ..

Das Hineingehen und Hinaufgehen in die Natur ist Umkehr:
Umkehr und Hinkehr zum Unschuldigen und Reinen und
In-Sich-Stehenden; zum *Heiligen der Natur,*
der Wälder, der Wiesen, des Himmels, der Wolken,..des Windes, der
Tiere, des Wassers..
Er: *Sieh mich in der Natur.."*

Freude im Himmel über einen einzigen Sünder, der umkehrt...
Manchmal oder gar immer?.. ist es auch die eigene Umkehr,
über die man sich mit dem Himmel freut!
Über die Umkehr zum Nächsten...zum Anderen...
Umkehr ist immer Umkehr zum Anderen..

Da ist dir jemand ziemlich Geld schuldig...
und bezahlt seine Schulden nicht...
Ja, es macht den Anschein, als wolle er sich drücken..
 und du bist zornig, gehst zum Rechtsanwalt :
Ich will das Geld mit Zinsen zurück haben
..wie es ausgemacht war mit Unterschrift..!
Und dann drängt es dich, den Schuldner nach seiner Situation zu
fragen ..und hörst, dass er die Schulden von einem schmalen
Einkommen abziehen muss:
Dass es sehr knapp wird für seine Familie und du denkst:
An sich brauche ich das Geld jetzt gar nicht..
und ob ich das jetzt bekomme oder später, ist eigentlich egal..
und du vereinbarst einen kleineren Rückzahlungsbetrag..

Umkehr ....Hinaufsteigen:
Nur einen Spaltbreit sich interessieren für die Situation des Anderen,
ja deines Schuldners, deines Gegners...
das verändert deine Sicht und dein Handeln..

Man kann also auch Freude haben über Umkehr-Erfahrungen bei sich
selbst..!
Da fragt dich zum x-ten Mal dieser Familienvater, ob ich ihm – halt
wieder - ein wenig aushelfen könnte..übers Wochenende…
Er sei ja am Arbeiten, aber es reichte einfach nicht...
Und ich schimpfe :
Warum reicht´s nicht!
Warum kommst du ausgerechnet zu mir!
Geh zum Sozialamt und zur Caritas!
Was würdest du tun, wenn ich nicht wäre!

Aber mitten in diesem Fragen weiß ich:
Das ist alles nur Ausflucht von mir..
Der Mann braucht - und zwar jetzt – von dir
diese Hilfe...vielleicht 30 Euro..
Alles andere ist mein Egoismus, der nicht *geben* will..
Nachher freut man sich über die eigene Umkehr:
Dass man so *verrückt* war und dem Herzen und nicht zuerst dem
Rechnen gefolgt ist...
Gib jedem, der dich bittet, heißt es in der Bergpredigt,
dem Herz des Evangeliums.

Geschwister sind böse aufeinander.
Schon jahrelang..Das Erbe !
Eine Familienfeier ist die Gelegenheit (die Gnade!),
diese Immer höher werdende *Mauer* zu brechen...
Nähe...
Zu der Familienfeier zu kommen: Das ist **Umkehr**..

Tennis.
Da bin ich immer wieder am Verlieren.
Und es gibt zwei gegensätzliche Reaktionen:

Die eine: Ich resigniere. Ich will nicht mehr spielen..
Spiele nur noch böse, schlecht gelaunt..
haue nur noch blind drauflos...
Die andere Reaktion, die fanatische, sagt:
Ich muss gewinnen.
Entweder ich gewinne jetzt - oder ich höre endgültig auf,
mit diesem Partner zu spielen..!
Die dritte Haltung:
Ich akzeptiere mein Verlieren, aber ich strenge mich trotzdem an, so
als ob ich gewinnen will – ja, mit der Hoffnung, einmal wirklich zu
gewinnen. Aber vor allem mit dem Motiv, dass das Spiel spannend
bleibt...und dass der Andere in mir einen guten, herausfordernden
Partner hat, mit dem es Freude macht zu spielen...

Umkehr
vom Warum zum Wozu...
Da liegt ein Freund im Sterben.
Atmet schwer. Wollte noch fliehen – heim!
Aber jetzt ist er ruhig geworden..
Was geschieht da?
Letzte Schule.
Schule der Wirklichkeit, der Wahrheit.
Da zeigt sich, was wir Menschen sind...
..und Stunde des kindlichen Vertrauens..
ohne gute Werke zu zählen..
Jetzt zählt das große Vertrauen in die Liebe eines Allmächtigen..
der mich durch diese Türe führt.....
durch diese Sühne…, diese Wiedergutmachung eines Lebens,
das oft egoistisch war..
Kein Warum, sondern Wozu.
Das Wozu heißt: Letzte Korrektur. Nimm sie an! ..
Letzte Umkehr. Krönung der Umkehr...

N. ist bei ihm ...Vergilt so auch Böses mit Gutem...
Vergilt Egoismus mit Liebe..
Er nimmt ihre Vergeltung an..
bekennt seine Armut...sein Ich... ...
Lässt sie bei sich sein...

Es ist so anders jetzt...
Alles Bisherige erweist sich als Unwirklichkeit, als Illusion, als Träumerei...

Umkehr
auch Thema für den Straßenverkehr!
Die *normale* Einstellung eher aggressiv, konkurrenzartig...
also *sündig*. Deshalb fällt angenehm auf, wenn sich Autofahrer echt nobel verhalten.(Und es ist wohl doch öfter der Fall).
Drei Mal habe ich das kürzlich erlebt.
Ich sollte von der Tankstelle wieder auf die Straße kommen....
Aber Stau, soweit das Auge reicht.
Ich wage kaum hinzuschauen. Da sehe ich, dass mich einer sieht und tatsächlich die zwei Meter zurückfährt, die ihm bleiben bis zum Hintermann: Damit ich durch die Lücke auf die andere Fahrbahn komme…!
Da kommt der Bus von Oben! Aber mir blinkt: Ich solle rein!

Und dann – in der Stadt - vor der Kreuzung - die zwei jungen Kerle in dem frisierten Opel, mit langen Haaren..
Ich denke noch: Bei denen brauche ich nicht einmal hoffen, dass sie mich vorlassen. Aber wo die Ampel auf Gelb geht, schiele ich trotzdem vorsichtig hinüber:
Die winken, dass ich rein solle!
Nicht dass ich sagen will: Das seien große Sünder.
Aber ich staune und freue mich wie die Engel im Himmel über diese Jungen Kerle.!
Und weiß, dass ich selber leider kein besonders zuvorkommender Autofahrer bin. Bisher. Weil ich den Druck der Fahrer hinter mir scheue.

Goldene Regel für alle **Umkehr:**
Was du willst, das man dir tut...
Da ist ein Freund todkrank...
Liegt im Sterben .
Und da ist ein Angehöriger tödlich verunglückt..
Man könnte zwei Sichtweisen dazu haben:

Das ist eben so.
Alle Dinge vergehen.
Es ist, wie es ist...
Hat keine weitere Bedeutung..
Materielle Vorgänge..Wir sind Materie…
und der Tod ist bloße Veränderung der materiellen Form.... ..

Aber jemand anderer sagt: Ich weiß, dass meine Schwester..
mein Bruder...mein Mann…unsere Mutter. ..unser Vater..
Ich weiß, dass sie leben...
Ich glaube an die Liebe eines allmächtigen Wesens ...
Und ich glaube, dass es sein kann, dass sie noch einen Weg zu gehen
haben..dass sie noch *warten* müssen...
Umkehr...
wenn dir ein Gast, ein fremder Besuch entgegentritt
an der Türe; der Dich um etwas fragt, um etwas bittet...
Sogar ein dir nicht bekannter Priester..!
Da könnte eine kleine Verschlossenheit sein,...
eine Spur von Ablehnung, von Störung..
Ich habe jetzt keine Zeit..
Wer will da schon wieder etwas von mir...
Und wer ist das überhaupt...
Umkehr ..
im Bewusstsein der *Goldenen Regel:*
Wenn ich an seiner Stelle wäre..
Und: Er ist hier im Verhältnis zu mir als Hausherrn in der
schwächeren Lage als Fragender, als Fremder..

Und dann:
Jeder Messbesuch, jeder!-
gehört hinein in die Umkehr des Lebens:
Wir sind so besetzt von den Dingen der Welt..
des Alltags....
Unser inneres Leben ist der Sklave, das äußere Leben ist der Herr...
obwohl es umgekehrt richtig wäre..

Umkehr aus dieser verkehrten Gewichtung....
Wir denken so wenig an den Himmel...an Gott..
Obschon Gott Alles ist...und wir Nichts.
Dieses Leben im Bewusstsein der Gegenwart Gottes..
Leben von heute an in dem Bewusst sein, dass ich da bin..

Bei Siegfried
Öfter hört man über junge Leute sagen:
Sie gehen nicht in die Kirche...
Sie haben keinen Glauben..
Sie ziehen sich verrückt an..so, dass man sich genieren muss.
Sie haben schon früh einen Freund, eine Freundin....

Man müsste prüfen, ob das ein echte Sorge ist um sie..
Oder nur ein Moralisches Ordnungsdenken...
ein Urteilen ohne Liebe..gar Eifersucht und Neid!
Wer in dieses Muster hineinpasst, der gefällt...den lieben wir...
wer nicht, der ist abgeschrieben...
Jedenfalls:
Wie ich dieser Tage jungen Leute begegnet bin und sehe,
wie sie Schulen machen und Prüfungen ,
wie sie eifrig sind und viel arbeiten und vorankommen..
Wie sie Freundschaften pflegen..
Wie gerecht sie denken..Wie anständig sie sind..
Da muss man sich freuen...nicht weil sie vorher *Sünder* waren,
sondern weil sie so *gerade wachsen*....
auch wenn sie zur Zeit wenig...oder gar nicht in der Kirche zu sehen sind.
Da müssen die 99 Gerechten achtgeben, dass sie nicht selbstherrlich werden!
Ebenso herrscht auch bei den Engeln Gottes
Freude über einen einzigen Sünder , der umkehrt..
Es kommt vor, dass man in einen persönlichen Krieg verstrickt ist:
Nachbarschaftlich... Verwandtschaftlich....Beruflich...
Es ist eine schwere Belastung. ...
Die Rachegedanken...die Feindseligkeit.....

Und es ist beiden Seiten unmöglich, auch nur Frieden
zu wollen...geschweige zu stiften.
Denn da geht es um nichts Geringeres als
um die christliche Verrücktheit:
Böses mit Gutem zu überwinden suchen.....!
Zuerst immer in Gedanken..

Es würde allerdings eine unglaublich positive/geistige Wirkung
haben, wenn Dritte Außenstehende solche Hirten wären,
die sich sorgen würden um diese Streitparteien ...
..und mit großer Hoffnung für beide den Frieden wünschten...
- ihre Umkehr aus diesem Zustand der Sünde...der Feindseligkeit..

Viele Kriege – kleine und große - vielleicht alle -
finden deshalb keine Erlösung, weil die Mitwelt
sich am Streit gar noch freut.. und ihn so mitbetreibt,
ja insgeheim fördert.
Dagegen wäre es eine wirklich himmlische Freude für
diese Dritten, die Friedensstifter, zu sehen, wie der dämonische Bann
zwischen den Feinden bricht und sie in eine neue Ära treten...in das
Neue Leben..
Selig, die Frieden stiften, sie werden Kinder Gottes genannt werden.

24. Sonntag C 2013 Lk 15,1-10

Noch nicht lange her: Ein Mann, der manchmal vorbeikommt, ein
paar Euro zu erbetteln, er sagt in einem kleinen Gespräch:
*Ich werde wohl bald einmal ..entschuldigen Sie das Wort..abkratzen..
In mir drin ist vieles schon kaputt..
Aber ich habe keine Angst ..Oder - was denken Sie, Herr Pfarrer:
Komme ich in die Höll..?Ich habe schon viel Schlimmes in meinen
Leben angestellt...Bin im Gefängnis gewesen, nicht nur 1 Monat..!*
Ich antworte: *Also in die Höll kommst du sicher nicht..!*
 (Ich habe nicht gesagt: Die Hölle gibt's nicht..sondern ich habe
gesagt: ..)

Und da ist mir das Bild vom Lazarus und vom Reichen Prasser in den Sinn gekommen und ich hab´s ihm grob erzählt .
Worauf er sagt:
Könnten Sie mir bitte das Gleichnis kopieren. Ich möchte es genauer lesen ...

In jener Zeit kamen alle Zöllner und Jünger zu Jesus, um ihn zu hören...(ihn zu lesen..)
In die Kirche gehen solche Leute wenig oder gar nicht: .
Aber wenn so einer sagt, dass er *glaubt* und dass er *betet*..
glaube ich, dass er im Herzen frömmer ist als unsereins...

Und wenn Jesus da redet von der Freude im Himmel über einen einzigen Sünder, der umgekehrt..
Es ist relativ leicht, Geld zu spenden für Caritas und Ä.
Aber es ist schwer, einem Einzelnen direkt beizustehen und zu helfen....Es ist leicht, einem Langzeitarbeitslosen für Obdach ein paar Euro zu geben ..
Es ist auch leicht, ihm monatlich die Notstandshilfe ...

Aber es ist schwirig, einem nur einzigen Obdachlosen zu einer Unterkunft und zu einer Arbeit zu verhelfen… :
Weil unsere Gesellschaft so unglaublich kompliziert ist ...
Und weil wir es zu wenig wollen...
Und weil da tausend Schwierigkeiten und gesetzliche Hindernisse auftreten...
Da *vegetieren* solche Leute jahrelang herum,
bekommen zwar monatlich eine Notstandshilfe,
aber die echte Hilfe nicht: Nämlich eine kleine Arbeit;
eine, die er imstande ist zu leisten..und sich so ein wenig nützlich machen könnte.

Freut euch , ich habe mein Schaf – nach langer Suche – wiedergefunden, das verloren war..
Alp-Abtrieb heute. Das mag die Hirten und alle, die mit Vieh zu tun haben, daran erinnern:

Dass es - ähnlich wie bei uns Menschen - beim Vieh auch immer solche gibt, das schwieriger zum Hüten und zum *Haben* sind als die anderen...Und sicher werden die noch bockiger und scheuer, wenn man wütend ist und grob mit ihnen umgeht...
Aber wenn es auch eine noch so eigenwillige Kuh ist, die sich weit von den anderen entfernt hat: Der Hirte und mehr noch der Bauer, der sie kennt, sie werden sich freuen, wenn sie die Kuh wieder gefunden haben…

Freut euch, ich habe mein Schaf wiedergefunden, das verloren war..
...im Himmel wird über einen einzigen Sünder, der umkehrt, mehr Freude herrschen als über die 99 Gerechte, die es nicht nötig haben, umzukehren..
Diese Freude ist auch da, wo ein einzelnes Schulkind mächtig eigensinnig ist und zunächst einmal nicht willens ist zu tun, was der Lehrer möchte..und was auch alle andern tun.
Nein, ich mag nicht...schreiben...zeichnen...singen...rechnen..!
Da hätte ein Lehrer oder eine Erziehungsperson manchmal die Versuchung, drein zu fahren und zu brüllen:
Und jetzt wird gemacht, was alle machen !
Wir machen da keine Extrawürste.!
Mag sein, dass das für den Moment Erfolg hat.
aber das ist nicht das *Suchen,* von dem Jesus sagt..
und da kann es dann auch nicht diese Freude geben
über eine bloß äußerliche *Umkehr.*

Freude wird ein Lehrer haben, wenn es ihm gelungen ist,
mit Beharrlichkeit und Geduld und sanfter Strenge und mit interessanten Stoff (!) das Kind zu gewinnen fürs Mitarbeiten
und für ein Sich-Interessieren..
Da freut man sich über das Kind:
Über das Wunder der kleinen *Umkehr gegen den Eigensinn.*

Im Himmel herrscht mehr Freude über einen einzigen Sünder, der umkehrt, als über 99 Gerechte, die es nicht nötig haben umzukehren..

...wenn ein junger, sagen wir *halbstarker* Mensch, der bisher zum
Feierabend nur faul vor dem Fernseher *hängt* und die *Alten* arbeiten
lässt im Haushalt und im Stall...Wenn so ein Junger jetzt auf einmal
anfängt mit zu schaffen…, sich klein macht und hilft...
Da freut man sich nicht erst im Himmel, sondern auch in dem Haus..
Erst recht, wenn der junge Mensch, der bisher keinen Cent daheim
abgeliefert hat vom Lohn, den er als Lehrling verdient,
jetzt auf einmal 50 oder gar 100 Euro monatlich abgibt..!

**Ebenso wird auch im Himmel mehr Freude herrschen über einen
einzigen Sünder, der umkehrt, als über 99 Gerechte, die der
Umkehr nicht bedürfen..**

Die Kirche ist oft - leider – nur ein *Betrieb*:
Rund ums Jahr mit den *99 Gerechten*,
die am Sonntag zur Kirche gehen..
und ihren Kirchenbeitrag bezahlen..

Aber das je Einzelne, das 100ste Schaf,
das z.B. anruft bei der Pfarre und eine Taufbestätigung anfordert
für den Austritt..!
Warum…!? frage ich.
Nein, diesmal ist es nicht der Kirchenbeitragsdruck!
Die Kirche mit ihrer Tradition sage ihm einfach nichts
und zudem wisse er aus dem Geschichtsunterricht,
dass die Kirche viel Schlimmes getan hat in den Jahrhunderten..
Vor allem aber, sagt er:
Ich trete aus, weil ich nicht an Gott glaube....
Wir 99 *Braven rufen* darauf entrüstet:
Wie kann man nicht an Gott glauben!
Das ist ja unerhört! Wo führt das hin, wenn unsere Jugend kommt
und sagt: Ich glaube nicht an Gott..!

Ich trau mich sagen: Dieser junge Mann ist auf bestem Weg!
Zuerst einmal hat mich seine Aufrichtigkeit mir, dem Pfarrer
gegenüber, erstaunt, ja regelrecht gefreut..!

Und muss man nicht sagen: Der junge Mensch ist auf bestem Weg,
weil er die Frage nach Gott ernst nimmt...
und nicht mehr aus Tradition glaubt, *wie es sich gehört...*
Er sagt: *Ich habe mir den Austritt gut überlegt...*

Im Himmel wird mehr Freude über einen einzigen Sünder herrschen, der umkehrt, als über 99 Gerechte, die es nicht nötig haben, umzukehren..
Das Gleichnis vom Verlorenen Schaf, das der Hirte sucht und dann mit Freuden findet..
Es will uns doch erinnern, dass wir je auch unsere
eigenen Hirten sein sollen!
Hirten unserer *eigenen Seele* !

Vielleicht hat man sich verloren an eine Leidenschaft…
eine Süchtigkeit...in einen Hass…einen Fanatismus...
...sich verloren in ein ewiges Kritisieren und Schlechtmachen.. in notorische Lieblosigkeit...Oder auch in eine große
Traurigkeit...Lebensüberdruss... Angst...Oder ewigen Erbstreit..
Da muss man sich Hilfe geben lassen:
Die Kirche, die Heilige Messe, die Sakramente:
All das darf nicht bloß *trockene Pflichtübung* sein!
Merkt man nicht, dass vor allem die Feier der Heilige Messe und die Kommunion überaus heilsam ist für die Seele..das Gemüt…
das Denken, das Fühlen.. für die Nächstenliebe,
den inneren Frieden !?

Die Heilige Messe und alles was dazu gehört:
Da ist es Er selbst , der uns sucht und findet.
Da sind es wir, mit denen er isst…
Da sind wir alle die *Sünder und Zöllner..*

Dazu ist auch die sog *Beichte* zu zählen.. Wer das Sakrament der Buße in Anspruch nimmt: Der ist Hirte für seine eigene Seele..!
Der kommt der Verantwortung nach, auf sich selbst zu schauen...
selber zu wachsen...besser zu werden...
...liebender zu werden... einer zu werden,

der sich am Glück der Andern freut,
weil die Liebe sich freut am (wahren) Glück des Anderen..
(Das ist eine alte Definition der Liebe!)

Freut euch mit mir, ich habe mein Schaf wiedergefunden, das verloren war…
Letzte Woche hat man in den Medien daran erinnert, dass vor...Jahren in Deutschland die sog Rote Armee Fraktion - RAF - Deutschland in große Aufregung versetzt hat.
Junge Frauen und Männer, die sich verirrt haben im Hass gegen eine Schichte, die vielleicht wirklich nicht sympathisch wirkt für einen jungen Menschen, der sich noch nicht kaufen lässt von der Eitelkeit und vom Reich-sein und Prestige..
...Sie haben gemordet und Terror gemacht...und einige sich schlussendlich das Leben genommen haben im Gefängnis..
(Einer von ihnen aus Vorarlberg!)
Andere, die auch dazu gehört haben, reden heute wie solche,
die erwacht sind aus einem bösen Traum und es ist erstaunlich , - wie gerecht (wie objektiv) diese Leute heute ihr früheres Leben sehen..!
Im Himmel herrscht mehr Freude über einen einzigen Sünder, der umkehrt als über 99 Gerechte, die es nicht nötig haben...“
Da ist diese Geschichte mit den zwei Neonazis .
Wir haben es gehört: Sie sind verurteilt worden zu 9 und 8 Jahren.
Sie hatten einen jungen Burschen ohne jeden Grund
dermaßen zusammengeschlagen, dass der für sein Leben lang ein
schwerer Pflegefall (ein Krüppel) bleiben wird:
Ein Kommentar hat geschrieben:
Da kommen die zwei Schläger dann wieder aus dem Gefängnis und werden, wenn sie es wollen, ein normales Leben führen können...
Aber der Krüppel wird nie mehr ein normales Leben führen können:
Sie sollten nur einen Tag im Körper von ihrem Opfer leben müssen..!
Oder sollten auch zu Krüppeln geschlagen werden..
Oder sollten Pflegedienst tun müssen für ihr Opfer..
Jemand, der einen von den beiden kennt, sagt:

Der wird die neun Jahre nicht überstehen. Er wird sich das Leben nehmen.. oder er wird brutaler herauskommen als er hineingekommen ist..
Aber: Hat man heute in den Gefängnissen nicht viel mehr als früher das Ziel, Straftätern zur Besserung zu verhelfen, des Verlorenen Schafes…?
Dazu gehört auch die Härte der Strafe und Einsamkeit der Zelle ... Vor allem aber muss es Leute/Gefängnisleitung.. geben, die darauf hoffen, dass da Veränderung passiert: Besserung bei jungen Männern wie den zwei Neonazis…!
So gesehen muss es ein überaus anspruchsvoller Beruf sein, in einem Gefängnis zu arbeiten, wenn das eben mehr sein soll als nur Ordnung halten und hart durchgreifen...

Freut euch mit mir, ich habe mein Schaf gefunden , das verloren war..
Es gibt wirklich großartige Beispiele, wo sich Familien mit unendlicher Geduld und großen Opfern für ein Schwarzes Schaf hingeben…,wo andere, die das Ganze nur von Außen sehen, den Kopf schütteln und sagen: Lasst doch den Spinner, lass doch die Verrückte fallen...Ihr macht euch selber nur kaputt…!

Aber eher ist es so, dass wir unsere Solidarität sofort aufkündigen, wenn's schwieriger wird mit einem Schwierigen Menschen... .
Wie komme ich dazu, auf mein normales Leben zu verzichten...Störungen in Kauf zu nehmen wegen eines Menschen, der nicht einmal verwandt ist mit mir...ja kaum bekannt..

Da hat man einmal einem Obdachlosen und Alkoholkranken für eine Nacht oder zwei eine Unterkunft gegeben; doch kaum, dass der Mensch unangenehm wird...oder man selber in Verruf kommen könnte, ist es mit unserer Anteilnahme schon vorbei...

Großes *Aber* : Es gehört zu einer persönlichen Lebensführung, dass man sich abgrenzen kann.

Es braucht den übersichtigen, besonnenen Blick,
mit dem man sieht: Da muss ich mich raus halten...Da muss ich Nein
sagen..Ich kann diesen Flüchtling aus Afghanistan nicht vor der
Abschiebung retten...Ich muss mich abgrenzen im Namen meiner
Familie, meiner Aufgaben hier, meiner Situation..
Ich bin nicht Gott..Bin nicht das Schicksal..
Das Schicksal dieser Menschen ist ein anderes...
Auch in Armut und Not leben ist ein würdiges Leben,
nicht nur in ökonomisch wohl-geordneten Verhältnissen.
Sie werden auf *ihrem* Weg zur Ewigkeit geführt...

Ebenso wird im Himmel mehr Freude herrschen über einen einzigen Sünder, der umkehrt als ...
Aber warum im Himmel bei den Engeln, also bei Gott selbst diese
Freude..über einen einzigen Sünder, der umkehrt..?
Ist es, weil dieser Gott ein Gott ist, der tatsächlich wie ein bester
Vater jede Seele sozusagen als sein Kind sieht...?
Und jede Seele eben dazu geschaffen
und erlöst hat - durch sein Kreuz,
damit sie in seine Herrlichkeit gelange und unendlich glücklich sei..
Und dass vor diesem Gott jeder Einzelne Menschenseele
unendlichen Wert hat..?

Und dass es eben ein Zugrundegehen, ein „Verloren-gehen" geben
könnte, das für den Hirten, für den Vater ein unendliches Unglück
wäre...
Weil *er sieht – wie kein anderer - was für ein Unglück es ist, verloren zu gehen...*
Das Schlimmste ist die Gleichgültigkeit :
Wenn es uns egal ist, wie es einem Mitmenschen geht...
wenn man sich blind stellt...
Was geht mich mein Bruder an...! Bin ich denn der Hüter meines Mitmenschen..?
Im Himmel wird mehr Freude herrschen über eine einzigen Sünde,
der umkehrt, als über 99 Gerechte, die es nicht nötig haben ,
umzukehren.... Viele Gerechte haben es aber selber überaus nötig,
umzukehren!

Wenn sie in Selbstgerechtigkeit überheblich auf die schauen,
die vielleicht ein moralisch nicht so gutes Leben führen (können)
Und wenn diese Gerechten sich keinen Deut sorgen würden um
Menschen, die an den Rand geraten sind..!

Es ist ja leicht, sich über die Unmoral anderer Leute auszulassen.
Aber es ist unendlich schwerer, sich um einzelne Menschen zu
kümmern: Sich ihrer anzunehmen auf angemessene Weise..
Dagegen sieht man sofort weg ..weil es Probleme mit sich bringt..

Freut euch, ich habe mein Schaf nach langer Suche wiedergefunden, das verloren war..
Da hat es einen sehr begabten jungen Maler in der Schweiz gegeben:
Andreas Walser, der mit jungen Jahren aus dem Gebirge der Schweiz
nach Paris ausgewandert ist, um dort sein Glück, seine Karriere als
Maler zu machen..und er war auf bestem Weg!
Da hat ihn die Drogensucht gepackt, aus der er nicht mehr
herausgekommen ist.
Der berühmte Maler-Freund Kirchner hat ihm in Briefen
geschrieben,
und mit Schrecken an seine eigene Drogensucht erinnert, aus der er
herausgekommen ist !
Stemmen Sie Ihren ganzen Willen gegen diese Anfechtungen...
Es wird mit der Zeit leichter werden ...Glauben Sie mir...!
Sie müssen aber weg aus Paris..
Sie müssen in eine planmäßige Entziehung ..!
Sie zerstören sich..
Das ist die Sorge eines guten Hirten...
Aber vielleicht hätte er noch mehr tun sollen.
Hätte zu ihm gehen sollen...
Der jungen Maler ist bald gestorben.
Kirchner konnte sich nicht freuen über eine Heilung seines jungen
Kollegen.

Aber da muss man doch sagen:
Umkehr ist mehr als irdische Heilung..
Darum kann man für den jungen Maler hoffen,
dass er in seiner Sucht und in seinem Sterben erst recht
gefunden worden ist: Gefunden vom dem,
der *in allem* der gute Hirte ist..und sein will.
(Vgl. *Fremdenlegionär* bei Kard. Schönborn !).

Ebenso herrscht bei den Engeln Gottes – also bei Gott selbst Freude über einen einzigen Sünder, der umkehrt..
Die Hoffnung auf Umkehr fällt aber schwer, wenn Namen zu hören sind, die im Zusammenhang mit gewaltigen Geldbetrügereien genannt werden.
Da bin ich sehr geneigt (Vgl. Jona!!), diese Leute eher zu verachten als mich zu sorgen um ihr Seelenheil..
Diese habsüchtigen und hochmütigen Geldleute..
Immobilien-Haie...Schwindler...einzig auf ihren Vorteil bedacht...und darauf, groß da zu sein in den *Seitenblicken..!*

Was sind die Heere von Sandlern und Bettlern für arme Würmchen gegen diese Geld-Haie, vor denen aber viele ihren Bückling machen..
bis hinauf zu den mächtigsten Politikern.
Wie aber müssen wir für die Repräsentanten der feinen Gesellschaft das Wort von Jesus von den Verlorenen und Gesuchten Schafen deuten?

Da, wo ein Leben in Glanz und Glimmer gelebt wird,
wo für uns nicht vorstellbar große Beträge für Luxus ausgegeben werden: Ist da nicht die *Verlorenheit* am größten...
Siehe Lazarus und Reicher Prasser.. !

24. Sonntag C 2016 Lk 15,1-10

Ebenso herrscht bei den Engel im Himmel Freude über einen einzigen Sünder, der umkehrt..
Was heißt *Sünder..?* Und was *Umkehr?*
Vor kurzem war ich wieder eingeladen zu einem Mittagessen
und habe mich gefreut, bei der längst vertrauten Runde am Tisch zu sitzen wie seit Jahren.
Aber da wird gesagt: Heute würde der Kollege noch zwei andere Kollegen mitbringen..
Das sei mir doch recht…?!
Wie hätte ich offen sagen können, dass es mir ganz und gar nicht recht war..
O.k. habe ich nur gesagt, aber nicht gemeint.
Im Gegenteil, ich war enttäuscht..
Ich habe bei mir selber geschimpft:

Ich mag heute keine neuen Bekanntschaften machen..!
Ich mag das Gespräch nicht bei Null anfangen müssen..!
Was würden er sagen, wenn ich mit zwei Kollege daherkäme..!
In etwa dieser Einstellung bin ich zu dem Mittagessen gefahren. Aber schon beim Hineingehen ins Haus hat sich meine Stimmung - Gott sei Dank - bekehrt..

Und wie mich diese fremden Kollegen dann in der Stube echt freundlich, ja demütig begrüßt haben...
und wir dann doch ins Gespräch hinein getaucht sind,
da ist aus der Außenbeziehung eine Innenbeziehung geworden:

Aus den anfangs noch eckigen und gezwungenen Sätzen
eine warme und gelöste Atmosphäre...
Ich habe mich *bekehrt…*
Besser gesagt: Ich habe mich bekehren=**umkehren** *lassen*
von den Umständen und den anderen Gästen... hin zur Freundlichkeit..

Hätte ich mich nicht hinein-bekehrt in diese ungewohnte Situation:
Die weniger schlimme Alternative wäre gewesen, wenn ich abgesagt
hätte... mit einer gelogenen Entschuldigung.

Schlimm, wenn ich zwar anwesend gewesen wäre, aber eingekapselt
geblieben in meiner ablehnenden Einstellung:
Eingekapselt in meinem *Sünder-sein* im Sinne von *eigensinnig,
verschlossen, unbeweglich, vorurteilsvoll* gegen...
*Ein im Ego verlorenes Schaf, das sich nicht gewinnen lässt für die
größere Familie...*

Heute/Gestern war wieder *Alp-Abtrieb*
und auf dem Kirchplatz ist wieder das Vieh angekommen
und abgeholt worden. Viel Volk hat sich dazu versammelt.
Und ich möchte als Bild gebrauchen, was mir heuer ein Hirte gesagt
hat am Anfang vom Sommer:
Nämlich dass es anfangs immer schwer sei, die *Hut* zusammen zu
halten: Sie seien da noch gar nicht eine Herde, eine Hut.
Jedes Vieh springe noch in eine andere Richtung ..
Dann aber, drei Wochen später, hat der Hirt gesagt:
Jetzt sind sie eine Herde geworden.
Jetzt ist es leicht, sie zu hüten.

Nein, ich möchte nicht sagen, dass man das eins zu eins übertragen
kann auf uns Menschen.
Aber so viel schon:
Auch wenn man eher ein stiller Mensch wäre und nur selten *dabei,*
so dürfte das nicht aus Hochmut sein...und weil man sich erhaben
über die Andern wähnte, die bei den lauten Festen dabei sind.
Das große Ziel ist, dass man *Gemeinschaftsmensch* wird,
auch wenn man nicht überall mitmacht .
   Drum finde ich, ist es doch immer wieder auch eine Art
Umkehr der Vielen, die sich da auf dem Kirchenplatz dazu gesellen,
um *ein Leut unter Leuten zu sein..*
**Ebenso herrscht bei den Engeln Gottes Freude über einen
einzigen Sünder, der umkehrt..**
Zu dieser *Umkehr* gehört immer auch das Gespräch.

Und zwar grad auch mit Mitmenschen, die man nicht so mag..Sich an einen Tisch setzen mit dem *Gegner* muss nicht heißen, dass dann Harmonie sein wird, aber vielleicht kommt man einander doch näher...
Wie sagt Jesus, dem Sinne nach:
... wenn ihr nur denen gegenüber offen und gesprächsbereit seid, die euch gegenüber schon lange offen sind ....
was ist das Besonderes..? Etwas Besonders ist es und Zeichen der Umkehr, wenn man denen gegenüber offen ist und gesprächsbereit, die das selber nicht sind ..noch nicht sind..

Umkehr..
Und wenn ich noch eine persönliche Bemühung um *Umkehr* outen darf: Als Autofahrer geht es einem ja so, dass man des Öfteren entweder vor sich oder hinter sich einen Angreifer (Drängler) sieht.. über den man schimpft..Entweder fährt der vor mir ..zu langsam..oder der hinter mir drängelt, obwohl ich eh schon über dem gebotenen Limit fahre...
Und weil ich – wie jeder andere auch – das Drängeln nicht mag, drängle ich selber den andern grundsätzlich nicht;
auch nicht den, der langsam fährt..Ich kann ihn ja (meist) überholen..
Was du nicht willst, dass man dir tut, das mute auch keinem andern zu...
Ebenso herrscht bei den Engeln Freude über einen einzigen Sünder, der umkehrt..
Diese Umkehr betrifft auch die Beziehung zum *Geld.*
Wenn es ein Wort in der Bergpredigt Jesus gibt, das mich besonders plagt, dann ist es sein Wort vom *Leihen.*
Auch Sünder leihen Geld, wenn sie nur sicher gehen können, alles zurückzubekommen.
Da leihst du einem Guten Bekannten eine ziemliche Summe Geld und der Bekannte gibt dir schriftlich das Recht , notfalls per Exekution seine Schuld einzuklagen.
Und dann kommt es, dass er grad noch existieren kann...
und du stehst vor der Wahl:

Laufen lassen und den Verlust akzeptieren..
oder mit allen rechtlichen Mitteln herausholen, was noch geht –
und das über Jahre...
Aber es käme eben drauf an, schon zum Zeitpunkt des Ausleihens
voraus denken: Es kann sein, dass ich nicht alles zurück erhalte -
auch für diesen Fall will ich ihm heraushelfen..
Vielleicht krieg ich wenigstes einen Teil davon wieder..
Für den *bekehrten* Menschen ist das Geld ein Mittel der
Nächstenliebe, angefangen in der Familie ..

Und wie tät sich ein reicher Mensch freuen –
und was für ein Frieden wäre das für ihn,
wenn er am Ende seines Leben sich sagen könnte:
Ich hab das, was für meinen Luxus gewesen wäre,
zu einem guten Teil für Gute Zwecke investiert...
und nicht dafür, dass mein *Haufen* ständig zunimmt..

Umkehr..
...ebenso herrscht bei den Engeln Gottes Freude über einen einzigen Sünder, der umkehrt...
Und da kommt es vor, dass jemanden schweres Unrecht getan wird..
Es gibt *Täter und Opfer*. Der Täter wird bestraft.
Die Strafe und Sühne ist aber ist noch nicht die *Umkehr*.
Umkehr des Täters ist, wenn er durch die Strafe auch seine Schuld
erkennt und bekennt und das Opfer um Vergebung bittet.
Umkehr muss man aber ebenso erhoffen für das *Opfer*:
Nämlich in der Bereitschaft zur Vergebung...
und zum Loslassen von Rachegefühlen.. und Kränkung und Hass...

Eine besondere Art der *Umkehr,* die man lebenslang üben muss -
grade auch in der Familienleben:
Das ist das Anhören, das Zuhören.
Das gehört zu diesem *Sünder-sein* des Menschen,
dass ich so voll von mir selber bin, von meinen Interessen und
Gedanken und Vorstellungen,
dass ich drum ein schlechter Zu- und Anhörer bin.

Äußerlich ist man zwar am Hinhören, aber im Geist ist man bei der
eigenen Meinung, bei den eigen Gedanken.. Urteilen....
Jemand beschreibt ein Problem
und wir sind sofort mit Rat zur Stelle,
wissen genau, der Mensch braucht.
Aber vielleicht braucht er gar nichts als nur,
dass man ihm zuhört und hinein hört..und so teilnimmt
Das grade auch bei einem Kranken !

*Umkehr i*st Umkehr zum Zuhören, zum Anhören,
zum Wahrnehmen von dem, was ist und wie es ist.
Wirklich Zuhören heißt aber, dass ich nicht nur die Worte vom
Andern höre, sondern auch das, was der Andere *meint..*

Und das muss heute vor allem auch in Richtung Schule und
Unterricht gesagt werden: Richtig Zuhören - das müssen die Kinder
lernen und das muss die Lehrerperson können und auch lernen..
und die Eltern daheim ...
**Ebenso herrscht auch bei den Engeln Gottes Freude über einen
einzigen Sünder, der umkehrt.**

Man klagt über die sog Leistungsgesellschaft
und über Stress. Aber eigentlich ist es doch immer schon so,
dass man in bestimmten Situationen unter Druck steht:
Eine Prüfung ...eine Arbeit muss erledigt sein bis heute Abend..bis
nächste Woche...
Dazu meint ein alter Exerzitienmeister:
Es ist weniger der Stress und die viele Arbeit,
die kaputtmachen, sondern: Dass man nicht *abschalten* kann.
Die Frage ist, ob wir abschalten können,
zur rechten Zeit den Abstand finden...was voraussetzt, dass man im
Grunde immer im (bewußtseinsmäßigen) Abstand zu allem leben
sollte...
oder *verloren* gehen in der Aktivität.

Da geht es mir wie den beiden Priestern im Gleichnis vom
Barmherzigen Samariter: Die waren in Eile, im Stress .

Der Barmherzige Samariter war auch in Eile - ein Kaufmann!
Aber er hat im richtigen Moment *abschalten* können seine
Geschäftsangelegenheiten, auch wenn es Stunden gekostet hat:
Diese gegenwärtige Notsituation hatte absoluten Vorrang.
Das ist mein Nächster! Ein Bruder!
Das ist ein wunderbares Beispiel für *Umkehr...*
Umkehr von mir selber zum Andern, zur Situation..

25. Sonntag C 2007 Lk 16,1-13

... ich stelle einen aufs erste schwer verständlichen Satz eines
Philosophen voran, der da heißt:
In einem falschen Leben ist kein richtiges (Leben) möglich..

Wenn die Umstände schlecht sind und auch das gesellschaftliche
Leben falsch läuft, dann sei es nicht möglich, für sich im Kleinen ein
richtiges und ein gutes Leben zu führen..
Um also in den **kleinsten Dingen zuverlässig** zu sein zu können,
müsste demnach zuerst das Gesamtgesellschaftliche Leben, das sog
System bzw. Strukturen geändert werden.. der *Rahmen..*
Dann erst könnte man selbst und im Kleinen ein richtiges Leben
führen..ein gutes..

Und man hört es heute oft – ja ‚wir sagen es gar selber so daher:
Wie schlecht doch die Welt heute sei ...ja man dürfe eigentlich keine
Kinder mehr zeugen...und dürfe nicht mehr über Schöne Dinge reden
und gute Taten und Zustände: Man müsse kritisieren und schreien
und reden von dem Schlimmen, das es gibt in der Welt und im Land
und rund um uns..ja bei mir selbst..(in mir selbst..).

Und ist nicht dieses Evangelium eine solche Einladung zur Klage und
Anklage: Wo ist denn (noch) diese Zuverlässigkeit in den kleinsten
Dingen..? Wo diese Integrität...vor allem bei denen, die Macht und
Verantwortung haben..? Aber auch bei den *Kleinen...?*

Wer in den kleinsten Dingen zuverlässig ist, der ist es auch in den großen..Und wer bei den kleinsten Dingen Unrecht tut, der tut es auch bei den großen..

Jetzt aber laut dagegen gesprochen!
Es gibt unendlich viel *richtiges Leben* mitten im *falschen!*
Inmitten schlechter Zustände und Umstände ..!
Es *gibt* das Zuverlässige in den Kleinsten Dingen, es wird gelernt und entwickelt ..
Und zwar im ganz alltäglich normalen gemeinsamen Leben!
Da sind Buben und auch Mädchen der *U10* (Unter10 Jahren) beim Fußballtraining mit ihrem Trainer auf dem Fußballplatz.
Und es ist ein Vergnügen, ja ein sozusagen *moralisches Vergnügen* zuzuschauen, wie diese großen Kinder laufen, wie sie kämpfen um den Ball, mit was für einer Technik, mit immer neuem Einsatz, mit Zusammenspiel...mit Fairness... so wie jeder kann ...
Da entwickeln sich doch diese großen Werte unseres Lebens
(die *Tugenden)* im Kleinen des Fußballspielens!
Die Fairness, die Einsatzbereitschaft, der Verzicht auf Fernsehen, die Kameradschaft, der Mut, die Treue, die Toleranz, wenn einer nicht so gut spielt; der Umgang mit Fehlern..mit den eigenen und mit den von anderen, das Siegen und Verlieren: Beides gehört zum Welterfahren von Kindern schon..
Ein Bub ist mir begegnet, der letztes Jahr noch in der Hauptschule war. Jetzt steckt er schon tief in der ganz andern Welt der Arbeit als Lehrling. In diesem Fall sogar im Gastgewerbe - und wir wissen, dass Gastgewerbe ziemlich hartes Brot ist..
Ob er denn aushalten würde, frage ich.
Doch, das wolle er - auch wenn's schwer sei.
Aber er wolle sich Mühe geben und nicht gleich davon laufen.

Wer in den kleinsten Dingen zuverlässig ist, der ist es auch in den großen..
Das hatte aber schon in der Schule begonnen:
Diese Zuverlässigkeit zu entwickeln, diese Überwindung von eigenen Launen und Stimmungen..eine innere Unabhängigkeit, Relativieren von Launen der Chefität..

Wie der Bub erzählt hat: Dass er schon manches *wilde Gewitter* in der Küche überstanden habe.
Wobei hier aber umgekehrt auch der Lehrling die Zuverlässigkeit der älteren Mitarbeiter und des Chefs erfahren können muss!
Ein Chef ist nur Chef, wenn er selbst über den Launen und Stimmungen steht (bemüht zu stehen);
ja, wenn er durchgängig eine aufbauende Stimmung im Betrieb aufrecht hält...
Wenn vor allen der Chef einer ist, der in den kleinen Dingen des Betriebs-Alltags *zuverlässig* ist, also ein Mensch, auf den sich ein junger Mensch verlassen kann...
Vgl. D. H., Bäckerei.
Wer in den kleinsten Dingen zuverlässig ist....der ist es auch in den großen..
Auf einem Wahlplakat ist für den amtierenden Landeshauptmann diese Zuverlässigkeit direkt angesprochen.
Auf ihn ist Verlass heißt es da auch heute auf der Vorderseite der VN.
An sich ist diese Haltung der *Integrität* eine Haltung, die von jedem politisch und auch kirchlich tätigen Menschen erwartet werden kann.
Was meint man, wenn man über einen Menschen – in diesem Fall in der Politik - sagt:
Auf ihn ist Verlass…?
Es ist damit gemeint, dass dieser Mensch frei ist von persönlichem Ehrgeiz; frei gegenüber dem Druck der öffentlichen Meinung; dass er nicht kalkuliert, was *ankommt* oder nicht, ob ein Gesetz als *modern* gilt oder als *konservativ* verschrien würde..
dass er seinen Grundsätzen und Überzeugungen treu bleibt…
Dass er vor allem solche *hat*..!
Dass er sich nicht unterwirft dem Prestige und Ansehen bei verschiedenen Gruppen; und dass nicht die *Veränderung* als Programm aufgestellt ist, sondern das *Bewahren* von dem, was sich bewährt hat..
Und – dass dieser Mensch bis hinein in die kleinsten Dinge des Lebens diese Zuverlässigkeit, diese Treue, diese Anständigkeit, diese Unbestechlichkeit, diese Festigkeit, diese Diensthaftigkeit ..lebt. (Alle die Werte, die hinein gehören in die genannte *Zuverlässigkeit*.)

Anlässlich der heutigen Landtagswahl muss aber dazu gesagt werden: Was für den gewählten Politiker, das gilt auch für den Staatsbürger und Landesbürger:
Auch auf den je einzelnen Menschen und Bürger muss *Verlass* sein in dem Sinn, dass auch er seine gesellschaftliche Verantwortung wahrnimmt – an seinem Platz, an seiner Stelle ..für das Ganze, für die Gemeinde, für das Land, für die Familie, für den Betrieb.....
Denn keiner existiert für sich allein.
Da bekennt ein Glossenschreiber, dass er und seine Frau oft darüber reden würden, was sie denn tun könnten für die *Besserung der Welt,* außer eben ein wenig spenden für die *Fernen* und ein gutes Wort für die *Nahen*.. und die Mächtigen aufzurufen, dass sie eingreifen und handeln müssen.
Aber jetzt habe er immer mehr den Gedanken, dass er in Wirklichkeit auch Mitschuld sein könnte am Leiden der Menschen, zum Beispiel durch seine alltäglichen Lieblosigkeiten schon in den *Gedanken(!).*
Da gebe es nämlich die sog *Chaostheorie...* und nach dieser Theorie könnten die kleinsten Ereignisse – also auch mein Denken - große unvorhergesehene Wirkungen auslösen.
Könnte also der *Flügelschlag des Schmetterlings* irgendwo auf der Erde einen Wirbelsturm hervorrufen...
Und er denke dann: *Ich muss ein besserer Mensch werden. Vielleicht trägt dann auch mein kleinster Flügelschlag ein wenig bei zur Linderung des Leidens und des Zorns in der Welt und der Habgier..*

Das Wählen gehen heute ist ein eher schon kräftiger, nicht bloß schmetterlingsartiger *Flügelschlag* .
Mit einer Landtagswahl wird die Politik mitbestimmt. (wird das Leben mitgestaltet, das Leben, das immer auch ein gemeinsames Leben ist).
In welche Richtung die Verkehrspolitik gehen soll..
Ausbau der Straßen, der Schiene...
Inwieweit eine kompromissvolle Politik gemacht wird oder eine einseitige..
Wieweit eine Privatisierung öffentlicher Güter gehen soll oder darf...
(Gesundheit, Wasser, Bildung, Altersvorsorge, Öffentlicher Verkehr, Post...)

Wie das Verhältnis zwischen Arbeitgeber und -Nehmer gestaltet ist..
Welche Bedeutung der Familie und der Ehe gegeben wird,
wenn doch rundum prophezeit wird, die *Familie im klassischen Sinn*
habe keine Zukunft.
Oder *will* man, dass Familie und Ehe in dieser klassischen Erfahrung
keine Zukunft haben soll..? Sie sei doch nur ein Modell gewesen...

Aber gerade im Blick auf diese Rede von der **Zuverlässigkeit im Kleinsten:** Ich wage zu behaupten, dass es keine Einrichtung gibt,
wo die Zuverlässigkeit so gelebt und eingeübt werden kann wie in
der **Familie ..**
Gerade weil das eine Gesamthaltung ist mit den Zügen von Bleiben,
von Kontinuität, von Wohnen, von Beständigkeit, von *Frieden...,*
grad auch in den Wechselfällen des Lebens und der Welt..!

...Das Reden von der Politik und von der Mitgestaltung des Lebens
kann uns noch zum zweiten Satz des Evangeliums führen:
Wo es um die Zuverlässigkeit in Sachen *Geld* geht.
was ja auch zuallererst in der Familie gelernt und eingeübt wird oder
auch nicht bzw. zu wenig...
Wenn ihr im Umgang mit dem ungerechten Reichtum nicht zuverlässig gewesen seid..
Darf ich hier einmal auf die vielen kleinen Gelder schauen, die so
beim Pfarramt einfach abgegeben werden als Spende und als
Bezahlung von Hl Messen. Oder auch bei Hausbesuchen.
Wir danken hier für das Vertrauen.
Es heißt zwar, Vertrauen ist gut, Kontrolle ist besser;
und die größeren Geldbewegungen einer Pfarre werden ja auch vom
Finanzamt geprüft.
Aber wenn da und dort so diese zehn-Euro Scheine gegeben werden:
Für Messen und auch als Spende, mit der der Pfarrer tun möge, was
er als wichtig ansieht:
So ist das ein Vertrauen in die **Zuverlässigkeit** des Pfarramtes, dass
dieses Geld einem *kirchlichen Zweck* zugeleitet wird.

Aber mit dieser *Zuverlässigkeit im Umgang mit dem Geld...*
ist nicht bloß gemeint ein nachprüfbarer und korrekter Umgang mit
Geld bzw. mit Vermögen.

Es geht vor allem um die Frage, was der Sinn und Hauptzweck des Geldes und des Reichtum *letztlich i*st !
Dazu Er:
Bediene dich des Geldes, um dem Nächsten zu dienen (und zwar) um seinetwillen... damit dienst du ja Gott..!

Eine Überschrift in einer Wochenzeitung lautete:
Kaufrausch und Sparsucht.
Wer kennt nicht die Versuchung zu kaufen *auf Teufel komm raus,* wenn alles so günstig ist!
Nimm drei, zahl zwei!
Da wird zugleich die Sparsucht und der Kaufrausch bedient.
Hauptsache viel - und das zum (relativ) *günstigen Preis.*

Dem Finanzminister fehlt – wie man hört – eine Milliarde Steuergeld. Und es wird vermutet, dass nicht wenig davon durch Steuerhinterziehung fehlen. Steuerzahlen ist ein Dienst am gemeinsamen Leben, ein Dienst an den Strukturen und öffentlichen Mitteln, die dem Allgemeinwohl zugutekommen.
Steuerzahlen ist ein Dienst am Nächsten.

Und das Geld, das viele Geld, das man in der Familie *für die Kinder* ausgibt und zuvor verdient hat..?
Ist es immer ein Dienst an ihnen *um ihretwillen* ?
Oder ist es auch – vielleicht öfter sogar - ein Verwöhnen, eine Schwäche, ein gefälliges Nachgeben und Nachlaufen den Ansprüchen der Kinder..? ..Um sich so ihre *Liebe* zu erhalten..?
(oder das, was wir für Liebe ansehen..)
Eltern bauen ein Haus und zahlen ein Leben lang mit vielen Mühen und Opfern die Kredite ab: Damit die Kinder und Enkel ein schuldenfreies (!) Haus übernehmen oder dann einmal verkaufen können..

Wenn ihr im Umgang mit dem ungerechten Reichtum nicht zuverlässig gewesen seid..
Wohlstand ist immer irgendwie ungerecht.. Ist immer auch auf Kosten anderer entstanden...In den Hotels und Gaststätten, die heute schön dastehen, haben vor dreißig und fünfzig Jahren überfleißige Frauen geschuftet, gedient... ohne die so ein Hotel kaum hätte aufkommen können..

Reichtum bedeutet eine immer auch ungerechte Einseitigkeit.
Wir könnten genauso gut statt hier in *Afrika* geboren sein,
im *Sudan oder in Bangladesch.*
Es ist nicht mein und unser alleiniger Verdienst, dass es uns (ökonomisch) gut geht..
Und es ist umgekehrt nicht die Schuld eines afrikanischen Kindes, einer afrikanischen Mutter, dass sie nichts hat.
So ist jeder Reichtum, jeder Wohlstand immer die unbedingte Verpflichtung, Ärmeren und Armen damit zu helfen..und – einfach gesagt - zu *teilen* :
Weil die Menschheit ein einziges *Wir* ist..eine Einheit.. eine Familie..
Und das ist in diesem Wort letztlich gemeint:
Wenn ihr im Umgang mit dem ungerechten Reichtum nicht zuverlässig gewesen seid..
Wer wird euch dann das wahre Gut anvertrauen..
Was mich in diesem Zusammenhang zornig macht:
Das ist die ganze Einstellung und Politik Österreichs und Europas im Hinblick auf die armen Länder vor allem Afrikas.
Der Prozentsatz für Entwicklungshilfe ist eine Schande ...
Und jetzt in diesen Wochen und Monaten die Lage im *Sudan!*
Die Bischöfe vom Sudan haben dieser Tage wieder die Reichen und die Mächtigen der sog Westlichen Welt angerufen um Hilfe:
Hört auf zu reden, handelt endlich! rufen sie.
Hört auf Eure Sonntagsreden zu halten! Mischt euch endlich ein!
Das Handeln, das Sich-Einmischen aber hat seinen Preis,
das kostet Geld...es kann auch Leben gefährden.
Aber: Wer sich selbst retten will, wird zugrunde gehen...

Die Unterlassungen von Taten sind oft der Anfang und die große Mitschuld an schlimmen Zuständen, die sich daraus entwickeln können.

Wer in kleinen Dingen nicht tut, was er tun müsste, der tut das auch in großen Dingen nicht..
Wer bei kleinen Unrechtssituationen nicht handelt,
der handelt erst recht nicht bei großen..

Lasst mich zum Schluss noch einmal diesen ersten Satz wiederholen:
Wer in den kleinsten Dingen zuverlässig ist...
und ein kleines Gedankenexperiment hinzu fügen,
das von einem großen Europäer stammt, von **Vaclav Havel..**

Wer in den kleinsten Dingen zuverlässig ist, der ist es auch bei den großen..
Vaclav Havels Reflexion über den Fahrkartenkauf in der Straßenbahn.
Er verbrachte damals viereinhalb Jahre im Gefängnis – als politischer – und hat an seine Tante philosophische Briefe geschrieben.
Unter anderem hat vertieft er sich in die folgende Situation:
Er steigt spät abends in die Straßenbahn in den letzten Wagon ein.
Es ist kein zweiter Fahrgast da und kein Schaffner – und er muss schon bei der nächsten Station wieder aussteigen.
Und da ist der Münzautomat, in den er eine Münze einwerfen muss.

Aber muss er das wirklich? Kein Mensch außer ihm weiß, dass er nicht bezahlt hat. Die Straßenbahngesellschaft wird durch seine Schwarzfahrt nicht im geringsten geschädigt. Und es ist auch nicht möglich, dass er einem Kontrolleur begegnet, weil er ja ..
Und doch quält ihn diese Frage, was da richtig ist. Und das rein theoretisch grundsätzlich in der Gefängniszelle.

Und dabei schreibt er im Brief von einem *unsichtbaren, stillen Dialogpartner, den er in sich fühlt*: Der aber nicht einfach sein zweites Ich ist, sondern eine unendlich verständnisvolle Instanz und doch zugleich eine vollkommen unbestechliche Instanz.

Der Atheist Vaclav Havel hat dort nicht von Gott gesprochen. Muss er auch nicht. Soll er auch nicht.
Aber er habe dort von einem *sehr persönlichen Dialogpartner* geschrieben.

Wer in den kleinsten Dingen zuverlässig ist, der ist es auch in den großen..
Diese völlig eigene und freie *Zuverlässigkeit*, diese ureigenste Verantwortung, die niemand belohnt und deren Ausfall niemand bestraft: Vielleicht hat Jesus das gemeint mit dieser letzten Zuverlässigkeit im den kleinsten Dingen: Zum Beispiel eben in einer Straßenbahn, wo an sich jeder Mensch sagen wollte:
Also ich bin doch nicht blöd und zahle noch für diese eine Fahrt..wo doch eh niemand zu Schaden kommt..!
Ein wenig bin ich bei dieser Reflexion an einen Mann (Josef L.) erinnert gewesen, den die meisten von uns gekannt und oft gesehen haben im Dorf, wenn er schon in der Frühe auf dem Weg zur Merbod Kapelle, wo ihn kein Mensch gesehen hat - nur so im Vorbeigehen ständig sich gebückt hat, um Abfall jeder Art aufzuheben...Zigaretten- Stummel, Papierchen, Glassplitter von einer Bierflasche...

Wer in den kleinsten Dingen zuverlässig ist, der ist es auch in den großen...
Ich weiß von jemanden, der viel Geld für puren Luxus ausgegeben hat...Den hat das später so geplagt, dass er irgendwie nach Wiedergutmachung (Buße) gesucht hat:
Er hat seine Geldvergeudung gesühnt, indem für das doppelte seiner Luxusausgaben eine Spende in ein armes Land geschickt hat.
Damit wären wir wieder bei einer dritten Bedeutung von zuverlässigem Umgang mit Geld:
Beim Teilen, bei der Solidarität mit den Ärmsten.

Da kann es sein, dass jemand vor deiner Türe steht
und du kennst die Person und weißt, dass sie wieder finanzielle Hilfe braucht und du bist unfreundlich:
Du bist fixiert auf den Verdacht, diese Person nützt dich nur aus.
Sie vertut das Geld mit überflüssigen Einkäufen.

Diese Person geht nicht richtig um mit dem - zugegeben – wenigen Geld, das sie hat...und du gibst ihr nichts – aus deinem Verdacht...in deinem Misstrauen.

Und wenn diese Person nun doch in dieser ständigen Notlage ist, wie sie sagt..?
Ist es deine Sache, genau herauszufinden, was mit dem Geld geschieht und wieweit sie die Wahrheit sagt oder nicht..?
Gehört nicht zu de*m zuverlässigen Umgang mit deinem ungerechten* Reichtum und Geld eben dieses Almosen geben, dieses irgendwie immer vertrauensvolle Geben und Teilen?
Zumal dein Geld, dein Vermögen nicht einfach nur dir gehört. Dein sicheres Einkommen ist dir gegeben auch für diese Person, die ganz zufällig deine Wege kreuzt und die dir aber vor allem eines bewusst macht: Deinen Geiz.
Denn hinter deinem Misstrauen und deinem Verdächtigungen steckt dein Geiz, indem du vorschiebst diese oder jene Rechtfertigung dafür; Grund, dass du nichts gibst.
Aber in Wirklichkeit bist du geizig, also habgierig.
Diese arme Person aber wäre zu deiner *Rettung* vor deiner Türe.
Zur Rettung deiner Seele.

25. Sonntag C 2010 Lk 16,1-10

Ihr könnt nicht Gott und dem Mammon dienen..
Da kommt es vor, dass du in einer Notlage einen Freund um einen Kredit angefragt hast.
Der gibt dir ihn großzügig – und du hast hoch und heilig versprochen, dann und dann zurück zu zahlen.. Und der Freund verzichtet ganz selbstverständlich, einen Schuldschein unterschreiben zu lassen..
Es vergehen Monate:
Es geht Dir finanziell wieder besser: Du könntest einen Teil zurückzahlen, aber der Freund sagt nichts. Er scheint gar nicht mehr daran zu denken..

So denkst du dir: *Ich werde es ihm später zurückgeben, wenn es noch leichter geht...*
Und es vergehen wieder Monate...
und du vergisst ganz wie von selbst, dass du Schulden hast ..
Solches Vergessen von Schulden ist ein deutliches Zeichen dafür, dass Du am Geld hängst, ja dass Du sogar die Freundschaft dafür aufs Spiel setzt   ..

Geld regiert die Welt..
Geld regiert uns dann, wenn wir z.B. ein schönes Haus gebaut haben...ein teures, kostspieliges Haus ist es geworden, viel teurer als anfangs geplant. Daher wird uns das *Geldverdienen-Müssen* viele Jahre drücken und belasten..
So regiert uns das Geld über den Druck, so und soviel Geld verdienen zu müssen..

Geld regiert die Welt..
Was einen ja manchmal zornig machen kann, ist:
Wenn vor reichen Menschen alle Welt ihren Bückling macht...
Da braucht nur ein reicher Gast daherzukommen
und schon ist man am Laufen..
In Lech z.B., wenn die *Russen* kommen..
Die *Philosophen* werden weniger Geld mitbringen können..
Und damals – wie habe ich das gehasst, wo ich Kellner war :Kaum ist der oder der mit dem Porsche vorgefahren oder dem Mercedes Cabrio, da ist man aufgeschreckt und es hat geheißen:
Tisch Nr so und so - sehr heikel..!

Geld regiert die Welt..
Wenn ich hinter einem besonders teuren Auto herfahre,
denke ich mir: Der wird doch nicht etwa meinen, er sei selber das Auto…und habe 250 PS!
Aber ist es auch der Neid des Besitzlosen, der – wenn er könnte – sich ein noch größeres Auto kaufen würde...

Ähnlich: Wenn reiche Eltern (oder solche, die das vorgeben) ihre Kinder als Statussymbole *verwenden* und mit teuerster Marken-Kleidung als Modepuppen in die Schule schicken..oder schon in den Kindergarten..
und wenn dann diese Kinder zu unsympathischen Snobs verdorben werden, die sich nur noch selbst inszenieren..

Ich bin für mein Leben lang von dem großen Fußballer (einer der teuersten) *Beckham* absolut enttäuscht, seit ich gelesen habe, dass er für seinen vier oder fünfjährigen Buben ein Modellauto zum Selberfahren für über 30 tausend Euro (30.000) als Weihnachtsgeschenk gekauft haben soll…
Da habe ich mir an die Stirn getippt : Was hätte dieser offenbar dumme, weil eitle Vater mit den dreißigtausend Euro für eine Freude machen können zu Weihnachten in einem *Haus der jungen Arbeiter*.....
Stattdessen macht er seinen Sohn zu einem eitlen, habsüchtigen und eingebildeten jungen Snob.

Irland. Galway.
Hotel-Rezeption. Zwei schräge Typen mit gefärbten Haaren..
Meine Genugtuung, wo ich mitbekommen habe, dass die sich hier kein Zimmer leisten können..und schnell wieder rausgegangen sind..
Meine eigene Selbstherrlichkeit…
und zwar doppelte, weil ich in Wahrheit ja auch ein armer Schlucker bin (Pfarrer der Katholischen Kirche, der sich in dieses teure Hotel gerettet hat, weil nichts mehr frei war...)

Er : *...du weißt, wer der Feind Gottes und der Nächstenliebe ist... ?*
Es ist das Geld.
Man denkt an nichts anderes als nur daran..
Man lebt nur dafür.
Es macht das Herz hart, ohne es zu erfüllen...
Aber nur Er, Er allein gibt Freude...

Viel Geld verdirbt ganz leicht den Charakter, das Herz;
macht den Menschen, macht ganze Gesellschaften geizig und eitel
und hart...und verführt noch mehr, sich zu vergleichen mit anderen;
in Konkurrenz zu sein mit den anderen Reichen...

Reich-sein verführt dazu, den armen Menschen als *niedriger*
anzusehen..
Schon die ärmliche Kleidung, das sonderliche Erscheinen
verleitet dazu, diesen Menschen von oben herab anzusehen,
zu mustern..
Dieser Hochmut geht bis zur Verachtung der Leute, die arm sind.
Und das ist nicht nur zwischen Einzelnen, das ist auch zwischen
Völker und Kulturen..
(Meinung von Afrika...von Rumänien…)

Goran..
...Aus einer ganz andern Welt als die der Reichen stammt der
serbische Bub, den ich gefragt habe, was er einmal werden möchte..
Der Bub, der bei seinen Großeltern aufwächst und der in seiner
kurzen Lebensgeschichte ständig die Sorge der Großeltern wegen
Geld erlebt hat.
Diesen Buben frage ich also:
Weißt du schon ein bisschen, was du werden möchtest..?
Ja, sagt er ohne Zögern: Ich möchte Millionär werden.!
Darauf ich: Wie er das werden kann..?
Er: Wenn ich gut in der Schule bin..
Und was er damit macht, hätte ich ihn fragen sollen.
Wie ich ihn kenne, hätte er gesagt:
Da kann ich mir ein schönes Auto kaufen...und ein Haus..
und ein zweites für Oma und Opa...und dann noch eines für meine
Schwestern..

In dem Gleichnis, das Jesus erzählt, zeigt er, wie clever der ganz
irdisch eingestellte Mensch ist. Er versteht es, sich Freunde mit dem
Geld zu machen und so ein sichere Zukunft:
Er streicht den Schuldnern einfach einen Teil ihre Schulden auf
Kosten seines Chefs..

Und Jesus/das Evangelium sagt: Mache es ihm nach, dem Verwalter..
Und mach es dem kleinen Buben nach, der in seinen Träumen der
Oma eine große Freude machen will ..ein Haus kaufen !
Mache es so ähnlich - natürlich mit deinem eigenen Geld,
wenn du mehr hast, als du unbedingt brauchst...
Sei großzügig, sei hilfsbereit, denk an die, denen es– manchmal
neben dir – schlecht geht...(die echt in Not sind)
das macht dich frei... von Geiz, von Gier, von zu großer
Selbstsicherung....
Damit machst du dich frei von der Habsucht und frei für einen
gerechten Umgang mit dem Geld ..
Warum regiert das Geld die Welt..warum kann das Geld die Welt
regieren? Was bedeutete Geld ?
Warum wünscht sich der kleine Bub, Millionär zu sein?
Weil man mit Geld irgendwie alles machen kann..
wenn die Familie genug Geld hätte, würden sie den Bauernhof
kaufen können samt Grund und Boden und Wald..
Und wenn der Sandler Geld hätte, dann würde wäre er fürs Alter
gesichert... Man bräuchte sich nicht mehr Sorgen wegen der Zukunft,
weil man mit Geld – wenn man genug hätte - gar nicht mehr arbeiten
gehen müsste…; weil man mit Geld sich ein schönes Leben machen
kann...
Weil Geld so etwas wie eine Verheißung, ein Versprechen enthält..
*Mit mir kannst du lange, lange leben... du brauchst dich nicht mehr
zu sorgen..!*
Das Geld regiert die Welt...ja...
..aber es gibt in der Welt und im Menschen noch diese ganz andere
Weltmacht: *Die Weltmacht der Nächstenliebe..*
Man muss ja auch das sehen: Es wird unendlich viel Gutes
getan...täglich, stündlich..im Kleinen und im Großen!
Und diese Großmacht des Gebens und des Helfens ist die Hoffnung
aller, die Opfer des Mammons sind, Opfer der Habgier Anderer..

Er: *Gebt wie Gott gibt und Jesus gegeben hat.*
Selbst in der Natur hat einer den andern nötig.
Niemand entzieht sich da der natürlichen Pflicht zu geben...

Bei den Kühen sagt man übrigens: Sie *gibt* so und so viel Milch..
Dabei hört man - in Zeiten der Hoch-und Extrem-Leistungskühe nur
noch auf das Wie viel...Man sollte mehr auf das kleine,
aber so schöne Wörtlein hören: *Sie gibt*...(so und so viel Liter).

Aber wo das *Geben* zur Gewohnheit geworden ist,
da ist es ein Potenzial der Kraft und der Freude;
eine Überwindung deines Egos, deiner Ich-Sorge,
deines Selbst-Erhaltungs-Zwangs...

Dabei ist zu sehen, dass das Gute nicht allein auf private Hilfe
angewiesen ist: Es gibt z.B. das Sozialamt, wo Menschen, die oft
schon von Anfang an den Rand geraten sind, staatliche Hilfe
erhalten: Wo ihnen finanziert wird, was jedem Menschen gebührt :
Eine beschiedene Unterkunft, für die das Sozialamt die Miete
bezahlt. So kann er in einem Bett schlafen und braucht tagsüber nicht
in der Stadt herumschleichen; kann die Türe hinter sich zumachen..
ganz gleich, wie er lebt und imstande ist zu leben .
Wobei es immer noch schwer genug ist, für solch einen Menschen
eine Unterkunft zu finden: Selbst wenn diese garantiert bezahlt
wird..So einen Menschen will man nicht haben...der riecht nach
Socken..... der raucht...der ist vielleicht gewalttätig..
(Aber: Wer nicht arbeiten will – sofern er könnte, der soll auch nicht
essen!.. schreibt der Hl Paulus.
Jedenfalls: Über die Öffentliche Hand geschieht viel Gutes…
mit unser aller Geld.

Wer in den kleinsten Dingen zuverlässig ist..
Wir Bürger schimpfen manchmal - und dies seit jeher – über die
Steuern...Aber grade auch hier geht es um *kleinste Dinge*, bei denen
ein (christlicher) Mensch zur Zuverlässigkeit gerufen ist...

Die Steuer ist der große Solidarbeitrag, den ich leiste,
den ich Gott sei Dank leisten kann -
für das Wohl der Allgemeinheit. ..das Wohl von Familien und
Kindern...der alten Menschen und der Kranken ... der Schulen und
Universitäten....

und eben für das Wohl von Menschen hier und anderswo, die arm sind....

Dass da dann ausgerechnet die Reichsten sich in sog Steuerparadiese flüchten, um möglichst wenig Steuern bezahlen zu müssen, heißt: Möglichst wenig beitragen zu müssen dem Gemeinwesen,
aus dem ich stamme...., dem ich so viel zu verdanken habe..

In den kleinsten Dingen zuverlässig sein...
also auch im Umgang mit dem Geld..
Vermutlich haben betriebliche Untergänge oft ihren Anfang in den *kleinen Unzuverlässigkeiten...mit dem Geld.*
Deshalb gehört die Zuverlässigkeit und Anständigkeit und der Fleiß ...also alle die sog *Wirtschaftstugenden* zum Fundament einer echten wirtschaftlichen Entwicklung .
Ohne diese Wertehaltungen schon in den kleinsten Dingen... versinkt ein Unternehmen oder auch ein ganze Volkswirtschaft in Chaos und im Unrecht..und in der Korruption..

Letztlich aber braucht es eine gewisse Spiritualität, um ein Mensch zu sein, der *zuverlässig* ist und der darüber hinaus noch gerne *gibt*. Es braucht - und das ist schon Religion - ein tiefes Gefühl für Recht und Unrecht, ein Gefühl, dass es absolut nicht egal ist, ob ich unaufrichtig bin oder aufrichtig, ob ich betrüge oder nicht, ob ich mich anstrenge oder nicht.. ob ich mich bereichere mit fremdem Geld..

In einem Gebirgstal auf der Straße: Drei ältere Leute mit dem Auto unterwegs: Ein *Patschen!* Ratlos und hilflos umkreisen sie ihr einseitig dastehendes Auto. Aber wie es in diesen Tälern ist: Da schaut garantiert ein Bauer von einem der Bauernhäuser oben mit dem Fernglas zu und – wie es eher auch noch bei einem Bauern ist: Der hat vielleicht ein wenig in sich hinein gelacht und ist dann ein paar Minuten bei den Leuten gewesen und hat das Rad im Handumdrehen ausgewechselt.
Wie ich ihm dann fünfzig Euro geben wollte: Nichts da... sonst mach ich es das nächste Mal nicht mehr..!
Ist der verrückt: 50 Euro ausschlagen...!
die er doch redlich verdient hätte..!

Das ist die Logik des *Umsonst*. Bei Gelegenheit und immer wieder etwas umsonst tun..ohne etwas davon zu haben ..(im materiellen Sinn..)..
Schenken können: Ein Stunde Zeit...eine Hilfe...
Das ist irrational, unvernünftig, dumm..
Gegen die Logik der Berechnung, der Ökonomie:
wo alles und jedes seinen Tarif hat..
wo alles auf Rendite ausgerichtet ist, alles..

25. Sonntag C 2013 Lk 16,1-13

Ihr könnt nicht beiden dienen, Gott und dem Mammon..
Wenn ich gleich allzu privat anfangen darf: Was mich zornig macht, das sind diese Gehälter von Managern, die in keinem Verhältnis mehr stehen..
Noch dazu von dem Steuern bezahlt werden.
700.000 im Monat. 14 Mal, von Politikern eingefädelt....
Und Bonusse dazu...
Solche Ansprüche sind maßlos:
Das können keine integren/rechtschaffenen Manager sein..
und wenn sie noch so viel arbeiten würden..

Aber auch die Bankkrisen und Unternehmens-Pleiten
zeigen, dass es grad da, wo die öffentliche Verantwortung, also die Folgen am größten ist, es oft um private Interessen geht, um Gewinne, um Macht, um Gefälligkeiten..
Wo die Reichen nicht der Gerechtigkeit, sondern dem Mammon dienen, sind sie *mental* Sklaven des Mammon.
Aber auch ohne reich zu sein, machen sich viel zum Sklaven des Geldes:
Wenn mehr angeschafft und gekauft wird , als es die normalen Einkünfte erlauben..Wenn man über den eigenen Verhältnissen lebt..
Wenn man sich in den Ausgaben nicht nach dem richtet,
was die monatlichen Einkünfte sind – und dementsprechend Schulden macht.

Zwei Auto und die zu teuer... zu teure Wohnung..: Und schon ist man ständig im Minus!

Wie kann es Freiheit geben?
Wie kann man der Tyrannei *des Geldes* entkommen?
Wenn man erstens – ganz logisch – bescheiden lebt
und nicht mehr ausgibt als reinkommt..
Und Er:
Bediene dich des Geldes um des Nächsten willen ..
und so zur Ehre Gottes.
Und: Mache es ähnlich wie **die Kinder dieser Welt,**
die sich Freunde machen mit dem ungerechten Mammon
(der immer auf ungerechte Weise zustande kommt):
Nicht dass du dir die *Liebe* der Freunde *kaufen* sollst,
wie der betrügerische Verwalter..
Aber wenn du mehr hast als du brauchst, sei großzügig,
sei hilfsbereit, denk an die, die in Not sind.

Wir kennen diesen Spruch und er stimmt:
Geld regiert die Welt.
Aber es gibt auch eine andere Macht, die auch in der Welt regiert,
freilich viel unscheinbarer: Die Welt-Macht der Nächstenliebe.
Im Geist der Nächstenliebe wird unendlich viel Gutes getan.
Viele denken an die Menschen, die arm sind und in Not.
Und es gibt die Caritas und die Fürsorgeämter
und eine Politik, die auf soziale Gerechtigkeit ausgerichtet ist.
Bediene dich des Geldes, um deinen Nächsten zu dienen und so
deinem Gott.

Öfter darf ich Gast sein bei *Familien* zu einem Essen.
und erlebe dabei, wie die größeren Kinder den Papa um Geld
angehen für dieses und jenes..,
was man für die Schule braucht...und noch größere gehen studieren...
Und die Papas - und heute auch Mamas - stöhnen dann ein wenig,
wenn sie die Zahlscheine sehen .. neben all dem, was fix abzuzahlen ist..

Aber – so sieht es ein Papa:
Wenn wir die Kinder nicht hätten, wäre ich vermutlich ein habgieriger und geiziger Mensch geworden,
der sein Geld nur für sich selber zusammenrafft...und für materiellen Luxus. So aber bin ich gezwungen, - Gott sei Dank gezwungen, für andere, d.h. zuerst einmal für meine Kinder Geld zu verdienen und Geld herzugeben..
Das bewahrt mich vor der Versuchung, Geld zu horten und sinnlos reich werden zu wollen.
Ja mehr noch: - es macht mich zufrieden und glücklich, wenn ich sehe, dass mein Geld so zum Segen werden kann..

Er: *Bediene dich des Geldes nur, um dem Nächsten zu dienen und darin Gott selbst..*

Und noch ein Wort in diese Richtung sagt Jesus:
Wer in den kleinsten Dingen zuverlässig ist, der ist es auch in den großen..
Und wer bei den kleinsten Dingen Unrecht tut, tut es auch bei den großen..
Der Betrug, die Korruption, die Fälschung, die Misswirtschaft...
Das alles beginnt im Kleinen..und endet in der Katastrophe :
Der persönlich-moralischen und der wirtschaftlichen Katastrophe.
Aber das sind in unserem Land doch nach wie vor die Ausnahmen.
Da gibt es im Umgang mit Geld doch viel Sorgfalt und Zuverlässigkeit.

Wenn ich denke an meine Bank...
und hoffentlich bei uns/mir selbst.
Aber so wie das schlechte Verhalten im Kleinen beginnt, so müssen auch die guten Haltungen im Kleinen beginnen:
Die Zuverlässigkeit, die Sparsamkeit, die Gewissenhaftigkeit…
die Genauigkeit...die Treue...die Großzügigkeit...müssen im Kleinen beginnen: In der Familie, der Schule, in der Lehre...
Dass man den jungen Leuten heute ein Bankkonto anbietet:
Hoffentlich lernen sie den treuen Umgang mit dem Geld.

Ohne diese Tugenden würde das Fundament des ganzen Gemeinwesens zusammenbrechen, des Staates..der Gemeinde… der Familie...
Wo Zuverlässigkeit, Ehrlichkeit, gewissenhafter Umgang mit dem Geld ..verloren geht, da versinkt ein Land in der Habsucht, im Egoismus, im Chaos...

Und Jesus: **Ich sage euch: Macht euch Freunde mithilfe des ungerechten Mammon, damit ihr in die ewigen Wohnungen aufgenommen werdet..**
Wie wir uns hier entwickeln, so werden wir *sein*..
Das Ziel unserer Entwicklung geht von Anfang an über dieses Leben hinaus..
Es ist die Entwicklung der göttlichen Nächstenliebe in uns..
Denn wir werden einmal nach der Liebe *gerichtet*.
Das ist der Sinn und die Erfüllung :
Die opferbereite und opfervolle (*sohnliche*) Liebe im Herzen wachsen zu lassen...
und das entscheidend auch durch den rechten Umgang mit dem Geld - und durch das *Geben* !
Er: *Gebt. Die Gewohnheit (Habitus) des Gebens ist das beste Heilmittel gegen die Habsucht.*

25. Sonntag C 2016 Lk 16,1-13

Wer in den kleinsten Dingen zuverlässig ist, der ist es auch in den großen...
Ich hab meiner Nichte versprochen, dass ich ihr bei einer schriftlichen Prüfung helfe, also muss ich auch *B sagen* und mein Versprechen bestmöglich erfüllen. Sie soll sich auf mich verlassen können...
Und die Termine, die ich in meinen Terminkalender aufschreibe, die müssen stimmen und die müssen eingehalten werden... Ein *Terminkalender* ist überhaupt *das* Instrument der Zuverlässigkeit..
Was man nicht aufschreibt, wird vergessen..

...und wer bei den kleinsten Dingen Unrecht tut, der tut es auch bei den großen..
Unrecht tun – schon bei den kleinsten Dingen – das kann auch eine Unterlassung des Guten sein...Dass ich etwas nicht tue, was ich tun sollte ...und auch merke, dass ich das tun sollte - noch heute.

Da ist eine Person schwer krank und altersschwach –
und ich denke: Ich sollte dort wieder anrufen und fragen, wie es geht..
Ich verschiebe das auf morgen...oder nächste Woche..!
Morgen, morgen, nur nicht heute, sagen alle faulen Leute.
Für diese starke Neigung des Menschen zum *Verschieben* gibt es sogar eine wissenschaftliche Bezeichnung:
Prokrastination ...
Und man hat herausgefunden, dass der Mensch grade da ganz besonders kreativ wird und tollste Sachen macht, wo er die eine unangenehme, verschobenen Sache erledigen sollte.
Ich habe dann doch noch angerufen – und die kranke Person besucht: Sie ist am selben Abend gestorben..!
Wer bei den kleinsten Dingen zuverlässig ist, der....
Wer auch die kleinsten Dingen *nicht verschiebt...*

Und wenn ihr im Umgang mit dem ungerechten Reichtum nicht zuverlässig gewesen seid, wer wird euch dann das wahre Gut anvertrauen..?
Der Reichtum wird von Jesus als *ungerechter Reichtum* beurteilt..
Der Reichtum kommt demnach nie gerecht zustande,
immer auf Kosten anderer.
Oft auch auf Kosten von Arbeitern, die ausgenützt werden ...
Wir im Norden der Welt auf Kosten der Armen Länder/Völker im Süden, wird gesagt.
Und das lässt sich von uns als Einzelne nicht verhindern.
Aber es steckt ein Appell in dem Satz:
Wenn ihr schon auf ungerechte Weise zum Wohlstand gekommen seid, dann tut wenigstens Gutes mit eurem Ungerechten Reichtum.
Zuerst für deine Familie.. die Kinder..
Hilf den Armen vor deiner Türe..

Und wenn du Besitzer von Wohnungen bist oder Häuser,
dann mache einen Preis, mit dem die Leute mit ihren Familien leben können !
Oder gründe ein Unternehmen, aber nicht zuerst mit dem Ziel,
reich zu werden, sondern mit dem Ober-Ziel, Menschen Arbeit zu verschaffen..

Macht euch Freunde mit Hilfe des ungerechten Mammons, damit ihr in die ewigen Wohnungen aufgenommen werdet, wenn es mit euch zu Ende geht..

Wie glücklich ein Reicher am Ende seines Lebens,
wenn er sich sagen kann: Ich habe viel uner gerne geholfen..!..
Ob das alles über die einzelnen Beziehungen hinaus auch für die
Politik der reichen Länder gilt ...in Richtung der armen Völker und
Länder.. ..?

Wenn ihr im Umgang mit dem Reichtum nicht zuverlässig gewesen seid,

nicht dem gemeinsamen Leben gedient,
sondern euch nur privat bereichert habt:
Wer wird euch dann das wahre Gut anvertrauen....
wer wird euch dann Eure Kinder ..Familien...anvertrauen..
wer wird euch dann die Zukunft anvertrauen..
wer wird euch den *Himmel* anvertrauen können

Ihr könnt nicht beiden dienen:
Gott und dem Mammon..

Er: *Es gibt zwei Gottheiten:*
Den einen im Himmel und den andern auf der Erde...
Das ist das *Geld.*
Du sollst das Geld verwenden für den Nächsten um seinetwillen..
und so für Gott.

So können wir statt *Gott* auch **Nächster** sagen:
Ihr könnt nicht dem Nächsten und dem Mammon dienen.
Bei meinen Hochzeitsansprachen füge ich zum Schluss immer noch
guten Rat dazu..Und ein Rat ist da:
Geht mit dem Geld sorgsam um!

Schafft nicht an über eure Verhältnisse..
mehr als ihr habt und verdienen könnt..
besser um einiges *unter euren Verhältnissen.*
sonst werdet ihr ständig im Stress sein und Unfrieden.

Ein Brautpaar war sich uneins : Sollen wir eine Wohnung kaufen
oder ein Haus bauen,(sie hatten keinen eigenen Baugrund)
und ich sage: Überlegt euch den Hausbau 10 mal, 20 mal !
Erkundigt euch bei Hausbesitzern, die in euer Gehaltsklasse sind..
Lasst euch nicht von Träumen verführen..

Er: Du siehst, wie Menschen, wenn sie sich ein Haus bauen,
ihr Herz, ihren Verstand ans Haus verlieren..
Verliert nicht Euer Herz an ein Haus !..
Dieses Verlangen nach einem Zuhause ist euch für das ewige
Zuhause eingegeben..

Ihr könnt nicht beiden dienen:
Gott, also dem Nächsten und dem Mammon
Noch einmal Hochzeit.
Da hatte ich vor Jahren eine Hochzeit zu halten
in einer Kirche weiter weg von Alberschwende.
Es waren also ziemlich Kilometer.

Nach der gelungenen Hochzeitsmesse bin ich wieder heimgefahren
und habe mir gedacht: Dumm, dass ich nichts gesagt habe,
aber die werden von selber an mein Kilometergeld denken !
Es sind reiche Leute..!
Aber es ist kein Cent gekommen..!
Das hat mich dann noch lange *gefuchst.* Ja, ich hatte mir geschworen:
Wenn ich die wieder einmal sehe, werde ich sagen:
Hallo, ...übrigens, ihr habt sicher nicht mehr dran gedacht,
aber ich bin damals etliche Kilometer zu eurer Hochzeit gefahren..
nein, sonst bitte nichts! nur die Fahrtspesen...

Und dann habe ich sie kürzlich getroffen
und es ist mir so was von blöd vorgekommen,
jetzt mit dem idiotischen Kilometergeld daher zu kommen.
Seither habe ich es losgelassen, endlich.

Ihr könnt nicht Gott und dem Mammon dienen.
 dem Nächsten und dem Mammon..
Ein Ober erzählt:
Früher, wo ich noch im Dienst war, da konnte ich nie so recht
abschalten, wenn ich einen oder mehrere freie Tage gehabt habe.
Ich habe da immer daran gedacht, wie viel ich an diesen Tagen
verdienen könnte..
Und habe an den Kollegen gedacht, der für mich gearbeitet hat, wie
viel der wohl an dem Tag verdient... und dass mir das alles entgeht..
und dass der vielleicht mehr Geld macht und Trinkgeld als ich..!
Und so waren diese freien Tage belastet von diesen dummen
Gedanken wegen dem Geld.
Erst später, in späteren Jahren habe ich gelernt, endlich—
wirklich abzuschalten und loszulassen
und mit keinem Gedanken mehr an das Geld zu denken, das ich an
diesem Tag verdienen hätte können..
Endlich hatte meine lieb Seele ihre Ruh..

Ihr könnt nicht dem Nächsten und dem Mammon dienen.
Ein Satz in der Bergpredigt, der mich persönlich schon am meisten
geplagt hat:
Wenn ihr Geld leiht, dann ...sollt ihr das auch dann tun, wenn ihr nicht sicher sein könnt, alles zurückzubekommen..
Nehmen wir an, du hast 20.000 Euro auf deinem Sparbüchlein –
wenig und doch für mich nicht wenig..
Und da kommt ein junger Bekannter zu dir, der am
Existenzminimum dahin schrammt und bittet dich offen, du mögest
ihm doch 800 Euro liehen:
Die kleine Wohnung ...er muss Kaution bezahlen..
Und du sagst:
Ich gebe dir gerne etwas fürs Essen heute und morgen..
aber mehr kann ich dir nicht geben..

Und denkst dabei im Stillen:
Das Geld kriege ich ja nie wieder zurück..
Wie komme ich dazu, von meinem Ersparten Geld
einfach so 1000 Euro zu verlieren...
kann ja sein, dass ich morgen schon eine größere Ausgabe zu
machen habe..!

Jahrzehnte später bist du am Sterben.
Auf dem Sparbuch sind inzwischen 40.000 Euro.
Die Kinder o.a. werden es erben.
Aber du bist nicht reif geworden für das *wahre* Gut,
das *wahre* Eigentum..

Ihr könnt nicht dem Nächsten und dem Mammon dienen.
Und immer wieder kommt es zu diesen Erbstreitigkeiten unter
Kindern.
Wir kommen wunderbar miteinander aus...
Habt ihr schon geteilt..(das Erbe) ?
Und es kommt dann vor, dass einer der Erben deutlich bevorzugt
wird und das ist meist Ursache für eine Krise, für Unfrieden...

Da ist es aber auch schon vorgekommen, dass der bevorzugte Erbe zu
den benachteiligten Geschwistern sagt:
Hört her, ich will, dass wir das noch einmal teilen, Mir steht im
Grunde nicht mehr zu als Euch ...Ich will, dass wir ..den Frieden
haben miteinander..
 soviel ist mir das größte Erbe nicht wert, dass wir deswegen in
Krieg geraten..Kommt, wir teilen noch einmal..!
Ihr könnt nicht dem Nächsten und dem Mammon dienen..
Die beste Medizin gegen die Tyrannei des Mammon ist das Teilen,
das Hergeben...
Aber auch: Etwas umsonst tun. Gratis.
Was wir immer neu bewundern müssen:
Dass so viele bereit sind, so vieles umsonst zu tun. Einfach gratis.
Ohne Lohn, ohne Vergütung…
ohne mit einer Gegenleistung zu rechnen..

Da ist der Onkel oder Freund, der hunderte von Stunden am Haus vom Neffen oder Sohn oder Tochter oder Freund arbeitet.
Da sind die Gemeinderäte und die Pfarrgemeinderäte und Kirchenräte, die sich manchmal engagieren, als wäre die Pfarre ihre Familie, ihr Unternehmen..

Mit der Zeit identifizieren sie sich so weit mit der Organisation, als wäre es ihre Eigenes: Sei jemand bei einem Chor .. oder bei einer Musik...oder bei der Feuerwehr ...oder Trainer von U7 bis hinauf zum Einser..oder Rotkreuzmensch... oder ...

Das bisher Fremde wir ihm zum Eigenen...
und da verstehen wir auf einmal ,
was Jesus mit dem *wahren Eigentum* meint...
im Unterschied zum *fremden Gut..*:
Das Fremde Gut wird zum wahren Eigentum, wenn ich mich damit identifiziere, aber es doch nicht besitzen will..

26. Sonntag C 2010 Lk 16,19-31

Vor der Tür des Reichen lag ein armer Mann namens Lazarus..
Während ich die Predigt vorbereitet habe, läutete es wieder.
Ich gehe mit Widerstand zur Türe, weil ich vermute,
dass - Samstagnachmittag - ein Afrikaner vor der Türe steht..
Und gegen mein Gefühl denke ich mir :
Wie kann ich predigen über die Armen und Reichen, wenn ich jetzt nicht sofort diese Ablehnung in mir überwinde..!
Es ist eine junge Frau aus Polen mit dem inzwischen bekannten Zettel: *Ich Student aus Polen..*
Mein Gott, fragst du dich: Stimmt denn das? Ist das wahr?.
Andrerseits schaut sie ja recht nett und ehrlich aus.
Irgendwie muss sie es nötig haben, sonst wäre sie nicht da vor der Tür. Und dann denke ich doch wieder :
Ob da nicht ein *Chef* irgendwo wartet, für den sie *arbeitet..*
Und dass ausgerechnet Polnische Studenten betteln gehen müssen..Bei Afrikanischen sehe ich es ja ein ..

Das habe ich ihr versucht zu sagen - auf Englisch.
Aber sie hat nicht verstanden... oder wollte nicht...
Später denke ich: Du hast ihr zu viel gegeben..

Vor der Türe des Reichen lag ein armer Mann namens Lazarus.
Man hat ja hier bei uns (auf dem Land) weniger zu tun mit Armen in materieller Hinsicht..
Und diese meist auffälligen Gestalten in der Nähe der Bahnhöfe…, um die machen wir einen Umweg, ich auch..
Aber - wenn man einmal hinter das Äußere schauen darf,..
so manchen Lebenslauf ein wenig kennenlernen darf..
und ihre jetzige Situation ..
Wenn man sie also in diesem Sinne *sieht* ,
wird man barmherzig.
Und es wird einem bewusst, dass ich nicht höher bin, nicht mehr, ...
dass ich - im Gegenteil-   von der Lebenswirklichkeit weiter weg bin als diese Lazarusse....
Der Reiche sieht den Armen nicht,
weder im Nahen noch im Fernen.
Wir reisen ja allgemein wenig in Länder, die arm sind..
Wir machen unsere Urlaube in Welten, die der unseren möglichst gleich sind..So lernen wir die Armen Länder kaum kennen.....
Leute, die viel reisen, sollten auch ..nach Rumänien, nach Albanien, Serbien... sollten nach Afrika reisen..oder Indien..!

Aber es war zu hören, dass der Verteidigungsminister in den Tschad fährt, um sich ein Bild von der Not dieser Flüchtlinge zu machen.
Und dass nun auch österreichische Soldaten in den Tschad geschickt werden sollen zum Schutz der Flüchtlinge aus Somalia-Darfur.
Das ist erfreulich !
Da macht das reiche Österreich die Türe ein wenig auf in der Sorge um den *Lazarus in Afrika...*
Und muss man dazu nicht sagen: Diese Sorge hat ihre erste Quelle im christlichen Denken Europas ..!

Die *Caritas* ist schon lange in diesen Flüchtlingslagern.
Sie leistet Großartiges auf der ganzen Welt...
Und wenn heute der sog *Völkersonntag* gehalten wird,
früher *Ausländersonntag:* Der Geist dieser Hilfen für die armen
Völker hat seinen Ursprung im Christlichen ...im Evangelium..in
Christus.. Und hat nicht erst mit der Aufklärung begonnen im 17/18
Jahrhundert..! Im Gegenteil: Die brutale Kolonialisierung hat genau
in den Jahrhunderten der Aufklärung ihren Höhepunkt..!

Der Reiche sagt: *Man muss sich schützen vor den Armen..*
Der Reiche sagt*: Ich habe alles meiner eigenen Leistung zu
verdanken.....Wenn der da draußen vor der Türe wollte, dann könnte
er es auch zu was bringen..*

Dublin
im vergangenen Sommer: Wir stehen auf einem Gehsteig in einer
fremden Stadt und haben den Stadtplan in Händen.
Ein junger Inder tritt zu uns und fragt, ob er behilflich sein kann:

Wir sehen sofort, dass er ein Armer ist, ein Bettler,
und winken ab: Nein...wir wollen seine Hilfe nicht.
Wir haben schon *gerochen*, dass er auf diese Weise uns anbetteln
wird..
Aber warum haben wir uns nicht helfen lassen? Und wenn es nur
zum Schein gewesen wäre, um ihm einen kleinen
Lohn/Gegenleistung.. geben zu können..?
Oder haben wir uns geschämt...? War es uns peinlich, ihm etwas zu
geben vor der Öffentlichkeit der Straße..?

Ein anderes Mal sind wir abends noch auf der Suche nach einem
Hotel. Ein jüngeres Ehepaar hat uns dabei beobachtet.
Sie reden uns an: Ob wir Zimmer suchen.
Sie würden uns helfen..
In einem Englisch, das deutlich ausländisch klingt:
Sie sind Rumänen, die hier arbeiten. Ärmlich sehen sie aus..
Und mein Freund sagt noch:
Ich mag die Rumänen nicht..

Aber *notgedrungen* überwinden wir uns - und lassen uns von den zwei Zigeuner-Leutchen durch die Straßen führen
und wir denken: Das ist eine kleine Schule, demütig zu werden, anstatt den Reichen zu spielen, der in seinem Stolz solche Hilfen zutiefst ablehnt...

Aber der Lazarus...
Das ist auch der alte Witwer aus meiner Nachbarschaft.
der seit Jahren allein lebt. Und da gibt es Türen, die aufgemacht werden für ihn...
Und Lazarus: Ist das nicht der Bekannte aus deinem Heimatdorf, der zu Jahren Gefängnis verurteilt ist? Wegen Hochstapelei...
über den man redet...der seinen Ruf verloren hat...
sich nicht mehr sehen lassen kann in seinem Dorf...in seiner Familie..
Aber : Müssten wir Reichen, die wir ohne unser Verdienst (nur weil wir *zufällig* in günstigeren Umständen leben) *reich* sind an Ansehen, an guten Beziehungen: Müssten wir nicht sehen wollen und *verstehen,* wie er da hineingeschlittert ist..?
Sollte man ihm nicht ein Brieflein schreiben ins Gefängnis?
Lazarus...
Das ist der etwas sonderlich wirkende Nachbar, der sein einsames Leben lebt..
so dass wir vielleicht erst nach Tagen merken, dass er krank ist oder gar gestorben..

Da muss man aufbrechen und ihn zu gehen...
Er selbst kann nicht und wird nicht kommen,
denn wenn wir Menschen arm sind, materiell oder im Gemüt, dann verbergen wir unsere Not, sagen nicht, wie schlecht es um uns steht..

Und...**Tag für Tag lebte er in Herrlichkeit und Freuden..**
Die Lesung aus dem Buch des Propheten Amos lässt tiefer in die Mentalität des Reichen sehen:
Es ist eine schlimme Sorglosigkeit, was ihr eigenes Land betrifft.
Weh den Sorglosen auf dem Zion, und den Selbstischen auf dem Berg Moria..

Ihr liegt auf Betten aus Elfenbein und faulenzt auf euren Polstern..
Ihr trinkt den Wein aus großen Humpen und sorgt euch nicht über den Untergang eures Landes...
Die Herrlichkeit und Freuden des Reichen sind die Herrlichkeiten und Freuden, die man sich kaufen und machen kann..
Essen und Trinken...in vornehmen Häusern wohnen…
Sich bedienen lassen..
Was das eigene Land betrifft und die Menschen seines Landes, kennt dieser Reiche keine Sorge : Sein Land, sein Volk, das ist solange gut, als es ihm nützlich ist für seinen eigene Bereicherung..
Aber...
und das ist mit vielen Worten Jesu deutlich:
Dass die herrschenden Verhältnisse der Welt nicht die wahren Verhältnisse sind..ja, dass sie im Gegensatz zu den wahren und wirklich zukunftsträchtigen stehen...dass die Welt verkehrt ist...
dass sie gleichsam auf den Kopf gestellt werden wird...
Und dass bis in den Tod hinein die Wirklichkeit zum Vorschein kommt... Dass die Wahrheit über jeden Menschen ganz zum Vorschein kommt..und er in der andern Welt sein wird, die seinem Wesen entspricht...die dem entspricht, was er geworden ist......
Und so heißt es dann:
Als der Arme starb, wurde er von den Engeln..in Abrahams Schoß getragen..
*in die für ihn gedachte wahre Heimat..*Sein äußeres Leben hat radikal abgenommen…aber sein inneres Leben ist immer tiefer und mächtiger geworden. Bis zu seinem Ende ist er *ganz Geschöpf* geworden…, *erfüllt vom Vertrauen in den Schöpfer-Vater,*
 ganz reif für den Himmel der Reinen Wirklichkeit..
 keine Spur mehr von Egoismus .. keine Klage...
 ganz ergeben in die *Armut des Geschöpfes..*
Auch der Reiche starb und wurde begraben.
In der Unterwelt, wo er qualvolle Schmerzen litt...
Manchmal erfahren wir hier schon einen ähnlichen Schmerz:
Wenn wir eine Gelegenheit, die Zeit... für eine gute Initiative, einem schönen Dienst, einer Hilfe... nichts genützt...aus Bequemlichkeit.....
Oder gar: *Ich hab diesen Tag vergeudet..*

Der Reiche...müsste erkennen: Die Güter, mit denen ich so viel Gutes
hätte tun können...ich habe sie nur für mich verbraucht.…!
habe niemanden damit gedient…Das wäre der Sinn meines Lebens
gewesen.. und meines Reichtums…!
Wer das so erkennen müsste, der würde in Verzweiflung stürzen...
weil er keinen Trost mehr sieht für sein vertanes Leben..

Aber will das Gleichnis nicht sagen:
Solange du noch im *Reich der Zeitlichkeit* bist,
kannst du *wiedergutmachen*.., kannst du umkehren…,
kannst du handeln - , auch wenn du noch so tief gefallen…
dein Leben bisher ein sinnloses war..
Ein einziger Akt der wirklichen Liebe..!

Der Sandler hat gemeint:
*..ich komm sicher in die Hölle..*und dabei gedacht an sein Register an
Vorstrafen und Gefängnis-Zeiten ..
Aber dieser willensschwache Mensch, voll tiefem Misstrauen
gegenüber allen Andern...von seinem alkoholkranken Vater jahrelang
Schläge erhalten...so wie seine Mutter..

...und dann, weil keine Hilfe da war,
einem chaotischen Leben verfallen: Er ist auf seine Weise ein solcher
Lazarus vor der Türe der Reichen Gesellschaft,
die solche Typen wie er nur als *Typen* sieht..

Da rief der Reiche:
Vater Abraham, hab Erbarmen mit mir,
und schick Lazarus zu mir..!er soll wenigstens die Spitze seines
Fingers ins Wasser tauchen und mir die Zunge kühlen,
denn ich leide große Qualen in diesem Feuer..
Kann das nicht auch heißen:
Lazarus, der Arme, ist die *Brücke ,*
die dich über den Abgrund deines ewigen Elends,
deiner Ich-Süchtigkeit... ins Glücklich-sein führen kann?
Wenn du sie nur beschreitest, diese Brücke, die der Arme *ist,*
solange noch Zeit ist...

Der Name *Lazarus* heißt so viel wie *Gott rettet...*
Gott rettet den Lazarus, indem er ihm das Paradies schenkt..
und Gott will den Reichen - *durch Lazarus* - retten:
Gott-Vater will uns Reiche heraus retten aus der künstlichen Welt..,
aus der Schönen Welt..hinein in die Wirklichkeit...

Kiosk. Vietnamesische Pächterin ..
Eine bekannte (österr.) Familie wird wieder für einige Wochen nach Vietnam zu den Verwandten fahren, und sie erzählen begeistert von den Menschen dort: Die sind zwar arm, zum Teil sehr arm im Verhältnis zu uns.
Aber sie sind wirklich glücklicher.
Da sind wir aus Europa (wir *Reichen*) die Beschenkten…
diejenigen, die bereichert werden durch ihre Liebe, durch ihre spontane Freundlichkeit, ihre Fröhlichkeit, ihre Demut...und Bescheidenheit..

Der Name Lazarus heißt: Gott hilft.
Gott hilft nicht nur dem Armen, indem er ihm das Paradies schenkt.
Er hilft dem Reichen *durch* die Armen: Dass sein Herz nicht hart wird..Dass er offen wird für den Anderen..Sich versetzen will in die Lage des Armen..
Teilnehmen lernt am Leben des Anderen..

Wer im Leben an den Armen aller Art vorbeigegangen ist,
geht am Leben vorbei...
Der hat sich in eine verkehrte Welt *eingeschlossen:*
Eine Welt des Geizes, der Selbstherrlichkeit;
eine kalte, unnatürliche Welt...
Sich selbst *ausgeschlossen* von der Wirklichkeit des Lebens..
Das ist die ernste Botschaft Jesu...

Viele leben nach der Botschaft Jesu, auch ohne sie je gehört zu haben...ohne im amtlichen Sinn ein *Christ* zu sein..
Einfach weil sie den *Lazarus* vor der eigenen Türe *nicht* übersehen können..Er wird ihnen helfen, einmal glücklich *drüben* anzukommen (am Ziel).

Ein Hochzeits- Segen am Ende Hl Messe:
Seid in der Welt Zeugen der göttlichen Liebe und hilfsbereit zu den Armen und Bedrückten, damit sie euch einst in den ewigen Wohnungen empfangen..
Außerdem ist zwischen uns und euch ein tiefer, unüberwindlicher Abgrund, sodass niemand von hier zu euch oder von dort zu uns kommen kann, selbst wenn er wollte..
Ein extremes Beispiel, was *Abgrund* heißen kann,
sind die Generäle in Burma, die seit 20 Jahren das arme Volk niederhalten...die Reichtümer ihres Landes für sich verbrauchen…
bei Hochzeiten ihrer Kinder Millionen von Dollar verschwenden....Geld des Volkes....
und jetzt gegen die Mönche schießen lassen:_
um ihre Macht zu erhalten und sagen lassen:
Die Demokratiebewegung ist gescheitert..Es ist der fast unüberwindlich gewordene menschliche, geistige *Abgrund* zwischen dem Volk und den hochmütigen, verdorbenen Generälen.
Reiche nach der Art dieser Generäle befinden sich in gewissem Sinn schon jetzt in einem Zustand, den man *Hölle* nennen könnte:
Grade wenn sie auch hier noch scheinbar (im Schein der Welt) ...oben sind und das Volk unten..In Wahrheit sind sie schon Unten...und die Mönche mit dem Volk sind Oben...
..sind die Generäle schon verloren...mitten in ihrer Gewalt über die Mönche und das Volk...
Außerdem ist zwischen uns und euch ein tiefer, unüberwindlicher Abgrund...
Am tiefsten kann dieser *Abgrund* werden gegenüber Menschen, die alt geworden sind und auf das Sterben zugehen:
Da würde es nichts helfen, noch so viel theoretisch über das Leben und den Tod zu philosophieren: Wenn man nie dabei gewesen wäre, kann man nichts sagen…, ist der Abgrund da..

Und der Abgrund ist da, wo das Sterben nur als *Enden* gesehen würde, ohne Bedeutung, ohne Blick auf ein Ewiges.. Da wird der Abgrund zwischen den Lebenden und den Sterbenden unüberwindlich...

Das Evangelium und das Verstehen des Evangeliums soll uns fähig machen, den *falschen Schein dieser Welt* zu durchschauen ..und die *wahre Welt sehen zu lernen*, so wie diese Geschichte erzählt:
Als der Sohn des Rabbi Joshuas mit Fieber zu Bett lag, hatte er einen Traum. Als er nach seinen Fieberträumen wieder zu sich kam, fragte ihn sein Vater: Was hast du im Traum gesehen?
Er antwortete : Eine umgekehrte Welt habe ich gesehen, das Oberste zuunterst und das Unterste zuoberst..
Da sagte sein Vater: Mein Bub, dann hast du die wahre Welt gesehen..
So zeigt uns das *Evangelium* , dass die wahren Verhältnisse alles umkehren werden: *Die Letzten werden die Ersten sein..*
Liebt eure Feinde...Tut Gutes denen, die euch hassen..
Wer unter euch der Kleinste ist, der ist der Größte...
Fürchtet euch nicht vor denen, die nur den Leib töten..
Wer sich selbst erniedrigt, wird erhöht werden...usw.

26. Sonntag C 2013 Lk 16,19-31

Es war einmal ein reicher Mann, der ...Tag für Tag herrlich und in Freuden lebte..
Um den reichen Mann zu beschreiben, muss man nicht gleich einen Millionär hernehmen: Schon eine höhere Pension macht möglich, Tag für Tag in Freuden zu leben...
Aber reich-sein *an sich* ist noch nicht verwerflich. Es kommt darauf an, wie man zum Reichtum gekommen ist und was man mit dem Geld anfängt...
In Amerika haben die reichsten Männer immer wieder große Summen für die Wohlfahrt hergegeben…
Auch ein Bill Gates ist bekannt dafür..

In dem Gleichnis von Jesus aber heißt es :
Vor der Tür des Reichen lag ein armer Mann namens Lazarus...der gern seinen Hunger mit dem gestillt hätte, was vom Tisch des Reichen herunterfiel..

Der Reiche, wie Jesus ihn da zeichnet, lebt so sehr für sich selbst, dass er den Armen gar nicht wahrnimmt....
Und wenn er doch - dann und wann – eine große Spende gibt (die ihm nicht weh tut): Er kennt den Armen nicht.
Weder seinen Namen noch seine Geschichte.
Es ist für ihn ein *Sozial-Fall* oder ein *Entwicklungs-Land*...
Aber das ist auch bei uns so.
Ich denke an die Asylsuchenden Frauen und Männern:
Die wenigsten kennen die Situation dieser Menschen.
Man kennt sie mit der Bezeichnung *Ausländer*...
Afghanen...Tschetschenen...Afrikaner...Schwarze..
Andrerseits: Sie wirklich sehen, auch den einen oder anderen *Sandler,* das würde heißen, sich interessieren für seine Geschichte... und wie und wo er heute und morgen schläft….und das ist nur möglich bei je Einzelnen... Für die vielen Armen aber muss es genügen, was *allgemein* über sie zu hören und zu lesen ist..

Dann aber heißt es in unserem Evangelium:
Der Arme starb...und auch der Reiche starb.
Was heißt *Sterben*?
Manche sagen:
Mit dem Tod ist alles aus. Da gibt es mich und dich und uns alle nicht mehr. Weder hier noch *sonst wo* .
Ein Schwerkranker dagegen sagt letzte Woche:
Ich weiß, dass wir uns in einem anderen Leben erst wirklich frei entfalten werden können...
Heute frage ich:
Und wie wird es mit mir/uns.. weitergehen?
Wenn man dem Evangelium glauben will,
dann sind zwei radikal entgegengesetzte *Zukünfte* möglich...
Der Arme, heißt es, **wurde von den Engeln in den Schoss Abrahams getragen...**
Der Reiche...kam in die Unterwelt und litt dort qualvolle Schmerzen..
Und Abraham erklärt dem Reichen:

Mein Kind, denk daran, dass du schon zu Lebzeiten deinen Anteil am Guten erhalten hast,
...den Anteil, den du einzig wolltest: Ein Leben mit all den Freuden, die man sich kaufen kann...ohne Sorge für die Anderen....
Lazarus aber hat nur Schlechtes erhalten…,
auch Deine Lieblosigkeit.. Aber nicht in Bitterkeit und Rache hat er sie erlebt, sondern, wie der Name *Lazarus* sagt:
Im Vertrauen auf Gott.
Jetzt wird er dafür getröstet,
du aber musst leiden...
Mit dem Tod stellt sich heraus, dass die Welt des Reichen eine konstruierte, eine künstliche Welt war..
Dass das, was der Reiche als *Gutes Leben* ansah und erlebte, *in Wirklichkeit* Verfall und Abstieg war.
Am Ende hat er erkennen müssen, dass er – anstatt mit seinem Reichtum der Menschheit zu dienen, *nur für sich* gelebt hat und nur für das Materielle, das aber im Nu vergangen war...,
Er hat erkennen müssen, dass seine Zeit verlorene Zeit war..

Deshalb heißt es: **Du aber musst leiden...**
Es ist ein Leiden, das wir hier schon spurenhaft erfahren, wenn uns bewusst wird, dass wir Zeit vertan haben..
Zeit als Gelegenheit, Hilfreiches zu tun ...Aufbauendes...
Was hätte ich an diesem Tag..Nützliches, Wertvolles tun können ...
was mich abends echt zufrieden gemacht hätte...
Stattdessen habe ich Stunden verplempert mit Nichtigem...
Und außerdem, sagt Abraham:
ist zwischen uns und euch ein tiefer, unüberwindlicher Abgrund,
so dass niemand von hier zu euch..
noch von euch zu uns kommen kann,
selbst wenn er wollte..
Der *Abgrund* zwischen den Reichen und Armen Völkern:
ist nicht nur ein materieller Abgrund.
Es ist der Abgrund einer gegenseitigen Fremdheit,
ja Beziehungslosigkeit...

Es ist der Abgrund, wenn Reiche sich *abschotten* gegen die
Lazarusse...(aber nicht abstrakt-politisch verstanden, sondern je in
persönlicher Verantwortung..)

Ich erinnere mich an meine Reise nach Afrika.
Damals habe ich mir rückblickend gedacht:
Es sollten vielmehr Weiße Europäer ins *Schwarze Afrika reisen*...!
Aber nicht als Reiche Helfer, sondern um selbst kleiner/ärmer zu
werden, - sich auch einmal als Minderheit erfahren..
Und vor allem: Um zu sehen und zu lernen, wie froh, wie einfach,
wie wahrhaftig, wie gemeinschaftlich...das Leben sein kann...

Die Erklärung des Abraham erinnert aber auch an den *Abgrund*,
der sich *innerhalb* der Welt der Reichen selbst
auftut - zwischen Jung und Alt - und zur Welt der Kinder...
Der Abgrund herrscht unter den Reichen selbst:
Durch Ehrgeiz und gegenseitige Konkurrenz…
und Eifersucht...und Neid..

Und es ist der *Abgrund,* wo Menschen andere ausgrenzen und
kränken..in einem Betrieb... in einer Schulklasse..
wenn ein junger Mensch nicht mehr die Kraft hat,
die Feindseligkeiten auszuhalten.. .

Dieser *Abgrund* ist zuletzt der Abgrund zwischen Mensch und Gott,
wenn es kein Gespräch mehr gibt zwischen Schöpfer und Geschöpf
und der Reiche nicht mehr weiß, dass er gemeinsam mit dem Armen
vor einem einzigen Gott steht...
und dass der Arme sein Bruder ist...

Der Tod aber, so zeigt dieses Gleichnis Jesu, hebt den *Abgrund* nicht
auf. Ob er *unumkehrbar* wird? Verewigt?

Irgendwie ist uns bewusst, dass es nicht egal ist, was wir tun
und auf was wir aus sind...
Ja, dass es von *ewiger* Bedeutung ist, was ich heute getan habe..
und *wie* ich es getan habe..
Und dass wir später...viel später..unendlich bereuen müssten:

Wenn wir egoistisch *gegen* unsere Berufung gelebt hätten;
wenn wir die Freuden der Welt Tag für Tag vorgezogen hätten den Freuden, die aus der Hingabe kommen...
Aber möglicherweise wollte ein Mensch das dann gar nicht mehr bereuen...selbst wenn er es noch könnte..

26. Sonntag C 2016 Lk 16,19-31

Wegen diesem Evangelium habe ich diese Woche schon ein Streitgespräch geführt, weil gesagt wurde, dass es nach dem Tod unmöglich noch ein *Leiden* geben könne.…
Theoretisch kann man ja spekulieren und drei Möglichkeiten sehen: Entweder mit dem Tod verschwindet jeder Mensch ins Nichts oder wird, was menschlich gesehen aufs gleich hinauskäme: Zu Materie. (...was wir in Wahrheit immer schon sind - nur in anderer Form).
Hier aber wären alle unsere Gebete und Grab-Andachten sinnlos..

Und Gott (wollte man eine Gottheit glauben) wäre dann
ein *Gott von Toten*...
Oder –zweite Denk-Möglichkeit:
Es werde alle Menschen auferstehen zur Freude des Ewigen Lebens....gleich wie sie hier gelebte haben und wie sie geworden sind..
Oder Jesus will sagen: Es ist ein tiefes Leiden, wenn man im Nachhinein erkennen musste, dass man gegen den Sinn des Lebens gelebt hat, allein für sich in seiner eigenen /selbstgemachten Welt....
...abgeschottet gegen alle Störungen durch Andere.. ...
Wo doch der Mensch nicht auf der Erde ist, nur um reich zu werden, sondern um gut zu werden..Um zu entfalten, wozu er geschaffen ist: nämlich Mitmensch, Bruder, Schwester... zu sein..

Der Reiche hat aber auch nie die Freude erlebt,
die der Mensch erfährt, wenn er Gutes tut..
So gesehen sind die Freuden des Reichen Mannes keine tiefen Freuden, sondern bloß sinnliche Freuden;

eben Freuden, die man am Essen du Trinken und an neuen Kleidern und einem Auto hat..Erst der Tod hat ihn herausgerissen aus seiner Kapsel und ihm die ganze Wirklichkeit vor Augen geführt..
Er:...*was für eine Traurigkeit müsste dich erfassen, wenn du dein ganzes Leben in allen Einzelheiten vor deinen Augen abrollen siehst ..und du sehen müsstest, dass du deine Berufung nicht erfüllt hast..*
Und weiter ein Wort, das uns *logisch* erscheint:
*Betrachte einmal den Unterschied zwischen diesen beiden Seelen: Die eine denkt nur an sich selbst und sucht in allem ihren eigenen Vorteil..Die andere lebt in der Nächstenliebe und ehrt damit Gott. Sie vergisst sich in ihren Aufgaben und ist dabei immer fröhlich , während die andere, die nur sich selbst und ihren Vorteil im Blick hat, zwar nach Außen hin sich freudig gibt,
aber im Inneren mit viel Ängsten und Langeweile die Kette ihrer Tage mit sich schleppt..
Nun aber betrachte einmal ihre Verschiedenheit, wenn diese beiden Seelen ihr Leben abgeschlossen haben werden...*

Aber lassen wir diese Letzten Vorstellungen....
und schauen auf die Wirklichkeit *hier und jetzt*..
Da kommt eine mir unbekannte Frau mittleren Alters zur Türe herein und ich sehe es ihr an: Die Frau kommt wegen Geld ..
und so grüße ich sie nur kurz....
Ob ich einige Minuten Zeit für sie hätte..
Ich denke, Sie brauchen Geld, sage ich unfreundlich.
Nein, ich möchte, dass Sie mir die Krankensalbung spenden.
Ich muss morgen nach Innsbruck zu einer OP !
Aber ein Geld brauchen Sie doch auch..?!
Ja, gibt sie zu, das braucht Sie auch..
Dann haben sie noch nicht einmal das Fahrgeld nach Innsbruck !
Also - dass ich Ihnen halbwegs glauben kann, müssen sie mir jetzt schon den Arzt sagen und die TelNr..!
Aber den kann ich doch noch gar nicht wissen, Herr Pfarrer..!
Dann sagen Sie mir ihre Adresse !..
Also - ich heiße und ich wohne ...Tel Nr..

Und mitten in diesem *Gericht,* das ich über diese arme und listige
Frau herunter lasse, denke ich auf einmal :
Papst Frankiskus wäre dieser Frau freundlich begegnet..
..hätte nicht lange gefragt ... ihr die 30 Euro sofort gegeben
und ihr kurzer Hand noch die Salbung gespendet !

Und genau das habe ich dann gemacht mit dem Gedanken:
Wie kann ich dieser Frau so unfreundlich begegnen..!
Hat nicht der Liebe Gott sie hierher zu mir geschickt..?
Und warum sollte sie es nicht mit dieser *frommen List* versuchen..
Sie braucht das Geld und braucht das Sakrament!
Und ich bilde mir noch ein, um wie viel höher ich sei als sie...

Wer von euch der Erste sein will, soll der Diener aller sein..
Da steht bei der Kirche ein toller Wagen!
Ein Bentley aus dem Jahr 1937 ! 12 Zylinder!
In hervorragend gepflegtem Zustand. Fahrer und Frau steigen ein…
Ich drehe mich um: Visavis steht die verhärmte Roma-Frau mit ihren
drei Kindern..und hofft auf mein Almosen…
Und ich frage mich: Wie würde ich mich fühlen, wenn ich jetzt in
diesem Bentley sitzend an der Roma-Mutter vorbei fahren *müsste..*
Der Bentley-Fahrer ist an ihr vorbei gefahren , ohne sie zu sehen.
Er konnte sie gar nicht sehen, weil er im Wegfahren vor uns
nur *sich selbst sehen* konnte..

Lazarus, das ist aber auch der alte Mensch, der Vater, die Mutter,
der Verwandte in seiner Hilfslosigkeit..
..in der Demenz...seiner Gebrechlichkeit…
Lazarus, das ist der Mensch (vielleicht bald ich),
der an einer schweren Krankheit leidet..
Und erst recht ist der Mensch ein Lazarus, wenn er im Sterben liegt...
Der Sterbende Mitmensch ist ein *Lazarus*...

Und da gibt es nun eine erstaunliche Auskunft:
Lazarus, der Name heißt aus dem Hebräischen: *Gott kommt zu Hilfe.*
Meine Erklärung dazu :
Sicher, Gott kommt Lazarus am Ende des Lebens zu Hilfe…

Aber viel wichtiger: Durch den Armen Mitmenschen (Lazarus) will
Gott dem Reichen zu Hilfe kommen! Denn der Reiche ist in
Wahrheit der Arme! Der Gefährdete!
Der *Lazarus* soll den Reichen retten aus seiner Selbstherrlichkeit,
aus seiner Illusion, aus seiner Habsucht, aus seinem Egoismus, seiner
Blindheit..!
Lazarus sollte den Reichen zur Nächstenliebe *verleiten..,*
zum Geben, zum Mitleid – und so ihn retten aus der angehenden
Hölle...

Dänemark, heißt es kürzlich, sei das glücklichste Volk der Welt..
Dänemark sei ein Land mit hohem Pro-Kopf-Einkommen,
aber auch mit hohen Steuern; Steuern, die in staatliche Leistungen
wie Elterngeld, Gesundheitsvorsorge, Bildung investiert werden...
Die Dänen unterstützen die Familien und die Kindern,
und – heißt es da:
Es gibt kaum Arme in der dänischen Gesellschaft..
Und warum sind sie glückliche Menschen ?

Weil sie – so ist anzunehmen – Menschen mit einem guten ,
solidarischen Herzen sind;
weil ihnen das Gemeinwohl am Herzen liegt;
weil sie wollen, dass es allen Mitbürgern gut, zumindest nicht
schlecht geht
Und das sagt uns ja unsere Erfahrung:
Man ist glücklich in dem Maß, als man hilft und Gutes tut .. .
Österreich liege da aber auch schon an 8.Stelle von 156 Staaten..!
...die Erfahrung also, dass es uns glücklich macht, wann immer wir
Gutes tun....
Aber: *Denke nicht, dass du allein und von dir aus das Gute tust:*
Gott, der allein gut ist, tut das Gute durch dich hindurch...mit deiner
Zustimmung..
Letzter Blick auf den *Reichen*: Ich glaube - und hoffe, dass dieses
sein Leiden jenseits des Todes ein letztes heilsames Leiden sein
könnte, das ihn läutern und vollkommen machen soll.

27. Sonntag C 2007 Lk 17,5-10

Die Zwei Hauptsätze aus diesem Evangelium:
Der erste ist die Bitte der Apostel:
Stärke unsern Glauben..
Da letzthin habe ich diesen einen Satz gelesen:
Unter all den verschiedenen Weltanschauungen sind das Christentum und der Hinduismus die einzigen Weltanschauungen für Erwachsene...
Glauben ist eine Weltanschauung.
Und das geradezu wörtlich.
Man muss noch gar nicht eigens gläubig sein ...und auch gar nicht viel nachdenken...
Man müsste eigentlich nur die Welt richtig anschauen:
..die Berge, die Natur…, den Mensch…, mich selber…, das Kind…, die Familie...,die Dörfer...Städte…, das Arbeiten...
die Musik…, den Sterbenden...und ein Tag und eine Nacht...richtig anschauen:

Dann würde man sehen, dass alles voll Bedeutung ist, voll Sinn, voll Geist, voll Zukunft…!
Die Leute und die Berge und die Musik und das Reden
und das Sich Freuen ..und die Schönheit und das Freundliche und das Helfen und das Opfern..und das Leiden und das Lieben und das Hassen..
Und man würde die Welt und die Leute und sich selber anschauen mit der selbstverständlichen Überzeugung,
dass ein Sinn *drin ist*...ein *unendlicher* Sinn.., Sinnziel...
eine Absicht ...der Wille einer unsichtbaren und doch offenbaren Macht, die eine Ähnlichkeit mit uns Menschen haben muss..
Eine Macht, die aber doch unendlich größer und weiser und machtvoller und vollkommener sein muss als ich und als der heiligste Mensch...

Diese Anschauung von der Welt ...die Weltanschauung ,
das ist doch schon *Glauben* .
Er: *Glaube einfach an die Liebe eines allmächtigen Wesens, das höherer Ordnung ist als ihr..*

Das Einfache ist oft schwer, das Schwerste..!
Entweder weil ich vor lauter Welt, vor lauter Bäume den Wald nicht sehe...oder weil die Welt *untergeht,* meine Welt..
Darum – die Bitte damals der Apostel an Jesus:
Stärke unser Glauben..
Stärke unser Vertrauen...unser Gottvertrauen.

Letzthin war ein Treffen mit dem Bischof, wo es um die Zukunft der Kirche in Vorarlberg gegangen ist..
Planung der *Strukturen* von *Morgen..*
Die Bitte der Apostel aber erinnert,
dass es zuerst und vor allem um den Glauben geht..
und zwar nicht den Glauben von morgen oder in zwanzig Jahren: sondern den von uns von heute...
Denn *einen* Glauben wird es später nur geben, wenn wir ihn heute haben...und zwar auch unabhängig davon, wie die Strukturen der Kirche sind..Oder wird man sagen:
Wenn dann die Priester heiraten dürfen und Frauen Priesterinnen werden, wenn die Laien predigen usw., ...
dann wird der Glaube wieder stark werden…?!
Darum gilt diese Bitte heute und jederzeit:
Stärke unseren Glauben.
Das ist das Wichtigste:
ein starkes, unerschütterliches Gottvertrauen.

Er: *Euer Vertrauen ist so gering!*
Wenn ihr einmal sehen werdet, dann werdet ihr es sehr bedauern, nicht stärker geglaubt zu haben..! Schenkt ihm euer Vertrauen.
und zwar in jeder Lage..

Menschen, die Gott vertrauen ,
können besser schlafen.
Sie können den Tag loslassen...
sie können die Welt loslassen..
und seien sie noch so gefordert in ihrem Leben..
Stärke unser Glauben..
An Gott Glauben heißt auch: Die eigenen *Pflichten* erfüllen..,
die beruflichen Pflichten erfüllen....
Wenn ich denke an diese jungen Automechaniker
in der Autowerkstatt, die da den ganzen Tag für den Betrieb,
für die Kunden, für sich selbst arbeiten und folgen und anleiten und
prüfen und Fehler im Auto suchen ...

G.B.: *Vom Zug aus sah ich die gut bestellten Felder und dachte:*
Er ist zufrieden, wenn die Menschen ihre Pflichten gut erfüllen..
Er: Ach, wenn doch alle Arbeit in meiner Liebe getan würde..
Das ist das großartige am Christlichen Glauben:
Dass es da keine Trennung gibt zwischen Glauben und alltäglichem
Leben im Werktag:
Nicht die frommen Äußerlichkeiten, sondern wie ich meine Pflichten
erfülle: Daran zeigt sich mein Glaube in meiner Liebe...
mein Gottesglaube...
Denn *die Nächstenliebe (auch in der beruflichen Arbeit..) ist der*
Beweis der Gottesliebe..
Stärke unser Glauben...
Glauben heißt ja Handeln, Pflichten erfüllen im Namen Gottes.
(Vgl. Jakobus-Brief!)
Und im Fall vom Automechaniker ist es nicht seine Pflicht,
für das Unternehmen möglichst viel Gewinn heraus zu schinden
und möglichst viele Autos am Tag zu erledigen,
sondern es ist seine erste Berufspflicht/Ethos,
jedes Auto gewissenhaft und mit bestem Wissen ..
zu bearbeiten...
Im Konfliktfall müsste er sogar dem Chef sagen:
Wenn du so viel Autos annimmst,
dann kann ich nicht mehr so arbeiten, wie es recht ist...rechtschaffen..
Stärke unseren Glauben...

Glauben ist Dankbarkeit..
Stärke unsere Dankbarkeit..
unser Staunen ..unsere Freude ..an dem Schönen...an dem Herrlichen von der Natur..
Denn im **Glauben** sehe ich, dass mir auf tausend Weisen geholfen wurde..dass mich so manches Unglück..so manche Trennung..geholfen hat, hinaufzusteigen...weiterzukommen...
Vielleicht kann es sogar sein, dass ein nichtgläubiger Mensch bei einem besonders schönen Erlebnis...einer Erfahrung...Begegnung.. für einen herrlichen Anblick in ihm das Bedürfnis zu danken so stark weckt, dass es ihn zum Glauben an ein Wesen bewegt, das ihm das alles zukommen lässt..
Und:
Menschen mit großem Gottvertrauen können mit erstaunlicher Kraft mit allem Leidvollen umgehen...
Sie können beides:
Gegen die Krankheit kämpfen und zugleich sich im Gottvertrauen der Macht und der Führung Gottes ergeben..
so das ihr Kampf eigentlich nur den Charakter einer Pflicht hat, solange es eine Heilung geben könnte..
Aber wenn das nicht mehr der Fall ist, dann überlassen sie sich Gottes Hand in der Absicht, zu sühnen..
Stärke unser Glauben..
Glauben, Gottvertrauen bewahrt vor einem *einseitigen* Leben auf der *Werktagsseite* ..Der Tag, an dem wir diese Bitte aussprechen und an dem sie erhört wird, das ist vor allem *der Sonntag.*
Der Sonntag ist der Tag des Gottvertrauens..
Der Tag, der mir sagt: Du sollst zwar alles tun, was du kannst... und das ist mehr als du denkst…,
aber du sollst kein Fanatiker der Arbeit werden..
Denn der Sinn deines Lebens hängt nicht davon ab, dass deine Anstrengungen Erfolg haben müssen...
Der Sonntag lehrt, dass es auf die gute Absicht ankommt...
Den guten Willen..
Der Mensch ohne Gottvertrauen kann es nicht ertragen, wenn seine Absichten ..seine Wille nicht Erfolg hat..
wenn er scheitert...wenn nicht gelingt, was er wollte..

Sonntag es ist der Tag, der mir sagt:
Jeder Mensch ist Mitarbeiter an einem unendlichen Werk..
ist unersetzbar und unvergleichlich…,
ist gerufen, *seinen Part zu erfüllen für das Heil der Welt*
Glauben heißt daher:
Wenn ihr alles getan habt, was euch befohlen wurde, sollt ihr sagen , wir sind nur ..
Und manchmal machen wir die Erfahrung, dass das viel mehr ist, als wir uns zugetraut haben…So manche haben bei einer Krankenpflege sagen müssen: Ich hätte nie gedacht, dass ich das *kann*..
Aber ich *musste* es tun... Ich konnte sie doch nicht im Stich lassen..!
Wenn ihr Glauben hättet wie ein Senfkorn, würdet ihr Unmögliches können..
Wenn ihr alles getan habt, was euch befohlen..
Die Erde ist nicht der Ort zum Ausruhen. Das ist der Himmel.
Deshalb ist man als Christ immer eingespannt. Immer bereit...
Immer am Hinaufsteigen.
Glauben, auf Gott vertrauen heißt:
nicht nur auf meine Fähigkeiten vertrauen, sondern auf Gott..

Wenn ihr alles getan habt, was euch befohlen, dann ..
Er: *Im Vertrauen auf mich könntest du eine große Heiligkeit erreichen. Wenn du dich aber auf deine kleine Fähigkeiten verlässt, dann bleibst du weiterhin in deiner Unzulänglichkeit..*
in deiner Fehlerhaftigkeit... in deiner Ängstlichkeit..
Glauben heißt, mich selbst begreifen als ein von Gott geliebter, vojn ihm Gerufener..zu meiner Aufgabe, zu meiner Sendung...
 Stärke unser Glauben...ist die dringende Bitte der Apostel an Jesus.
Aber kann man nicht ohne Glauben ebenso gut leben..?
Sterben müssen wir ja alle..
Ist es nützlich, bringt es mir /uns etwas, zu *glauben*?
Aber wir fragen ja auch nicht, ob es mir etwas bringt zu wissen, dass Drei mal Drei Neun ist..
Das ist zuerst einmal eine Wahrheit...
Glauben hat es mit Wahrheit und Wirklichkeit zu tun;
nämlich ob ich glaube, dass eine Gottheit existiert oder nicht.

Kann man dann noch fragen: Ob Gott mir /uns *nützlich* ist oder nicht?
Was glaubt der Glaube? Der christliche Glaube?
Er : *Glaube einfach an die Liebe eines allmächtigen Wesens, das höher Ordnung ist als ihr..*
Glaube einfach, dass es dieses *Ewige Wir* gibt, das wir *Gott* nennen, und dass Er allmächtig ist und Dein unendliches Glück will..
Das Glück der Heiligkeit..
Menschen, die ein großes Gottvertrauen haben...
die kann nichts aus der Bahn und aus der Fassung bringen...
keine Niederlagen, keine Katastrophe, kein Unglück.
Ja, dieses Vertrauen wird noch tiefer, wenn ein Mensch unheilbar krank ist..
Am erstaunlichsten ist es, wenn Verbrecher, Mörder ..
zu diesem Gottvertrauen gefunden haben
in einen Gott, der *trotz alldem* meine Heilung, mein Heil will.
Menschen mit Gottvertrauen halten unerschütterlich fest an der Überzeugung, dass Gott alles sozusagen in der Hand hält...dass alles zu Ihm hinführt...
Ich habe gerade heute gelesen in einem autobiographischen Buch von einem heldenhaften Kampf einer Großfamilie gegen die kommunistische Diktatur in Albanien.
Wie auf der einen Seite der völlige Glaubensverlust und des Religiösen Menschen zu Dämonen, zu Folterern, zu brutalen Mördern hat werden lassen.
Und wie es auf der anderen Seite gerade starke Katholiken waren, Gottvertrauende, die über sich hinaus gewachsen sind in den jahrzehntelangen Internierungen und Folterungen ...und so in ihrer Persönlichkeit aufs höchste stark geworden.

So gesehen ist die Bitte **Stärke unsern Glauben** eine auch *gefährliche Bitte,* weil sie nur über Prüfungen erfüllt werden kann..
Menschen, die Gottvertrauen haben...entwickelt haben ,
das sind Menschen, die tätig sind, die Tatmenschen sind – im Kleine und im Großen..ja, man kann ruhig sagen:
Je größer das Gottvertrauen, umso tätiger, initiativer.

Wenn Euer Glaube nur so groß wäre wie ein Senfkorn:
Ihr würdet zu dem Maulbeerbaum da sagen: Heb dich aus dem Boden und verpflanze dich in ins Meer..und er würde euch gehorchen....
M.a.W. : Ihr werdet Großes, ja Unmögliches vollbringen...
Das wird besonders deutlich bei *Bischof Kräutler*, der dieser Tage den alternativen Nobelpreis erhalten wird..
Grade bei diesem Mann zeigt sich, dass Gottvertrauen zusammengeht mit Tätig sein und Kämpfen ..
und mit Gewaltfreiheit. Nie ist Kräutler der Versuchung erlegen, für Gewalt einzutreten zwecks Durchsetzung seiner gerechten Ziele.
Wahrscheinlich verliert er seinen Kampf gegen den Bau des Staudammes, aber deshalb wird er nicht schwach werden in seinem Glauben an Gott ...und die gerechte Sache.
Er wird an das Wort denken:
Wenn ihr alles getan habt, was euch befohlen wurde, sollt ihr sagen: Wir sind unnütze Knechte...Wir haben nur getan, was uns befohlen.

27. Sonntag C 2010 Lk 17,5-10

Stärke unsern Glauben..!
..zuerst wollte ich *nicht* zu diesem Satz, zu dieser Bitte predigen, weil ich dachte: Das führt zu sehr in die altgewohnten Aufrufe zum Beten und zum Gottesdienst.
Obwohl: So gewohnt sind sie gar nicht mehr, die Aufrufe zum Beten und zum Gottesdienstbesuch!
Vor drei Wochen habe ich gepredigt, ich hätte Verständnis, wenn junge Leute nicht mehr regelmäßig den Gottesdienst am Sonntag besuchen, weil man in einem bestimmten Alter sich gegen Eltern und die Erwartungen der Allgemeinheit stellt..stellen müsse..
Und ich dachte dabei an meine eigene Biographie:
Ich bin an die 15 Jahre dem Kirchgang fern geblieben..

Und es kommt dazu - das war jedenfalls bei mir so –, dass ich mich schämte, als junger, moderner Mensch da *fromm* in die Kirche zu gehen: Wie das Schaf einer Herde!
Ich musste meinen Individualismus leben.
Zugleich hatte ich von der Kirchengemeinde das Bild einer konservativen, altmodischen Gruppe..
Ein unabhängiger..freier Mensch *springt* nicht brav zur Kirche..
Und: So ein *normaler* Gemeindegottesdienst um Neun Uhr (Sonntag!) ist für einen jungen Menschen eher langweilig.
Die Gebete der Kirche sind ihm fremd geworden…
Das ist nicht seine Sprache..und bei der Predigt wird keine Geschichte erzählt, die spannend wäre...

Warum aber sollte ein junger Mensch trotz alledem in die Kirche gehen? Weil es so ähnlich ist wie mit dem Computer:
Wenn du da nicht ständig dran bleibst, kannst du nicht damit umgehen..

Oder wer einen Führerschein hat und nicht Auto fährt, der kann es mit der Zeit nicht mehr..Oder wie kürzlich eine Mountain-Bikerin sagt: Ich habe den Winter über immer ein bisschen Kondition trainiert, deshalb macht es mir jetzt richtig Freude, überall hinauf zu radeln, weil es ganz leicht geht:
Ich brauch mich gar nicht besonders anstrengen. Ich bin trainiert..

Und mindestens so ist es mit der H. Messe und mit dem Glauben
Es braucht in geistigen Dingen…, und erst recht für das Gefühl des Glaubens und für das *Beten* ...eine gewisse Übung, ein gewisses Dranbleiben… und freilich Hineinkommen..

Obwohl - wenn ich ganz ehrlich sein darf: Ich selber habe damals nach diesen 15 Jahren Kirchen-Ferne kein Lied und kein Gebet mehr gekonnt.. Alles war mir neu..Dafür aber umso interessanter !

Und noch etwas : Wenn Sonntags-Gottesdienste eher langweilig sind oder einem langweilig vorkommen:
Es könnte sein, dass das auch am Samstag-Abend liegt:

Man kann nicht wach sein und aufmerksam sich beteiligen um neun Uhr, wenn man erst gegen Mitternacht oder später ins Bett gegangen ist.
Da würde man ebenso in jedem Theater oder Konzert einschlafen.
Es sei denn, es ist ein überlautes Popkonzert oder ein spannender Krimi im Fernsehen..
Also: Man muss auch ein wacher Empfänger sein, wenn die *Sendung* ankommen soll.
Was aber einfach ein Faktum ist, das man anerkennen muss:
Es gibt verschiedene Lebensgeschichten und Lebenswege im Leben der je einzelnen.…Es gibt die verschiedenen Stationen und Stufen..
Es gibt eine *Zeit des Ausreißens und des Neu-Pflanzens*...
eine Zeit des Abschieds und der Ankunft...
Und es ist ein für allem Mal die Zeit vorbei, wo das Kirchengehen ein *gesellschaftliches Muss* war.

Stärke meinen und unseren Glauben..
Und warum soll man in die Kirche gehen - allgemein und auch als junger Mensch?
Weil es absolut wichtig ist, lebensnotwendig (!), immer neu und immer wieder im Glauben - und im Hoffen - sich zu stärken
und zwar gerade dadurch, dass ich erlebe und sehe:
Da gibt es noch viele Andere, die auch *glauben* und ihren kleinen oder größeren Glauben bekennen..; die sich nicht schämen, hierher zu kommen und von Gott zu hören, den Namen, das Wort *Gott* zu hören und zu sagen..

Und immer wieder diese Worte und Sätze aus der Heiligen Schrift zu hören; Worte, die meine Ausrichtung, meine Einstellung, meine Sicht der Welt und des Lebens und des Menschen und des Todes..prägen.

Es geht um *Bildung*. Es geht um Wissen. Es geht um Ethik.
Es geht darum, ein eigenständiger und zugleich gemeinschaftlich ausgerichteter Mensch zu werden.
Es geht darum, den Hochmut abzubauen...Es geht darum, ein Gefühl für das Geheimnis unseres Daseins zu entwickeln, zu vertiefen..

Es geht darum, sich selbst heraus zu retten aus einem blinden
Arbeits- und Unterhaltungsleben... (Maulwurf-Existenz! Rahner)
Vor allem: Es geht darum, ein *Inneres Leben* zu entwickeln..

Was heißt **Inneres Leben**?
Er: *Während das äußere Leben allmählich vergeht und schließlich
zu einem Nichts wird, verdichtet sich das innere Leben, da es sein
Ziel berührt..*
Inneres Leben:
Das ist zuerst diese *herzliche* Verbindung mit dem Dreifaltigen Gott
mit dem Vater , mit dem Sohn, mit dem Geist..

Inneres Leben:
Heißt das Gefühl und das Bewusstsein dafür,
dass jeder Mensch ein Wunder ist, ein Geheimnis...
dass die ganze Welt und die Geschichte der Menschen etwas
Unglaubliches ist...

Inneres Leben:
Das Bewusstsein und Gefühl, dass alles in der Welt und in unserem
Leben eine *letzte Bedeutung* hat..
Dass jeder Tag meines Lebens ein besonderer Tag ist..
Dass es ein Weg ist, ein Prozess, eine Geschichte der ganzen
Menschheit, wo ich und meine Lebensgeschichte dazugehört..

Inneres Leben:
Das ist ein unendlicher (heiliger) Abstand zu allem, was mir, was uns
geschieht und war wir tun..

Inneres Leben:
Das ist der Antrieb in uns, die Kraft, die mich antreibt zu handeln,
aufzubrechen, weiterzugehen, etwas zu tun, die Zeit zu nützen, zu
erfüllen,..Mich zu überwinden... meine Trägheit zu überwinden,
meine Bequemlichkeit und meinen Stolz...

Inneres Leben:
..lernen, mit Ihm zu reden, der in mir ist und überall…
ihm zu erzählen, ihn zu bitten... Du sagen zu Ihm..
Ihn anschauen...Danken...
Stärke unseren, stärke meinen Glauben..
Das heißt für mich heute (auch):
Stärke mein Gefühl für die Bedeutung unseres Lebens.
Für den Sinn unseres Lebens.
Stärke meinen inneren Sinn für den Ernst meines Lebens,
meiner Tage, dieses heutigen Tages..

Da haben wir heute schon die *Todesanzeigen* gelesen:
Wie haben wir sie gelesen?
Mit welchen Gedanken – oder einfach gedankenlos.. routinehaft..
Aber man könnte und sollte dieser Gesichter ein wenig anschauen,
sollten ein wenig verweilen bei den einzelnen Gesichtern und Namen
.. und den Familien..
Und *sich bewusst* machen: Da wird auch mein Name einmal stehen
und ein Gesicht, ein Foto von mir wird zu sehen sein:
Und so wird sich zeigen, dass ich auch einer von allen bin..

Stärke unsern , stärke meinen Glauben..
Stärke mein und unser Bewusstsein davon, wie unendlich tief die
Zusammengehörigkeit von allen ist;
und wie groß die Würde jedes Menschen ist, auch wenn er alt wird
und unbeholfen und immer mehr angewiesen ist auf die Hilfe
Jüngerer..
Der Glaube: Das ist das Gefühl und das Bewusstsein von der Würde
und von der Berufung einer jeden Seele.
Stärke unsern Glauben...
heißt auch: Stärke meine Initiativkraft, meinen Schwung, meine
Motivation bei der Arbeit, der beruflichen Arbeit...
Anzeichen dafür, dass der **Glaube schwindet**, ist die Trägheit,
die Bequemlichkeit, die Schlaffheit, die Unlust..
die Hoffnungslosigkeit.. , das Aufgeben und Resignieren..
das Kokettieren mit dem Kränklich-sein..mit dem Nicht mehr
können.. nicht mehr wollen...

Eine Art Ebbe, eine allgemeine Müdigkeit...
Stärke meinen und unsern Glauben..
Glauben, das ist auch, dass wir dem innersten Impuls zum Tun,
zum Handeln , zum Aufbruch..folgen, ...zur Überwindung...
einer guten Idee folgen, dies und das zu unternehmen...

Das kann heißen: Wenn man selten in ein Caféhaus geht,
jetzt einen Kaffee trinken...
diese Woche war der *Tag des Kaffees*!
Das heißt: An diesem öffentlichen Ort indirekt und direkt den Andern
zu begegnen..
Ist das nicht auch eine Form von *Glauben stärken*:
Indem das Begegnen geübt wird..?
Wogegen der Glaube schwindet, wo dieses Begegnen schwindet..
wo der Mensch sich vereinzelt..
Stärke meinen und unsern Glauben..
diese Antriebskraft, wo sich jemand *aufmacht*,
z.B. einen Kurs zu besuchen, um dazuzulernen –
so einen Rot-Kreuz-Kurs heute, gestern...
oder Hilfe für Kinder und Säuglinge..

Das heißt auch: Dass ich diesen Impulsen folge, die mich
hinaustreiben sollen zu den Andern, zu den Nächsten, zu Freunden,
zu Nachbarn, ...
Auch wenn da manches Hindernis dazwischen sein sollte - wie zum
Beispiel ein Hund, der bellt...
Stärke unseren Glauben -
Wir sagen oft einfach hin, *man muss es annehmen...*
ein Unglück, eine Krankheit...ein Gebrechen...das Alter..
Was heißt das? Was kann das heißen?
Was es wohl nicht heißen kann: Abhaken.
Im Sinn von: Es bleibt nichts anders übrig.
Was hilft es, sich lange dabei aufzuhalten.

Annehmen – im Kleinen und im Schweren - heißt,
zustimmend annehmen. *Auf sich nehmen...*
Im Glauben, dass auch das Schwerste für unsere Vervollkommnung
gedacht ist; dass wir über uns hinaussteigen...

Frau Schwarz...Frau Fuchs Filomena..
Warum so alt werden?
Da geht es auch darum, dass die Jungen, die Kinder lernen ,
das Altern ihrer Eltern anzunehmen.
Diese Belastung annehmen. Diese Wirklichkeit sehen...
Die Wahrheit des Alters sehen und der Krankheit ...
damit auch die die Möglichkeit des Sterbens.
Kein Tag auf den andern weiß ich, wie es kommt..

Wenn man aber dabei nicht depressiv und lebensmüde und
verzweifelt werden will, dann heißt *annehmen* dieser Wahrheit, dass
wir glauben:
Es ist das Ende eines Prozesses, - und zugleich der schon längst
begonnene Anfang eines Neuen Zustandes...
einer Heilung, eines vollkommenen Gehorsams.
Eines Glaubens, der weiß, dass es einen Gott gibt - dass dieser Gott
mich und jeden Menschen als einzigen ansieht und der einem jeden
das Leben zuschickt, das der braucht – für seine Vollkommenheit..

Stärke unsern Glauben…
damit wir die Wirklichkeit *annehmen* können und wollen:
Die Wirklichkeit als Lehrmeister des Lebens…
Aber nicht nur als blindes Faktum *annehmen,*
sondern als Lehrmeister, als Werkzeug , als Mittel, dessen sich ein
Gott bedient, um mich näher an Ihn zu ziehen.
Stärke unseren Glauben..
Ich möchte diese Bitte, dieses Flehen ausweiten zur Bitte:
Stärke unsere Hoffnung ! Denn *Glauben* zeigt sich immer und
wesentlich in Werken... und Werke , also Handlungen und Taten
haben es immer mit Hoffnung zu tun .

...wenn euer Glaube und eure Hoffnung auch nur so groß wäre wie ein Senfkorn, dann würdet ihr zu dem Baum da sagen: Heb dich weg samt Wurzeln ins Meer! Und er würde euch gehorchen..
Ein ehemals Alkoholkranker Mensch erzählt und bekennt, dass der Glaube an Gott ihm geholfen hat, zu kämpfen, zu *wollen*.
Leben zu wollen. Frei werden zu wollen. Von der Sucht.
Schmerzen in der Nierengegend war das eine, was ihn angetrieben hatte, Schluss mit Alkohol zu machen
Sehen zu können , wie andere Alkoholiker sich zugurnde gerichtet haben...
Dieser Schrecken, diese Angst vor einem schlimmen Ende, das habe ihn rufen lassen um Hilfe. Das habe ihn zum Glauben geführt.

Er sagt: Der Glaube an Gott habe ihn angetrieben,
voller Hoffnung zu kämpfen; dieses Leben,
das ihm gegeben worden ist, nicht zugrunde zu richten, sondern wieder aufzurichten -
Dazu habe er Schluss machen müssen mit den alten Kumpanen...
Und er habe in einem Winkel einen Herrgott, mit dem er redet..
Nein, er habe ihm nicht ersparen können, eisern zu arbeiten an sich selbst und gegen seine Sucht:
Aber die Hoffnung und der Antrieb, die Motivation dazu, die – so glaubt er und weiß er, kommen von Gott.

Stärke unsern Glauben..
Dass wir dich bitten, du mögest unseren Willen stärken.
Und unsere Einsicht... und du mögest uns Schrecken und Angst schicken, - mögest uns sehen lassen, was mit uns geschieht, wenn...
..damit unser Überlebenswille...Nein, viel mehr noch: ..damit unser Heils-Wille wachse: Unser Wille, deinen Willen zu *wollen*...

Wäre euer Glaube nur so groß wie ein Senfkorn...der Baum da würde euch gehorchen und sich mit samt den Wurzeln ins Meer verpflanzen..
Die Ärztin, die einen schweren Schlaganfall erlitten hatte..
Wie ein Dieb kam der Schlaganfall - morgens um vier.

Halbseitig gelähmt. Wie es so viele erfahren.
Was gestern noch selbstverständlich, ist heute ein größtes Problem:
Die Worte folgen nicht..zerfließen..
Ich habe mich im Spiegel nicht wieder erkannt..
Und auch die Stimme war nicht meine..
Die Gesichtslähmung erschreckt mich, wenn ich mich im Spiegel
zufällig gesehen habe..
Der gelähmte Arm hing aus dem Bett heraus wie bei einem Toten..
Ich hatte vergessen, wie das Gehen funktioniert,
das spontane Gehen ..Beim Essen fiel ständig etwas vom Mund
herunter... Ich schämte mich und ich war wütend und verzweifelt..
Meine Mitmenschen meinten, wegen meiner unbeholfenen äußeren
Bewegungen, dass ich auch geistig gestört sei..!
Aber: die Frau hat sich nicht der Verzweiflung überlassen oder der
Resignation.
Sie hat begonnen zu kämpfen .
Ein eiserner Wille war notwendig . Kleinste Ziel nur waren zu
setzen... Und diese nicht für Wochen, sondern für Monate..!
Heute kann sie wieder fast normal sprechen..,
kann stehen und vorsichtig gehen...
Stärke unseren Glauben..stärke unsere Hoffnung..
Wenn euer Glaube ..Eure Hoffnung nur so groß wäre wie ein
Senfkorn..
Da erzählt ein junger Bursche, ein Lehrling von der Arbeit und vom
Zusammenarbeiten und dass es da einen alten Vorarbeiter gegeben
hat, der immer unfreundlich war;
der einen herumgeschickt hat ...sogar Fußtritte gegeben..
Sicher: *Lehrjahre sind keine Herrenjahre.*
Aber ..wo der Vorarbeiter einmal 14 Tage nicht da war,
war es richtig schön zum Arbeiten..
Der junge Polier hat sich nicht getraut etwas zu sagen.
Aber der junge Bursche ist zum Bauleiter gegangen und hat gesagt:
Das mache ich nicht mehr mit...mit dem arbeite ich nicht mehr..
Und er hat Erfolg gehabt. Der Mann hat sich besser verhalten von da
an..
Stärke unsere Hoffnung..damit wir tun und sagen, was notwendig
ist und die Lage bessern kann.

Da gibt es einen Menschen, der dich – so scheint es dir zumindest – geschnitten hat und schneidet. Und du bist bisher ausgewichen - mit der Einstellung: Was du kannst, kann ich auch.
Aber dann willst du - im Namen der Hoffnung – diese Beziehungslosigkeit, diese Fremdheit aufheben und willst Licht hinein stiften in dieses Dunkel.
Aber du musst erfahren, dass das nicht so schnell funktioniert, deine Annäherungen...
Und du musst erkennen, dass deine Absicht nicht lauter ist:
Dass du es bloß nicht erträgst, unbeachtet zu sein.
Und dass es dir mehr um dich geht als um die Beziehung.

Die Hoffnung , die hier zum Zuge kommt,
ist nicht absichtsvoll, nicht aufdringlich.
Sie rechnet mit der Freiheit des Andern.
Sie erwartet eigentlich nichts.
Sie erwartet nicht einfach ein Echo ..

Wenn ihr alles getan habt, was euch befohlen wurde, dann sagt: wir sind unnütze Sklaven, wir haben nur unsere Schuldigkeit getan..

Ein Leben aus dem Glauben zeigt sich vor allem an den Werken:
An dem, was getan wird.
Jakobusbrief.
Zeig mir deinen Glauben ohne Werke ...ein Glaube ohne Werke ist tot. Ich zeige dir meinen Glauben durch die Werke ..
**Wenn ihr alles getan habt, was euch befohlen wurde..
dann sagt, wir haben nur unsere Schuldigkeit getan..**
Ist es nicht so, dass wir unsere Erfüllung gerade darin erfahren,
dass wir tun, was getan werden muss.
Tu was du tun musst...
..was dir sozusagen – vom Beruf her, von der Situation her, von deinem Herzen her... befohlen ist.
Insgesamt steht doch jeder und jede im Dienst des Ganzen. ...jeder muss mitwirken am Heil der Welt.
An seinem Platz, an seiner Stelle..

A. Sinjawski:
Das Leben des Menschen ähnelt einer Dienstreise – es ist kurz und verantwortungsvoll.
Man kann nicht darauf rechnen wie auf einen ständigen Wohnsitz und sich große Möbel anschaffen.
Und es ist einem auch nicht gestattet, vor sich hinzuleben und die Zeit zu verbringen wie im Urlaub.
Es sind einem Fristen gesetzt und Talente zugewiesen...
Wir alle sind weder Gäste noch Gastgeber, weder Touristen noch Einheimische: Wir alle befinden uns auf einer Dienstreise..

Ich habe persönlich überhaupt nichts gewusst von dem letzten *Habsburger Kaiser Karl 1. von Österreich*.
Er wird heute seliggesprochen ! Das heißt: Man ist überzeugt, dass dieser Kaiser, diese Seele... in die Seligkeit eingegangen ist.
Wenn es da in unserm Evangelium heißt:
Wenn ihr alles getan habt, was euch befohlen wurde..
Dann denke ich an diese eine Lösung, die dieser jungen Kaiser angeblich über all sein Leben stellte: Nämlich sein Amt als Kaiser von Österreich anzusehen als eine hohe Berufung Gottes, in dessen Dienst er geglaubt hat zu stehen.
Zum Wohl und Heil der Völker von Österreich und Ungarn.
Ich will dir mit aller Klarheit sagen, wie ich es halte:
Mein ganzes Streben geht stets dahin, so klar wie möglich in allem den Willen Gottes zu erkennen und zu erfüllen und zwar so vollkommen wie nur möglich..
Das ist ein großes Bekenntnis, das er noch am Tag seines Todes zu seiner Frau Zita sagte: Tun, was getan werden muss..von mir..und wo ich erkenne, spüre, fühle, dass es notwendig ist und recht...

Hundert Mal am Tag sagen wir: **Ich muss** ...das oder jenes ..tun..
Es ist ein Befehlen, das wir an uns selber richten
und das doch eine Antwort ist auf die Notwendigkeiten,
die wir sehen.

Ich *muss a*ufstehen, ist schon am Morgen der Gedanke, der innere Befehl. Man *muss* dies und das tun heute..diese Woche...
...und dass es nicht zuerst auf das Ergebnis ankommt, auf das Resultat, sondern auf die Absicht.
Prüfe mehr den Wert deiner Absichten als den Wert der Handlungen.., *sagt er oft.*

27. Sonntag C 2013 Lk 17,5-10

Die Apostel bitten Jesus:
Stärke unsern Glauben..
Wenn ich an die ernsten Situationen denke, die uns in diesen Tagen begegnet sind: Das Sterben aus dieser Welt:
Von Evi, Frau Mittelberger, Rudolf, erst recht Julia (14 !)...
Da ist Glaube am tiefsten herausgefordert..
Stärke unsern Glauben... heißt da:
Stärke unsern Glauben, dass der Tod zum Leben führt..
dass der Tod die Türe ist, die sich öffnet ...
Kein Auge hat geschaut, kein Ohr gehört, was ich denen bereite, die mich lieben...
Julias tiefste Hoffnung, dass sie von einem schönen Ort aus uns zulächeln kann..

Dieses Wort: **Stärke unser Glauben...**
erinnert an Umfragen, mit denen man meint, den Glauben an Gott statistisch erheben zu können:
Aber der wirkliche Glaube wird bewiesen durch die Tat – und durch Leiden, was zur intensivsten *Tat* werden soll.
Jakobusbrief:
Zeig mir deine Glauben ohne die Werke und ich zeige dir meinen Glauben aufgrund der Werke...

Über das Große Vorbild des Glaubens, über Maria, Seine Mutter, sagt Er:
Schau auf Maria: Was hat sie gesagt? Man weiß von ihr nur wenige Worte. Sie sprach durch die Tat...durch ihr Tun.

Und was hat sie getan?
Still und bescheiden ihre täglich gewohnte Pflicht.
Und :
Es gibt viele, die ohne es zu wissen, mich kennen und zu meiner Familie gehören. Warum? Weil sie so handeln wie ich gehandelt habe..Am Tun erkenne ich, die an mich glauben..
die meine Stimme hören ..
Stärke unser Glauben
Glaube ist mehr als Rechtgläubigkeit.
Glaube ist Kraft zum Guten... ist Aufschwung zur Tat.
Glaube ist tiefste Lebenseinstellung,
und zwar nicht irgendeine, sondern die Christliche..
Und *christlich* leben heißt:
Auf je persönliche Weise die Haltungen von *Christus* fortsetzen,
Sein Leben fortsetzen...Ihn selber ...
an Seiner Stelle...
Wenn ihr Glauben hättet so klein wie ein Senfkorn,
dann würdet ihr zu dem Maulbeerbaum da sagen:
Heb dich samt den Wurzel aus dem Boden und verpflanze dich
ins Meer – und er würde euch gehorchen..
Ob Jesus nicht je uns selber meint mit dem *Maulbeerbaum..*
der aus seinen uralten Verwachsungen, aus eingefahrenen Mustern herausgezogen werden kann - und muss..?
In dem Sinn, dass man nicht hängen bleibt weder an äußeren noch inneren Gewohnheiten ..
(Wer an seinem Leben, d.h. an seinem Ich, seinem Ego ..hängt, wird es verlieren, wer es um meinetwillen verliert, wird es gewinnen.)
Das sind z.B. auch die ewigen Vorurteile gegen Andere, weil man sie nie wirklich kennt.
Allein der Schritt auf andere zu ...
Das Entschuldigen...
Die Nachsicht mit Schwächen und Fehlern.. .
Das Einsehen der eigenen...
Ist all das nicht ein *Verpflanzen* von dem Baum, der ich bin..?

Wenn ich an meine *Termingestaltung* denke:
Noch nicht lange her, da war fix *eingepflanzt:*

Am Samstag nehme ich keine Tauffeiern an und keine Hochzeiten -
wegen der Sonntagsvorbereitung..
Inzwischen kann ich auch da bereit sein,
wenn es den Familien so besser passt.
Ich bin ja *ledig.*
Christlich leben würde demnach heißen:
Beweglich sein , äußerlich und mehr noch gedanklich und
willensmäßig. Den eigenen Willen überwinden zugunsten des
Anderen und der Situation und damit zugunsten dessen,
was *die Liebe* – wie ich erkenne - von mir will.
Oder anders gesagt:
Mit dem Senfkorn des Glaubens Dinge tun können, von denen man
meint, dass man sie nicht kann....dass es unmöglich geht..
Die Frau, die nie geglaubt hätte, dass sie ihren kranken Mann einmal
pflegen wird können .. und das so lange..
Auch ein Unternehmen gründen hat etwas von diesem
Heraus aus den altgewohnten Wurzeln.
Heiraten und Familie gründen und Kinder haben..
ist eine radikale *Umpflanzung...aus dem Für sich Leben zum*
Leben für die Familie.
Aber später dann auch wieder das Loslassen-Müssen der Kinder ..
und mit der Pensionierung, das Loslassen des gewohnte
Arbeitslebens..
Ein Leben lang geht es darum, aufs neue absolut beweglich zu sein...
es zu *werden.*
Oder die Eheleute, die nach Jahrzehnten ihr Haus verkaufen,
sich damit eine kleinere Wohnung anschaffen
und es sich jetzt leisten können, früher aufhören zu arbeiten..
Die erwachsenen Kinder machen mit:
Wir brauchen das Eltern-Haus nicht...
Wir haben selber zum Wohnen..

Und dann das letzte Wort Jesu im Evangelium:
Wenn ihr alles getan habt, dann sagt: Wir sind unnütze Knechte...
wir haben nur unsere Schuldigkeit ..unsere Pflicht getan..
...haben unsern Part erfüllt für das *Heil der Welt,* so gut wir konnten.
jeden Tag, jede Stunde:

Als Eltern, als Vater und Mutter, als Chef, als Mitarbeiter, als Verwandter...
Er: *Wenn du alles getan hast, was du konntest, dann vollende ich es auf göttliche Weise. Man muss alles tun, was man kann, dann erst kann man unfehlbar auf Meine Hilfe zählen.*
Stärke unsern Glauben:
den Glauben, dass du nahe bist..unsichtbar und unfühlbar....
Stärke unsern Glauben, dass wir mit unsren Gebeten nicht ins Leere reden...und dass die Worte, wenn sie aus unserm Herzen kommen, ins Herz Gottes fallen...
Stärke unsern Glauben,
wenn Unglück und Leid uns treffen.
Glauben im christlichen Sinn heißt : Alles Menschenmögliche tun, um Leiden zu beseitigen oder zu mildern.
Aber *Glauben* heißt ebenso: Leiden annehmen als Leiden, das aus Gottes Hand kommt.
Da heißt es einmal:
Kannst du Gottes Führung bei allem was dir geschieht, erkennen? Nur im Hinblick auf das Ziel legt Er dir die Ereignisse auf deinem Weg. Glaube nicht an einen Zufall..
Du erkennst nicht immer Seine Hand.
Er lenkt dein Leben..Dein Kreuz, es kommt von Ihm..
auf dich zugeschnitten...

27. Sonntag C 2013 Lk 17,5-10

Die meisten von uns haben mitbekommen, dass heuer in *Lech am Arlberg* wieder dieses *Philosophen-Treffen* gewesen ist, diesmal unter dem Thema *Religion*.

In der Wochenzeitschrift *Die Furche* war dazu auch ein Artikel des Bürgermeisters von Lech zu lesen.
Die Worte des Bürgermeisters geben ein schönes Beispiel für das heutige Evangelium, wo es heißt:
Die Apostel baten den Herrn:
Stärke unsern Glauben!

Der Bürgermeister schreibt da :
Ich selbst bin ein religiöser Mensch. Für mich persönlich ist der Sonntag kein richtiger Sonntag, wenn ich nicht in der Messe gewesen bin. Der Sonntag und der Besuch der heiligen Messe gehören für mich einfach zusammen..

Ich möchte da jetzt gar nicht sagen:
Schaut her auf diesen Lecher Bürgermeister!
Nein - und es geht hier nicht zuerst um den Messe-Besuch.
Es geht um den Glauben,
um unseren Glauben, um meinen Glauben...um den Glauben unserer Kinder..um den Glauben des Bürgermeisters ...

Die Apostel baten den Herrn:
Stärke unsern Glauben..
Mitten in diese Philosophen-Riege hinein bekennt der Bürgermeister ganz einfach: ..Ich bin ein kirchlich religiöser Mensch.
Und das wird für ihn heißen:
Ich will mein Gottvertrauen bewahren und stärken –
auch im Gottesdienst: Mein Vertrauen in einen Gott, der im Letzten alles in *seiner Hand* hält...auch da, wo es im Leben stürmt.....
Oder – anders ausgedrückt:
Er: *...Glaube einfach an die Liebe eines allmächtigen Wesens , das von anderer Ordnung ist als ihr...Übergib dich seiner Allmacht..*
Stärke unser Glauben, bitten die Apostel.
Glauben heißt nicht nur in die *Kirche gehen,*
Glaube zeigt sich da, wo Menschen tätig sind und initiativ.…
oft ohne bewusst fromm oder gläubig zu sein.
In diesem Sinn sagt Jesus in unserm Evangelium dann:
..Wenn ihr alles getan habt, was euch befohlen wurde, sollt ihr sagen: Wir sind unnütze Knechte, haben nur unsere Schuldigkeit getan..
Zu diesem Tun, das uns befohlen wird, gehören unsere täglichen Pflichten.

In meinem geistlichen Begleiter heißt es :
Du weißt, mit welchen Gnaden ich eine gut erfüllte Standespflicht belohne - und welch üble Folgen es hat, wenn du diese Pflichten nicht nachkommst oder nur mangelhaft..
...Strebe also danach, deinen Gott in der richtigen Erfüllung deiner Standespflichten zu finden..

In der Zeitung gibt es ein Interview mit *Dr. Reinhard Haller:*
und es wird da gesagt von ihm, dass fast jeder Mensch in irgendeiner Hinsicht *süchtig* ist; nicht im Stadium der Krankheit,
aber alle die kleinen Süchte ziehen uns ständig ab von der richtigen Erfüllung unsere Pflichten ...
Das fängt schon bei den Schulkindern an:
Wie viele Ablenkungen und Zerstreuungen !
Man ist oft weit weg von den eigenen Aufgaben...
.. wenn ihr alles getan habt, was euch befohlen wurde, sagt: Wir sind nur unnütze Knechte...Wir haben nur unsere Schuldigkeit getan.
Dieses Wort zeigt auf, dass unser Glaube zwei scheinbar entgegengesetzte Seiten hat:
Auf der einen Seite treibt uns der Glaube an, z.B. alles zu tun für die Heilung einer schweren Krankheit (*wenn ihr alles getan habt..*)
Auf der andern Seite macht uns der derselbe Glaube bereit,
das Leiden anzunehmen...(*sagt: wir sind nur unnütze Knechte..*)
Auf der einen Seite drängt uns der Glaube(das Verbunden-sein mit Gott), uns anzustrengen, alles bestmöglich zu machen und erfolgreich zu sein...(*wenn ihr alles getan habt..*)
Auf der anderen Seite ist es derselbe Glaube, in dem wir das Scheitern unserer guten Absichten tragen als Wille Gottes
(*unnütze Knechte...des Herrn*).

Auf der einen Seite motiviert der Gottesglaube die Menschen,
die Welt mit großen Plänen verbessern zu wollen ..
und zugleich ist es derselbe Glaube, der antreibt, einfach die täglichen Pflichten zu erfüllen..
Auf der einen Seite also drängt uns der Glaube,
zum vielen Arbeiten ....*sechs Tage*..(*wenn ihr alles getan habt..*)

Auf der andern Seite zieht uns derselbe Glaube zurück ins Innere, ins Kontemplative.. in den *Sonntag*..

Wenn ihr alles getan habt, sollt ihr sagen, wir sind unnütze Knechte..

Es kommt vor, dass man zum Beispiel für einen Suchtkranken in einer Familie sich grenzenlos einsetzt und dabei selber kaputt geht... und man ist zutiefst traurig und verbittert, weil alle die Mühe keinen Erfolg gehabt hat; weil man sehen muss:
Ich bin/Wir sind gescheitert:
Der Sohn, die Tochter ...lohnen es nicht..
Aber da wird vergessen und ausgeblendet: Dass nicht alles von unserm Handeln allein abhängt..
Es war richtig und recht, dass man alles getan hat, was man konnte...Aber mehr ist nicht notwendig...ja mehr ist ein Zeichen von Unglauben, von Nichtvertrauen..
Aber wir sind nicht Gott , sondern *unnütze Knechte*:
Es gibt eine größere Macht, die mein Handeln vollendet -
in anderen, neue Bahnen lenkt.....

Wenn ihr alles getan habt, sollt ihr sagen : Wir sind nur unnütze Knechte..

Da beschäftigt mich dieser Tage , wenn ich die Nachrichten lese oder höre, diese Abschiebung einer Familie und vor allem der größerer Kindes, die hier aufgewachsen sind..und zu Einheimischen geworden…, die Muttersprache nur noch schlecht kennen...:
Man kann alles übertreiben, heißt es; auch den Gesetzesvollzug.
Dann wird es zu einem menschlichen Unrecht.
Für die Innere Ordnung zu sorgen, das ist das eine;
Die Situation des einzelnen Menschen das andere,
diese eine Tochter..z.B. die allerdings mit ihrer Drohung des Suizids genau das Gegenteil erreicht...

Was mich zornig machen könnte,
wenn dann solche Titel zu lesen sind:
Österreicher sind rundum zufrieden...
Zufrieden kann man doch nur wirklich sein,
wenn man beiträgt zur Gerechtigkeit und nicht weil der Kühlschrank voll ist und das Auto gut läuft..und das Monatsgehalt stimmt..

Selig, die nach der Gerechtigkeit dürsten...
auch wo es um je einzelne Menschen geht,
denen menschlich Unrecht geschieht..

Wenn ihr alles getan habt, was euch befohlen wurde, sollt ihr sagen: Wir sind nur unnütze Knechte..
Aber wann haben wir *alles getan*, was notwendig ist..und was wir tun sollen?
Da denke ich wieder an den Mann, den ich bis gestern
drei Wochen lang übernachten habe lassen.
Der Mann ist seit Jahren obdachlos und nicht fähig, einer Arbeit nachzugehen.
Der Alkohol hat ihn im Griff - seit Jahren.
Ins *Haus der jungen Arbeiter* passt er nicht...Da gäb es Zoff/Streit..
Und wenn man da anfängt, für einen alkoholkranken und arbeitslosen Mann nach einer Unterkunft zu suchen, zeigt sich einem bald, dass das schier unmöglich ist..
Sogar wenn das Sozialamt die Miete garantiert bezahlt.
Wie hat er gesagt:..
Wenn ich bei einem Vermieter anrufe, sind schon fünf, sechs Leute vor mir dort – und die haben alle einen Beruf...und gehen arbeiten..
und sind auch sympathischer als ich...
Seit gestern bin ich ihn wieder los, so muss ich es leider sagen::
Aber er hat selber gesehen, dass es hier auf Dauer unmöglich ist..
Wo er heute übernachten wird und morgen..?
Es wird sich etwas ergeben..
Gegen Abend ist jedenfalls der Alkohol schon wieder am Regieren - und die aggressive Empfindlichkeit..
Aber das musst du verstehen sagt er. Wie könnte ich so ein Leben ohne Alkohol aushalten..?
Wenn ihr alles getan habt, was euch befohlen wurde,
sollt ihr sagen: Wir sind nur unnütze Knechte..
...wenn man doch im Dienst eines Höheren steht:
Ist da nicht eine Grenze für das Tun gegeben,
so dass ich – bei Gott - eben nicht alles tun muss,
sondern nur, was mir befohlen...was mir möglich ist...

Du brauchst nicht mehr zu tun als du kannst…
*a*ber eben das…
und halte Abstand…
Wenn ihr alles getan habt, dann sagt:
Wir sind nur unnütze Knechte, wir haben nur unsere
Schuldigkeit getan..
Ignatius von Loyola sagt einmal:
..du sollst so handeln und tätig sein, als ob alles von dir abhängt…
..und du sollst glauben und beten, als ob alles von Gott abhängt..

Wir sind verantwortlich für unser Leben..und mitverantwortlich für das des Andern…
ja, wir Menschen *machen Geschichte,* wie man sagt..
Wir machen Geschichte im kleinen unseres einzelnen Lebens und der Familie…Und es gibt Menschen, die machen Geschichte im Großen..
Und doch : Im Glauben weiß der Mensch, dass Gott der Richter ist über alle, die Geschichte machen…
und dass Gott Der ist, der unsere Geschichte zu ihrem Ziel führt..
Wenn ihr alles getan habt, was euch befohlen wurde, sagt:
Wir sind unnütze Knechte..
Wir nehmen teil - unbewusst - bewusst - an einem unendlich großen Werk..Und jeder von uns spielt seinen Part für das Heil der Welt..
..soll spielen seine Rolle für das Heil der Welt.. indem jeder das Seine tut..
Wenn ihr alles getan habt, was ..
sollt ihr sagen: wir sind..
Ein Ehepaar, das noch keine Kinder hat, sagt:
Wir wünschen uns sehr eigene Kinder…
Aber wenn wir keine Kinder bekommen können,
dann werden wir nicht mit allen Mitteln Kinder beschaffen wollen..
Wir glauben, dass es eine größere Führung gibt und vertrauen
darauf, dass es so recht ist..dass es einen Sinn hat….
Wenn ihr alles getan habt, sagt:
wir sind nur unnütze Knechte, wir haben nur unsere
Schuldigkeit getan..
Tu das Deine , dann wirkt Gott das Seine..
…Er wird vollenden, was du begonnen hast….

Glaube, dass er ergänzen wird, was du nicht schaffst..
Vor allem : In schwierigen Angelegenheiten wirst du auf Ihn warten
und denken: *Ich vermag nichts mehr, aber er wird es machen...*
*Er kann alles...*Vor allem: Vertraue!
Er: Wenn du keinen Ausweg mehr findest, dann denke:
Er wird alles recht machen..
und bleib in seinem Frieden..
Wenn ihr alles getan habt, was euch befohlen wurde, dann sollt ihr sagen: Wir sind nur unnütze Knechte, wir haben nur unsere Schuldigkeit getan..
Du gibst jemanden eine ziemlich große Unterstützung
in dem sicheren Gefühl: Das muss ich jetzt tun...
dieser Mensch braucht das..
Später aber kommt Misstrauen auf:
Hat man dich angelogen? Bist du einem geschickten Betrüger
aufgesessen?
Das Misstrauen und Verdacht werden mächtig in dir und du sagst dir:
Nie mehr gebe ich etwas!
Das sind alles Betrüger!
Aber **wenn du also getan hast, was dir befohlen:**
und der Andere dich belogen hat...dich ausgenützt..
deine Hilfe missbraucht:
Du aber hast alles getan, was an dir gelegen hat:
Dann gibt es eine höhere Gerechtigkeit, der du vertrauen kannst..
so dass du letztlich nicht der Dumme sein wirst..
Wenn ihr alles getan habt, was euch befohlen wurde, sagt:
Wir sind unnütze Knechte ...
Ein Rabbi kniet im Bethaus und bittet Gott, er möge ihn doch endlich
im Lotto gewinnen lassen, worauf Gott ihm antwortet:
Aber du musst mir zuerst eine Chance geben! Gib deinen Tipp ab..!

28. Sonntag C 2010 Lk 17,11-19

Jesus will grade in ein Dorf hineingehen,
da kommen ihm 10 Aussätzige entgegen..
Manchmal kommt es vor, dass man ähnlich einem Aussätzigen
ins Abseits gerät..
Der Fremde..
Der von der Arbeit Ausgebrannte..
Das Mädchen, das von der Brücke springt..
Der behinderte Mensch...
Aber auch der Hoch-Angesehene kann in Einsamkeit geraten...
Der Gefängnisinsasse...

Aber eine tiefe, heillose Ich-Bezogenheit, eine naturhafte Ego-zentrik
macht jeden Menschen unfähig zur *vollkommenen* Gemeinschaft.
Als - in diesem Sinne - *sündige* Menschen sind wir alle gleichsam
Aussätzige..

Da rufen diese Aussätzigen :
Jesus, Meister, hab Erbarmen mit uns!
Wir alle haben zutiefst Grund, uns in die Reihe der Menschen zu
stellen, die damals Jesus um Hilfe angerufen haben...
Der blinde Bartimäus... der Vater der gestorbenen Tochter...
die Mutter des Besessenen... die Aussätzigen...

Wenn wir wirklich Glaubende sind, dann bitten wir Gott um Hilfe in
unseren Nöten, den äußeren und inneren Nöten:
Er: *Du bittest nicht genug! Bitte viel mehr...unaufhörlich,*
Du machst deinen Gott mit deinem Bitten glücklich....
du lässt ihn dein Vertrauen sehen mit deinem Bitten..
Erbitte, was du von dir selbst nicht erwartest…,
was du selbst nicht vermagst…,
die Überwindung einer Schwäche, eines Fehlers, einer Leidenschaft...
Bitte um den Geist der Nächstenliebe und der Gottesliebe.
Bitte für die Anderen...
Bitte für dein Land, bitte für die Völker..!

Und glaube, dass Er deine Hilfe sein kann und will..
Aber du musst darum bitten,
um empfänglich zu sein für seine Gnaden-Gaben.
Gott kann in seiner Barmherzigkeit deinem Bitten nicht
widerstehen...
Aber dann, sie sind noch unterwegs zu den Priestern, stellen sie fest: Der Aussatz ist verschwunden! Ich bin geheilt!
Und schon treten die alten Gegensätze wieder auf:
Die selbstgefälligen Juden trennen sich vom Samariter..
Sie kehren nicht um zu danken.
Sie sagen vielleicht:
Wir haben es verdient...Unsere Gebete haben gewirkt..
Oder sie denken gar nicht nach und sagen:
Hauptsache gesund.
Heute sagt man: Es war mein positives Denken...
Meine Selbstheilungskräfte ...
Die Kunst der Medizin...
Der Zufall...
Das alles ist nicht falsch.
Aber zu alldem glaube ich an einen Gott,
der *durch* den Zufall wirkt und *durch* die Hand der Ärzte
und *durch* meine eigenen Kräfte, die er mir verliehen hat...
Diese Heilung vom Aussatz war damals
wie eine Auferweckung vom Tod !
Das konnte so nur von Gott gewirkt werden.
Deshalb kommt der Samariter zu Jesus zurück.
Dass er sich niederwirft vor Jesus, ist ein Zeichen dafür,
dass er ihn als göttlichen Gesandten sieht..
Und erst diese Rückkehr zu Jesus:
Erst dieser Glaube an Gott ist die Vollendung der Heilung..
Erst da, wo der Mensch durch die Gaben den Geber,
durch die Schöpfung den Schöpfer sieht,
durch die Heilung den Barmherzigen...
erst da geht die Heilung tiefer...und vollendet sich.
Erst da geht die Heilung über ins Heil-*sein*...
in den Glauben an Gott..
und das auch unabhängig von einer äußeren Heilung..

Das ist die christliche Lehre vom Leiden:
Dass ich die ganze Wirklichkeit auch dort noch bejahe
und Gott auch dort noch danke, wo ich scheitere...wo ich leide....
wo ich sterbe..
Geheiligt werde dein Name...
Es kommt ja nicht darauf an zu überleben .
Auch nicht lange zu leben..
Es kommt darauf an, in dieser Welt Gott *darzustellen...*
mitten in der Vergänglichkeit das Leben, das Licht,
in der Entfaltung meiner Kräfte, meiner Gaben…
den Himmel zu *vergegenwärtigen...*Zeichenhaft....
und das auch noch im Kreuz, dem Symbol des angenommenen
Leidens...

Wir danken dir, das du uns berufen hast, vor dir zu stehen und dir zu dienen..
Religion heißt, dass das Universum sich in seinem höchsten
Geschöpf, dem Menschen, dankbar *zurückwendet* zum Ursprung ..
Das ist die Bedeutung der Sonntäglichen Eucharistie,
der *Danksagung.*
Er: *Danke Gott für deine Erschaffung, für deinen Verstand,
deinen Willen..die Vernunft...*
Danke für die Kommunionen, die du empfangen hast.
für die Liebe, die dein Gott in jede hineingelegt hat..
Danke Gott,
indem du an Ihn denkst, zu Ihm sprichst..
Er wird dir antworten..auf seine Weise..

Danke für dein Land, deine Familie, deine eigene Person..
für die Beziehungen, die dein Leben so reich machen..
Er steht dahinter...
Danke auch für das, was dir weniger gefällt..
Alles formt deine Seele ..
Danke dafür, dass du gewachsen bist in der Opferbereitschaft..
für den Mut, dich zu äußern...einzutreten für Andere..
für den Geist der Hingabe...

Danke für die große Freude von gestern oder heute..
Danke Gott dafür, so wie du es bei einem geliebten Menschen tun würdest. Er ist ja nicht nur der Bote der Leiden,
Er ist auch der Geber der Freude...
Er liebt eure Dankbarkeit..

Aber bedenke:
Die Zehn Aussätzigen schickt er zu den Priestern als noch nicht Geheilte. Erst nachdem sie vertrauensvoll da hin gehen ...
noch in ihrem Aussatz – erst da geschieht die Heilung..
Wenn also deine Bitten nicht gleich ...vielleicht lange keine Erhörung findet, dann... gehe deinen Weg voran - im Vertrauen darauf, dass die Bitte erfüllt werden wird..Wenn nicht auf Deine Art, dann auf eine für das Wohl deiner Seele weit bessere.

28. Sonntag C 2013 Lk 17,11-19

Erntedank...Jungbauern...
Thema Dankbarkeit..Danken..
Wenn wir also heute mit den Jungbauern und der Landjugend *Erntedank* feiern, dann muss ich heute auch etwas zum Danken und zur Dankbarkeit predigen.
Nachdem ja auch beide Lesungen aufs Danken zielen.
Und wir könnten noch dazu denken, dass alle echte Religion immer eine Umkehr zum Danken ist..

Danken, das tun wir, wenn wir etwas Schönes mit Bewunderung anschauen: Jetzt Eure schöne Dekoration !
Zugleich denken wir an die Wiesen und Wald und Feld..

Heutzutage sei der Mensch immer beim Planen und Machen und tät dabei das ruhige Anschauen verlernen.
Wenn man mit Kindern tagsüber in die Kirche geht,
dann machen sie uns aufmerksam auf vieles, was wir noch nie bewusst angeschaut haben
Danken heißt drum und zuallererst:

Alles, was ist und geschieht...bewusst wahrnehmen:
Er: Betrachte alle Dinge im Blick auf die Ewigkeit.

Danken heißt sehen, was dahinter steckt..
Die Opfer, die Hingabe...
Danken heißt:
Die Umstände sehen, in denen wir leben und reifen können.
Mein Daheim, das Leben in der Gemeinde,
mit den Schulen, mit den Bauernschaften, den Betrieben,
mit dem Bus, der jeden Morgen fährt..
Zu den Umständen von meinem Leben gehört
die Zeit, die mir gegeben ist, der heutige Tag..,
das Kreuz vom heutigen Tag..
meine Arbeit, das Schöne und das Schwierigere..
Aber warum danken für ein Kreuz? ..für das Schwierige?
Weil ich einzig dran wachse und reife .. hoffentlich !. .
Ja, danke mir oft. Ich gebe dir so viel.
Und könntest du mir auch danken, wenn ich dir Prüfungen
auferlegen würde? Du solltest es tun,
denn ich tue alles zum Besten der Seelen...
Oder - die Flüchtlinge auf der Flucht vor ihrem elenden Leben
jetzt viele aus Syrien...
Man könnte zornig sagen:
Wir hier halten Erntedank-Gottesdienste..
und schotten uns ab gegen die Armen auf der Welt..?
Deshalb: Erntedank darf man nur feiern,
wenn man sich sorgt um die nahen Nächsten
und die fernen Nächsten..
Trage Sorge um deinen Nächsten wie eine Mutter.
So dankst du mir für meine Sorge um dich,
sagt Er.
Da wird überhaupt deutlich, dass das Danken nicht allein mit Worten
geschehen soll, auf das Tun kommt es an !

Ein erfreulichster Ernte-Dank wäre,
wenn man danken könnte für manche *Ernte bei sich selber*... ;
wenn man bemerken könnte,
dass man opferbereiter geworden ist..
und hilfsbereiter...nachsichtiger ..und demütiger
als *früher*...
dass man sich freut an der Gemeinschaft...
dass man dankbarer geworden ist..
im Glauben ...und daheim und überall..

Und wie ist es mit dem *Dank zwischen uns*...?
Wie ist es mit der Dankbarkeit der Jungen an die Alten..
der Kinder an die Eltern..? Unsere Gesellschaft sei eine Gesellschaft
mit Ansprüchen...es wird gefordert und erwartet.. ..
und selber ist man enttäuscht, wenn einem niemand dankt..
Aber dazu Er:
Suche nicht die Belohnungen der Erde.
Wie schnell sind sie dahin...
...Suche mich und danke mir für alles, was dich glücklich macht..
Immer bin ich es, dein Gott...
Danke mir aber auch für Dinge, die dir weniger gefallen.
Das eine wie das andere ist die Weise meiner Liebe, deine Seele zu
formen..
Sage mir oft Dank.
Ich liebe diese kleinen, ganz einfachen Worte der Dankbarkeit..
und .. müht euch um den Glauben..
...So viele erfinden Vorwände, um die hilfreichen Ereignisse, die ich
ihnen sandte, dem Zufall zuzuschreiben.
Wäre es nicht wohltuender für euch, mir zu danken,
denn alles kommt von mir...
Gabrielle B. hatte an dem Tag eine große Freude erlebt.
Danke mir dafür, wie du es bei einem geliebten Menschen tun
würdest..
Ich bin ja nicht nur der Bote der Leiden und Schmerzen,
wie viele meinen.
Ich bin auch der Geber der Freuden, und ich liebe eure Dankbarkeit.
Sagt mir euren Dank..

In einer großen dt. Wochenzeitschrift
ist auf der letzten Seite eine Rubrik
mit der Überschrift:
Was mein Leben reicher macht..
Da beschreiben Leser kleinste Erlebnisse,
die ihr Leben reicher machen.
Genau das zeigt, was Dankbarkeit ist:
Zitate daraus:
- *Der Kranich-Zug an einem sonnigen Herbsttag:*
Hunderte von Vögeln in typischer Formation;
jeder im Windschatten des vorigen ...und einer,
der das Tempo vorgibt..
Morgens um sechs mit dem Hund im Wald.
Im Schein der Taschenlampe glitzern mir die Eiskristalle auf allen
Bäumen und Sträuchern entgegen..
Natürliche Weihnachtsbeleuchtung.

Der Blick in den Spiegel:
zarte neue Lockenhaare nach überstandener Chemotherapie..

Jeden Samstag und dennoch immer wieder unverhofft sagt mir mein
Mann, wie viele Wochen wir schon zusammen sind.
Ich freue mich auf die vierstellige Zahl!

Die Fußballspiele von meinen Söhnen, Wetten, Lesen, Schreiben,
gemäßigt Alkohol und die paar Jahre bis zur Pension..

Ich habe geschrieben: Dass ich viele Jahr schon meinem Zahnarzt
sehr dafür danke, dass er meine Zähne pflegt und hegt, als wären es
seine...

Was würden wir so wöchentlich schreiben .. zu dem Thema:
Was mein Leben reicher macht.. ?

29. Sonntag C 2016 Lk 18,1-8

In jener Zeit sagte Jesus den Jüngern, dass sie allezeit beten und darin nicht nachlassen sollten....
Die 33 chilenischen Bergleute sind also gerettet worden; heraufgezogen durch einen Schacht von ca. 70 Meter Länge in einer Kapsel.., nachdem man zuvor diese 700 Meter hinunter gebohrt hat in diesen Schacht...
Die Lage dieser Bergleute in den eingeschlossenen Hohlräumen da unten: Das ist ein Bild für uns Menschen in dieser Welt, in diesem Erdenleben…, wo aber von Anfang an das *Gerücht* geht, dass es *jenseits* dieses Universums eine vollkommene Wirklichkeit gibt, die man Himmel nennt und dass von dort her Verbindungen sind zu den Menschen in dieser Welt hier *unten*..
Und vor allem dies:
Dass einmal – zur *Fülle der Zeit*...
Einer sich heruntergelassen hat durch diesen Schacht…,
um die Menschen einzuladen, an diesen hellen Tag *Oben* zu glauben..
und sich schließlich in der Kapsel von Ihm hinaufziehen zu lassen...
von Ihm, der als erster – und als letzter - *hinaufgezogen* wurde..

Wird jedoch, der Menschensohn wiederkommt, auf der Erde noch Glauben vorfinden..?
Was heißt Glauben?
Im Glauben an Gott glaube ich, dass *längst,* ehe ich von einem Gott *weiß,* dieser Gott *mich weiß*...
Glauben heißt – mit dem Psalm-Beter - zu diesem Gott sagen:
Ob ich sitze oder stehe, Du weißt von mir...
Er kann nicht weniger sein als der Mensch, als ich und du..
Er ist Jemand...zu dem wir Du sagen..
Und wenn mein Gewissen mich auch anklagt:
Gott ist größer als mein Herz und er weiß alles..

Der Glaube an den Gott von Jesus treibt uns an, alles zu tun,
um Leid und Not zu beseitigen und zu mildern..
derselbe Glaube aber macht mich bereit, das Leiden aus Seiner *Hand*
anzunehmen..

Der Glaube motiviert, dass wir uns anstrengen für unsere Aufgaben,
Gleichzeitig aber gelassen sein können und gleichmütig gegenüber
den Ergebnissen, wenn die Anstrengungen nicht den erwarteten
Erfolg haben. Denn dieser Gott schaut auf das Herz. .

Der Glaube lehrt uns, dass Gott in Allem ist ..und dass Alles in Gott.
Und dass Gott jenseits ist, außerhalb der Welt, im Himmel.

An Gott glauben, das beginnt schon damit, dass ich theoretisch sage:
Es ist möglich oder wahrscheinlich, dass es einen Gott gibt....

Wenn aber Jesus heute sagt:
dass wir **allezeit beten sollen und darin nicht nachlassen**:
dann ist das noch einmal etwas ganz anderes als *über* den Glauben
und *über* Gott zu reden...oder *über* die Kirche ....

Wenn jemand nicht nur *über* Kirche und Glauben spricht,
sondern zu Ihm selbst: Dann ist Gott für ihn mehr als eine
Möglichkeit im Sinne von ..*Wenn es einen Gott gibt...*

Ein Heiliger unserer Tage *(Charles de Foucault) h*at aber sogar noch
seine Zweifel ins Gebet gebracht und gebetet:
Wenn es Dich gibt, Gott, dann zeig mir, dass Du bist..
und was und wie Du bist..

Der hartnäckige Theoretiker bleibt stolz *außerhalb d*es persönlichen
Glaubens. Man kann in einem theoretischen Sinn *glauben* und
argumentieren:
Dass die Existenz Gottes zwar nicht beweisbar ist..
dass man aber auch nicht beweisen kann, dass es keinen Gott gibt…

Für den aber, der einmal *eingetreten* ist in das Beten, der kann nicht an Gott zweifeln, zu Dem er spricht…, mit Dem er in persönlichster Beziehung leben lernt..

Das Leiden in der Welt und die Katastrophe und das Unglück und den Tod, ja auch das Böse selbst..
das alles ...gehört zu dem Prozess, den Er in Gang gesetzt hat und den Er auch über die Leiden und das Böse zu Seinem Ziel führt.
Der Glaubende Mensch glaubt das.
Und er glaubt dabei nicht nur, dass Gott der Schöpfer des Anfangs war. Er glaubt, dass die Schöpfung ständig im Gange ist...
(creatio continua).
Wird jedoch der Menschensohn, wenn er kommt,
auf der Erde noch Glauben finden..?
Es gibt das Wort von Jesus, dass die Samenkörner des Glaubens erstickt werden durch die Dornen auf dem Weg,
also durch den Reichtum und den Wohlstand der Menschen...
wo sich viele irdische Wünsche erfüllen für den Menschen..
Das ist so ähnlich wie in den Märchen:
Wo der Mann und die Frau sich alles Mögliche wünschen .
Aber wo sie es dann bekommen,
müssen sie enttäuscht merken: Es ist doch nicht das Richtige..

Die Reichtümer und Sorgen dieser Welt ersticken den Glauben, ersticken das *Richtige*.
Eine Schlagzeile sagt:
Der Zustand der Erde ist alarmierend..
Die Welt lebt weit über ihre Verhältnisse..
Die Menschen verbrauchen pro Jahr schon bald um die Hälfte mehr als die Erde in einem Jahr hergibt...
Der Welterschöpfungstag ist jetzt schon im August.
Wo es kein Inneres Leben gibt, keinen Glauben,
da lebt die Welt heillos über ihre Verhältnisse..
Da sucht der Mensch im Materiellen(im Äußeren) sein Glück:
eine Parodie von Glück.
Und deshalb ist der Zustand der Erde bedrohlich..
Das ist die Folge des Zustandes der Seelen der Menschen..

Sollte man also auf Armut hoffen..?
Sollte man Not herbei wünschen,
dass das Beten wieder kommt...und der Glaube...
nach dem Spruch: *Not lehrt Beten*...?
Aber der christliche Glaube ist es doch, der motiviert,
gegen Not und Armut anzukämpfen..
Ist die Not jedoch beseitigt, dann wäre das nicht günstig für den
Glauben, wenn allein die Not das Beten lehrt..
Ausweg aus dieser Zwick-Mühle?
Es könnte sein.. und so ist es auch:
Dass Menschen, wenn sie mit den irdischen Gütern gesättigt sind,
entdecken, dass sie trotz oder wegen der vielen Güter innerlich leer
geblieben sind und von diesem Tiefpunkt an neu sich dem Höheren,
dem Geistigen zuwenden..
So kann es sein, das Europa wieder erstarkt... und dass es - durch die
Krisen - zu einer neuen Blüte des Glaubens kommt.
Aber aufs Ganze der Geschichte gesehen:
Da lehrt uns Die Offenbarung, dass das Christentum vor dem Ende
nicht als Sieger dastehen werde, sondern schwach und verfolgt. ..
Erst mit dem Ende selbst zeige sich, dass das Gute immer schon
siegt und dass Gott nie aufgehört hat, Gott zu sein.
Jesus sagte den Jüngern durch ein Gleichnis,
dass sie allezeit beten und darin nicht nachlassen sollten..
Ich denke: Wenn uns bewusster wäre, was Gott ist,
dann würden wir viel öfter an ihn denken..und Ihn immer mehr
einbeziehen in unser alltägliches Leben..
Wir würden in den Zufälligkeiten und im Alltäglichen auf einmal
das Wunderbare sehen.. das Einmalige...Seine Führungen..

Aber - wie kann die Wirklichkeit Gottes bewusster werden? ..
Wie kann man sehen, was unsichtbar ist..?
Durch Beten.
Durch das gelernte und vorgeformte Beten
und das intime Beten jedes Einzelnen... jeder Seele
in ihrer je unvergleichlichen Beziehung zu Gott..

Was muss gesagt werden zum Beten…?
Dass es nicht nur möglich ist, sondern eine heilvolle Tat der
Nächstenliebe, wenn der eine stellvertretend für den anderen betet..
Mütter und Großmütter für ihre Kinder..
Heimgegangene für die, die noch auf der Erde sind..
und die Letzteren (wir) für die, die nicht mehr hier und noch nicht
dort.
Und – wenn es heißt, die Liebe zeigt sich in den Opfern:
Beten, das ist schon ein Opfer..
Er: *...dass Gebete nicht bloß aufgesagt werden sollen*
wie eine Zwangsarbeit, sondern als liebenswerte, immer neue Worte
und Mitteilungen..
Beten könnte man auch bei der Arbeit ..
Gott schweigend anschauen ist Beten.
Sei sicher, dass du deine Zeit nicht vergeudest,
wenn du mich anschaust..wenn du Du zu mir sagst..
Das alles ist Beten.
Was mich traurig macht, das ist das fehlende Zwiegespräch zwischen
Schöpfer und Geschöpf..
Das alles sagt Er.
Aber was ist mit all den Menschen, die nicht beten,
weil sie nicht beten *können*...?
Da gibt es *zum einen* diese wunderbare Bitte an einen Anderen,
der beten kann: Dass er für mich, für uns beten möge.
Die Ordensschwester…und vor allen Maria: *Bitte für uns Sünder..*
Christus selbst, die Kerze, die hinten in der Kirche angezündet wird.
Und dann erinnern wir uns den *Heiligen Christopherus:*
Der hatte zwar einen tiefen Glauben an Gott in seinem Herzen
gefunden, aber er konnte nicht beten.
So wurde es sein Gebet, dass er die Leute über den Fluss getragen
hat..
Was dieses Verhältnis von Beten und Tätig-sein angeht,
wird aus Erfahrung gesagt:
Ein Mensch, der nicht kontemplativ, nicht innerlich ist,
der sollte möglichst wenig zu entscheiden haben,
weil er von den Dingen und den Menschen befangen ist...
auch von sich selbst ..und seinem Ehrgeiz und der Gewalt ..

Dagegen soll ein Mensch, der in der Haltung des Gebets lebt,
viel zu entscheiden haben und handeln, weil er in Besonnenheit
entscheidet und mit Weitblick - und ohne wilde Emotionen...

30. Sonntag C 2007 Lk 18,9-14

..erzählte Jesus einigen, die von ihrer eigenen Gerechtigkeit überzeugt waren und die Anderen verachteten, folgendes Gleichnis..
Mit einem ersten Gedanken möchte ich das Evangelium vom
Pharisäer und Zöllner auf den gestrigen *Nationalfeiertag* anwenden,
also auf Österreich und *uns Österreicher* . (Ich will, dass es auch
künftig *Nationalitäten* gibt..!)
Wir haben ja viel Grund, uns zu freuen an dem Land und zu danken
für die Heimat....Aber total verkehrt wäre es, wenn wir mit dem
Pharisäer beten würden:
*Gott, wir danken dir, dass wir nicht so sind wie die andern Völker,
die Russen, die Italiener oder die Griechen und die Serben...*
Zu einem geistigen, d.h. christlichen Patriotismus gehört ,
dass Menschen anderer Nationen und Vaterländer als gleich würdig
erkannt und geehrt werden: Ob in *ihrem* Land oder hier *bei uns.*
Unser Dank aber soll darin bestehen, dass wir – ich möchte sagen –
mehr in unser Land hineingeben als herausholen .

Das Evangelium vom Pharisäer, der sich selbst *erhöht* und dem
Zöllner, der sich selbst *erniedrigt,* zeigt sich freilich tausend Mal im
Zwischenmenschlichen Leben..
Wir haben beide *Typen* in uns selber.
Den Pharisäer, wenn man z.B. als Einheimischer geneigt wäre,
den Fremden spüren zu lassen, dass er hier der *Fremde* ist .....
Besonders bei Menschen, die jetzt zurecht Asyl suchen .

Dieses Bewertungs-Gefälle von *Oben nach Unten*
gibt es auch zwischen solchen, die (quantitativ) *viel arbeiten* und
solchen, die weniger arbeiten oder *arbeitslos* sind...bis zu den
Pensionisten.

Und wie ist man in diesen Tagen geneigt, in der hier bekannten
Testamentsaffäre die Verdächtigen oder Schuldigen öffentlich zu
verachten..
Mobbing ist eine Situation, wo einzelne unter der Verachtung
Anderer zu leiden haben.

Was will Jesus sagen mit diesem Evangelium..
Der Pharisäer, auch verstanden als *Hang* in uns selber:
Er hat in seiner hochmütigen Selbstbezogenheit die Nächstenliebe
noch nie wirklich gefunden.
Er sieht in den andern eher *Gegenstände* als Mitmenschen…

Vor allem:
Als Religiöser meint er, Gott sei ein Gott, dem man gefallen könne
als ehrgeiziger Einzelkämpfer..
Er meint, man könne diesen Gott ehren in eifriger Gesetzes-Moral,
zusammen mit Gleichgesinnten, die sich auch erhaben wähnen über
die *Sünder..*

Aber dieser Gott ist ein Gott, der sagt :
Was du einem deiner geringsten Nächsten getan hast –
das hast du mir getan – oder nicht getan..
So wie du mit einem Nächsten umgehst, so gehst du mit deinem Gott
um..Denn es heißt: Der Schöpfer lebt in seinen Geschöpfen ...
Er lebt in deinem Nächsten.
Und er sagt: *Ihr seid füreinander verantwortlich...*
Und er sagt: *Verachte nie einen Menschen,*
auch nicht den größten Sünder...
Er kann umkehren und ein anderer Mensch werden
voller Nächstenliebe.
Dann wird er weit höher sein als du im Reich Gottes...
So wie der Zöllner, der im Unterschied zu dir - geheilt, ja erlöst
nach Hause geht !
Und noch etwas sagt Gott .
Die Menschen mögen doch kommen und bei mir eintreten
und sich so vor mich stellen - so wie sie sind.. ..
So wie sie sind.

Das hat Jesus mit der Gestalt des *Zöllners* sagen wollen:
Der ist eingetreten in den Tempel und hat sich Gott und den
Menschen so gezeigt, wie er ist.. ohne Rücksicht auf Verluste..
Sei mir Sünder gnädig..
Auf *Julias Handy* konnte man lesen ihre letzten Worte:
Wir wünschen uns das Wohlwollen der Anderen,
wir sehnen uns nach Zuneigung..
Sie war grade vierzehn Jahre alt und hat sich von der Hoch-Brücke in
den Tod gestürzt.
Das sagt uns auch Jesus mit dem heutigen Evangelium:
Ihr könnt euch nur entfalten im gegenseitigen Wohlwollen ...
indem ihr nicht stehen bleibt bei den Fehlern der Andern und den
eigenen..
Diese Woche bin ich wieder einmal seit langem
von der Polizei aufgehalten und kontrolliert worden.
Wenn ich sonst gesehen habe, wie andere Autofahrer von der Polizei
aufgehalten werden, habe ich *pharisäisch* gedacht:
Der ist sicher zu schnell gefahren. Recht geschieht ihm...
Aber diesmal bin *ich* zu schnell gefahren...und es ist *mir* recht
geschehen..und habe gemerkt, wie das ist, wenn du von einem
Polizisten streng amtlich angesprochen wirst...
und da nicht den *Herrn* spielen kannst...und sagen:
Ich bin der Pfarrer von Alberschwende, was erlauben Sie sich..!
Nicht dass ich einen Polizisten mit dem Lieben Gott vergleichen
will. Aber ein kleines Bild dafür ist er doch, wenn da der Prophet
Sirach von Gott sagt:
Der Herr ist der Gott des Rechts, bei ihm gibt es kein
Begünstigung. Er ist nicht parteiisch gegen den Armen..
...so wie der Polizist (in einer Demokratie) keinen Unterschied
machen darf zwischen Reichen und Armen..zwischen Pfarrern oder
Politikern ..
Und ein wenig bin ich dann noch dem *Zöllner ä*hnlich geworden:
Ich habe mich klein gemacht und habe meine Sünde des Zu schnell
fahren ohne weiteres zugegeben ..
Daraufhin war der Polizist mir *gnädig* (vgl Lieber Gott) - ich musste
nichts zahlen..! Fuhr *geheilt* nach Hause..

30. Sonntag C 2010 Lk 18,9-14

..In jener Zeit erzählte Jesus einigen, die von ihrer eigenen Gerechtigkeit überzeugt waren und die anderen verachteten.. Ich habe diese Woche ein Interview gehört mit einem Schriftsteller und da wurde ein ziemlich selbstherrlicher Trennungsstrich gemacht zwischen den vielen Menschen, die in *Ruhe gelassen* werden wollen, ihr *bürgerliches* Leben sichern, ihren Urlaub haben, ihren Monatsgehalt...und nicht *denken* wollen und nicht sehen, was sich abspielt unter dem Vorhang der Oberfläche..

Und auf der andern Seite die Künstler, die Intellektuellen, die Gebildeten.., die oberhalb und außerhalb stehen und aus ihrer Höhe die Vielen beurteilen, die in ihren bürgerlichen Gewohnheiten dahinleben...

Es ist eine Versuchung des Intellektuellen und auch des religiösen und dann des gebildeten und tugendhaft lebenden Menschen, von seiner Überlegenheit überzeugt zu sein und zugleich in eine gewissen Verachtung Anderen gegenüber zu verfallen, die – wie er meint - nur dem *Konsum* gehören und der billigen *Unterhaltung* und insgesamt einem *materialistischen Leben...*

Da hat mir ein kleiner Aufsatz sehr gut gefallen von einem Vorarlberger Schriftsteller—Wolfgang Hermann - in der Neuen - im Lokalteil...

Wie er da eine alte, ehemals bekannte Ortsperson, die *Mich-Ilse* von Wolfurt oder Schwarzach auf dem Fahrrad sieht und mit Liebe seine persönliche Erinnerung an diese örtlich berühmte Person erzählt....

Und dann eine leise, aber gerechte Kritik übt gegenüber denen, die, wie er schreibt, Wagen für Wagen an ihr, dieser Mich-Ilse auf ihrem Fahrrad, vorbei drängen und dabei kein Auge für sie haben, - auch darum, weil jeder dieser Autofahrer beim Fahren in sein Mobiltelefon hineinreden muss.

Was auch mich zum Schimpfen verführt, wenn ich es sehe:
Weil ich unterstelle, man wolle so nach außen zeigen, wie wichtig man es habe und sei...oder weil man nichts versäumen will..

Freilich: Es gibt auch umgekehrt seitens der *Kleinen* und auch junger Extremisten diese selbstgerechte Verachtung und Aversion gegen die Höheren, gegen die Gescheiten, gegen das sogenannte Establishment, gegen die Manager, gegen die Politiker ..

Jesus erzählte ein Gleichnis einigen, die von ihrer eigenen Gerechtigkeit überzeugt waren und die andern verachteten...
Dieser Tage habe aber auch ich – es ist nicht christlich - meine ganze Verachtung ausgelassen habe über diese Serbenführer Mladic und Karadcic, die jetzt auch noch als Helden sich erhöhen und erhöhen lassen in ihrem Land. ..
Und ist nicht dieses radikal aufrichtige Wort von der Europa-Kommissarin Palacio begreiflich, wenn sie sagt:
Sie hoffe, dass Fidel Castro bald sterben wird,
weil er Volk und Opposition mit Gewalt, auch mit Morden unterdrückt habe..und viele Kubaner im Exil leben müssen..
Ist da nicht Verachtung gerechtfertigt, ja geradezu gefordert..?!
Und wer da nicht verachtet, der ist ein stumpfsinniger Mensch, dem alles gleich ist...oder ein Frömmler, ein gekünstelter Moralist, ..nicht mehr fähig, eine *natürliche* Reaktion auf Unrecht zu empfinden.

Wie mächtig war dieses **Gefühl der *Verachtung*** beteiligt bei einem an sich kleinen Ereignis mit diesem einen Schüler in einer oberösterreichischen Schule:
Der Beschreibung nach ein schwieriger Bub,
ein kleiner Tyrann in der Klasse, den die Lehrerin nur schwer ertragen konnte. So schwer, dass sie ihn eines Tages – in einer sehr schwachen Minute - der *Verachtung* aller preisgegeben hat !
Die ganze Klasse sollte ihre Verachtung gegenüber diesem *Kerl* zum Ausdruck bringen, indem sie ihn einmal alle *hauen* sollen – wobei das wohl ziemlich symbolisch abgelaufen sein muss, weil der Bub einen Tag später recht gesund drein geschaut hat.
Natürlich – wir empören uns und rufen:
Das ist ja unmöglich!
Diese Lehrerin gehört sofort suspendiert !...
Der arme Bub..das arme Kind..!

Inzwischen ist die Lehrerin ihrerseits zum Objekt
der *öffentlichen Verachtung* geworden...
Aber es gibt Situationen, wo beste Pädagogen und Erzieher und
Eltern versagen, die Geduld verlieren, explodieren, ausrasten ..sogar
hassen.
Vielleicht aber, ja hoffentlich ist dem kleinen Tyrannen das *eine*
deutlich geworden wie noch nie:
Sie mögen mich nicht..., sonst hätten sie sich geweigert, der
Aufforderung der Lehrerin zu folgen...
Und: *Es hat eine Grund, dass sie mich verachten.*
Ich muss mich ändern, damit sie mich mögen..und mich achten
können und nicht mehr verachten ...

Und der Lehrerin ist wohl aufgegangen, wie schwach sie und wir alle
noch sind. Wie sehr ihr für schwierige Kinder noch die Liebe fehlt ...
ja, die Kraft der *Feindesliebe!*
Wie sehr fehlt die uns allen!
Da wird geforscht /ein Projekt über und mit Menschen, die zu
Mördern geworden sind.
Und es ist dazu von dem Psychiater R. Haller gesagt worden, dass in
jedem Menschen die schlimmsten Abgründe, die verheerendsten
Anlagen verborgen sind:
Wie dankbar müsse man sein, wenn man nicht in Konflikt und
in Auseinandersetzungen, in Kriege..persönliche und
politische..hineingezogen wird, wo man möglicherweise jemanden
schlägt, verletzt, entwürdigt, erniedrigt, ...oder gar tötet.

Begegnung.
Was rettet und was bewahrt vor dieser Verachtung..(die ja übrigens
auch eine strukturelle Verachtung sein kann..)
(Paulus: Einer achte den andern höher als sich selbst....schätze ..ein.)
Was uns rettet und herausholt und *heilt* aus dem Verachten..:
Das ist ganz sicher die Begegnung.
Die unmittelbare, direkte Begegnung mit dem, den wir verachten...
In der Begegnung verschwinden die Feindbilder, die Einbildungen...

In der Begegnung wird uns unmittelbar und gefühlsmäßig bewusst,
dass wir *Ebenbürtige* sind; ..dass es eine ursprüngliche
Verwandtschaft zwischen uns allen gibt.

Verachtung..
Im Zusammenhang mit der Frage, ob die Türkei auch Mitglied der
Europäischen Union werden könne und solle oder dürfe..
ist auch eine herablassende Einstellung seitens der Westeuropäischen
Länder und Völker wahrzunehmen.
Auch gegenüber den osteuropäischen Ländern wie Rumänien oder
Bulgarien oder Serbien und überhaupt gegenüber dem *Balkan*.
Und wenn man auf die Starrsinnigkeit und Selbstgerechtigkeit etwa
serbischer Nationalisten schaut, -
und sieht, wie Kriegsverbrecher Mladic und Karadcic als Helden
geehrt werden und ihre Selbstrechtfertigungen in Büchern schreiben:
Dann ist man schon sehr geneigt, solche Volksgruppen insgesamt zu
verachten, dabei allerdings sich selbst zu überheben als wahrhaft
gerecht und vornehm und gebildet...
Diese nationale Selbstgerechtigkeit und zugleich untergründige
Verachtung anderer Länder oder Völker oder Sprachangehöriger,
ja anderer Kulturen :
Das ist wohl immer eine Folge davon, dass man entweder selten oder
nie selber einmal ein *Fremder (ein Ausländer)* war im Ausland..
Und es ist das Symptom eines Bewusstseinsmangels
und zugleich Glaubensmangels, Glaubensschwunds...

Wirklich gläubige Menschen sind sich bewusst, dass der andere
immer unendlich mehr ist als seine Außenseite.
Es ist die gläubige Nächstenliebe.
Die Nächstenliebe Gottes, die im Menschen lebt,
die Menschenfreundlichkeit Gottes...

Sie zeigen Gastfreundschaft und Mitmenschlichkeit jedem Menschen
gegenüber; auch wenn er ein Fremder ist und auch, wenn sie selbst
gar keine Welterfahrung im äußeren Sinne haben.
Aber sie wissen es aus ihrem Glauben,
dass Gott der Schöpfer und Erlöser aller und eines Jeden ist:

Sie sehen in jedem Menschen ein *Kind Gottes*; sie sehen jeden Menschen sozusagen von Gott her..
Und wissen sich selbst hineingestellt in das Gemeinsame Leben – wie jeder andere.

Achtung
Jesus erzählte einigen, die von ihrer eigenen Gerechtigkeit überzeugt waren und die andern verachteten..
Es geschieht, ja es passiert uns so leicht, auf versteckte Weise ein wenig *verächtlich* zu denken und reden über Andere.
Das kommt wohl daher, dass wir einander nur von Außen her sehen.. und damit die Anderen immer äußerlich beschreiben (können) .

Dass wir einander beschreiben können wie man einen Gegenstand, ein Ding beschreibt: Wo der andere wohnt, wie alt er ist, welchen Beruf, ob verheiratet oder ledig oder geschieden.. Und da können wir schon hineinrutschen in eine Herabminderung, in ein Beurteilen, Wenn es dann noch heißt: *Er/Sie ist geschieden ...*
Oder es hat ein Mitmensch dies oder jene Schwäche, vielleicht eine Sucht....Wie leicht wird das zu einem Mittel, die Betroffenen, wenn auch nur versteckt, zu mindern, herabzusetzen..
Datenschutz..??
Natürlich ist ein Fragen und Reden über die Mitmenschen , über seine Daten und seine Geschichte und seine Situation an sich überhaupt keine Herabminderung oder gar Verachtung.
Das kann – und möge es auch sein - im Geist einer letzten Achtung und im Bewusstsein der Würde, der Größe , der Geschwisterlichkeit...

Aber es ist so leicht passiert, dass über einander auf grobe, auf unnoble, unfeine Art geredet wird..
Das kann beginnt damit, dass Schulkinder einander mit dem nackten Familiennamen anreden:
He, Gmeiner,...He du, Mathei.. He, Bereuter!
Das erleben wir als eine gewisse Erniedrigung..
Es kann auch ein rein amtliches Umgehen mit einer Person eine Form von Entwürdigung und Verachtung sein.

(Wir haben deshalb auch gewisse Hemmungen, uns selbst zu beschreiben; in einer Runde uns vorzustellen.)

Die zwei entgegengesetzten Gebete des *Pharisäers* und des *Zöllners*:
Danke Gott, dass ich nicht bin wie die anderen..
So direkt sagen wir das natürlich nicht.
Aber wir vergleichen uns ständig: Wir vergleichen uns in dem , was wir besitzen, was wir Geld verdienen, wie hoch wir gesellschaftlich gestiegen sind, wie groß das Auto ist, das Haus, ob studiert oder nur Arbeiter ..Angestellter..

Was für ein tiefer Abgrund zeigt sich da zwischen dem einen Menschen und dem Anderen.
Was für eine Selbstüberhöhung!
 Einmal ganz abgesehen von einem völlig kindischen und heidnischen Gottesbild des Pharisäer-Typen.
..dass ich nicht so bin wie die anderen..
dass ich besser, tugendhafter und gottgefälliger bin als diese Anderen.

Gescheiter, intelligenter, einflussreicher..
Aber hier muss erinnert werden:
Kein Mensch kann sich mit dem andern vergleichen.
Kein Mensch ist im Innersten vergleichbar mit dem anderen.
Weil Seelen immer und wesentlich einzig sind und nicht klonbar.

Der einzige, mit dem sich der Mensch wirklich vergleichen kann und soll, das ist Gott selbst. Er ist das Ideal. Er ist die Vollkommenheit, zu der der Mensch aufsteigen soll.
Er ist der innerste Maßstab in jedem.
Eigentlich ist dieses Evangelium ein Evangelium der wahren Nächstenliebe.
Und der Geschwisterlichkeit aller.
Es ist das Evangelium der Einheit aller, der Familie aller Menschen - (Welt-Mission..!)Diese Einheit, diese innerste Verwandtschaft zeigt sich anfanghaft
im Gebet des Zöllners:

Gott, sei mir Sünder gnädig!
Dieses wunderbare Wort, das Jesus dem Zöllner in dem Gleichnis in den Mund, ins Herz legt ..
Hier, in solcher Selbsterkenntnis, solcher Erkenntnis der eigenen Überheblichkeit und der Notwendigkeit der Umkehr, ist immer zugleich die Heilung einer Gemeinde:
Wenn der Einzelne Mensch selbst sieht, wie er ist.. und ein besserer Mensch werden will..
Und immer ist dieses Ziel gerechtfertigt.
So gesehen sollten wir nicht zu oft vor dem Spiegel am Morgen sagen, was uns kürzlich Gottfreid Feurstein empfohlen hat:
..Ich bin zufrieden mit dir...
Gott, sei mir Sünder gnädig!
Das ist nicht bloß eine Formel für diese Figur des Zöllners:
Es ist eine tiefe, existenzielle Selbsterkenntnis.
Die radikale Erkenntnis der eigensten Falschheit und Schlechtigkeit - vielleicht nur schon anhand eines einzigen Fehlers, der uns sehen lässt unsere Begierden, unsere Missgunst, was den Erfolg anderer betrifft.

Unseren Ehrgeiz, unsere Selbstgerechtigkeit,
wie kalkulierend, wenn es um den Einsatz geht für Gerechtigkeit, für eine Hilfe..; wie wenig mitfühlend, wie rechthaberisch, wie unbelehrbar, wie aggressiv und unfreundlich, wie geldgierig, .. wie gering die Nächstenliebe..
Wie verächtlich über andere...

Gott, sei mir Sünder gnädig..
Erst in einer wirklichen Erkenntnis Gottes.., in einer Erkenntnis des *Heiligen* erkennt der Mensch seine Falschheit.. seinen Hochmut..

Deshalb:
Wer sich selbst erhöht, wird erniedrigt .
Heute ist in der Zeitung noch einmal eine Darstellung des Sturzes von diesem uns allen bekannten *Fidel Castro*:
Wie der Diktator von Kuba nach einer einstündigen Rede plötzlich auf ebenem Boden hinfällt und sich Kniescheibe und Arm bricht.

Es ist geradezu von höchster symbolischer Dichte,
dieses Bild und diese Nachricht von dem Sturz eines Mannes,
der zumindest in Kuba sich als eine Art Herrgott ehren lässt.
Je höher und je gewaltsamer sich jemand erhöht, umso auffälliger
sein Sturz.

Und tausend Mal geschieht das jeden Tag: Dass ein alter Mensch
körperlich stürzt. Auch uns, die wir hier noch sicher stehen, wird das
zustoßen, wenn es im Kopf sch*windelig wird*...
Allein das körperliche Stürzen, das *Hinfallen* ist
die Erfahrung einer *Erniedrigung..!*
Hoffentlich hat es niemand gesehen, dass ich hingefallen bin,
denken wir zumindest anfangs..,
wie ich da schwach wurde und auf dem Boden lag..!
Sind das nicht Erniedrigungen, die wir alle durchmachen und
erfahren sollen: Denn kein Mensch ist frei von Selbsterhöhung:.
Und erst recht da nicht, wo wir uns in *falscher* Demut selbst
erniedrigen wollten ...

Wer sich selbst erhöht ,wird erniedrigt werden
Im Falle von Fidel Castro meint die EU-Kommissarin, dass er sich
wohl nicht mehr verändern könne...
Und sie wünscht ihm – in aller Offenheit und mit allem Zorn , dass er
bald sterben möge:
Damit Kuba endlich frei sei von dieser Tyrannei.
Und aufatmen kann...
Müssen wir aber nicht sagen, dass das Sterben, der Tod für uns alle
eine letzte , hoffentlich heilsame *Erniedrigung i*st und sein wird..?
Ja, ist nicht das Altern und das Alt sein eine solche heilsame
Erniedrigung..aus allen Selbsterhöhungen und Selbstherrlichkeiten
der Jugend.. und des Lebens...?
Letzte Woche war da die jährliche Messe der Senioren vom
Bregenzerwald.
Und wir haben gesagt:
Das *Alter annehmen*, das ist mehr als es nur erdulden und erleiden.
Es ist - übertragen auf unser Evangelium:
Ein Sich-selbst-Erniedrigen..

Aber: **Wer sich selbst erniedrigt, der wird erhöht werden..(!)**
Das Alter annehmen, aktiv und innerlich, das ist eine höchste Form der Selbsterniedrigung. Sich erniedrigen auf die Ebene, die dem Menschen entspricht!
Wer sich selbst erniedrigt, wird erhöht werden..
..ich habe vor Augen die Frauen und Männer, die im Altenheim ihren Dienst tun an den Alten Menschen.
Das ist ein Weise, sich selbst zu erniedrigen – in einem echten Dienst an Anderen.
Dieser *Dienst,* diese Selbsterniedrigung geht bis in die intimsten Dienste hinein.
Und wenn man noch in die *Schule* geht und Schüler ist:
Dann ist das eine solche Selbsterniedrigung.. da erniedrigen wir uns selbst: Wenn wir Lernende sind, dann machen wir uns klein...wollen nicht größer sein als der, der lehrt, sondern kleiner....
Wenn ein Schüler besonders eigensinnig und rechthaberisch wäre und alles selber besser wissen wollte..
Und sich nicht belehren ließe und nicht befolgte, was man ihm aufträgt: Das wäre eine Selbsterhöhung, in der er nichts lernen könnte ...keine Fortschritte machen würde..
Die Erhöhung aber, die aus der Erniedrigung an einer Schule erfolgt, ist der erfolgreiche Abschluss und damit das Tor zu einem höhern Dienst... erhöht werden in die Umsetzung des Gelernten…
erhöht werden in eine berufliche Aufgabe, einen Dienst für andere..

Und obwohl ich selbst nicht Fußball spiele:
Ist es nicht auch eine Art von Selbsterniedrigung und zugleich eine gute Übung gegen die Selbsterhöhung, wenn sich jungen Leute eingliedern und so sich *erniedrigen* unter den Anspruch der Mannschaft..
Wer sich selbst erniedrigt..
Und geschieht das nicht auch, wenn man heiratet?
Wenn man Familie gründet...Kinder erzieht... für die Familie arbeitet...
Und die Erhöhung aus dieser selbstgewählten Erniedrigung zeigt sich in der Erfülltheit dieses Lebens, in der zunehmenden Verantwortung, in der Entscheidungsmacht..und Kompetenz..

Und ist schließlich das religiöse Glauben an einen Gott
nicht eine letzte Selbsterniedrigung? Gemessen und im Verhältnis zu
dem erbsündigen Stolz, zu dem Hang, sich selbst zu erhöhen…
sich selbst als Mittelpunkt anzusehen..

Ist also auch der Kirchgang eine Art der Selbsterniedrigung..
Und ist hier nicht die Erhöhung die, dass man sich erfährt als das ,
was man ist: Als einer von uns und für uns..
Und dass man immer wieder ablegt die Selbsterhöhung über andere..
Den Hang, andere zu verachten....
Wer sich selbst erhöht, wird erniedrigt .
Wer sich selbst erniedrigt, wird erhöht werden...
Heute ist Sonntag der Weltkirche. Weltmissionssonntag.
Es hat Zeiten gegeben in der Mission der Kirche, wo dieses Wort
Jesu wohl vergessen war.
Da hat die Kirche am meisten sich selbst erhöht
- im Widerspruch zum eigenen Evangelium..
Aber es folgte auf dem Fuß die Erniedrigung der Kirche.
Und noch heute muss die Kirche diese Selbsterhöhung büßen:
Wo sie dann umso machtvoller erniedrigt wurde..

Selbsterhöhung - das ist immer die Ursache für eine Krise der
Autorität. Immer, wenn jemand , sei es die Kirche oder der Staat
...oder ....sich den Respekt und die Achtung und den Gehorsam
einfordert mit äußeren Mitteln des Druckes und der Gewalt, immer
dann wird dieser so eingeforderte Respekt verweigert werden.

..und es ist auch dieses Wort, diese Wahrheit des Evangeliums, die
für uns und für alle Menschen Wahrheit ist und Licht:
Licht für die Selbsterkenntnis.
Es ist aber vor allem ein Wort, das zuerst an den missionarischen
Menschen gerichtet ist:
Denn vor allem er ist es, der leicht geneigt ist, sich selber höher und
besser ... zu sehen als den Andern..
Mission – der Weg, die Methode der Mission muss stattfinden unter
dem Gesetz der Selbsterniedrigung..

..die von ihrer eigenen Gerechtigkeit überzeugt waren und die
anderen verachteten..
Die Schlagzeile der Wochenend-Nummer
Kampf um Nachtschwärmer ist mir Anlass,
eine Situation zu erinnern, wo es diese Versuchung zur
Selbstgerechtigkeit gibt und zugleich zu einer leisen Verachtung
Anderer: Ich denke an das Verhältnis der älteren Generationen zu den
Jüngeren.
Gibt es da nicht bei den älteren Generationen die Neigung, von der
eigenen Gerechtigkeit, von der eigenen Rechtschaffenheit überzeugt
zu sein und die Jugend ein wenig zu verachten - in ihrem liederlichen
Leben, ihrem manchmal chaotischen und wild erscheinenden Leben.
Es wird gesagt, die Lebenswelten von Jung und Alt stehen einander
gegenüber. Deshalb käme es darauf an, dass die Erwachsenen den
Jungen entgegengehen; auf sie zugehen.
Nicht so sehr umgekehrt ..

30. Sonntag C 2013 Lk 18,9-14

Das Evangelium, die Heilige Schrift ist nicht bloß ein frommes Buch.
Es ist vor allem tiefste Erkenntnis von dem,
was im Menschen ist...Was in jedem von uns ist...
Das Evangelium Jesu ist Spiegel der Wahrheit über den Menschen.

Mit dem Bild des Pharisäers zeigt Jesus eine Sünde, die in jedem
Menschen steckt: Die Selbstgerechtigkeit.
Die Neigung, sich über andere zu erheben,
sich selber groß machen und die andern klein.. .....
sich selbst zu gefallen und an Andern die Schwächen und Fehler zu
sehen..
Die Selbstgerechtigkeit ist so mächtig, dass man oft gar nicht
bemerkt, wie man Andere abschätzig beurteilt und sich selbst
zugleich erhöht:
Wenn man z. B. in der Zeitung über Andere liest
und dabei halb bewusst denkt:

..ich bin nicht so wie die.... die Betrüger, die große krumme dinge drehen..oder die ihre Ehepartner betrügen,..oder solche, die gewalttätig sind... ..
Aber man wird dagegenhalten:
..von einem Betrüger oder einem Gewaltmenschen muss man doch urteilen dürfen, dass er ein Gewaltmensch ist und ein Betrüger..
Da kann man doch nicht so tun, als wäre der gleich wie ich, der ich kein Betrüger bin und niemanden schlage..
sondern Gutes tue...Vieles leiste...mehr als viele andere..
Man kann und darf doch wohl für sich selber sehen, dass man ein gewissenhaftes, ja ein fleißigeres und braveres Leben führte als dieser oder jener Mensch…?!

Wo ist da also das Problem? Wo ist da eine verkehrte Einstellung..?..?
Es ist da, wo man sich vergleicht mit diesen anderen....
wo man sich selbst ehrt und sich selbst gefällt
und den Anderen hinunter tut...abschätzig beurteilt...
Das eigene Mehr vom Weniger des Andern bezieht..
Da steht diese *rumänische Zigeunerfamilie* vor der Türe
und es stößt dich ihre Art zu betteln ab.
Du denkst: Die lügen dich an, die nützen dich aus..
Und du möchtest sagen: Verschwindet !
Ihr faulenzt nur herum und spielt die Armen!

Aber dann denkst du doch wieder - und du siehst es,
dass die ja wirklich arm sind...
und dass sie deine Mitmenschen sind und du ihr Mitmensch,
auch wenn sie abstoßend wirken ...
Und du denkst noch tiefer: Es gibt Jemanden, der die und mich da *hergestellt h*at..
Und so gibt es zum überheblichen *Pharisäer* doch auch
den Zöllner in mir, der mich meine Selbstherrlichkeit und Eitelkeit erkennen lässt ...
Da sitzt dieser Arbeitslose neben mir und sagt in seinem Dussel:
Ich bin ein Halunke..Ich trinke, bin aggressiv und gewalttätig ...
Du bist Pfarrer, du bist ein guter Mensch..!

Nehmen wir an, der Zöllner hätte den Pharisäer so gelobt wie der
Arbeitslose den Pfarrer:
Vermutlich hätte der Pharisäer den Zöllner ein wenig von oben herab
getröstet (..Gott liebt dich doch auch !), aber selbst hätte er sich noch
besser und höher gefühlt als vorher...
Aber es könnte auch sein, der P*harisäer* würde durch dieses Lob
plötzlich wach und aufrichtig und würde sich fragen:
Ist das wahr, was der Zöllner von mir meint? Ist das wahr...vor Gott?
Und er würde plötzlich sehen, dass er *noch lange nicht gut* ist..
Er würde sehen, wie viel Konkurrenz-Neid...wie viel Geiz...wie viel
Sinnlichkeit ...wie viel Stolz und Ehrgeiz, wie viel
Selbstgefälligkeit..in ihm ist..
aber wie wenig Liebe …!
Aber um sich selbst so wahr zu sehen, hätte er ein Schon-Erlöster
sein müssen..!

Die Frage ist:
Wie stehe ich vor Gott, der die Wahrheit ist..?
Stehe ich so wie der Zöllner vor Gott,
ein Mensch, der sieht, wie er in Wirklichkeit ist...
und der fühlt, dass er unendlich im Erbarmen Gottes lebt...
und dass er aus sich heraus nicht imstande ist ,
wirklich gut..zu werden.

Oder lebt noch überwiegend der *alte Pharisäer* in mir,
der sich über sich selbst täuscht…;
der nach außen und sogar vor sich selbst ein guter Mensch ist,
aber zugleich im Geheimen die Anderen verachtet..

Dazu muss ein Wort gesagt werden übers *Reden:*
Wenn man so im Gasthaus zusammensitzt, dann kommt es dazu,
dass man über Andere redet..
Und da muss man einfach realistisch und ehrlich sagen:
Das Reden von Anderen und über Andere ist unumgänglich, es ist
notwendig..!
Wie oft erzählt man einander von diesem oder jenem Mitmenschen!

Und da kann man nicht immer nur sachlich reden oder nur Schönes
und Gutes sagen: Da muss man auch von solchem reden, was nicht
schön ist, was unrecht oder ungeschickt oder auch
besorgniserregend..bei einem Mitmenschen ist...
Deshalb ist man aber noch lange nicht ein Pharisäer, der sich selbst
gefällt und den Andern verachtet.....

Wenn man also ein rechter Mitmensch sein möchte..
wenn man sich selbst begreift als Mitmensch...
dann wird man diesen tiefen Unterschied kennen zwischen
selbstgefälligem Ausrichten von Anderen
und einem *ernsthaften* Reden von Anderen..
Und das in dem Bewusstsein, dass auch über mich geredet wird..
und dass auch über mich nicht nur Lobenswertes gesagt werden
kann.., ich aber hoffen darf, dass auch meine Schwächen und Fehler
mit Nachsicht *übersehen* oder zumindest entschuldigt werden..
Wobei es wohl mehr ist als ein formaler Unterschied:
Ob man *über* einen Menschen redet oder *von* ihm..
Und ein Mensch, der sein Leben ordentlich führt, beruflich wie
familiär als auch religiös: Der ist doppelt geneigt, sich selber zu
gefallen und seine Leistungen aufzulisten.
Vielleicht wird er auch mit seinen Kindern ein wenig groß-tun,
die brav sind und gute Schüler oder schon Karriere gemacht...
...wie gut, dass wir nicht so sind wie diese Anderen..
wo man geschieden ist, wo die Kinder ungezogen sind...
 wo man Konkurs hat machen müssen...usw.

Selbstherrlichkeit und Überheblichkeit
sind nicht beschränkt auf einzelne Personen:
Auch ein Land, eine Kultur... kann überheblich und selbstherrlich
sein, auch eine gesellschaftliche Schicht...
Reichtum und Besitz machen überheblich....
Tugendhaftigkeit und Fleiß .. Akademische Titel
...Höhere Positionen... Karriere.... Erfolge...Ansehen....

Diese Überheblichkeit, dieser Eigendünkel wird auch schon in den
Familien und in der Schule erzeugt:

Dieses Sich Vergleichen mit solchen, die nicht so intelligent,..nicht so fleißig..erfolgreich ...nicht so wohlhabend sind...
Und auch gegenüber den Menschen aus dem Ausland gibt es die Neigung zur Überheblichkeit..
...wie gut, dass wir nicht so sind wie die..
Aber warum soll ein tüchtige, erfolgreicher und gewissenhafter Mensch sich selbst nicht gefallen dürfen..?
Warum soll man nicht stolz sein dürfen auf sich und denken :
„wie froh bin ich , dass ich so geworden bin"
Wir haben es schon gespürt:
Es ist der Vergleich mit den Andern, der alles verkehrt macht..und wertlos. ..
Der andere Beter, der Zöllner, der nicht wagt, seine Augen zum Himmel zu erheben: Er weiß, dass er vor seinem Gott so erscheinen kann wie er ist, ja sich so geben soll, wie er ist: Mit seinen Betrügereien, mit seiner Geldgier, seiner Untreue, seiner Bestechlichkeit...
Gott, sei mir Sünder gnädig!
Wer bin ich vor diesem Gott?
nicht vor mir selbst, nicht vor den Menschen..
das alles ist Täuschung.
Meine Wahrheit sieht nur Gott. Und nur mit Ihm kann ich mich sehen. Nur vor Ihm kann ich mich nicht über mich täuschen.
Ich sage euch: Dieser Zöllner ging als Gerechter nach Hause zurück. Der andere nicht.
Der Zöllner ging nach Hause mit einem *gereinigten* Gewissen,...
mit dem Gefühl, dass er vor Gott gerechtfertigt ist...
Er: W*enn der Sünder umkehrt, ist er höher als du..*

Ein junger Russe ist damals nach der russischen Revolution um 1920 nach Frankreich geflohen, ging zu der berühmten Fremdenlegion und wurde dort Offizier.
Unter seinen Legionären war auch ein deutscher Soldat, der aber leider grob, ja brutal war in seinem Umgang und in seinem Reden.
*Eine Bestie, s*agte der Russe später .
Nun kam es einmal zu einem Schusswechsel und der Deutsche wurde dabei schwer verwundet. Er ließe den Offizier rufen, den Russen.

Der habe zuerst gezögert, überhaupt hinzugehen zu diesem unflätigen Burschen. Aber wie er dann doch hingeht, findet er den deutschen Soldaten völlig verändert.
Der redet ihn in einem feinen Französisch an und fragt:
..Wenn ich jetzt sterbe, glauben Sie, dass Christus mir etwas von sich geben kann..? Der Offizier verstand nicht und fragte:
Was meinen Sie damit..?
Also, sagte der Verwundete, *wenn ich jetzt sterbe und dann hinüberkomme und all die Engel und Heiligen da sind,*
dann werden die sagen: Was macht denn der da? Und ich werde nicht hineinkommen ..
Aber wenn Christus mir etwas von sich gibt, dann können die nichts mehr sagen..., dann komme ich rein..
Der Russe hat daraufhin dem Legionär versichert: Christus werde ihm, wenn er das so sehr wünsche, sicher etwas von sich selber geben...
Kurz darauf ist der Deutsche gestorben.
Das war die Hoffnung des Zöllners und das ist die Erfahrung von uns allen: Dass Gott durch Christus uns allen *etwas von sich selbst gibt* .. ja, schon gegeben hat.. und dass wir dadurch Neue Menschen sind und werden, mit *seinen Verdiensten a*usgerüstet...
und so als durch ihn *Gerecht-Gemachte heimgehen* können..

31. Sonntag C 2013 Lk 19,1-10

Da erzählt Lukas diese wunderbare Geschichte! Man muss ihm danken dafür ! Und hoffen, dass man das Wunderbare begreift, das da geschehen ist. Es gibt keine Wunder, sagt die Wissenschaft.
Aber selbst wenn es keine *äußeren* Wunder gäbe,
es gab mit diesem Zachäus ein größeres Wunder:
Das Wunder der persönlichen Umkehr.
Lukas wusste noch seinen Namen: *Zachäus.*
Beruf: Oberster Zollpächter. Stellung: Sehr reich.
Zustand an diesem Morgen:
Er wollte gern sehen, wer dieser Jesus sei...
Vielleicht hat Zachäus seine Frau gefragt:

Wohin gehen denn die Leute alle?
Und sie weiß: Die wollen diesen Jesus von Nazareth sehen!
Er sei auf Durchreise ...
Zachäus: Ich möchte ihn auch sehen!

Damit beginnt es - mit dieser ersten Gnade:
Dass man sehen will, wer eigentlich dieser Jesus, ja, wer Gott ist!
Zachäus hätte zu bequem sein können oder zu stolz:
Ich renne doch nicht hinter dem Haufen Leute her!
Es gibt Leute, die unfromm – aber aus einem offenen Interesse
heraus die Heilige Schrift lesen: Tag für Tag...Jahr für Jahr..
Ich möchte gern sehen, wer dieser Jesus ist...
Die Schrift kennen heißt Jesus kennen, sagt der Heilige Hironymus.
Die Schrift nicht kennen heißt Jesus nicht kennen...
heißt Gott nicht kennen.
Sind wir nicht jeden Sonntag ein wenig *Zachäus* bei der
Heilige Messe?
Das ist doch die Stelle, wo er jedes Mal garantiert
vorbeikommt...**vorbeikommen muss...**
so wie damals bei dem Baum, in dem Zachäus sich platziert hatte.
Die Menschenmenge hätte ihm die Sicht versperrt.
weil er kleiner war als die anderen.
Und er wollte sicher gehen, Ihn zu sehen.

Und das war die zweite Gnade - seine Idee !
Ich setze mich ins Geäst von dem Feigenbaum da drüben!
Da sehe ich alles – mich aber sieht niemand . .

Letzthin bei dem Konzert in der Kirche bin ich hinter dem
Kreuzgang gesessen. Vor mir die dichte Menge im ersten Bankblock.
Ich hab nur wenig von den Musikern vorne gesehen;
nicht klein, aber auch nicht groß genug, über die Köpfe zu sehen..
Leider hatte ich nicht Temperament und Gnade des Zachäus!
Der wäre an meiner Stelle aufgestanden oder auf die Empore hinauf..
Er war doch gekommen, um zu sehen!
Und in gewissem Sinn hätte auch ich Jesus gesehen:
Künstler und Werke geben ein tiefes Bild von Ihm.

Und als Jesus an die Stelle kam, schaute er hinauf und sagte zu ihm: Zachäus, komm schnell herunter!
Ich muss heute in deinem Haus zu Gast sein!
Ich persönlich glaube einfach, dass Jesus den Zachäus längst gekannt hat, so wie ich glaube, dass Er auch mich kennt...und dich...
Schnell soll er herunterkommen!
Die Gelegenheit ist einmalig!
Da darf es kein Zögern geben - zur großen Wende !

Im Johannes-Prolog lesen wir zu Weihnachten:
Er kam in sein Eigentum,
aber die Seinen nahmen ihn nicht auf.
Allen aber, die aufnahmen, gab er Macht , Kinder Gottes zu werden..

Über Zachäus hören wir:
Da stieg er schnell herunter - *und nahm Jesus freudig bei sich auf..*
Die Leute aber ...ja, die Leute empörten sich darüber und sagten:
Er ist bei einem Sünder eingekehrt.
Vielleicht würde wir uns auch empören,
wenn ein Diktator oder ein Asad...oder ein neureicher russischer Oligarch zur Audienz beim Papst geladen wäre..
Dass der Papst das nicht weiß..!
Aber was die Leute nicht gesehen haben:
Die totale Kehrtwendung des Zachäus gegen sich selbst!
Wie er die tiefe Freundlichkeit von Jesus erlebt,
da will er nur noch eines:
Ein rechtschaffener Mensch werden..
und *vorher* noch seine Betrügereien wieder gut machen.
Herr, die Hälfte meines Vermögens will ich den Armen geben..
und wenn ich von jemand zu viel gefordert habe,
gebe ich ihm das Vierfache zurück.
Die Habgier lässt sich nicht anders heilen als mit dem Gegenteil:
Mit Geben und Schenken und Teilen.

Und man stelle sich nun vor:
Da erfüllt Zachäus tatsächlich seine Absicht und kommt zu den
Betrogenen an die Tür , ...bittet sie um Vergebung
und sie möchten doch als Wiedergutmachung hier das Vierfache vom
Geforderten annehmen..
Ist er damit nicht weit heiliger geworden als einer, der immer korrekt
gewesen ist..?

Wir alle erfahren im Leben *Umkehr*.
Meist von Außen gar nicht zu sehen.
Du wartest mit dem Auto an der Kreuzung ..
Es werden Minuten, du kommst nicht raus!
Gestern noch hast du in der selben Situation laut geschimpft:..
Heute *kehrst du um*, schaltest ab..
und schaust geduldig zu: *Es wir eine Lücke kommen..*

Jemand hat dir 300 Euro abgebettelt.
Nächste Woche bekommen Sie das Geld zurück!
Seit Wochen kein Cent !
Der noch unbekehrte Mensch in dir drängt zur Strafe:
Den werde ich beim Sozialamt hinbrennen..!
Wegen Landstreicherei anzeigen werde ich ihn...!

Aber dann die leise Stimme der Gnade:
Lass den armen Tropf doch laufen..
Du weißt doch von seinem Stress jeden Tag für seine sieben Sachen..
Und diese Euro kannst du verschmerzen..

Krieg zwischen Nachbarn.
Die Fronten sind hart geworden.
Da lässt sich Jemand von der Gnade und einem guten Rat bewegen
 und läutet an der Türe des Gegners.
Und wie sie so miteinander die ganze Geschichte *auseinander tun...*
und der eine den Wahnsinn der Kosten beklagt
und seufzt über die Dummheit..
Da kann der andre nicht anders und gibt nach
und ein neuer Anfang ist gemacht...

Was bleibt zu tun...fragen sie.
Solche *Umkehrungen* :
Wir verdanken sie einer Gnade von Oben, einem Impuls, einem
Drängen: Einem inneren Besuch des Herrn im Haus unseres Herzens.
Ich muss heute in deinem Haus zu Gast sein..!
Unser Beitrag ist, der Gnade Raum zu geben in unseren Taten und
Gedanken..
Jemand fährt spät nach Hause
und sieht im Scheinwerferlicht eine Person auf dem Geleise sitzen
beim Bahnübergang. Der Autofahrer war schon vorbei gefahren.
Da ist der Gedanke: Ich bin verantwortlich, wenn morgen in der
Zeitung von diesem Suizid zu lesen ist.
Fahr doch weiter! ..sagt der Beifahrer .
Aber der Autofahrer kehrt bei der nächsten Einfahrt um.
Diese Umkehr, diese innere und äußere Umkehr hat dem Menschen
auf dem Gleis das Leben gerettet. Bis heute.

31. Sonntag C 2013 Lk 19,1-10

Jesus kam nach Jericho und ging durch die Stadt.
Dort wohnte eine Mann namens Zachäus...
Zweifellos ein außergewöhnlicher Bewohner dieser Stadt.
Lukas hat uns diese wunderbare Geschichte von der Begegnung des
Zachäus mit Jesus festgehalten - und zeigt uns damit einen
Wesenszug Jesu und damit des Christentums:
Nämlich die überragende Bedeutung, die der Mensch als Einzelner
hat in seiner Geschichte und seinen Wandlungen...
Er war der oberste Zollpächter und war sehr reich...
Was mir diesen reichen Zachäus schon lange sympathisch macht,
das ist seine geradezu kindliche Neugier, sein unstillbares Interesse
an diesem Rabbi Jesus! Reiche Leute wollen sonst eher selber
gesehen werden als andere ansehen.
Sehen – um gesehen zu werden.
Aber Lukas schreibt :
Zachäus wollte gern sehen, wer dieser Jesus sei...

Der große Pianist und Dirigent Barenboim sagt einmal betreffend das Publikum (das ja samt Zachäus auch da in Jericho auf Jesus wartet..):
Wer sich einfach nur (als Konsument) auf seinen Platz setzt, ohne aktiv hören und sehen zu wollen, der wird wenig mitbekommen. In dem Moment aber, wo Sie suchen, mein Lieber, bekommen Sie alles! Wenn Sie nichts suchen, bekommen sie auch nichts..

Zachäus war zweifellos einer, der sucht (z.B. schöne Perlen..)...
Und es heißt: **Er war klein.**
Es gibt allerhand psychologische Theorien über die Wirkungen des Kleinseins. Zachäus ist auch klein auf eine sehr menschliche Weise:
In seinem großen Wunsch zu sehen, wer dieser Jesus sei,
tut er nämlich, was ein Reicher normalerweise gar nicht tut: ...
Er klettert - ziemlich unwürdig - lächerlich fast -
auf diesen Maulbeer-Feigenbaum!
(wenn ihr nicht werdet wie die Kinder…),
...um Jesus zu sehen, der dort vorbei kommen musste
Als Jesus an die Stelle kam, schaute er hinauf und sagte zu ihm:
Zachäus...!
Als ob Jesus schon längst weiß um diesen Mann..
Bin *ich* auch gekannt und gerufen..?
Am Grab wiederholen wir das Psalmwort:
Ich rufe dich bei deinem Namen, mein bist du..

Und Jesus schaute hinauf und sagte zu ihm:
Zachäus, komm schnell herunter!
Warum *schnell*?
Weil das, was nun folgen soll, kein Zögern verträgt, kein Überlegen...
Es ist dieser Augenblick, die Gelegenheit !
So wie bei der Kreuzungen:
Wenn ich zögere, in die Lücke zu fahren, geht es schon nicht mehr, weil wieder Autos kommen....
Und in meiner Quelle heißt es einmal:
Zu Gott muss man eilen...

Denn ich muss heute bei dir zu Gast sein...

Dieses göttliches *Muss,* das Muss seines Heilwillens..
Später sagt er: Der Menschensohn *muss* vieles erleiden...
In einem *nur ähnlichem* Sinn sagen wir:
Ich muss das tun....
Ich muss hingehen...und zwar heute noch...
Ich muss da Nein sagen...
Da stieg er schnell herunter und nahm Jesus freudig bei sich auf..
(Joh 1..und allen, die Ihn aufnahmen, gab er Macht, Kinder Gottes zu werden..)
Die ganze Öffentlichkeit, vor der das geschieht, vergisst er..
In diesem Augenblick gibt es für Zachäus nur den großen Rabbi Jesus – und ihn, Zachäus!
Woher kennt er mich, dass er mich bei meinem Namen ruft?!
Bei mir will er einkehren ?!
In mein Haus – nicht ins Haus eines der Frommen in der Stadt..

Und warum ? Warum Zachäus?
Weil es ihm wirklich darum ging zu sehen,
wer dieser Jesus sei -
und weil er sich für völlig unwürdig hielt, diesem Rabbi direkt zu begegnen...
und auch, weil Zachäus so offen war, so gut *erreichbar*
in seiner Einfachheit…seiner Aufrichtigkeit…,
... seiner Unverstelltheit...

Die Zuwendung Jesu hat das Herz des Zachäus zutiefst getroffen.
Er hat gespürt:
Der Mann weiß alles über mich und...
trotzdem nicht die Spur von Anklage in seinem Blick,
sondern ganz Gegenwart und unendliche Sympathie.

Jemand schuldet dir eine größere Summe und immer, wenn du den Schuldner siehst, bist du enttäuscht, ja zornig : Dass er dir das Geld noch nicht zurückbezahlt hat und auch kein Wort der Erklärung sagt.
Du lässt ihn das spüren..
und er geht dir aus dem Weg...

Aber dann nach einer gewissen Zeit begegnest du dem Schuldner
wieder und du willst einfach nur freundlich sein und
einmal *nicht* an deine Außenstände denken...
ja, du fühlst die Bereitschaft, ihm diese Schulden halb zu erlassen...
Genau da spricht er zum ersten Mal seine Schulden an und erklärt ,
warum er sie noch nicht zurückzahlen konnte... .

Christian ...
...erzählt dir von seiner schlimmen Vergangenheit
und je mehr du diese Taten als *vergangen* ansiehst...
und du ihm dein Vertrauen schenkst.., losgelöst von dem, was er
selber als *schlimm b*ekennt, desto offener wird er…
desto aufrichtiger kann er dir erzählen und bekennen,
weil er weiß: Deine Zuneigung hängt nicht davon ab,
was er verbrochen hast...
Oder:

Du hörst berichten über einen Menschen,
wie ungerecht, wie gemein dieser sich da oder dort verhalten hat..
und du schimpfst im Stillen über diesen Dritten..
Aber dann erinnerst du dich an eigene Verfehlungen
und wie froh du warst, dass man nicht bei deinem Fehler stehen
geblieben ist ..
dass man dich nicht abgestempelt hat......
und du deinen Weg hast fortsetzen können..!

Wie heißt es so groß-artig im *Buch der Weisheit* -
hunderte Jahre vor Christus:
Du siehst über die Sünden der Menschen hinweg, damit sie sich
bekehren..Du liebst alles, was ist..
Darum bestrafst du die Sünder nur nach und nach..
damit sie sich von ihrer Schlechtigkeit abwenden..
und an dich glauben...
Dieses Wohlwollen Jesu hat das Herz des Zachäus getroffen.
Was kein moralischer Zeigefinger, keine Androhung von Strafe,
ja, von Hölle.. erreichen kann, das gelingt dem wahren Wohlwollen..,
der Wahren Begegnung...

Die Leute sehen nur das Äußere, das Ärgernis, dass Jesus
ausgerechnet in dieses Haus geht..
Für Jesus zählt die Freude über diese Begegnung und
und die Wandlung dieses *einen* Menschen..
Da wandte er sich an den Herrn und sagte:
Die Hälfte meines Vermögens will ich den Armen geben..
Und wenn ich von jemanden zu viel gefordert habe, gebe ich ihm
das Vierfache zurück..
Zachäus bleibt in seinem Beruf des Zöllners.
Aber er wird ab heute gewissenhaft mit dem Geld umgehen.
Er wird sich nicht mehr unrechtmäßig bereichern – obwohl er
ungestraft auch künftig die Gelegenheiten dazu hätte...
Er wird nicht mehr sagen: Gib mir 100 und ich erspare dir den
Zollpacht von 300..
Er wird nicht mehr 100 verlangen, wo nur 80 zu verlangen sind.:
Das ist die *Revolution Jesu, des Christlichen*:
Diese Veränderungen eines Menschen zum Gerecht-sein,
zur Integrität, zum ehrlichen Dienst am Anderen..

Die Geschichte von einer eher kleinen, aber doch erstaunlichen
Umkehr war diese Woche in einer Zeitung zu lesen:
Ein *Nudel- Produzent in Italien* wollte einmal selbst einen Monat
lang von dem Gehalt leben, das er seinen Arbeitern bezahlt...
nämlich 1000 Euro...und wollte auch seinen großen Kindern
beibringen, wie Normalverdiener leben und wie es sich anfühlt, mit
so einem Gehalt auszukommen...
Resultat: Obwohl er jeden Euro zwei Mal umdrehte
und äußerst sparsam lebte: Er war nach 20 Tagen ohne Geld...
Er befand, dass es unverantwortlich sei, seinen Angestellten ein
solches Leben zuzumuten und erhöhte allen Mitarbeitern das
monatliche Gehalt um 200 Euro.
Was bewegt den Zachäus zur Umkehr? Was den Nudelfabrikanten?
Dass sie *sehen* wollten, war der entscheidende Anfang...
Der Fabrikant die wirkliche Situation seiner Angestellten;
Zachäus, wer dieser Jesus sei. Und eigentlich wollten beide nichts als
die *Wahrheit* sehen, die Wirklichkeit…, wir könnten auch sagen: Das
Leben, die Liebe selbst..

31. Sonntag C 2016 Lk 19,1-10

Da kam Jesus nach Jericho und ging durch die Stadt.
Dort wohnte ein Mann namens Zachäus...
Das ist das Wunderbare an diesem *Jesus von Nazaret*..oder dürfen wir sagen, *an Gott selbst*:
Dass es immer der einzelne Mensch ist, den er heiligen will.
Dem Evangelisten Lukas ist sogar noch der Name in Erinnerung:
Zachäus. Oberster Zollpächter und sehr reich.
Oder besser gesagt: Sehr reich, weil ein korrupter Zollpächter, der seine Landsleute nach Strich und Faden erpresst.
Aber auch Reiche Leute fragen nach Gott – und tun es , wenn die Zeit dafür gekommen ist, so wie bei Zachäus:
Dieser *Prophet Jesus* ist in Jericho und *Zachäus* wollte so gern sehen, wer dieser Jesus sei.
Eine kindliche Neugier, die einem diesen Zachäus trotz allem sympathisch macht.
Er wollt gern sehen, wer dieser Jesus sei..
Möge au*ch uns diese Neugier, ja mehr noch* :
Ein tiefes *Interesse* an diesem Jesus bewegen!
Möge auch uns der Wunsch bewegen, zu sehen,
wer dieser Jesus sei.., wer Gott sei!

Dieser Tage hat mich ein junger Familienvater gefragt,
was für eine Bibel ich ihm empfehlen würde…
Er wolle einfach einmal in der Bibel lesen.
Dabei ist der gar kein Kirchgänger...
Aber die Menschenmenge versperrte dem Zachäus die Sicht...
Der Mensch, der in der Menge bleibt,
sieht nicht mit *eigenen* Augen .
Zachäus und wohl auch dieser soeben genannte junge Familienvater:
Sie wollen mit *eigenen* Augen diesen Jesus sehen und verstehen.

Und so ist sich Zachäus nicht zu gut dazu, voraus zu laufen
und auf diesen Feigenbaum zu klettern ..
und der junge Mann eine Bibel zu kaufen .
Denn dort musste Jesus von Nazareth vorbeikommen.

Bei der Hl Messe sitzen wir alle auf so einem Maulbeerfeigenbaum
und das im Glauben, dass der Herr hier vorbeikommen muss .
Pascha heißt ja *Vorübergang des Herrn…*

Und der Herr weiß, dass Zachäus dort oben sitzt…
und auch, dass wir da sitzen..
Und er ruft ihn bei seinem Namen: Zachäus ..!
wie einen alten Freund - und das ist er ja..
Ich rufe dich bei deinem Namen, heißt es auch beim Begräbnis am Grab.

Zachäus , komm schnell herunter…!
Warum *schnell*?
Weil dieser Zeitpunkt einmalig ist und es da kein Zögern geben darf.
Denn ich muss heute in deinem Haus zu Gast sein!
Jesus sagt nicht: Darf ich..
Er sagt : Ich muss… weil wir beide diese einmalige Chance nützen müssen!
Wir erleben auch zufällige Begegnungen und sind dann Gott sei Dank so spontan, dass wir uns auf ein kleines Gespräch einlassen oder manchmal sagen:
Komm einmal auf Besuch ! ..
und man verabredet sogar einen Tag..

Im Johannes Evg. zu Weihnachten heißt es:
Er kam in sein Eigentum, aber die Seinen nahmen ihn nicht auf. Allen aber, die ihn aufnahmen , gab er Gnade, Kinder Gottes zu werden.
Von dem kleinen reichen Zachäus heißt es:
Er stieg schnell herunter und nahm Jesu freudig bei sich auf.
In der Hl Messe nehmen wir Ihn auch auf..
und sollten es auch freudig tun ..
Aber die Leute empörten sich und sagten:
Er ist bei einem Sünder eingekehrt…
Die größten Probleme hat Gott nicht mit denen,
die ein unmoralisches Leben führen.
Die größten Probleme hat Gott mit Tugendhaften,
weil die so leicht selbstgerecht und überheblich werden.

Er: *Verachte niemanden .*
Auch den größten Sünder darfst du nicht verachten.
Gott will grade auch ihn retten ..
Und wenn er sich bekehrt, dann steht er viel höher im Herzen Gottes als du..
Und so ist es mit Zachäus geschehen.
Er hat zum ersten Mal in seinem Leben von einem großen Menschen so großes Wohlwollen erfahren..
Er sieht sich von diesem Propheten geliebt,
aber auch ganz und gar erkannt ..
Da konnte er nicht mehr anders und es heißt:
Er wandte sich an Ihn und sagte:
Herr, die Hälfte meines Vermögens will ich den Armen geben..
und wenn ich von jemand zu viel gefordert habe,
gebe ich ihm das Vierfache zurück.
Ein Reicher unserer Tage, der vielleicht auch reich geworden ist mit Korruption und schlechten Löhnen, er könnte sich vornehmen:
Ich baue ein großes Haus für Obdachlose..und sorge für die Betreuung...oder ermögliche jungen Leuten, die für Jahre in Schulden geraten sind, einen Neustart, indem ich ihnen die Schulden bezahle….
Und deshalb sagt Jesus zu dem Zachäus:
Heute ist deinem Haus das Heil geschenkt worden..
Denn der Menschensohn ist gekommen, um zu suchen und zu retten , was verloren ist.
Wir können annehmen, dass Zachäus ein Mensch war,
der seine Seele ans Geld verloren hatte..
Aber für einen Reichen sei es schwer bis unmöglich, in den Himmel zu kommen, sagt Jesus an andere Stelle.
Dazu brauche es den Einfluss von Oben.
So wie bei Zachäus.

32. Sonntag C Patrozinium Lk 20,27-38

Jesus sprach also zu einigen Männer, den Sadduzäern, die sagen, es gebe keine Auferstehung..
In einem Interview für Allerheiligen in den VN sagt ein bekannter österreichischer Schriftsteller ganz im Sinne der Sadduzäer :
So wie ich vor meiner Geburt ewig nicht war,
so werde nach meinem Tod ewig nicht mehr sein..
Das Leben hier auf der Welt ist wie ein Gedankenstrich zwischen den beiden Daten meiner Geburt und meines Todes....
Aber kennt dieser Schriftsteller denn dieses Wort von Jesus nicht, das wir grade gehört haben..?
Oder könnte er wirklich ernsthaft behaupten :
Was Jesus von Nazareth da gesagt hat, ist nicht wahr..?
Ist eine Illusion, die er sich selbst gemacht hat.?
Wir glauben, dass er weiß, wovon er redet, wenn er sagt:
Die aber, die Gott für würdig hält, an jener Welt und an der Auferstehung teilzuhaben…, können dann nicht mehr sterben, weil sie den Engeln gleich geworden sind und durch die Auferstehung zu Söhnen und Töchtern Gottes...

Was uns aber stutzig machen muss, ist das Wort:
...die aber, die Gott für würdig hält, an der Auferstehung teilzuhaben...
Haben also nicht alle teil an der Auferstehung zum Leben..?
Oder : Was macht würdig, teilzuhaben an der andern Welt.. hier schon ..?
In einem anderen großen Evangelium redet Jesus vom Letzten Gericht, wo der König zu den Schafen auf der rechten Seite sagt,
dass sie vom Vater gesegnet sind .., dass sie also auferstehen werden zum Leben:
Denn: Da waren Menschen hungrig und ihr habt ihnen zu Essen gegeben.
Da waren Menschen ohne Obdach, ihr habt ihnen Obdach gegeben.
da waren Mitmenschen krank, ihr..habt sie besucht..

Aber da sind auch die *Böcke zu Linken,* zu denen der König sagen muss: *Weg von mir, ihr Verlorenen!*
Denn da waren Menschen hungrig und ihr habt ihnen nicht zu essen geben..Da waren Menschen ohne Obdach, ihr habt sie nicht aufgenommen....

Vom *Heiligen Martin* ist uns ja seine Geschichte bekannt.
Was sagt sie uns?
Sie sagt uns vor allem, dass zwar Worte wichtig sind,
dass es aber auf das Tun ankommt, auf die Tat.
Dazu müssen wir nicht fixiert bleiben auf karitative Taten
für die Armen ..Dass der *Hl Martin* für den Bettler seinen Mantel teilt, dieses Bild können wir übertragen auf unser ganzes Leben..

Bei einer Auto-Waschanlage (im Montafon) hat mich kürzlich beim gemeinsamen Warten ein alter Mann angesprochen.
So ein *Ansprechen* ist auch schon eine Tat –
und ist ein Teilen des eigenen Mantels:
Nämlich der Zeit und der Gedanken ..
Und aus den ersten Worten zwischen uns ist ein Gespräch geworden...über die Sterne..!
Seit seinen Kriegsjahren sei er begeistert vom Sternenhimmel..
vom Bär und dem Polarstern...
Und diese ganze herrliche Ordnung ist ihm ein Bild
der Ewigkeit; ein Zeichen, das es ihm leicht macht, an die Worte Jesu von der Auferstehung zu glauben, die da lauten:
...die aber , die Gott für würdig hält, an jener Welt und an der Auferstehung von den Toten teilzuhaben, können dann nicht mehr sterben...und sind den Engeln gleich...
Aber der alte Mann vor der Waschanlage hat dann noch gemeint, dass der Mensch wohl *hinauf oder hinunter gehen* könne..
Und das erinnert uns noch einmal an die Worte von Jesus, die wir gerade gehört haben:
...dass man würdig werden müsse vor Gott – um an jener Welt und an der Auferstehung teilzuhaben.

Das heißt aber, dass *nicht* von vornherein alle teilhaben an der Auferstehung..
Wo und wie wird man dann der Auferstehung würdig..?
Lasst mich dazu einige Situationen beschreiben, die Antwort geben.

Es gibt nicht nur die großen Kriege, es gibt auch die kleinen zwischenmenschlichen Kriege, Streitigkeiten, die eine *böse Ewigkeit* in sich tragen können..und sich der Kraft der Auferstehung verschließen...

Würdig der Auferstehung wird der Mensch, wenn er die Feindseligkeit, den Hass als solchen (wie von außen) erkennt und überwinden will:
Wenn er *umkehrt* und klein wird und Schuld nicht nur bei den andern, sondern bei sich sieht ..

Wie wird man der Auferstehung würdig...?
Es gibt größere Vorhaben für die Gemeinde (Sesselbahn!).
Dafür braucht es aber die Unterschrift von Bürgern.
Würde diese Zustimmung mit Hinterlist und Täuschung eingeholt, wäre das sicher nicht der Geist der Auferstehung..
Dagegen zeugt es vom Geist der Auferstehung,
wenn mit Offenheit und Gespräch für das Projekt gekämpft wird, das ja Allen dienen soll, und nicht auf Kosten einzelner..

Vom Geist der Auferstehung zeugt auch diese wunderbare Erfindung der *Lernpatenschaft:*
Wo Lern-Paten mit einem Schulkind jede Woche zusammen üben und sich hinein vertiefen ins Dividieren und ins Lesen
Und da findet zugleich noch eine andere kleine Auferstehung statt, indem die Kinder nämlich das Allerwichtigste lernen:
Sich zu konzentrieren…!

Der *Kirchenchor* hat sich zum Ziel gesetzt, langsam, aber stetig besser zu werden und vielfältiger...
Dieses Streben ist wörtlich zu übertragen auf unser ganzes persönliches Leben..

Ein sozusagen langsames Würdig-werden der Auferstehung,
ja das ist schon eine Kleine Auferstehen hier.. als Würdig-werden für
die große ..
Und so eine Kleine Auferstehung ist es für die junge Lehrerin,
die sagen kann: Ich muss mich zwar jeden Tag gehörig hinstellen vor
die Klasse..und es ist anstrengend..
aber es freut mich jeden Tag zur Schule zu gehen..

Dagegen ist der junge Geselle in eine Sackgasse geraten.
Seine neue Arbeitsstelle gefällt ihm gar nicht..
Es ist nicht das seine...
Er muss da raus, wenn er auferstehen will zu einem erfüllten
Arbeiten..
Über das Kirchenblatt ist bekannt geworden, dass der berühmte
Theologe Hans Küng sich das Leben nehmen lassen wolle –
im Sinne *aktiver Sterbehilfe,* bevor er – als Gelehrter - nicht mehr
lesen könne und in der Demenz nicht mehr wisse, wer er sei..
Aber - muss man nicht gerade einem Hans Küng wünschen,
dass auch er den Weg der Leerwerdens bereit ist zu gehen:
Wie viele einfache Menschen sind diesen Weg gegangen bis zum
geschöpflichen Ende...!

Zum Würdig-werden der Auferstehung ist es notwendig,
alles und vor allem sich selber loszulassen.. auch den *Gelehrten.*
Denn *wer an seinem Leben, an seinem Ich hängt, wird es verlieren..*
Wer es aber loslässt, der wird es ganz neu wieder gewinnen..

Aber da ist noch die Andere Seite der *Martins-Geschichte*:
Das Bildnis am Seitenaltar zeigt, wie Martin von Jesus träumt..
der ihm als dieser Bettler erscheint..
Was ihr dem Geringsten Nächsten getan habt oder nicht..
Die Kirche, auch die von Alberschwende, hat einen ganz bestimmten
Haupt-Zweck:
Nämlich Quelle zu sein für die christliche Nächstenliebe .....
Quelle für ein göttliches, heiliges Wohlwollen für jedermann.

V.a. durch dieses *unglaubliche Sakrament*, die Hl Kommunion, ist
die Kirche Quelle der Kraft und der Tugenden des christlichen
Lebens.
Kraft, die Mühen des täglichen Arbeitens zu wollen auf sich zu
nehmen...
Quelle des Geistes für das Pflegen von Alten und Kranken
und für das Ertragen von Leiden und Krankheit und Sterben.
Die Kirche ist die Quelle für ein tiefes und friedvolles und lebendiges
Gemeindeleben.. Da heißt es einmal:
Und wenn du alle Orte auf der Welt besuchen könntest,
dann müsste deine erste Frage immer sein:
Lieben sie einander..?
Das heißt nicht: Umarmen sie einander...
sind sie immer nett und angenehm...Nein.
Es heißt:
Wie sehen sie einander..?
Wie reden sie übereinander und voneinander..?
Wie denken sie voneinander..? Sorgen sie füreinander..?
Ertragen sie einander..?
Haben sie Nachsicht füreinander....?

32. Sonntag C Seelensonntag Lk 20,27-38

Heute Abend um 20 Uhr wird auf Wunsch des Bischofs bei jeder
Kirche in Vorarlberg fünf Minuten lang die große Glocke geläutet:
Zum ein Zeichen des Gedenkens an ein Ereignis im November 38.

In dieser Nacht, am 9.November 1938, wurden in ganz Deutschland
und in Österreich tausende jüdische Synagogen angezündet.
In Wien brannten insgesamt 42 Synagogen und Gebetshäuser,
an die 7000 Juden wurden festgenommen, 4000 jüdische Geschäfte
wurden gesperrt, 2000 jüdische Wohnungen wurden zwangsgeräumt
und Parteigenossen übergeben..
In diesen Dreißiger Jahren des letzten Jahrhunderts
ist das Deutsch-Nationale übermächtig geworden:
Österreich solle werden, was es immer schon sei:

Ein Teil von Deutschland.
Und das *Deutsche Wesen*, der *deutsche Mensch* müsse der Welt zeigen, dass er von der Geschichte auserwählt ist, die Herren-Rasse zu sein (auch über die zum Dienen bestimmten Slawen aus dem Osten und dem Balkan..).
Aber vor allem hat sich in diesen Jahren der *Antisemitismus* radikal gesteigert zu einem fanatischen *Mobbing* gegen alle Menschen, die Juden sind. Hitler habe schon 1919 in einem *Judengutachten* angekündigt: *Das letzte Ziel des Antisemitismus muss die Entfernung (Vernichtung) der Juden überhaupt sein.*
Es hat ja durch das ganze Mittelalter Judenverfolgungen gegeben: Damals waren sie auch kirchlich-religiös motiviert:
Sie haben unsern Heiland gekreuzigt (..Heute erst fangen wir an zu verstehen, dass auch wir Ihn gleichsam/mystisch *schlachten* sollen um unseres Heiles willen..und so gesehen bewusst fortsetzen, was die Juden vollzogen haben, ohne auch nur zu ahnen, dass sie das Werkzeug des Allmächtigen waren..)
Besonders in den jährlichen Karwochen habe es solche Judenpogrome gegeben: Wo Leute direkt nach der Messe hineingelaufen seien in die Judenviertel der Städte, um dort Häuser anzuzünden und Juden zu töten. ..

Im letzten Jahrhundert (20.) ist es nicht mehr das religiöse Motiv, - jetzt ist es die Rasse. Und es ist ein übermächtiger Neidkomplex !
Juden waren (sind) meist tüchtige und wohlhabende, aber auch gescheite und gebildete Leute.
Und sie waren anders; sie waren selbstbewusst;
Sie waren Juden.

Die systematische Verfolgung aller Juden wurde dann buchstäblich angeheizt durch die Reichspogrom-Nacht 1938 oder Reichs-Kristall-Nacht und das war auch der Auftakt des Vernichtungswahns...

Die Rohheit von Nationalsozialisten zeigt sich aus Verhörprotokollen dieser Tage:
Sag, Jud, was für einen Beruf hast du !
Kaufmann.

Kaufmann?! Ein Betrüger bist du!
Wie viel Kinder hast du?
Fünf. Aha, du verunreinigst mit deinen Schweinen das arische Wien!

Und du, verfluchter Jud, welchen Beruf hast du ?!
Rechtsanwalt.
Rechtsanwalt ?! Dann hast ja schon den richtigen jüdischen Dreh heraußen!
Und wie viel Kinder hast du?
Eines.
Aha....eines. Und bei welchen jüdischen Doktor macht deine Sau-Jüdin verbotene Abtreibungen?!

Reichskristallnacht wurde diese Nacht genannt,
weil vor den jüdischen Wohnhäusern und Geschäften im ganzen Deutschen Reich Millionen von Scherben glitzerten - wie Kristalle..
Die Fensterscheiben (!) als Reichs-Kristalle...
Nur in Vorarlberg gab es diese Nacht der Gewalt nicht.
Das lag daran, dass es eine jüdische Gemeinde in Hohenems schon nicht mehr gegeben hat.. und auch keine Synagoge mehr..

Sicher: Die systematische Verfolgung der Juden wurde bei weitem nicht von aller Bevölkerung innerlich mitgetragen:
Aber die Angst, man könnte bei der SS oder bei der Gestapo in Verdacht geraten, ein Verteidiger dieser Juden zu sein:
Diese Angst hat einen zumindest schweigend wegschauen lassen..

Wobei man auf dem Land von den Verfolgungen der Juden wenig gewusst hat..Es hätte auch nichts geändert..Was sich da geändert hatte, war, dass man schon gewusst hat, *wo* man besser still ist...

Einer von den vielen Burschen, die damals in engeren Kontakt gekommen waren mit der Hitler-Partei, ist durch die Medien namentlich bekannt geworden:
Er stammte aus dem Dorf Silbertal im Montafon.

Im Dorf als ruhiger, arbeitsamer Bursche bekannt....
..einer, den man für alles brauchen kann..
hat man gesagt. Aber grad das, dass jemand für alles zu brauchen ist, hat auch die Gefahr, dass er sich missbrauchen lässt..
Die Nationalsozialisten seien bei jungen Burschen auch darum so recht gut angekommen, weil das die Chance war für junge Leute, sich zu emanzipieren, sich zu befreien aus dem Druck der Dorfautoritäten und vor allem auch gegen die noch mächtige Kirche...
Auf dem Kirchturm die Hakenkreuzfahne anzubringen, ist eine spektakuläre Machtdemonstration gewesen.
Oder nachts in die Wiese gegenüber der Kirche ein großes Hakenkreuz hinein mähen..
Der *junge Silbertaler* spürt ein ganz neues Selbstwertgefühl und Machtgefühl in der starken Uniform,. .
In der Hierarchie der Macht steht er jetzt höher als alle die Autoritäten im Dorf!
So ist er zu einem Werkzeug der Partei geworden.

Die Partei hat aber neben der Juden-Vernichtung auch die Vernichtung aller Behinderten auf das Programm gesetzt:
Es wurde dem Volk vorgerechnet, was so ein *unnützer Halbmensch/ lebensunwertes Leben* ... das deutsche Volk kostet..!
Dazu hat es in *Hartheim in Oberösterreich* eine Tötungsanstalt gegeben .
Und dieser oben genannte Silbertaler hat willfährig durchgeführt, was die Partei gewollt hat: Er war in Hartheim ein sog *Brenner* geworden.
Heute ist eine *Geschichtswerkstatt Silbertal* dabei,
am Beispiel dieses einen Mannes die Anfänge und den Weg zu erforschen, auf dem so ein junger Mensch z.B. zum *Brenner* werden konnte.
Aber wozu diese Erinnerungen, dieses Gedenken?
Der Pfarrer von Silbertal war strikt dagegen, dass der Name des genannten Silbertalers gelöscht wird vom Kriegerdenkmal, das auf Pfarrers Grund steht.

Er wolle keine solche Trennung zwischen dem Verbrecher und den andern: So dass nur er allein als Täter gilt und alle andern als Opfer.

Der Platz, auf dem das Kriegerdenkmal in Silbertal liegt, soll einen Namen bekommen: Eine Idee ist *Platz der Zivilcourage.*
Denn da wurde nämlich nicht nur der Verbrecherische entdeckt, sondern viele stille mutige Taten /Zeichen wurden entdeckt .

Da haben z.B. Frauen aus dem Dorf den Zwangsarbeitern Brot gebracht und riskiert, als *Russen-hure* geschimpft zu werden..
Man hat Flüchtlinge versteckt.
Man hat auf schlaue Weise so manchen behinderten jungen Menschen gerettet vor dem Transport nach Hartheim.
Eine Ukrainische Zwangsarbeiterin hat von einem Silbertaler ein Kind bekommen. Wo der sich aus dem Staub machen wollte, hat ihn seine eigene Mutter streng aufgefordert, bei der Ukrainerin und dem Kind zu bleiben..

Und noch einmal: Was heißt es, wenn gesagt wird:
Denk an die Tage der Vergangenheit, lerne aus den Jahren der Geschichte..
Lernen aus der Geschichte mit dem Ziel, viel zu lernen für die persönliche und gesellschaftliche Entwicklung ..

Aber dazu hilft nicht, wenn man gebetsmühlenartig das Gedenken an die Vernichtung der Juden wiederholt ..
und es nützt nichts, wenn man mit Schülern Mauthausen besuchen geht..das kann sogar kontraproduktive Wirkungen haben..
Und es ist zu wenig, wenn zum x-ten Male ausrufen wird :
Nie mehr darf das wieder geschehen! ..
Wobei der Appell natürlich wahr ist und ausgerufen werden muss.

Kardinal Schönborn:
Wir sind verpflichtet, alles zu tun, damit solches nie wieder geschehen kann.
Aber was gehört zu diesem *alles Tun..?*

1...in der großen Politik -
die Bewahrung der Rechtsstaatlichkeit, wo - einfach gesagt -
die Grundrechte und Menschenrechte unbedingt gewahrt bleiben..

2... im Kleinen des persönlichen Lebens...
Es gehört zu diesem *alles Tun d*as *Nein-sagen können*...
auch in kleinen Situationen..
..das Nicht weg-, sondern Hinschauen.
 auch da, wo Jugendliche Vandalen sind...

... für Schwache und für Arme sich einsetzen und für Alte:
das ist immer ein Schwimmen-Lernen gegen den Trend...
Sich als Einzelner etwas trauen und zutrauen..

Du sitzt in einem Kinofilm und bald musst du sehen:
Der Film ist nichts für mich ..und was ich jetzt brauche..
Aber du bringst es zuerst noch nicht her, aufzustehen und
rauszugehen:
Die andern da im Dunkeln werden kurz denken:
Wie kann man da raus gehen! Der Mann ist von Gestern...

Oder: Eine Veranstaltung mit älteren Menschen –
und die Musikanten spielen zu laut:
Fast alle merken es, aber keiner geht hin und bittet...

Oder es ist die Luft so warm und dick in einem Vortragssaal,
dass alle schwitzen : Aber keiner steht auf und öffnet ein Fenster..

Es gibt kaum einen größeren Schritt, einen mutigeren, als wenn
behutsam kleinste Zeichen gesetzt werden in einer Familie,
wo es ein tiefes Zerwürfnis gibt.

...etwas öffentlich sagen, wenn du siehst, dass junge,
einkommensschwache Familien finanziell ausgenützt werden:
mit zu hohen Mieten; mit zu hoher Pacht; mit zu hohen Preisen...

Zivilcourage ist es, wenn eine dritte Person hilft, Frieden zu stiften, anstatt nur eine der zwei Seiten zu verteidigen...

Wenn ein Werkstattleiter zum Chef geht und sagt:
Wir, die Mannschaft, können diesen vorgegebenen Umsatz nicht erreichen:
Wir finden es aber entwürdigend, dass uns ein Umsatz-Soll vorgegeben wird,
als ob man uns antreiben müsse wie Sklaven...

...und gerade jetzt, am Ende des Kirchenjahres, wird erinnert an das Ende der Welt und des Lebens, an den Tod
und dass die weltlichen Ziele und Zwecke niemals den Sinn des Lebens und der Welt ausmachen..

Es kommt darauf an, zu sehen, dass es nicht um das Heil eines Landes noch um das Heil der Wirtschaft noch einer Bank ...geht;
sondern um das *Heil* von Menschen, von Seelen..
Es kommt darauf an, dass jeder/jede seinen Weg geht...
dass man sich treu bleibt...dass man seine Fehler sieht...
dass man sich entwickelt, in den Tugenden wächst.. ..

Der genannte *Silbertaler* hatte im Krieg noch eine Frau gefunden, die ihn offensichtlich sehr geliebt habe.
Der gemeinsame Sohn habe gesagt, dass seine Mutter ihm zunächst nur das Beste von seinem Vater erzählt habe..
Er sei ein liebevoller Familienvater gewesen.
Er war ab 1941 als Aufseher und Brenner ins KZ-Sobibor befohlen worden. Dort wurde er eines Nachts von Gefangenen erschlagen.

Imre Kertesz, Ungarischer Literaturnobelpreisträger:
Man hat gesagt, das große Geheimnis in der Geschichte sei das Böse...und dass es überhaupt das Böse gibt...
I. Kertesz denkt dagegen:
Das eigentlich große Geheimnis, ja, das Unwahrscheinliche in der Geschichte der Menschheit ist das reine Gute:
Vor allem das Gute, also das Himmlische *mitten in der Hölle.;*

da, wo das Gute verfolgt und das Böse nicht betraft, sondern belohnt wurde.. .Ja, wo *das Heiligmäßige bestraft wurde mit der Todesstrafe..*
Diese Geschichte aus dem Lager Auschwitz..

32. Sonntag C 2007 Lk 20,27-38

Dieser Tage frage ich eine alte Frau, wie es so geht..
Antwort: *Ich lebe!* ..und nach kurzer Pause - mit einem Lächeln - aber laut: *...noch im Diesseits!*
Jesus redet von *dieser Welt* und von *jener Welt.*

Und wenn man auch sagen hört:
Wir würden nichts wissen können über ein Leben nach dem Tod…, über das *Jenseits:* Soviel zumindest wird uns von ihm gesagt, sofern wir glauben wollen, dass er weiß, wovon er redet:
Dass in **jener Welt nicht mehr geheiratet** wird...
dass auch nicht mehr gestorben werden kann..
und dass **die Menschen dort** *den Engeln gleich seien*
und *durch die Auferstehung zu Söhnen ..Töchtern Gottes geworden..*

Wenn jemand radikal nicht glauben will an ein Jenseits und die Auferstehung, könnte man anfangen zu streiten und sagen:
Du kannst *nicht beweisen*, dass es *keine* Jenseitige Welt gibt..
Aber es wäre mit solchem Herum argumentieren nichts gewonnen.
Der Glaube an eine Andere Welt, an eine Auferstehung ist nichts für das bloße Rechthabenwollen ...wobei dieser Glaube ja nicht *gegen* die Vernunft spricht..
Aber das Argumentieren allein schafft nur Überzeugung, wenn eine gewisse Offenheit da zuhört...
Vor allem: Es bessert uns menschlich nicht..
Und darauf kommt es an, wenn Jesus doch hinzufügt:
....an jener Welt und an der Auferstehung werden diejenigen teilhaben, die Gott für würdig hält....

Denn es werden Menschen *der Auferstehung für würdig gehalten* werden, die sogar gesagt haben:
Ich glaube *nicht* an die Auferstehung!
Weil sie - ohne es zu wissen - im Sinne der *Auferstehung* (I*ch bin die Auferstehung...*) gehandelt haben und gelebt! (*Auferstehungsleben!*)
Mt 225,34 ff ..
Wann haben wir dir zu essen gegeben…?
Wann haben wir dich besucht…?
Wann habe wir dir zu essen gegeben …?
fragen die zur Rechten des Königs beim Letzten Gericht....
Da wurde nicht eigens gedacht an das *Würdig-werden* ..
Da wurde nur gut und recht gehandelt.
Aber alles gute Handeln ist schon eine *Spur der Auferstehung.*
Ja, *im* rechten Tun und Leben *zeigt sich* das Jenseits…,
zeigt sich die Auferstehung mitten in *dieser Welt* .

Es gibt dieses schöne Wort vom **Auferstehungsleben:**
1. Mittagszeit.
Ich bin heute nirgends zum Essen versprochen.
Ich werde also gemütlich für mich allein in meiner Küche etwas essen…?
Nein! Ich gehe ins Gasthaus! Auf!
Das ist Begegnung ..
und für den Wirt eine kleine Freude…!

2. Und da ist man gerade dabei, das Haus frisch anzustreichen mit starken Farben.
Es wird wieder schön aussehen ..!
Alles Mühen um das Schöner-machen und Kultivieren hat etwas von *Auferstehung* an sich - gegen den Verfall - gegen das Einerlei - gegen das *Karren-Laufen-Lassen..*

3. Kultur der Auferstehung ..
Das ist ein Männerchor...*Dieser* Männerchor!
Das Sich Einspannen, die Hingabe der Freien Zeit für dieses schöne gemeinsame Werk, Auferstehung im Chorgesang....wo man sich selbst vergisst...
und grad darin unendlich an der Seele gewinnt..

4. Apropos Kultur und Auferstehungsleben:
Wo könnte das noch intensiver stattfinden als im täglich anstrengenden Leben einer Familie - mit Kinder von starkem Temperament..

5. Auferstehungsleben.
Wo man 40 und mehr Jahre einer Arbeit nachgeht,
die man so gut wie möglich erfüllen will..
Wer mein Jünger sein will, nehme täglich sein Kreuz auf sich..und folge mir nach (..hat die *Auferstehung* persönlich gesagt) .

6. Und beginnt *Auferstehung* nicht umso mächtiger sich zu melden, je mehr das äußere Leben abnimmt…?
Wenn das Augenlicht schwächer wird...das Gehör..
..dafür aber das Innere Leben zunimmt und wächst..?
und wo die alte Frau ihre chronischen Schmerzen annimmt mit Worten wie:.. *Es ist so! Fertig. Andere haben´s noch schwerer..!*

7. Und das Sterben selbst..?
Mein Sterben...Dein Sterben..Mein Tod..?
...als Wiedergutmachung...als Sühne..
Ich nehme es an! (Mama).
Und das Sterben meiner Angehörigen...meiner Allernächsten..
Das können Kinder sein...junge Menschen...heute ..morgen..

Abschiedlich leben...sagt man.
Sich vertraut machen mit dieser Wirklichkeit..
Dazu gehört aber der Blick hinüber.
Er: *Ihr tut so selten einen Blick hinüber...zu euer wahren Zukunft..*
Dabei sollte euer Herz doch schon dort sein, wo ihr morgen sein werdet..
Wenn ich an die Auferstehung glaube und an Jene Welt..,
dann sehe ich das Leben in dieser Welt als Zeit der Reifung, ohne dass ich kalkulierend daran denke.
Das Leben selbst bereitet mich vor...

Man erwidert: *Wozu an den Tod denken ? Der kommt, ob ich dran denke oder nicht.....z.B. beim Lesen der Todesanzeigen... Ja, wenn ich dran denke, raube ich mir nur Lebensfreude...mache ich mich selber depressiv..Also denke ich nicht daran... Man muss sich die Wirklichkeit so konstruieren, dass man sich wohl fühlt und es einem gut geht...selbst wenn man sich dazu etwas vormacht...Besser in einer Illusion leben und es geht einem gut dabei..als die ganze Wirklichkeit vor Augen und es geht dir schlecht.....*

Aber wenn der Tod *nur Tod* ist...
und wenn es kein Leben *in* mir gäbe, *das apriori ohne Tod ist*...
Und auch keine Nicht-zeitliche Zukunft...keine Auferstehung…
keine Jen-seitige Welt.. Dann wäre es wirklich sinnlos, ja zum Verzweifeln, an den Tod, an das Ende zu denken…
Wenn das Leben *kein Ziel* hätte, sondern *nur ein Ende* ..

P.S.: Oder wäre es im Gegenteil die psychologische Erlösung von allem Letzten Ernst, von jeglicher Furcht vor der Wahrheit meines Lebens? Vor diesem Glaubens-Rest an die Rede von einem *Jüngsten Gericht*…? (...*der kommen wird zu richten die Lebenden und die Toten*…Wonach solle er richten ? Es heißt: Nach der Liebe..!)
Also endlich Befreiung aus dem Zustand *bloßer Hoffnung* auf Auferstehung? Viel lieber *Nichts,* als diese irgendwie belastende *Hoffnung*..

..der Auferstehung würdig werden.
Es gibt einen letzten Unterschied zwischen *Erhaltung körperlichen Lebens* und *Erhaltung Guten Lebens: Gut* nicht im Sinn, dass es einem *gut geht*: Gesundheitlich, finanziell, gefühlsmäßig...,*sondern Gutes Lebens im Sinn von ethisch gut;* im Sinn eines Lebens der Nächstenliebe, der Hingabe, im Sinne der Wahrhaftigkeit, des Gut-seins…des Beitragens zum Glücklichsein Anderer...
Es kann sein, dass das *Gute Leben,* also das Leben für die Aufgaben, die Familie, für Andere, für Arme, für Kranke, für ein gutes Werk.., dass also das Leben für das Gute und für die Seele auf Kosten des *äußerlich guten Lebens* geht.

Und so soll es ja letztlich sein!
Der heilige Karl Borromäus ist mit 43 Jahren an Erschöpfung gestorben..Die Kräfte waren verbraucht..
Man hat nicht gesagt: Wie unvernünftig! Er hätte mehr auf sich schauen sollen! Man hat ihn heiliggesprochen.
Aber es kann auch umgekehrt sein:
Dass der Mensch schindet und schafft allein für sein äußeres Leben; dass er kleine und große Kriege führt aus egoistischen Motiven.. und dabei das *Gute Leben* verliert: S*ich selbst* verliert…
seine Seele...seine Freiheit...seine Freude...seine Liebe..
Was nützt es, wenn einer die ganze Welt gewinnt, dabei aber seine Seele, sein Selbst verliert...
Fürchtet euch nicht vor dem , der den Leib, aber die Seele nicht töten kann. Fürchtet euch vielmehr vor dem, der Seele und Leib in die Hölle werfen kann..
Es kann das *Innere Leben* sterben.
Es kann das Gute des Lebens sterben..
Es kann den Tod des Innern Lebens geben…,
sollen wir sagen: Tod der Liebe..der Liebesfähigkeit…
Zweiter Tod..(Offb)
Die Habsucht ist so ein Feind des Guten Lebens..
des ethisch schönen Lebens..
Die Verachtung Anderer...
Das Nicht-annehmen-Wollen der Wirklichkeit...
Das Verzweifeln am Kreuz meines Lebens...
Und es gibt keine Garantie, dass wir standhalten bis zum Ende...und unsere Seele (uns selbst) doch noch verraten..
Wer aber standhält bis zum Ende, der wird gerettet.
So gesehen kann das physische(zeitliche) Ende die Rettung sein vor dem moralischen Ende, dem seelischen Untergang. Vgl. Letzter Sinn von Kriegen.

32. Sonntag C 2010 Lk 20,27-38

..in jener Zeit sprach Jesus zu einigen, die die Auferstehung leugnen..
Ich habe mich – kindischer weise - letzthin regelrecht aufgeregt über einen Wissenschaftler, einen Historiker, der mit aller Lässigkeit in einem öffentlichen Gespräch(über ORF) sagen konnte:
Es gibt auf das Ganze des Lebens und der Welt nicht so etwas wie Sinn... ebenso wenig wie einen Plan hinter (oder in) allem...
und es gibt auch nicht diesen Trost, an den zwar viele Menschen glauben, aber der in Wirklichkeit nur einem Mythos gehört...
Was mich aufgeregt hat, war, dass er zum Ausdruck brachte:
Ich - im Unterschied zu vielen Menschen - ich brauche diesen Trost nicht...Ich brauchen diesen Sinn-Glauben nicht..
Ich brauche keinen Glauben an die Auferstehung..
Ich nehme die Welt so an, wie sie ist...

Vermutlich regte mich diese Erklärungen auch deshalb auf,
weil ich nicht fähig gewesen wäre, sie mit schlagenden Argumenten zu widerlegen.
So kann man nichts anderes tun als die eigene Überzeugung dagegen halten, wie zum Beispiel mit diesem Text aus dem Buch der Weisheit (AT) :
...Da tauschen sie ihre verkehrten Gedanken aus und sagen:
Kurz und traurig ist unser Leben. Für das Ende des Menschen gibt es keine Arznei. Man kennt keinen, der aus der Welt des Todes befreit. Durch Zufall sind wir geworden und es wird danach sein, als wären wir nie gewesen. Und der Name wird bald vergessen, niemand – absolut niemand denkt mehr an unsere Taten.
Aber die so denken, irren sich. Sie hoffen nicht auf Lohn für die Frömmigkeit und erwarten kein Auszeichnung für untadlige Seelen..
Diese Absage an Glaube und Sinn und Trost erscheint mir ziemlich theatralisch und großspurig (siehe oben: Was brauche ich diesen Trost..Ich habe meinen..!) und zudem nicht wahr, wenn man genau hinschaut auf unseren *unmittelbaren* Lebensvollzug und damit auch den des Gegners.

Dazu hat sich mir zufällig auch Hilfe und Verteidigung
gefunden bei einem großen Mann unserer Zeit, **Vaclav Havel,**
in seinen *Briefen an Olga* (aus dem Gefängnis an seine Frau..)

In diesen **Briefen an Olga** unterscheidet er zwei Begriffe von Sinn:
Ich nenne sie einfach *Sinn im Großen* und *Sinn im Kleinen*.
Zum *Sinn im Großen* schreibt er:
*..es ist das Bewusstsein des Todes, es ist der Tod, der in uns die
Überzeugung aufrüttelt, dass das menschliche Leben trotz allem
einen höheren Sinn hat...Diese Überzeugung sagt uns,
dass nichts, was geschehen ist, ungeschehen gemacht werden kann,
dass alles irgendwo und irgendwie gewusst wird
und dass alles irgendwo auch insgesamt bewertet und sinnvoll
gemacht wird. Diese Überzeugung macht es dem Menschen möglich,
sich ganz hinzugeben an den Dienst - und mit dem Tod zu leben..*

Der von mir genannte *Sinn im Kleinen* zeigt sich da, wo wir von
einem *sinnvollen Leben* reden. Und sinnvolles Leben,
so *Vaclav Havel,* führt der Mensch, wenn er seine Sorge um sich
selbst *übersteigt*. Sinnvolles Leben zeichnet sich aus durch solches
Übersteigen der Sorge um sich selbst.
Übersteigen wohin?
Zu den Anderen, zur Gesellschaft, zur Welt.., zur Gottheit,
indem der Mensch über sich hinausblickt; sich um Dinge kümmert,
um die er sich nicht kümmern müsste vom Standpunkt der
(welthaften) Sorge um sich selbst ...
..indem er immer wieder die vielfältigsten Fragen stellt
und sich immer wieder in das *Brodeln der Welt* hineinstürzt, um
seiner Stimme da Gewicht zu geben...
Sinnvolles Leben aber, so verstanden, dürfen wir sehen als Anfang
der Auferstehung: Als ein Leben, das *würdig macht, an jener Welt
teilzuhaben und an der Auferstehung von den Toten*.
**...die aber, die Gott für würdig hält, an jener Welt und an der
Auferstehung der Toten teilzuhaben...**

Ist der Anfang von solchem *Würdig-werden für Jene Welt und der
Auferstehung* nicht zuallererst in der *Familie?*

Ist nicht das Familienleben diese erste Schule sinnvollen Lebens..- also dieses *Übersteigens der Sorge um sich selbst* - hin zu den anderen... ?
Und ist es nicht das innerste Ziel schon des Kindergartens und der Schule, das in diesem Sinn *sinnvolle Leben* zu lernen und Geschichten vom sinnvollen Leben zu hören wie die vom *Vergessenen Zigeunergrab.(..das Grab eines Roma, damals noch Zigeuner genannt, der in längst vergangenen Tagen zwei Kinder aus einem brennenden Stall gerettet hat – und selber bei dieser Rettungstat verbrannt ist).*

Aber *Jene Welt,* von der Jesus da spricht, ist eine Wirklichkeit, die viel größer sein muss und intensiver, als die Wirklichkeit *dieser Welt. Es* ist die Welt der Engel, sie ist die Welt der Heiligen und die unserer Toten. Es ist das *Jenseits Gottes..*zum *Diesseits Gottes* hinzu.

Er: ...*Ihr werft so selten einen auch nur flüchtigen Blick auf das jenseits, auf jene Welt, ..auf euren künftigen Wohnsitz, - obwohl eure Herzen jetzt schon dort sein sollten ...dankend und anbetend während aller Geschäfte des Tages.*
Es ist ein unendlicher Unterschied, ob man die *Geschäfte des Tages* ohne diesen Blick verrichtet oder mit ihm..
Selig, die wach sind...
Das heißt aber keineswegs, dass dadurch *die Geschäfte des Tages* an Wichtigkeit verlieren, im Gegenteil.!

C.S. Lewis schreibt: *Wenn man sich mit der Geschichte beschäftigt, wird man sehen, dass sich gerade die Christen, die am stärksten auf das Jenseits schauten, sich am eingehendsten mit dem Diesseits befassten.*
Wer nach dem Himmel strebt, dem wird die Erde in den Schoß fallen.
Wer nach der Erde strebt, dem gehen Erde und Himmel verloren..

32. Sonntag C 2013 Lk 20,27-38

Wenn ich mit einer persönlichen Reflexion beginnen darf:
Es ist mir völlig unverständlich, ja, es scheint mir geradezu ein Trotz-Akt zu sein, wenn jemand sagt:
Ich glaube nicht an eine Auferstehung...
Es gibt kein Leben nach dem Tod..
Da habe ich den Verdacht:
Das ist eine mutwillige Leugnung von einem Glauben,
den jeder Mensch in sich trägt...
Da spielt man den Helden, der sagt:
Ich brauche weder den Glauben noch die Auferstehung, so wie die Schwachen, die Ängstlichen, die den Tod nicht wirklich akzeptieren können. Ich bin darüber hinaus: Ich brauche keine sog. Ewigkeit und keinen sog. Gott..
Aber diese Total-Opposition gibt nicht wieder, was dieser Mensch im Innersten weiß und vor allem tut!
Denn welchen Sinn sollte es sonst haben, dass derselbe Leugner der Auferstehung sich ständig bemüht, ein rechtschaffenes und aufrichtiges Leben zu führen..!
Warum (oder Wozu) will auch ein Leugner der Auferstehung ein besserer Mensch werden..?

(Zu Allerheiligen war es die Überschrift – im Blick auf das Ziel der Heiligkeit: *Dass uns das Leben gegeben ist, an uns selbst zu arbeiten...immer wieder an uns ...ich an mir – zu arbeiten: der Tod bewirke die Letzte Korrektur..*)

Warum also lässt sich ein *Atheist* nicht *gehen*?
Warum beherrscht er sich und lässt sich nicht drängeln vom Hintermann ...und fährt sein Tempo weiter..
Warum wirft auch er (manchmal nur er!) den Bettelbrief *nicht* in den Papierkorb. Ja, er hatte ihn noch einmal aus dem Papierkorb geholt.. und will *doch* noch ein Paar Euro spenden..!
Warum greift er nicht maßlos zu bei den Trauben, die so verlockend auf dem Tisch stehen..

Warum kauft er nicht die Handschuhe im Angebot
und den Knirps usw.…und sagt sich:
Das habe ich doch schon zu Hause..Ist nur meine Kauflust: Dass ich
etwas Neues habe..!
Warum überwindet er den Zorn ...
Und warum macht auch der Atheist (vielleicht noch mehr als der
Gläubige) sich das Leben schwer mit einer aufrichtigen
Bemerkung..? Er hätte schweigen können..
Dieses *tägliche Arbeiten* an den eigenen Schwächen und Fehlern,
an der Trägheit..: Das ist doch ein *unmittelbares* Streben nach
Vollendung...nach stetigem Sich-Bessern.., also nach Auferstehung !
Ein Würdig-werden-Wollen-der-Auferstehung...!
Die aber, die Gott für würdig hält, an jener Welt und an der Auferstehung teilzuhaben..
Stetig die Mühe, *über sich* hinauszuwachsen und ein *Erwachsener* zu
werden, der nicht mehr vorrangig das tut, was ihm beliebt, sondern
was er *wirklich tun will.*
Der Mensch ist erst Mensch, wenn er über sich hinaussteigt..
(Pascal) Dieses Streben, geduldiger, mutiger, fleißiger und
freundlicher zu werden... Dieses Streben, zu tun, was ich als
notwendig erkenne...und es gut zu machen… Dieses Umgehen-lernen
mit widrigen Umständen..mit Ablehnungen...mit Kränkungen...mit
Konflikten...mit körperlichen Schmerzen..mit meiner eigener
Habgier.. mit sinnlich-erotischen Versuchungen...
mit Überheblichkeit...
Wenn also jemand sagen würde – und das sagen ja viele:
Ich glaube nicht an die Auferstehung...
Es gibt kein Leben nach dem Tod…,
Warum und in welcher *Hoffnung* strebt dieser Atheist danach,
seine Pflichten bestmöglich zu erfüllen…,
sich selbst zu beherrschen, geduldig zu sein mit andern,
sich überwinden zu einer Entschuldigung..?
All das *Arbeiten an sich selbst*,
dieses Sich-selbst-Erziehen:
Das hat doch einen *absoluten Sinn* in sich:
Ein Leben (von vornherein) ohne Tod..

Denn wie der Künstler mit seinem Arbeiten an seinem Werk,
so geht doch jeder Mensch *unmittelbar* (spontan) davon aus,
dass sich seine Selbsterziehung (Selbstheiligung) *am Ende für ihn
selbst gelohnt haben wird...*!

Auch wenn man immer wieder wie am Anfang steht:
Es ist die *Hoffnung,* dass jeder kleine Sieg über den
Inneren Schweinehund schließlich zu einer inneren (absoluten)
Vollendung, zur Auferstehung führt...und *nicht* mit dem Tod sinnlos
und *ohne Gewinn* endet.

Aber es gibt noch tiefere, religiöse Gründe für den Glauben an die
Auferstehung, an ein Leben nach dem Tod.
Wenn wir an die Begräbnisgottesdienste denken:
Ist da nicht ein tiefer, mystischer Glaube an die Auferstehung ?
Manchmal spricht man in einem Nachruf direkt und unmittelbar den
Verstorbenen persönlich an...
und wir finden das gar nicht übertrieben oder gekünstelt oder irreal..

Forscher, die Menschenfunde machen, wissen:
Immer wenn sie Grabbeigaben entdecken, sind da Menschen
begraben und nicht Tiere; denn nur Menschen begraben ihr Toten.
Tiere nicht.

Und immer ist das *Begraben* – zumindest bis in unsere Zeit herein –
unendlich mehr als ein *Entsorgen.* Und auch *mehr* als bloß ein Ritual,
durch welches *geistige Mehr* das Ritual erst seinen Sinn und seine
Kraft empfängt.
Es ist getragen von Worten, mit denen wir uns immer neu sagen
lassen: Dass der Tote unendlich *mehr* ist als der Leib, den wir
bestatten: Dass er das *Du* bleibt und noch mehr wird,, das er hier für
uns war.
Ja, es ist uns unmöglich, *spontan* zu denken:
Die Mutter, der Vater, die Frau..der Mann...das Kind... seien nur
noch diese tote Materie...

Wir sind unmittelbar (*vor* der Reflexion) überzeugt, dass der geliebte *Mensch lebt; dass er in eine Große Zukunft gegangen ist; dass er heim gegangen ist*...
Kinder haben da kein Problem, im Gegenteil !
Dass wir geschaffen sind, um einst aufzuerstehen in einem überirdischen Leib, in einer *andern Welt,* die uns nicht direkt sichtbar ist.
Kleine Seele zu **Don Bosco:**
...Also schau: Wenn die Seele vom Leib getrennt ist und sich mit Gottes Erlaubnis einem Sterblichen zeigt, dann behält sie ihre äußere Form und die äußere Erscheinung mit allen Eigenheiten des Leibes bei, aber nur viel schöner...
Und so bleibt sie, bis sie am Tag des allgemeinen Gerichts wieder mit dem Leib vereinigt wird.
Dann nimmt sie den Leib mit in den Himmel....
Aber jetzt bin ich Geist..obschon du mich an der äußeren Form erkennen kannst..
Aber zum Ende ihres Gesprächs sagt der Kleine Heilige:
..siehst du: Je mehr die Geschöpfe gut und rein sind, umso mehr nähern sie sich den himmlischen Geistern.
Je mehr aber eine Seele schlecht , verdorben und schmutzig ist, umso mehr entfernt sie sich von Gott und den Engeln, die sich von ihr zurückziehen, weil der Betreffende Mensch für sie ein Gegenstand des Ekels und des Abscheus geworden ist...

Dazu gibt es den Satz in unserem Evangelium:
...die aber, die Gott für würdig hält, an jener Welt und an der Auferstehung der Toten teilzuhaben....
Kann ein Mensch auch *gegen* die Auferstehung leben?
Kann ein Mensch unwürdig sein für die Auferstehung..?
Gibt es Bedingungen für die Auferstehung ?
Wie wir unser Leben führen, ist entscheidend dafür, ob wir zur Auferstehung gerufen werden *können* ?
Zu Allerheiligen war die Rede davon,
dass das Leben uns gegeben sei, damit wir an uns arbeiten.. immer wieder..die letzte Korrektur an uns bewirkt der Tod..

Dieses Arbeiten an mir selbst,
da wird der Mensch der Auferstehung würdig..
Da bereitet sich deine Auferstehung vor...deine Heiligkeit!

In diesen Tagen wird in der europäischen Kultur-Öffentlichkeit der hundertste Geburtstag von **Astrid Lindgren** gehalten,
dieser größten Kinderbuchautorin der Welt.
In 92 Sprachen wurden ihre Bücher von Pipi Langstrumpf,
Kinder aus Bullerbü, Ronja Räubertochter, Mio, mein Mio..
usw. übersetzt...
Sie sagt:
Ich glaube fest, dass Erziehung (wahre) Liebe zum Ziel haben muss,
Zuneigung. Liebe kann man (muss man) lernen.
Und niemand lernt besser als Kinder.
Wenn aber Kinder ohne Liebe aufwachsen, - und sie also die
(größere) Liebe nicht lernen können (am lebendigen Beispiel!),
dann darf man sich nicht wundern, wenn sie selber lieblos werden..
Und von ihrer eigenen Kindheit schwärmt *Astrid Lindgren* :
Zweierlei hatten wir:
Geborgenheit – und Freiheit..
ein Leben ähnlich wie die Kinder in den Bullerbü-Büchern..

Wenn wir nun hören: Der Mensch muss würdig werden seiner Auferstehung... Ein wahres Familienleben, solches Erziehen, Liebe und Zuneigung lehren und lernen: Das ist doch *Würdig-Werden-der-Auferstehung!*
Und was fordert die Liebe?
Dass gedacht wird an das Glücklichsein der Andern, hier der Kinder,
...dass man dem Andern gerne dient, ohne ihn dabei für sich zu vereinnahmen.. *Diese Liebe ist Würdig-werden-der-Auferstehung.*

Und wenn junge Väter ein Haus bauen für die Familie…
eine Wohnung kaufen oder mieten..; dafür arbeiten, um gemeinsam mit der Frau jahrzehntelang den zu teuren Kredit abzuzahlen ..
auch das ist der *Auferstehung würdig werden..*
(In der Schweiz gehen gerechterweise die Kredite über auf die Nachkommen..!)

Loslassen ..
Es gibt Menschen, die – wie man sagt – regelrecht *vermüllen:*
In ihrer Wohnung häufen sich Flaschen und Schachteln und Kleider
und Zeitschriften und Bücher ....Ihre Wohnung ist übervoll von all
dem Zeug..Diese Wohnung vermüllt mit dem Müll:
Warum? Weil sie sich nicht trennen können von dem Zeug...
*Auferstehung heiß*t: Sich trennen können/ wollen...*Loslassen..*

Es gibt in uns allen das Festklammern; das Haben und Behalten-
wollen *um jeden Preis..*
Es gibt in uns die Sucht des Sammelns und Anhäufens.
Die Tendenz zur totalen Fixierung auf dieses Leben, auf diese Welt..
bei Ausblendung des Todes und Ausblendung der Anderen..
Ein Leben blind für die Umwelt, die Anderen..

Russen
Russische Neureiche, die nicht mehr wissen, was sie tun sollen:
Sie suchen nach einer Möglichkeit, in die Haut eines Armen zu
schlüpfen..eines Sandlers in Paris: unerkannt..
Es gibt eigene Vermittlungsbüros, die solche Verwandlungen auf
Zeit
organisieren..Vielleicht ein Verlangen nach der Wirklichkeit..
nach wirklichem Leben, nach Wahrheit...
dann wäre es ein kleiner *Anfang der Auferstehung..*

Der Traum junger Afrikaner, nach Europa zu gelangen...
Dort ist alles viel besser; dort ist fast schon das Paradies..
Viele verbringen Jahre mit immer neuen Fluchtversuchen mit Hilfe
von Schleppern, die viel Geld machen mit der Sehnsucht der Leute,
die unbedingt nach Europa wollen..
Aber es misslingen die meisten der Fluchtversuche:
Bis sie nach fünf oder mehr Jahren aufgeben und völlig entmutigt
wieder nach Hause zurückkehren, sofern sie überlebt haben.

Ein junger Schlepper, der einmal mit 3000 Euro Gewinn nach Hause
geht, wird zusammengeschlagen und ausgeraubt.
Vielleicht hat mir Gott ein Zeichen geben wollen.

Ich habe wohl zu viele Sünden begangen....
Er wird zurück *nach Hause* gerettet.
Heute verdiente er sein Geld damit, dass er *aufklärt*,
dass er mahnt und warnt vor den irrealen Träumen vom Leben in Europa.
*Aber mehr kann ich nicht tun. Wenn sie sich nicht heilen lassen von ihrem sinnlosen Traum von Europa, kann ich nichts mehr machen..*Diese Afrikaner mit ihrem leidenschaftlichen Traum von Europa: Ein Bild für den Menschen, der *in dieser Welt* die Auferstehung finden will..das *wahre Leben*..

Warum gibt es so viele Scheidungen?
Weil geheiratet wird mit der Vorstellung, dass das Ewige Leben mit meinem Partner angefangen hat..
Das unendliche Glück in dieser bodenlosen Verliebtheit..
Und wenn es dann vorbei ist mit dieser Gefühls-Liebe,
mit der Leidenschaft, dann kommt Streit und Krieg..
Der eine hält den andern fest, klammert ...
voll Verzweiflung und auch Hass..und Eifersucht auf Dritte..
Die, die Gott für würdig hält, an jener Welt und an der Auferstehung teilzuhaben..
Anni.
Ein alter Mensch leidet an ständigen Schmerzen.
Die schmerzlindernden Mittel können nicht und dürfen nicht jeden Schmerz beseitigen: Man könnte sterben an den Schmerz-Tabletten...
Die alte Frau fragt: Warum diese Schmerzen?
Sie sucht nach einem Sinn. Sie möchte mit ihrem Schmerz etwas *anfangen*...dass er nicht sinnlos ist...umsonst ..
Und sie findet einen Sinn in dem Wort *Aufopfern*.
Den Schmerz zum Gebet werden zu lassen;
zu einer Gabe auf den *Altar*. Gott möge damit etwas anfangen:
Eine Gnade für mich selbst...für die Sühne meiner Sünden,
Gnade für schlechte Menschen auf der Welt,
die Anderen viel Leid zufügen..
Und die alte Frau sagt, sie möchte bewusst das Ende ihres Lebens erfahren. Sie möchte nicht bloß in einem Dämmerzustand von Tabletten sterben..Sie möchte dabei sein..

Angelina.
Eine alte Frau, wenn sie zur Messe geht in Heim, dann geht sie mit der Geh-Hilfe: Das wäre nichts besonderes mehr.
Das Besondere aber ist doch: Diese Frau hat auf der Geh-Hilfe zwei Polster und auf diesen Polstern ist ein Foto festgemacht:
Das Foto zeigt zwei alte Menschen: Eine Frau, ein Mann mit Pfeife...
Und mit einem freudigen Lächeln erklärt sie:
Das sind meine Eltern..!
Dieses ihr Hinüberschauen ist schon *Auferstehungsglaube..*

Fußabdruck. (Umwelt)
Der ökologische Fußabdruck misst, wie groß die Belastung der Umwelt ist, die sich durch mich ergibt; die also ich verursache..
Wenn ich gerecht leben würde und so, dass die Umwelt überleben könnte, dann müsste mein Fußabdruck 1, 8 Hektar groß sein..
Aber er ist 4,9 Hektar groß..!Es bräuchte vier solche Planeten wie die Erde, dass mein Verbrauch gedeckt wäre...
Auferstehungsleben wäre ein Lebensstil, der gerecht ist im Verbrauch der Güter, im Konsumieren. *Es gibt aber eine unglaubliche Rücksichtslosigkeit...Es gibt eine unglaublich große Geldgier...*
Franz Jägerstätter.
Da haben wir rund um die Seligsprechung des Franz Jägerstätter gesprochen und haben gemeint: Ob wir fähig wären, in einer solchen Situation die Waffe zu verweigern..
Ob wir dann Helden sein werden: Das können wir unmöglich voraussagen..
Aber wir haben dann auch gesagt:
Das Heldentum beginnt viel früher im alltäglichen Leben:
Schon da, wo wir einander Zeit geben...
Wo wir vielleicht einen Bettel-Erlagschein mit fünf Euro ausfüllen...
Wo wir den langsamen Vordermann auf der Straße nicht drängeln, obwohl wir von hinten gedrängelt werden....
Wo wir in die Kirche gehen...
Wo ich etwas Ärgerliches oder Nachteiliges nicht weitersage..
Oder wo ich vielleicht doch eine Kritik vorbringen muss…
eine Wahrheit... die wenige erkennen können..
auf die Gefahr hin, dass es zu Missstimmung kommt..

Ida.
Ein alter Mensch sagt:
Es wäre wohl irgendwie alles leichter, wenn ich verwirrt wäre..
wenn ich dement wäre...
Oder wenn mir der Doktor ein Mittel gäbe, das mich gleichgültig
macht...betäubt..oder euphorisch, hochgestimmt..:
Dann tät ich von meinem Zustand gar nichts merken..
und hätte keine Ängste vor dem was kommt..
Aber ich bin so hell bei Verstand:
und eigentlich möchte ich so bleiben:
Möchte bewusst auf mein Ende zugehen und bewusst sterben...
und nicht in einem Dämmerzustand..
Dann bin es wirklich ich selbst, der Ja sagt, wenn man mich ins
Spital bringen muss..
Dann kann ich in meinem Sterben noch beten..
Kann meine Leiden und mein Sterben bewusst aufopfern...
Der Auferstehung würdig..
Ob zu dieser Würdigkeit nicht vor allem
das Ja zum Sterben gehört?
Aber ein Sterben, das schon viel früher beginnt…
ein Sterben dieser Welt...
ein Sterben meinem Egoismus...meinen Begierden...

Ich will nicht sterben! Ich will leben!
schreit die Welt...die *Sünde der Welt.*
schreit die Habgier, das krankhafte Besitzen-wollen..

Christian.
Nach 14 Jahren Ehe verlässt die Frau den Mann.
Scheidung. Sie hat sich verliebt. Er ist nahe am Verzweifeln.
Ist es bisher nur eine sinnliche, egoistische Liebe gewesen..?
Ein Hängen des Einen am Andern..?
Sich endlich *unabhängig* machen…!
Dieses *Sterben* zulassen...ja, mit vollziehen und einsehen:
Ich habe die Frau nur vergötzt...Ich war abhängig....
Jetzt ist Zeit, selbstständig zu werden…, allein leben zu können:
Aber nicht wieder mit einem neuen Götzen, sondern mit Gott..

Schönborn.
Auf die Frage nach dem Tod und einem andern Leben,
einer anderen Welt, einem Jenseits…,
ist die Antwort von Jesus klar:
Gott ist nicht ein Gott der Toten, sondern der Lebenden..
Das heißt auch, der jetzt lebenden Toten...Denn vor ihm sind alle lebendig...auch unsere Toten..

Hier leben wir in der Zeit. Dort ist Ewigkeit.
Hier brauchen wir alles, was zum zeitlichen Leben notwendig ist:
Nahrung, Wirtschaft, Politik. …
Im Persönlichen : Heirat. Zeugung. Geburt. Generationen-Folge.
damit das Leben auf der Erde weitergeht..
In der Ewigkeit brauchen wir das alles nicht mehr.
Drüben ist alles anders.
Wo es keinen Tod mehr gibt, da fallen Geburt und Heiraten und Zeugen weg..

Wir haben vorhin schon vom heiligen **Don Bosco** erzählt.
Und von dem Geheimnis eines Lebens nach dem Tod.
Und dazu, dass es sehr wohl Erfahrungen gibt über die *andere Welt*.
Unter den vielen Buben, die er herausgeholt hat aus dem Elend,
war auch der kleine **Domenico Savio,** die *schönste Frucht* seiner Erziehung.
Am 6.Dezember 1876 hatte Don Bosco in der Nacht in einer Art Wachtraum wohl ein übernatürliches Erlebnis:
Es erschien ihm *sein Domenico*, der schon mit 15 verstorben war!
Don Bosco versucht zu beschreiben, was er geschaut hat:
Die *unbeschreibliche* Schönheit dieser seltsam natürlich-übernatürlichen Landschaft.
Ein ähnliche Ebene von unvergleichlicher Schönheit..

Und wie dann mit vielen andern Jungen *Domenico* vor ihn hintritt
...und Don Bosco sich zunächst sehr fürchtet... und sich zwickt , ob er schlafe oder wache.. : Wie schön war er, der Domenico..!

Und wie er sich dann fassen kann, beginnt ein längeres Fragen und
Antworten, ein Gespräch zwischen den beiden
über die Art der Wirklichkeit, in der die Buben sich befinden..;
...über den seelischen Zustand der vielen Buben...
Und darüber, dass Don Bosco noch viel mehr Buben hätte *gewinnen*
können, wenn er noch größeren Glauben und mehr Vertrauen auf
Gott gehabt hätte..!
Und dann will er ihn an der Hand festhalten und greift ins Leere.
als ob der Körper von dem Buben aus *Luft* wäre..
Bist du denn nicht leiblich hier?
Nein. Den Leib nehme ich erst später wieder an..
Aber was ist denn das, was ich vor mir haben?
Ich sehe doch in dir die Gestalt des Domenico Savio..?!

33. Sonntag C 2010 Lk 21,5-19

Es ist kaum vorstellbar, dass man diese schöne Alberschwender
Kirche einmal abbrechen und eine halb so große bauen wollte.
So aber steht sie Gott sei Dank heute noch mächtig da als
Wahrzeichen für Alberschwende und man ist stolz, so eine Kirche
zur Dorfmitte zu haben.
Wenn man in Europa Reisen macht, sieht man noch weit größere
Kirchen und herrliche Kathedralen – Monumente der europäischen
Kultur...samt Petersdom und Stephansdom....

Im Evangelium staunen die Jünger über den damaligen Tempel in
Jerusalem, von dem noch heute die *Klagemauer* zeugt...
Aber Jesus reagiert auf diese Begeisterung radikal nüchtern:
Er weiß, wie heillos der Mensch am Äußerlichen hängt...

So muss er im Blick auf den herrlichen Tempel sagen:
Es wird eine Zeit kommen, da wird von allem, was ihr hier seht,
kein Stein auf dem andern bleiben.
Jesus hat diesen Tempel geliebt. Er ist jährlich mit seinen Eltern
hinaufgezogen zu diesem Tempel.
Er hat die Händler aus diesem Tempel vertrieben ..

Nein, er hat nicht gesagt:
Den Tempel hätte man einfacher und billiger bauen können,
ohne diesen Aufwand an Schmuck und Verzierungen...
Aber er hat gesagt:
Wir sollen nicht am Tempel hängen, auch nicht an Kathedralen. ..
auch nicht an der sichtbaren Größe der Kirche sollen wir hängen..
aber auch nicht an unsern eigenen Häusern..und Werken...
Er: *Du siehst, wie Menschen ihr Herz an ihr Haus hängen!*
Aber diese Sehnsucht nach einem Zuhause ist für ein anderes,
ewiges Zuhause eingestiftet..

Und wenn ihr von Kriegen und Unruhen hört, lasst euch dadurch nicht erschrecken! Denn das muss als erstes geschehen, aber das Ende kommt noch nicht sofort..
Merkwürdig: Dieses **es muss geschehen...**
Wir sollen zwar alles tun, um Kriege zu verhindern oder zu befrieden helfen (wie durch die UNO jetzt in Afrika).
Aber wo das nicht gelingt, sollen wir die Kriege sehen als
Geschehen, das **zuerst geschehen muss** :
Als Endgeschichtliche Ereignisse nach der Vorsehung und dem Willen Gottes ..
Er: *Siehst du, wenn ich Kriege zulasse, so deswegen, weil viele Menschen dann eher zu mir kommen, als wenn sie in Sicherheit lebten. Sie vergessen die weltlichen Vergnügungen, beten mehr und bekehren sich..*
Und Jesus redet von **schrecklichen Dingen, die da geschehen werden, Erdbeben, Epidemien, Hungersnöte..**
Wenn wir in Europa (Österreich) vor diesen großen Katastrophen verschont sind, dann ist das eine höchste Pflicht, Hilfe zu leisten für die betroffenen Menschen und Länder...

Abgesehen aber von Erdbeben und Hungersnöten geschehen in unsrem Leben täglich die *Kleinen* Weltuntergänge..
Anfang von persönlichem Weltuntergang ist das Altwerden....die dritten Zähne! Die weißen Haare..! .

Wenn eine Krebskrankheit vom Arzt entdeckt wird..
Weltuntergang, wenn bei jemanden (bei Dir selbst) eine schlimme Verfehlung entdeckt wird,
Weltuntergang, wo immer ein Mensch stirbt...
für ihn selbst; für die, die ihn lieben ..

Wie aber umgehen mit diesen *Weltuntergängen*, um nicht selber unterzugehen?
Gibt es da überhaupt noch ein *Umgehen* ?
Er: *Vor allem: Vertraue....und harre aus!*
Wenn du keinen Ausweg mehr findest, dann denke:
Er wird alles recht machen und bleib in meinem Frieden..

Aber bevor das alles geschieht, wird man euch festnehmen und euch verfolgen...Sogar eure Eltern und Geschwister, Eure Verwandten und Freunde werden euch ausliefern...und manche von euch wird man töten..

Was Jesus hier ankündigt, liest sich wie eine Beschreibung der Nazi-Zeit oder auch des Stalin-Regimes oder der Roten Khmer...
Hier wie dort haben Angehörigen einander denunziert ...
Heute werden in Nigeria und im Sudan Christen vertrieben, getötet...auch in Regionen Indiens..

Und die Kirche in Europa, in Österreich ?
Muss man nicht sehen, dass die Atmosphäre insgesamt atheistisch, also glaubenslos geworden ist..? Keine Beziehung mehr zur unsichtbare Wirklichkeit...
Für viele Getaufte ist das Wort *Gott* nur noch ein leeres Wort, das auf Niemanden hinweist..
Was soll da noch Kirche? Weihnachten? Ostern? Allerheiligen..?
Alles im Grunde bedeutungslos...Nur noch etwas für einfache Leute...
Und so kündigt sich an, was der nächste Satz Jesu sagt:
Und ihr werdet um meinetwillen von allen gehasst werden..

Leute, die regelmäßig am Sonntag in die Kirche gehen ,
werden hier natürlich nicht gehasst, aber doch als konservativ
belächelt...
Leute, die Abtreibung als Tötung beurteilen,
werden eher angefeindet als anerkannt...

Leute, die mit heruntergekommenen Armen zu tun haben,
werden immer eine gewisse Kritik erfahren..
Leute, die nicht mitmachen, wenn ein Mensch in der Firma oder in
der Schule gemobbt werden, kommen selber dran..

Leute, die den Ethischen Überzeugungen Vorrang geben vor dem
wissenschaftlichen und medizinischen Fortschritt, werden eher als
rückständig und für den Fortschritt des Landes hinderlich beurteilt...

Leute, die so verrückt sind zu glauben, dass in dem Stück Brot
eine *Kraft von Oben* verborgen ist (wie sie selbst sagen):
Die muss man für schrullig und versponnen ansehen..

Jesus lässt uns einen Blick tun über die ganze Geschichte:
Einen Horizont, dass es eine Weltgeschichte gibt, die auf ein Ende zu
geht...und im Willen und in der Macht eines Gottes ist, von dem
Jesus selbst stammt..
Und so wird mir bewusst gemacht:
Ich bin als dieser einzelne Mensch, diese Seele,
in dieses Jahrhundert und Jahr 2007 hineingestellt..
Ich lebe als einer von Milliarden von Menschen … jetzt und hier..
Ja, ich bin gedacht für diese Zeit, diesen Ort, diese Beziehungen..
um genau hier und heute meinen von niemanden ersetzbaren Part für
das *Heil der Welt* zu erfüllen..
Wenn ihr standhaft bleibt, werdet ihr das Leben gewinnen...
Standhaft bleiben muss – auf andere Weise - der junge Handwerker,
der nach Misserfolgen die Gesellenprüfung hinschmeißen wollte:
Es aber doch noch einmal versucht...und wenn's dann nicht klappt:
noch einmal !..Es wird sich lohnen..!

Und *standhaft* werden, wenn du schwer krank bist
und du dich nicht dem Hang zum Klagen und zum Selbstmitleid
hingibst, sondern standhaft bleibst in dem Blick auf das Ziel, auf
Ihn.. und auf dein Werden...
Standhaft bleiben müssen Eltern, wenn Kinder ihre Wünsche
durchsetzen wollen...Standhaft bleiben heißt Nein-sagen können,
auch wo das nicht gut ankommt..
Kommende Woche am 19. November wird der Gedenktag der
Heiligen Elisabeth von Thüringen gehalten.
Man weiß, dass sie viel Widerstand, viel Feindschaft von seiten des
Hofes (der Familie) erfahren hat wegen ihres Engagements für die
Armen unten im Tal. Sie hat sich nicht entmutigen lassen, hat sich
nicht abbringen lassen, auch wenn es ihr gewiss viele Vorteile
gebracht hätte, wenn sie ihren Verwandten gefallen hätte wollen..
Aber sie folgte ihrem inneren Ruf, ihrem Herz..
Das Gute-Tun braucht Standhaftigkeit, weil es immer auch
angefeindet wird.

Er: *Du kennst Augenblicke, Zeiten, wo dir alles lästig wird,,
sogar der Glaube..
du rufst und es scheint kein Gott da zu sein..
Du Kleingläubiger!
Versenke dich in die Wahrheit!
Rufe Gott zu, allem zu Trotz, :
rufe ihm zu:
Selbst wenn alles dagegen spricht: Ich bin deiner sicher..*

Und Jesus mahnt zur Nüchternheit.
Eine Überschrift hat kürzlich gelautet:
(Fast) alle Menschen sind süchtig...
Ob unser Essen und Trinken, unsere Unterhaltungs- und
Zerstreuungs-Sucht; aber auch unser pausenloses Arbeiten und
Zukunft planen und Bauen und Einkaufen und Fiebern für ...und
unsere sinnlich-sexuellen Süchte..

Ob all diese Süchte nicht im Grunde ein Ausblenden *des Ganzen*
sind, weil wir gar nicht *bewusst leben* wollen…?

Im Unterschied zum Tier ist es der Mensch, der nicht nur wissen will,
wie er überlebt und Geld verdienen kann,
sondern was das Leben überhaupt soll.., wo ich mich befinde
in dem Ganzen...und auf welches Ziel hin ich lebe..

Oder gibt es gar kein Ganzes?
Gibt es einfach nur ein *Und so weiter...*
Endlos ein irdisches Auf und Ab auf dieser Erde:
Menschen kommen aus dem Nichts und gehen ins Nichts zurück;
sind damit selber Nichts..

Und das alles hätte keinen Sinn als den, dass jeder Mensch
wie jedes Tier eine Weile überlebt und isst und trinkt und sich
vermehrt, auf dass die nächsten Generationen dasselbe tun..
Ohne Woher und ohne Wohin…
ohne dass es ein Geheimnis gäbe mit dieser Welt und mit uns… und
mit mir..

33. Sonntag C 2013 Lk 21,5-19

Nächste Woche am *Christkönigssonntag* wird in Müselbach die neu
restaurierte Kirche mit dem neuen Volksaltar eingeweiht.
Mehr als ein Jahr war man dran mit der Planung und hat so manche
Kämpfe ausgefochten mit Denkmal-Amt und Diözese :
Was schön ist und was passt und was nicht..

Wir sind ja immer darauf aus, alles schön zu gestalten:
Kirche und Häuser, Plätze und öffentliche Gebäude..
Und das soll auch so sein.
Aber da werden wir heute erinnert, dass eine Zeit komme,
wo kein Stein auf dem andern bleibt..
...alles niedergerissen wird.. letztlich vom Zahn der Zeit,
der Vergänglichkeit...
Also nur noch an den *Untergang* denken?
Nichts mehr bauen und schon gar nicht etwas Schönes .?
Wenn es ohnehin nur wieder vergeht....?

Da muss man unterscheiden:
Die so schöne neue Volks-und Hauptschule,
das so schön renovierte Gemeindeamt ...:
auch das Pfarrhaus muss bald einmal dran kommen,
alle diese Mühen und Aufwände, diese Kraft zur Kultur, die Dinge
immer wieder zu erneuern, dass sie uns nützen und man sich daran
erfreuen kann ...
Das ist das eine.
Das andere ist, in der Illusion zu leben, dass man endgültig und für
die Ewigkeit baut. ..und das mit maßlos großem Aufwand..
Es wird eine Zeit kommen, da wird kein Stein auf dem andern bleiben..

Und wann wird das Ende kommen ? fragen die Männer.
Es sind ja immer die Extreme, die zu vermeiden sind:
Hier sich selber maßlos Verewigen-Wollen mit Irdischem..
Dort die Faszination an Lehren und Gurus und Filmen , ,
die vom baldigen Untergang künden...von *Apokalypse now*.
Jesus: **Lauft ihnen nicht nach..**
**Und auch, wenn ihr von Kriegen und Unruhen hört,
lasst euch nicht erschrecken..**
Wenn man im Vorhinein *weiß*, dass das kommen *muss*,
wird das Erschrecken sich in Grenzen halten..
Denn Jesus sagt: **.. das muss als erstes kommen..**
Wir schätzen es hoch, wenn ein Mensch mitten im Unglück gefasst
ist – also mental *immer schon vorbereitet ist* auf Grenzsituationen,
eine Sterbestunde, eine Katastrophe..
Das hat mit dem *Frieden* zu tun, d*er alles Verstehen übersteigt..*

Aber - das Ende kommt noch nicht sofort..
sagt Jesus. Dabei ist ja nicht das Physische Ende zu fürchten, sondern
ein mögliches Moralisches Ende, der Tod der Seele, der Liebe.
Es kommt also nicht darauf an, *lange* zu leben, sondern *gut* zu
leben...

Deshalb: **Fürchtet euch nicht vor denen , die den Leib töten können, aber die Seele nicht..**
Fürchtet euch vielmehr vor Dem, der Leib und Seele verwerfen kann... muss..
Und es gehört zum Verlauf dieser Welt, dass – wie Jesus beschreibt:
..ein Volk sich gegen das andere erheben wird.
Auch das *Projekt Europa* ist immer gefährdet.
Es gibt auf dieser Welt keinen garantierten Frieden,
schon gar nicht den Ewigen.
Es gibt aber einen möglicherweise langanhaltenden Frieden, wenn die Mächtigen Politiker gute und weise und kluge Menschen sind.
Und zum Lauf der Erde gehören gewaltige Erdbeben und Seuchen und Hungersnöte ...
Das alles ist der Fall:
Tahiti – nach dem Erdbeben jetzt die Cholera.
Der Hunger in Afrika.
Und jederzeit können die schrecklichen Dinge auch hier bei uns geschehen.
Und da kann man nur – und das muss man allerdings - mildern helfen die Not zu mildern und geduldig wiederaufbauen im Bewusstsein, dass es morgen, nächstes Jahr oder in Zehn Jahren wieder ein Beben geben wird..
Aber bevor das alles geschieht,
wird man euch verfolgen...Euch Christen..
Ihr werdet um meines Namens willen von allen gehasst werden..
Die Vorstellung, dass Christentum und Kirche in Europa bis ans Ende der Zeiten immer mächtiger würde, ist nicht nur eine Illusion
Es gehört zu den Voraussagen, die Christus getan hat.
Das Christentum ist eine Religion, die von Ihm her niemals auf weltliche Macht aus ist..
Wenn ihr aber standhaft bleibt,
werdet ihr das Leben gewinnen..
Ist nicht schon das tägliche Leben – im besten Fall –
ein ständiges **standhaft bleiben**?!
Standhaft in der Regelmäßigkeit...in den tragfähigen Gewohnheiten,
In dem immer neuen Aufräumen und in Ordnung bringen,
wo täglich Unordnung entsteht..äußerlich – innerlich.

Wenn ihr standhaft bleibt, werdet ihr das Leben gewinnen..
Da gibt es die Standhaftigkeit von Eltern, die für ihre Kinder
bewusst den Reibebaum machen müssen,
wenn sie für ihre Kinder nicht sture, aber feste Grenzen geben und
die Kinder sich daran reiben müssen und können...
Wenn ihr standhaft bleibt...

Ich denke aber auch an Menschen, an uns.., wenn wir
unter einer schweren Belastung leiden.
Da heißt standhaft bleiben, irgendwie - oft mehr schlecht als recht -
aushalten in diesem Kreuz der Wirklichkeit und wissen:
Einmal werde ich erlöst sein davon und sehen:
Mein Kreuz hat mich dazu gebracht, demütig zu bleiben und
geduldig und an Gottes Barmherzigkeit mit mir und den Andern zu
glauben..

Und wenn wir krank sind und todkrank:
Das Verbunden-bleiben mit Gott ist es, das uns standhaft bleiben
lässt, das uns geistig–seelisch der Krankheit überlegen sein lässt und
auch der Angst...und den Schmerzen..

Und zum **Standhaft bleiben** ist jeder gerufen
im stetigen Ankämpfen gegen die Trägheit im geistlichen Leben:
Wir wissen doch, wie schnell man sich entfremdet vom kirchlichen
Leben und wie schwer es ist, wieder hineinzufinden..

Und so ist der Kirchgang auch eine Weise des *Standhaftbleibens:*
Das immer neue Hören der immer gleichen Heiligen Texte der
Schrift: Der immer neue Empfang der immer gleichen und zugleich
neuen Hostie..
Das immer neue Halten des **Patroziniums** seit bald 150 Jahren..
Das ist ein standhaftes Sich Erinnern-Lassen...

Kirche ist das Mittel zur Erinnerung .
Kirche ist Kultur der Erinnerung an Gott..
Heute die Erinnerung an den *Heiligen Bischof Martin* und an das
wunderbare Wort dieses Gottes:

Was ihr einem meiner geringsten Brüder getan habt, das habt ihr mir getan....

Hl. Martin aber ist das Beispiel für einen Menschen, der das Ewige Leben schon hier gewonnen hat im standhaften innerlichen Verbunden-sein mit Gott.

Auch wenn er las oder sonst mit einer Arbeit beschäftigt war, ließ sein Geist, sein Bewusstsein, doch nie von Gott ab.

Wie ein Schmied bei seiner Arbeit stetig den Hammer auf den Amboss fallen lässt, so war Martinus ohne Unterbrechung innerlich verbunden mit Gott...

mit dem Himmel, auch wenn er anscheinend etwas anderes tat..

In seinem Herzen wohnte deshalb nur Güte, Friede und Erbarmen...

Alles Standhaftbleiben aber hat seinen tiefe Notwendigkeit darin, dass das Gute standhaft bleiben muss gegen Mächte des Verfalls, der Gleichgültigkeit und der Trägheit und des geistigen Todes..

Diese Mächte zeigen sich in dem, was *von selber* und ohne Anstrengungen funktioniert:
nämlich dass der Mensch verwildert und verroht..

Sich selbst überlassen geht es mit einem Kind, geht es mit mir, geht es mit der Gesellschaft, mit dem Markt...
hinunter in den bloßen Trieb, in stumpfe Lasterhaftigkeit...
und Dummheit, in allgemeine Depression....
und eine immer seichtere Medienwelt...

Deshalb braucht es die *Kultur des Guten..*
die *Standhaftigkeit im Guten Beispiel und im Glauben .. ..*

34. Sonntag C 2010 Lk 23,35-43

In jener Zeit, als Jesus am Kreuze hing, standen die Leute dabei und schauten zu..
Es gibt ja verschiedene Arten des *Zuschauens:*
Eine Art ist die, von der man zum Beispiel überliefert, wie man bei *Hexenverbrennungen* zugeschaut haben soll (so auch in unserem Land ..): Ein erregtes, ja süchtiges Zuschauen im Sinne einer überaus reizvollen Unterhaltung, einer Sensation..
Ein ganz anderes Zuschauen, das ein *Schauen und Betrachten* ist:
Ein liebevolles, ein staunendes Zuschauen: Wie wir selbst den Kindern zuschauen beim Spielen oder Gehen..
wie wir Arbeitern bei der Arbeit zuschauen ...
wie wir einen Sterbenden betrachten.

Wenn wir es als Glaubende sehen können/ annehmen können:
Wir alle stehen mit den Leuten von damals unter seinem Kreuz - und schauen hinauf im Bewusstsein, dass wir real einbezogen sind wegen unseren Sünden:
Er hat unsere Sünden mit seinem Leib auf das Holz des Kreuzes getragen.
Aber es heißt:
..die führenden Männer des Volkes verspotteten ihn und sagten: andern hat er geholfen , nun soll er sich selbst helfen, wenn er der erwählte Messias Gottes ist..
und einer der Verbrecher: Bist du denn nicht der Messias? Dann hilf dir selbst und auch uns!

Dieser Tage wurde wieder erinnert an **Provikar Dr. Lampert**, der am 13 . Nov. 1944 durch das Fallbeil hingerichtet wurde.
Da ist auch kein allmächtiger Gott zu Hilfe gekommen und hat ihn vor der Hinrichtung gerettet ...

Und die Millionen von Opfer der Lager, die Gott um Hilfe gebeten hatten: Er hat sie nicht vor dem elenden Sterben gerettet....
Und unser Kind ist gestorben, obwohl wir viel gebetet haben um seine Heilung...

Wir sollen, ja, wir müssen bitten um die Hilfe des Allmächtigen.
Aber zugleich gehört es zum Glauben, es anzunehmen als Wille des
Gütigen Gottes, wenn mein Beten nicht (in meinem Sinn) Erhörung
findet...und meine Bemühungen scheitern ..

Gott ist kein Nutzenfaktor heißt es einmal – und ebenso wenig ist das
Beten einfach etwas, was nützen soll.
Selig, die nicht sehen und doch glauben..
Selig, die ohne sichtbaren Nutzen ihrem Gott *treu* bleiben und ihrem
Gewissen…, die Gott vor allem und in allem *anbeten.*
Die mächtigste Hilfe der Gnade ist es, wenn jemand das Leiden
annehmen lernt aus Gottes Hand kommend als Weg seiner Heiligung
...als heilige Gabe, die der Mensch auf den *Altar* legen kann.
Über ihm war eine Tafel angebracht; auf ihr stand:
Das ist der König der Juden.
Also bist du doch ein König? hat Pilatus gefragt.
Ja, ich bin ein König, antwortet Jesus.
Aber mein Reich ist nicht von dieser Welt..
Jesus ist das Ebenbild des unsichtbaren Gottes –
alles ist in ihm erschaffen und auf ihn hin...
Er ist ohne Sünde und hat sich für uns den Folgen der Sünde
unterworfen und erleidet aus freiem Willen den Sühnetod am Kreuz.

So ist sein Königtum das Königtum der Wahrheit und der
Wiedergutmachung des Kosmos und meiner Seele…!
und als solches geradezu das Negativbild zu den Königsherrschaften
dieser Welt :
Die weltlichen Königsherrschaften werden geehrt -
Er wird verspottet und verhöhnt;
Weltliche Obrigkeiten haben das Militär unter sich -
Jesus wir von den Soldaten gekreuzigt -
...er schweigt zu alldem.
Wenn du der gottgesandte König der Juden bist, dann hilf dir
selbst..!
Aber dieses göttlich-politische Königtum, auf das die Soldaten ihn da
ansprechen, hat er schon früher zurückgewiesen :

Da führte ihn der Teufel auf eine Berg hinauf und zeigte ihm alle Reiche der Welt.
Sie werden dir alle gehören, sagt der Teufel,
..wenn du dich vor mir niederwirfst, und mich anbetest,
Jesus antwortete: *In der Schrift steht: Vor dem Herrn deinem Gott, sollst du dich niederwerfe und ihn allein anbeten!*

Auf irgendeine Form zu herrschen, sei es in der Ehe, in der Familie, im Betrieb…das ist eine Neigung, die in jedem Menschen steckt.
und sei es, dass man frustriert ist wegen der Machtlosigkeit und *nichts machen kann..*
Es könnte sein, dass in vielen der Video-Games , die die Kinder spielen, das Herrschen und das Mächtig-sein-wollen verstärkt wird: zu besiegen und auch zu vernichten..

Und wenn da berichtet wird:
In Vorarlberg Bregenz – werden Szenen für den neusten James Bond- Film gedreht: Was die Spannung bei allen diesen Filmen erzeugt, ist, dass die bösen Helden - hoffentlich - zum Schluss doch noch vom Guten Helden (alleine) besiegt werden: Das ist die fiebernde Erwartung aller Zuseher, auch meine.
Aber vielleicht steckt in dieser Hoffnung, dass das Gute über das Böse siegt, schon ein Vorschein vom *Christköniglichen* drinnen:

Ein neuer Kinofilm von einem Vorarlberger Filmemacher,
ein Film, der das übermäßige und oberflächliche Fernsehen angreift! und die Null- Acht - Fünfzehn- Programme der privaten Fernsehsender…Eine Art modernes Märchen, wo einige verrückte Idealisten die Zählung der Einschalt-Quote so fälschen, dass herauskommt: Die Mehrheit der Fernsehzuschauer würden beim *anspruchsvolleren Programm mehr einschalten* als bei *Gewalt und Sex-Filmen.*

Wenn wir zum heutigen *Christkönigssonntag* fragen:
Wo ist da diese Königliche, das Christliche?..
dann ist hier die Antwort in der Mahnung, dass durch das Fernsehen ein Mensch faul werden kann im Denken: *Denkfaul.*

Und dass er aufhört, sich zu interessieren, wie die Wirklichkeit ist
vor der Türe draußen..
Und so ist es ja auch :
Ein ständiges *Am-Tropf-der-Medien* hängen..wie das ein Philosoph
ausdrückt .. .vor allem Am-Tropf- des-Fernsehens, macht träge und
lustlos für *wirkliche* Kommunikation (die auch langweilig sein kann).
Die Fähigkeit, selber real (nicht virtuell) aktiv zu sein, würde bei
Kindern und Erwachsenen verloren gehen..
(und auch die Informationssendungen seien nichts als ein von uns her
gesehen folgenloses und nutzloses *auf dem Laufenden sein*)
Kurzum: insgesamt würde weit mehr Zeit verbracht bei den
erfundenen /nicht realen Geschichten und Bildern des Fernsehens als
bei der Wirklichkeit im Hier und Jetzt. Wenn wir von diesem letzten
Wort aus an den heutigen Sonntag denken und fragen: Wo zeigt sich
das *Christkönigliche ?* ..das *Königliche des Christseins?*
Im Hier und Jetzt zu leben: Da zeigt sich das *Christkönigliche,*
weil das Hier und Jetzt die Dimension des Göttlichen ist.
weil Gott der **Ich bin** ..ist.
Das *Königliche des Christseins:*
Es ist zu sehen im Hier und Jetzt der täglichen Arbeit,
zum Beispiel eines Automechanikers in einer Autowerkstatt, wo
jeder Autobesitzer ungeduldig darauf wartet, dass der Mechaniker
endlich fertig ist..
Und das *Königliche:*
Wenn Mama - zwar ein wenig blass wird - aber gefasst bleibt, als sei
nichts gewesen:
obwohl das Trotzkind ihr gerade eine runter gehauen hat....
königlich, wie diese Mama bei der Tagesordnung bleibt:
Minuten später kann das Trotz-Kind schon wieder auf ihren Knien
sitzen und das Vergangene zurücklassen: ... Neues ist da.
im Hier und Jetzt

Es kann aber auch im heiligen Sinn etwas *Königliches* sein:
Wenn jemand nach 20 Jahren seiner Berufsausübung sagt:
Ich erfahre da keine rechte Erfüllung ...
Ich bin unterfordert...

Oder: Man quält sich durch die Jahre in einem schlechten Arbeitsklima und hängt doch am sicheren Einkommen:
Da ist es in diesem Sinn *königlich,* Sicherheiten einmal aufzugeben, etwas zu riskieren - sogar weniger Einkommen in Kauf zu nehmen: um noch einmal neu anzufangen, um hoffentlich mehr Freude am Arbeiten zu finden, noch einmal etwas Neues zu lernen, sich entwickeln, sich herausfordern...

Das Gleichnis von den Talenten kommt einem in den Sinn
Sieh her, ich habe noch fünf Talente dazu gewonnen..
Christ-Königlich.. Wo zwei ehemalige Nachbarn, seit Jahren in einer Art *kaltem Krieg* - sich zufällig begegnen und jetzt diese Begegnung nützen : Indem sie ganz einfach über ihr alltägliches Leben schwätzen– als sei nie etwas gewesen...und so – ganz unkompliziert - die alte Beziehung neu aufnehmen..

Und dann zeigt sich bei dem andern der beiden Verbrecher an der Seite von Jesus auch etwas von diesem *Königlichen:*
Nicht einmal du fürchtest Gott?
Uns geschieht recht.
wir erhalten den Lohn für unsere Taten.
dieser aber hat nichts Unrechtes getan..
Das gilt für uns alle, was von dem einen Verbrecher am Kreuz gesagt wurde:
...uns geschieht recht... wir erhalten den Lohn für unsere guten und schlechten Taten
und auch für uns gilt, dass wir unsere Fehler büßen müssen und hoffentlich auch können.

Die Stunde des Sterbens wird die allerwahrste Stunde unseres Lebens sein.
Man wird es von außen nicht sehen können, aber wir in unserem Innern...
wenn uns die Welt nichts mehr bedeutet und wir der Welt nichts mehr..

Der Schächer ist ein Bild des Menschen, der seine Kreuze und schließlich sein letztes Kreuz annimmt;
annimmt als letzte Korrektur seiner Person, seiner Seele..;
annimmt als letzte Buße/Sühne für sein Leben und für alle..

Und der so wie der Schächer ein gerechtes Urteil über sich selbst sprechen kann...: *„..uns geschieht recht: Wir erhalten den Lohne für unsere Taten*..aber zugleich durch diese heilsame Strafe hindurch die letzte Vollendung !
Er: *Wenn ich ein anders Mittel hätte, dich an mich zu ziehen, als das Leiden, ich würde es dir geben..*
Das heißt: ich hab kein anders Heil-Mittel..durch das ich dich aus der Lebenslüge in die Wahrheit ziehen kann..
Und dann :
Wir erhalten den Lohn für unsere Taten:
Dieser aber hat nichts Unrechtes getan.
Der Schächer ist der erste, der über seine eigene Schuld hinaus erkannt hat, dass dieser da in der Mitte der einzig Unschuldig Leidende ist.
Mehr noch: Der einzige, der aus freiem Willen leidet...
Ja , noch mehr: Der stellvertretend für alle.. und so auch für mich, und meine Sünden sich selbst opfert...
so dass sein Leiden uns erlöst und heiligt, wenn wir nur je unsern Anteil daran auf uns nehmen..
Dann sagte er: **Jesus , denk an mich, wenn du in deiner Macht als König kommst...**
Er sieht in diesem Jesus eine ganz andere Macht :
Eine Herrlichkeit, die schon hier aufleuchtet in der Würde, die dieser Mann mitten in der Folter ausstrahlt...
Er sieht in diesem armselig Mitgefolterten den Retter,
den wahren König.
Und Er sieht, dass Rettung nicht Rettung *vor* dem Tod ist,
sondern *durch* den Tod ...vereint mit dem Tod dieses Jesus.

So wird der reumütige Schächer ein Vorbild aller, die an Christus glauben und glauben, dass ein einziger Akt des Vertrauens ein ganzes sündiges Leben umkehrt und versöhnt...

Und dann antwortete Jesus mit diesem ungeheuer großen,
alle Zukunft offenbarenden Satz:
Amen, ich sage dir:
Heute noch wirst du mit mir im Paradies sein.
Der Schächer hatte nur um ein Memento, um ein *Denk an mich*
gebeten: Und schon gibt Jesus alles, was er zu geben hat:
Sich selbst – als Freund...und die absolute Verheißung :
Heute noch mit mir im Paradies..!

34. Sonntag C 2013   Joh 18,33b-37
Christkönig

Seit jeher erinnert die Kirche an diesem letzten Sonntag des
Kirchenjahres an die letzte Station im irdischen Leben von Jesus:
Am Kreuz hängend, von den *führenden Männern* verspottet:
Andern hat er geholfen, nun soll er sich selbst helfen, wenn er
der Messias Gottes ist...!
Ja, das war - und ist - wirklich seine Art, *König* zu sein:
Andern zu helfen...
So ist er durch die kleine Welt Israels gegangen:
Hat Kranke geheilt, Menschen vom Dämonen befreit,
hat die Freude, die Stille Freude gebracht, die Barmherzigkeit...
und in alldem das *Reich Gottes* ..
Nicht der Hohe Rat, nicht König Herodes, nicht der Kaiser ,
nicht die *führenden Männer* sind die Könige,
sondern das Opferlamm am Kreuz.

Und dieses göttliche Königtum sollen die Menschen auf der Erde
fortsetzen: Diese *Macht*, die im Helfen liegt und in der Güte,
im Entschuldigen, im gewissenhaften Arbeiten,
im Verzeihen, im Wahr-sein, im ergebenen Annehmen ..
Es ist die Macht, die im Guten Beispiel liegt und wirkt..
Andern hat er geholfen...
nun soll er sich selbst helfen..
Auch die zwei Verbrecher, die neben ihm hingen,
hoffen, dass er ihnen hilft:

Der eine, dass Jesus ihm mit einem Wunder vom Kreuz
herunterhilft.. ...
Der andere nimmt sein Sterben als gerechte Strafe auf sich,
als Sühne!
Uns geschieht recht, wir erhalten den Lohn für unsere Taten.
Er aber hat nichts Unrechtes getan... als einzig Unschuldiger
leistet er Sühne für die Sünden der Menschen.
Und der Verbrecher sieht, dass dieser Jesus *König eines ganz andern*
Reiches ist und findet zu seiner übergroßen Bitte:
Jesus, denk an mich, wenn du in deiner Macht als König
kommst..
Jesus: **Heute noch wirst mit mir im Paradies sein..**
Denn: Ein radikaler Akt der Reue am Ende des Lebens
verwandelt und heiligt den schlimmsten Menschen
und macht ihn würdig für das Paradies..
Andern hat er geholfen, nun soll er sich selbst helfen, wenn er..
Jesus hätte sich selbst helfen können!
Er hätte vom Kreuz herabsteigen können.
Warum hat er es nicht getan?
Weil er den Tod auf sich nehmen wollte...musste..
als *Opferlamm, das hinweg nimmt die Sünden der Welt..*
und so den Vater verherrlicht -

Er: *Hättest du es gewagt, dir den Tod eines Gottes auszudenken,*
für sein Geschöpf, und solch einen Tod!
Und:
Es gibt nur eine Traurigkeit: Die Traurigkeit wegen der Sünden der
Welt (Selig die Trauernden..), *wozu das Nicht-Tun des Guten gehört.*
Beweine die deinen oft an meinem Herzen, wir beweinen sie
gemeinsam. Ich werde nicht mehr daran denken, was sie mich
gekostet haben, ich werde dich sogar ihrer entledigen, indem ich sie
als die meinen (!) auf mich nehme ..
Und du wirst wieder bekleidet mit dem prunkvollen Mantel meiner
Verdienste, der dich prachtvoll machen wird vor meinem Vater...
Andern hat er geholfen, nun soll er sich selbst helfen, wenn er
der Messias Gottes ist...

Gott-Vater hat ihm geholfen - hat ihn vom Tod erweckt
und hat ihn zum *Unendlichen Helfer* gemacht,
den wir jederzeit und an allen Orten anrufen können und sollen...
Er: *Mein Glück ist es, euch zu helfen.*
Ruft mich um Hilfe. Gib mir die Ehre, mich um Hilfe zu rufen!
Wie gern siehst du es, wenn jemand, der schwach ist und klein
und arm, dich um Hilfe ruft und du die Möglichkeit hast,
ihm zu helfen..

So ist es auch bei mir, dem Lieben Gott, der dir helfen kann in all
deinen Aufgaben.
Gott wünscht sich das selbst aus dem tiefsten Grund seines Herzens:
Helfen zu können entsprechend dem Vertrauen, das man auf ihn setzt.
Andern hat er geholfen, nun soll sich selbst helfen..
Wie viel Hilfe hat doch jeder in seinem ganzen bisherigen Lebens
schon erfahren.. , wie viel göttliche *Zufälle.*
Charles de Foucaud 19:
Es vergeht kein Augenblick in unserm Dasein,
in dem wir nicht eine ungeheure Menge von Wohltaten empfangen,
jede einzelne größer, als dass uns die ganze Ewigkeit ausreichte,
dafür zu danken..

Und kein Tag vergeht - hoffentlich - ,
an dem wir nicht auch helfen. Subsidiär. Du andern und andere dir..
Heute morgen war wie immer Mama die erste Helferin..
Kinder lernen das Helfen und die Freude daran in der Familie...
Mögen sie in der Schule weiter lernen, andern zu helfen, damit diese
mächtigste Tugend der *Hilfsbereitschaft* wachse.
Und wie könnte ein Betriebsklima gut tun ohne gegenseitiges Helfen.
Als alter Mensch wirst du abhängig von der Hilfe der Jüngeren.
Der Bettler bettelt um Hilfe.
Freunde helfen beim Hausbau..
Entwicklungs-Helfer bringen Hilfe zur Selbst-Hilfe..
und brauchen selber Hilfe, um helfen zu können. ..
Und in der Schule wird den Kindern geholfen, die Welt zu verstehen
und selber ein helfender Mensch zu werden..

Und dann die schwerste Hilfe: Anderen helfen, Leiden und Sterben anzunehmen. Und man kann es, weil man weiß, dass Gottes Sohn diesen Weg gegangen ist…,
den Weg, der ins andere Leben mündet, ins Paradies, wenn man in der Gesinnung stirbt wie der Schächer. ...

Und wie ist es mit der *Hilfe Gottes*?
Er: *Erst dann, wenn ihr eure menschlichen Mittel ausgeschöpft habt..,(die ja auch von Ihm kommen!), erst wenn ihr alles getan habt, dann könnt ihr mit Gottes Hilfe rechnen.(Subsidiaritätsprinzip Gottes!)*
Andern hat er geholfen...nun soll er sich selbst helfen, wenn er ..
Jeder Mensch hat seine eigenste Sendung.
Man muss dem andern helfen, seine Sendung zu erfüllen.
Er: *Die mächtigste Hilfe aber ist die Güte .*
Man soll nicht glauben, man würde den Seelen schaden und den Charakteren, wenn man ihren Wünschen nachgibt.
Den Andern das tun, was ihr wünscht, dass sie euch tun.
Die Güte ist die mächtigste Hilfe...

34. Sonntag C 2016 Joh 18,33b-37
Christkönig

Jemand hat gefragt: Was heißt **Christkönig-Sonntag?**
Eine erste Antwort: Es ist der letzte Sonntag im Kirchenjahr und damit die Krönung dieses auch heurigen Kirchenjahres .

Eingefügt in das *weltliche Kalenderjahr* haben wir diese fundamentale *Kultur des Kirchenjahres* :
Advent, Weihnachten, Dreikönig, Fastenwochen, Karwoche, Ostern.. alle Sonntage, die Heiligenfeste...
und wir erfreuen uns an den bezahlten Feiertagen, die wir der Kirche verdanken…

Seit zwei tausend Jahren prägt diese kirchliche Kultur unsere Länder und unser persönliches Leben..

Und grade heute müssen wir mehr denn je mithelfen, dass das
Kirchenjahr auch weiterhin uns selber und unsere Länder und
Nationen trägt:
Trägt in seiner festen Struktur und in seiner christlichen Gesinnung.

Und was ist die *christliche Gesinnung*? Wo sieht man den
christlichen Geist? Das Evangelium, das wir grad gehört haben,
gibt Antwort: Es ist *Der Christus* am Kreuz .

In einer Broschüre für nichtchristliche Zuwanderer -
Grüß Gott in Österreich - heißt es :
Auf den Spitzen vieler Kirchtürme , auf den Gipfeln der Berge -
Brüggele -, an Wegrändern, an öffentlichen Plätzen findet man in
Österreich ein Kreuz. Es hängt an den Wänden daheim und auch
noch in Schulen..
Das Kreuz ist das erste Zeichen der Christen und es will sagen:
Jeder Mensch hat *sein Kreuz,* hat seine Sendung von Gott
für das Heil in der Welt...
Und das Kreuz sagt: Sterben und Tod führen zum wahren Leben ..
Jedes Kreuz ist Vorspiel der Auferstehung.
Kardinal Schönborn zur Bedeutung des Kreuzes:
Ich trage das Kreuz als ständige Erinnerung an die Gegenwart
Gottes, an die Gegenwart von Christus bei mir.
Er schützt und begleitet mich in meinem täglichen Leben.

Und im Blick auf das heutige Evangelium können wir sagen:
Das Kreuz ist das wirksame Zeichen der Hilfe Gottes.
Und es will uns dazu erziehen, helfende Menschen zu sein,
wenn es da heißt:
Andern hat er geholfen , sich selbst kann er nicht helfen...
Ja, das war und ist seine Art, *König* zu sein:
Der Menschheit und dem je einzelnen Menschen zu helfen…
Er, der König des Alls, *durch Den und auf Den hin alles erschaffen*
ist:
Er ist durch die kleine Welt Israels gegangen:
Hat Kranke geheilt, Menschen von Besessenheit befreit,
Blinde sehend gemacht, Freude gebracht und Liebe..

Und dieses *christkönigliche Helfen* sollen wir auf der Erde fortsetzen..
Wir sollen und können *Ihn selbst* fortsetzen!
Ich habe euch ein Beispiel gegeben, damit auch ihr so handelt wie Gott als Mensch gehandelt hat...
Dabei umfasst das **Helfen** alle Ebenen unseres Lebens.
Ist doch das *Familienleben* ein einziges Unternehmen des gegenseitigen Helfens.
Und was ist *Kindererziehen* anderes als dem Kind helfen, ein selbständiger und hilfsbereiter Mensch zu werden .
Wobei die größte (indirekt) Hilfe für das Kind das **Gute Beispiel** ist.

Heute, an diesem Sonntag, ist auch **Welttag der Kinderrechte**.
So könnte man sagen:
Das größte Recht, das Kindern gebührt, ist ihr moralisches Recht auf das *Gute Beispiel (!)*:
Kinder müssen die christlichen Tugenden erleben können:
Das Helfen, das Dienen, das Trösten, das Geben, das Entschuldigen, das Sich Mühen ..
Und haben das Recht zu lernen:
Schul-Pflicht ist Schul-Recht..!
Das höchste Recht der Kinder ist, von einem allmächtigen Gott zu hören, der jede Menschenseele liebt..
Andern hat er geholfen...
Kein Tag vergeht, an dem wir nicht helfen oder uns geholfen wird.
Am Morgen schon Mama, die der Familie hilft ..
Und wie könnte ein Betriebsklima gut sein ohne gegenseitiges Helfen - schon in den Blicken und Gesten..
Bettler kommen an die Türe....Flüchtlinge erhalten Hilfe.
Und in der in der Schule wird den Kindern geholfen, die Welt zu verstehen und das Menschsein .
Als kranker und alter Mensch wirst du abhängig von der Hilfe Anderer .
Eine tiefste Hilfe aber ist die *Sterbehilfe*.

Wenn wir heute Caritas-Herbstsammlung haben, dann erinnere ich daran: Das sog Hospiz, die Sterbehilfe, steht unter dem Dach der Caritas ..Aber zugleich sei erinnert:
Unser ganzes Leben muss ein bewusstes Sterben-lernen sein ...
Dass wir uns im Voraus die Bedeutung des Sterbens und des Todes bewusst machen..mit den Worten von Jesus über den Tod …
So wird das *Kirche-Gehen* zu einem lebenslangen *Hospiz*.

Andern hat er geholfen , nun soll er sich selbst helfen, wenn er der erwählte Messias Gottes ist.!
Aber gerade darin ist er der Messias Gottes, dass er sich nicht vor dem Tod bewahrt, sondern – wie die Kirche betet:
...aus freiem Willen den Tod auf sich nahm für uns alle, damit wir im Tod nicht untergehen, sondern das Leben haben..
so hat er erst recht und in höchstem Maß durch seinen Tod *geholfen* .
Aber dann, über seinen Opfertod hinaus, - da hat er sich nicht selber helfen müssen: Der Vater hat ihm geholfen, indem er hat ihn vom Tode auferweckt hat - für uns: Damit wir wissen, dass unser Tod zum Leben führt...Und damit Er d*er König* sein kann,
den wir jederzeit und an allen Orten um Hilfe anrufen dürfen und sollen..
Mein Glück ist es , euch zu helfen.
Ruft mich um Hilfe.
Ihr ehrt mich , wenn ihr mich um Hilfe anruft..
Zu dem reuigen Verbrecher aber sagt Jesus ein Wort, das seit zweitausend Jahren so unendlich trostvoll ist:
Heute noch wirst du mit mir im Paradies sein.

Ein Wort der Reue und der Liebe zu Gott am Ende des Lebens rettet und heiligt den schlimmste Menschen:
Macht ihn würdig für das Paradies.

Allerheiligen 2007 Mt 5,1-12

Nach diesem Flugzeugabsturz, den auch ein Vorarlberger überlebt hat, gab es ein Interview mit Überlebenden.
Eine Antwort war besonders aufgefallen, weil sie so persönlich, so radikal ernst war:
Warum habe ich überlebt...? Warum bin ich nicht unter diesen Toten...? Bin ich vom Schicksal, von Gott..mehr geliebt..begünstigt...? War es einfach der absolute Zufall, dass ich im Flugzeug nicht vorne, sondern hinten meinen Platz hatte...?
Wenn es eine auch auf mich bezogene Bedeutung gibt, dann die: Erkenne ernster als bisher, was dein Leben wert ist!
Wie kostbar die Zeit, die dir noch einmal gegeben ist (von wem?) für deinen Part, der dir aufgegeben ist für die Bekehrung der Welt..

Ein Lied singt die Frage:
Warum sind wir hier? Wozu?
Er : Du weißt wohl, das einzig Notwendige ist: Die Liebe in deinem Herzen wachsen zu lassen...
Und: *Der Sinn des Lebens besteht darin, an sich selbst zu arbeiten...immer wieder an sich selbst zu arbeiten....*
die letzte Korrektur ist der Tod...
Und: *Um ein Heiliger zu sein, muss man vor allem heilig sein wollen. Denn nur dazu seid ihr geboren..*

Heute ist das Fest aller der Heiligen:
Aller, die diese *Arbeit an sich selber* in höchster Weise erfüllt haben...und die Liebe (also Ihn selbst) in ihren Herzen wachsen lassen..
Um das ein wenig genauer zu sehen, möchte ich auch heuer wieder einen Blick hinein tun in das Leben und die Worte von diesmal *fünf Heiligen* und das *entlang den Seligpreisungen*, die wir gehört haben. Zu der Seligpreisung: **Selig die arm sind vor Gott..** können wir zum Beispiel schauen auf die **Kleine Therese..**
Selig, die *klein* sind vor Gott.

Therese würde sagen: Arbeit an sich selbst?
Ja, aber gar nicht so wie Herkules oder Sisyphos!
In einem Brief schreibt sie:
Sie werden (deshalb) nicht weit kommen, weil sie einen Berg erklettern wollen, während doch der Liebe Gott will, dass Sie in ein fruchtbares Tal hinuntersteigen,
wo sie lernen, sich selbst gering zu achten...!
Klein und arm sein vor Gott heißt für Therese:
Alles vom Lieben Gott erwarten..
Immer darauf gefasst sein, dass man fällt..
(sie habe so wenig Vertrauen zu sich selbst gehabt, dass sie sich fähig hielt, auch die schwersten Sünden zu begehen..!)
Dass man sich den vorsehenden Sorgen Gottes überlässt...
Dass man seine Fähigkeiten dankbar Gott zuschreibt..
Dass man sich nie entmutigen lässt durch seine Fehler..
Kinder fallen oft, stehen aber sofort wieder auf oder lassen sich aufheben...(Vgl. Therese' Gleichnis vom Kind, das sich ewig bei der ersten Treppenstufe müht, bis Mama, die von Oben zugeschaut hat, die Treppe herunterkommt und das Kind im Arm mit hinaufträgt..).

Selig die Trauernden..sie werden getröstet werden..
Dazu habe ich **Pater Pio** gewählt:
Ein Priester, der ein fast lebenslanges Martyrium erlitten hat.
In einem Brief schreibt er:
Über mir wütet der Zorn des Allmächtigen und alle Wasser und Fluten entladen sich über mich.
Alle Leute – auch die Mitbrüder - verabscheuen mich.
Ich bin allein in meinem Kampf ..bei Tag und Nacht..
im Gefühl, dass auch Gott mich verlassen hat...
Aber, so schreibt er an anderer Stelle:
Die Prüfungen, denen der Herr uns unterstellt und unterstellen wird, sind alle Kennzeichen Seiner Liebe...
Meine Lieben, der Winter wird vorbeigehen und der Frühling wird nach den schweren Stürmen umso reicher an Schönheit sein..!
Selig die keine Gewalt anwenden...
Dazu habe ich ein Büchlein über den **Heligen Don Bosco** auf dem Tisch liegen gehabt.

Wo es doch unendlich notwendig ist, keine Gewalt anzuwenden,
das ist bei der Erziehung und damit im Leben mit jungen Menschen:
Don Bosco ist der Heilige, der eine grenzenlose Liebe zur Jugend
in sich hatte (also die Liebe Jesu selbst, denn er ist die Liebe!)
Schon als junger Priester habe er weinen müssen über die traurige
Situation jugendlicher Straftäter, die er besuchte.
Bis zu 500 Jugendliche habe er bei ihrem Vornamen begrüßen
können..
Sein Testament lautete:
Liebt die Jugend!
Und: *Sprecht nie abfällig über Dinge, die den Jugendlichen lieb und teuer sind... Sprecht auch nicht abwertend über eine geringe Begabung, wenn einer langsam von Begriff ist..*
Zu dieser Liebe gehörte bei Don Bosco die Fröhlichkeit!
Selig, die keine Gewalt anwenden heißt ja *mehr* als bloß willentlich
gewaltlos zu sein. Es heißt:
Freude und Fröhlichkeit...
Gutes tun - Fröhlich-sein und die Spatzen pfeifen lassen..
war seine Losung.
Selig die hungern und dürsten nach der Gerechtigkeit..
Dazu zitiere ich noch einmal ein Wort von **Pater Pio:**
Der traurige Anblick der menschlichen Ungerechtigkeit soll dich nicht erschüttern..oder gar zur Gewalt greifen lassen...
denn auch das hat seinen Platz in der Heilsgeschichte.
Eines Tages wird der Sieg der Gerechtigkeit sich erheben über alles Ungerechte..

Zur **Seligpreisung der Barmherzigen..**
ein Wort von **Mutter Teresa:**
Je mehr uns eine Arbeit widerstrebt..desto größer sollte unsere Hingabe sein . Das Gefühl des Widerwillens (ich mag und will nicht) ist zwar natürlich, aber (als Erlöste..d.h. weil Er in uns lebt..) können wir den Widerwillen überwinden wollen...ihn nicht herrschen lassen.
Im Leben der Heiligen war die Überwindung des Widerwillens der
Schlüssel der Heiligkeit.
Als **Franziskus** einem übelriechenden (stinkenden) Leprakranken
begegnet, wandte er sich zuerst (spontan) ab..

Doch dann hat er dem Drängen Christi in sich nachgegeben und sich überwunden und küsste diese hässlich entstellte Gestalt,
worauf ihn eine unsägliche Freude erfüllt haben soll.
Er wurde ganz Herr seiner selbst..
Nein, der Herr wurde immer mehr sein Herr..

Selig die Frieden stiften...
Frieden stiften, inneren Frieden...das kann ein Mensch, der selber gelöst ist in allen Situationen..ein Mensch mit wahrem *Humor*...
Der heilige **Phillip Neri** war in Rom als der Spaßvogel Gottes bekannt!
So konnte er z.B. manchmal mit dem nur zur Hälfte rasierten Rausche-Bart unter die Leute gehen..
Oder hoch angesehene Kardinäle keineswegs mit ehrwürdigen Formen empfangen, im Gegenteil: Sie parodieren mit ihren roten Kleidern. Bisweilen hüpfte er und tanzte er auf der Straße, so dass die Leute riefen: Seht den alten Narren Neri!
Sein Prinzip *dahinter:*
Die Welt mit ihren eitlen Wichtigtuereien aufzubrechen und gering zu schätzen...Auch sich selbst gering zu schätzen bei allem Wichtig-Tun. Ja, selbst die eigene Geringschätzung noch einmal gering zu schätzen..(!), um nur ja sich nicht selber zu loben:
Seht her (bzw. Herr, schau her), wie demütig ich bin!

Allerheiligen....!
Der Sinn des Lebens:
An sich selbst zu arbeiten.
sich selbst zu erziehen....
sich erziehen *lassen*, um so auf je persönliche Art heilig zu werden nach dem Bild der Heiligen…,
nach den großen Eigenschaften, die sie gelernt und gelebt haben. ..
vor allem die Liebe.
...um ein Heiliger zu sein, muss man heilig sein wollen.
Denn nur dazu seid ihr geboren..
Die Letzte Korrektur wird der Tod sein...

P.S.: (a*us meinen Notizen*)
Hl Alfons...Pflichterfüllung...
Diese Bischof und Ordensgründer der Redemptoristen schreibt
einmal: **Die wahre Frömmigkeit besteht darin, dass man ..seine Pflicht erfüllt..**

Der Heilige **Franz von Sales,** Patron der Schriftsteller…
und der Presse!..Lehrer des christlichen Lebens:
Er preist die **Haltung der Mitte:**
Zu viel und zu wenig nachsichtig sein, beides ist gefehlt.
Es ist für uns Menschen hart, die Mitte zu halten...Doch bevor ich sie verfehlen sollte, will ich lieber durch große Milde als durch große Strenge die Mitte verfehlen..

Hl Konrad - 40 Jahre lang Pförtner..
Liebe in der Arbeit... .
Alles ruft nach besserer Qualifizierung...
alles strebt nach Oben ..nach höheren Schulen..
nach Anerkennung, ..nach Prestige...nach Berufen, wo viel Geld zu verdienen ist..
Im Grandhotel dachte ich an die Geschirrabwäscherinnen...
Er: *Hast du noch nicht begriffen, dass es nicht darauf ankommt, welche Arbeit man für mich tut...*
Ich unterscheide die Dinge nicht so wie ihr sie unterscheidet.
Ich sehe Rangunterschiede nur in der Liebe..

Fast jeder Mensch ist süchtig.. Prof Haller.
Jeder Mensch hat den Hang zur Habsucht in sich:
die Sucht des Habens...des Festhaltens, des Anhäufens...von Besitz, von Geld...Diese *Habsucht* ist gewöhnlich still, sie kommt erst zum Vorschein(meldet sich) , wenn man helfen sollte .....wenn man teilen sollte, wenn man geben soll....
Da steht diese rumänische Familie vor der Türe
und du bist abgestoßen von ihrer Art zu betteln.
Aber dann denkst du: Es sind deine Mitmenschen...und du ihrer..
Es gibt eine ewige Verwandtschaft zwischen ihnen und mir..
Überwinde deine Antipathie..

Der **heilige Benedikt,** der Patron Europas, schreibt in seine Regel - und das wohl auch für Europa:
..Man soll nicht zuerst nach dem eigenen Nutzen streben, vielmehr soll jeder auf das bedacht sein, was für den Andern gut ist..

Und der **Heilige Dominikus,** dieser große Prediger und Gründer der Dominikaner: Während einer Hungersnot in Palencia verkaufte Dominikus alles, was er hatte, auch die teuren und ihm so notwendigen Bücher.
Wie könnte ich in diesen toten Büchern studieren, wenn ich weiß, dass Lebende am Verhungern sind..

Vom **Heiligen Antonius,** der Einsiedler und Wüstenvater, sind die 38 Worte überliefert. Er starb etwa um das Jahr 356.
Ich sah alle Schlingen des bösen Feindes über der Erde ausgebreitet. Da seufzte ich und sagte: Wer kann diesen bösen Schlingen entgehen? Da hörte ich eine Stimme, die zu mir sagte: Die Demut.
Aber Demut heißt auch, so schreibt **Franz Jägerstätter** in einem seiner Briefe:
Einer Höheren Autorität – im Staat, im Betrieb, in der Kirche sich zu unterstellen....zu dienen.
Doch - schreibt Jägerstätter weiter - *, wenn eine solche Führung uns unrecht behandelt, dann gehört es auch zur Demut und zur Wahrheit,*
ein offenes Wort zu sagen zur rechten Zeit, eine ernste Bitte weit nützlicher sein als stundenlanges Geschimpfe und Jammer hinter dem Rücken des Vorgesetzten..

Allerheiligen 2010 Mt 5,1-12
Allerheiligen-Allerseelen:

Diese Feiertage und Gedenktage zeigen noch einmal in besonderer Weise den Glauben der Kirche, den Glauben der katholischen Kirche:
Dass es über das irdischen Leben hinaus ein Überirdisches Leben *gibt.*
Dass der Tod Eintritt ist in dieses *andere Leben* ist
und dass diese Zukunft *dort* in gewisser Weise die Folge von dem Leben hier ist., dass es aber dort auch eine Höhere Entfaltung geben werde...(!).
Dabei ist es aber nicht einfach als die Summe aller guten gegen die schlechten Taten, die über meine Zukunft bestimmt:
Wenn wir auf den Schächer zur Rechten Jesu schauen:
Angesichts des Heiligen, der da neben ihm am Kreuz hing, hat er seinen eigenen Foltertod als Sühne, als Wiedergutmachung...für sein schlechtes, verlorenes Leben begriffen.
Und hat mitten in seiner Qual den Königlichen Menschen da neben sich angerufen:
Er möge doch an ihn denken, wenn er in sein Reich komme..
Noch heute wirst du bei mir im Paradiese sein....
Eine Tat, ein Gedanke tiefer innerer Umkehr ..und Gottesliebe macht alles gut...macht *heilig.*

Predigt
Heute denkt die Kirche auf Erden an die *Kirche des Himmels* :
An Menschen, von denen wir überzeugt sind, dass sie wegen ihres hervorragenden Lebens und Sterbens zur Vollkommenheit gelangt sind: Zum endgültigen Eins-sein mit Gott. Heiligkeit...

Lasst mich dazu auch heuer wieder hineinschauen
in den Heiligen-Kalender der Kirche:
Und einige dieser Gottverbundenen...dieser großen Selbstüberwinder...dieser Verrückten (im Sinne der Welt) zu erinnern und das verbunden mit jeweils einer Seligpreisung.

Selig die um meinetwillen verfolgt werden...
Da ist mir heuer – anlässlich der Taufe eines Moritz –
der Heilige Mauritius aufgefallen, Namenspatron aller, die Moritz
heißen. Kommandant einer römischen Legion...um die 6000 Mann..
Die meisten von ihnen mit ihrem Kommandanten Mauritius sind
Christen .
...Als die Legion sich weigerte, den Göttern Roms zu opfern(also
ihrem Glauben an Christus abzuschwören) , wurden sie zuerst
dezimiert und dann niedergemacht.
Das war im Wallis, in der Nähe von St. Moritz ,
etwa um das Jahr 285.
Wir waren ja bisher kaum in der Situation, eigens Stellung nehmen
zu müssen zum Christsein und Katholik.
Aber heute kann es doch sein, dass ein Kollege fragt :
Bist du immer noch bei dem Verein..?
Warum trittst du nicht aus..?
Der Austritt erfordert sicher Mut.
Aber ich glaube, mehr Mut braucht´s heute zu sagen, dass man **bleibt**
und zum Erklären, **warum** man bleibt..
Wo immer aber jemand mutig zu seiner festen und durchdachten
Überzeugung steht, das kann auch ein Austritt sein (!): Da wird
etwas von *Heiligkeit* sichtbar.

Selig, die um der Gerechtigkeit verfolgt werden..
Am 14.September 407 ist der **heilige Chrysostomus** gestorben..
In Syrien geboren. Sein Name bedeutet im Griechischen so viel wie
Goldmund. Er sei berühmt gewesen für sein Predigen. Er hatte
damals schon Rechtswissenschaft studiert und Rhetorik. War
Patriarch von Konstantinopel, also des heutigen Istanbul (!) .
Weil er gegen den Luxus des kaiserlichen Hofs gepredigt hat,
schickte ihn die Kaiserin in Verbannung ... ans Schwarze Meer...wo
er an Erschöpfung gestorben sei.
Ein Zitat von ihm:
Es gibt nichts Schlimmeres als die Anmaßung. ..
(Heute würden wir sagen: Die Angeberei...die Großspurigkeit...die
Überheblichkeit...)
Sie bringt den Menschen so weit, dass er völlig unvernünftig wird..

Selig , die um meinetwillen verfolgt und verspottet und getötet werden..
Geboren vielleicht noch zu Lebzeiten von Jesus.
Heiliger Ignatius von Antiochien
50 nach Christus wurde er Bischof von Antiochien in Syrien .
In den Anfängen der Christenverfolgung wurde er um das Jahr 110 verhaftet und nach Rom gebracht.
In einem Brief an die Christen in Rom bittet er sie, dass sie nichts für seine Freilassung unternehmen sollen.
Lasst es geschehen, dass ich von den Zähnen der wilden Tiere zermahlen werde, um ein reines Brot Christi zu werden...
Gönnt es mir ,die Leiden meines Gottes nachzuahmen..
Ignatius wurde zum Tod verurteilt und im Kolosseum von wilden Tieren zerrissen..
Gönnt es mir, die Leiden meines Gottes nachzuahmen..

Extremer könnte der Gegensatz zum Denken der Welt nicht sein:
Denn da wird gepredigt:
Wichtig ist, dass Sie sich gut fühlen, selbst wenn Sie sich zu diesem Zweck etwas vormachen..
Das ist doch viel besser als wenn sie sich schlecht fühlen und krank, aber real. Man muss die Wirklichkeit **so** konstruieren, dass es einem gut geht.. und man sich wohl fühlt...
Dem Hl. Ignatius - und deshalb ist er heilig - kam es nicht zuerst darauf an, dass er sich wohl fühlt und es ihm gut geht:
Ihm kam es darauf an, **er selbst** zu bleiben, seiner Überzeugung treu, wenn nötig, um den **Preis des zeitlichen Endes.**
Er wusste, dass er über den Tod hinaus seine Seele, also seine Identität... erst recht gewinnen wird.

Selig die ein reines Herz haben...
Papst Gregor der Große
Geboren um 540. aus einer reichen römischen Familie.
Nach dem Tod seines Vaters hat er auf seinem Besitz sechs Klöster bauen lassen.. Er war zunächst selbst Mönch..

Später päpstlicher Gesandter..und dann zum Papst gewählt..
Er hat Beziehungen zu den germanischen Völkern aufgebaut...
hat die Liturgie reformiert. 40 Missionare nach England geschickt.
Bücher geschrieben..800 Briefe von ihm sind noch erhalten..
604 ist er gestorben.
Wenn eine Seele auch nur ein wenig den Schöpfer erkennt, erscheint ihr die ganze Schöpfung als klein... und eng..

Glauben heißt auch, die Welt und das eigene Leben , ja jeden Tag von Oben zu sehen, aus übernatürlicher Sicht.
Die Heiligen verhalten sich so anders, weil sie die Dinge so anders sehen...Das gehört zur Heiligkeit...
Hl Gregor schreibt seinem Diener: *Übrigens hast du mir ein schlechtes Pferd und fünf gute Esel geschickt. Auf dem Pferd kann ich nicht reiten, weil es schlecht ist, auf den guten Eseln nicht, weil sie Esel sind..*

Selig die Frieden stiften..
Um das Jahr 1000 gründet der **heilige Bruno**
den Kartäuserorden.
Die Einsamkeit ist der Weg, der zum Leben führt..
... zur Heiligkeit, zur inneren Freiheit, zur Gottverbundenheit. ...
Und wir müssen doch sehen: Der Mensch ist von seinem Wesen her ein Einzelner...ein Individuum...eine Seele.
Nachdenken muss man für sich allein...
Entscheiden und Urteilen und Handeln – Glauben und Sterben .
Erst eine Gemeinschaft von - in diesem Sinn Einzelnen - ist eine bleibende Gemeinschaft.
Zur Bedeutung der Einsamkeit habe ich beim Vorarlberger **Seligen Provikar Carl Lampert** ein Wort gefunden, der von den Nazis am 13. Nov 44 in Berlin enthauptet wurde..
er schreibt aus der Zelle :
Es ahnts ja niemand, was für trostlose Stunden und Stürme für Seele und Gemüt in solcher Lage durchzustehen sind!
Nur Gott sieht es. Doch genug von diesem Klagelied!
Zwei Dinge geben mir Kraft:

Der Glaube an die Vorsehung Gottes..
und manchmal ist es das geradezu greifbare Gefühl,
wie nahe Er mir ist..Denn: je mehr dem Menschen andere,
liebe Menschen fehlen, umso mehr wendet sich die Seele an Den,
Den niemand ferne halten kann.
Und da bin ich - und fühle mich - nie mehr allein und einsam...
Der Heilige Antonius, nicht der von Padua, sondern der
Mönchsvater, der zum berühmtesten Mönch des Altertums geworden
ist. Im Jahre 356 ist er gestorben mit 105 Jahren.
Bei einem sonntäglichen Gottesdienst hatte er das Evangelium vom
Reichen Jüngling gehört, der sich nicht lösen konnte von seinem
Reichtum.
Da hat Antonius Eltern und Besitz verlassen und ist in die Wüste
gegangen, wo ihn Dämonische Versuchungen gequält haben..
Ich sah alle Schlingen des bösen Feindes über die Erde ausgebreitet.
Da seufzte ich und sagte:
Wer kann diesen Schlingen entgehen?
Da hörte ich ein Stimme, die zu mir sagte: Die Demut.
Heiligkeit, das ist Demut: Und Demut ist das Eingeständnis der
eigenen Schwäche und Fehlbarkeit...
Demut: Das ist die Einsicht, dass ich immer an Anfang stehe,..
auch oder weil ich schon weit voran gekommen bin..

Selig die Sanftmütigen..
Am 15. Oktober 1243 ist die **Heilige Hedwig** gestorben,
aus dem Grafengeschlecht von Andechs-Meran.
Ihr Leben war alles andere als rosig.
In ihrer Familie herrschte blutiger Streit.
Und mitten in dieser Gewalt hat sie begriffen:
Man kann Gegensätze nur durch Gegensätze heilen..
Den Hass nur durch Güte, die Schuld durch Sühne...
Die Gewalt durch Sanftmut... die Habgier durch Geben...
die Rache durch Verzeihen...
Aus dieser tiefen Erkenntnis wurde sie zur Büßerin für ihre Familie
und war zugleich doch liebende Gattin und Mutter von 7 Kindern
und ging zu den Armen und den Kranken..

Selig die Barmherzigen......
1660 ist der **Heilige Vinzenz** gestorben.
der Gründer der Ordens der Barmherzigen Schwestern..
Es heißt, er habe bei Begegnungen mit Armen in der Stadt Paris
immer den Hut gehoben..
als Zeichen der Achtung und der Würdigung..
Ich habe Hochachtung und Liebe , um eine ganze Welt damit zu beschenken.
Der *Heilige Vincenz* hat sich einmal in ein Galeeren -Schiff inkognito
eingeschlichen und sich Wochenlang für einen Galeerensträfling
halten und behandeln lassen..
Aus dieser Erfahrung heraus hat er ihre qualvollen Situation ändern
können..
Da kommt ein weiterer Zug der *Heiligkeit* zum Vorschein:
Das Hinsehen auf das Konkrete, Wirkliche..
Im Umgang und Reden über Andere und über Arme Menschen gibt
es immer wieder das pauschalierende Urteilen,
ohne die Situation wirklich zu kennen... ja kennen zu wollen.
Heiligkeit ist:
Wissen wollen, wie es wirklich um den Anderen steht...
ohne Vorurteile, ohne Bilder ..

Fidelis
war der Sohn des Adlerwirts von Sigmaringen.
Er hatte Philosophie und Rechtswissenschaft studiert.
Wurde dann aber Priester und Kapuziner
und wirkte in Vorarlberg und der Schweiz als
Prediger für den katholischen Glauben.
1622 wurde der heilige Fidelis von Sigmaringen von kalvinistischen
Bauern erschlagen:
Die ihrerseits deshalb nicht einfach die *Bösen s*ind.
Es musste so kommen .
Gebet: ...*Gütigster Jesus, bewahre mich davor, dass ich je einen Menschen - und mag er mich noch so hassen und verfolgen, gering schätze, ihn herabsetze!*

Lass in mir nicht Hass und bittere Empfindung gegen ihn aufkommen und hilf, dass ich nicht aufhöre, an seine Besserung zu glauben, solange er lebt.
Das scheint uns fast verrückt: Und doch begreifen wir, dass diese absolute Nächstenliebe ein echtes Ideal ist.
Heiligkeit ist diese Verrücktheit - und das Ideal, das in uns allen lebt und das wir ansteuern müssen....
...auch wenn der Abstand dorthin unendlich scheint... heillos..
Allerheiligen ...
Wir sind geboren, um heilig zu werden. Das ist der Sinn des Lebens.
Und worin besteht dieses Heilig-werden ?
Es ist das langsame Erlernen der Himmlischen Rechenkunst.
Dabei geht es darum, den *inneren Schweinehund zu* überwinden und die Werte der Welt auf den Kopf zu stellen.
Sich die *Himmlische Rechenkunst* (Ökonomie) anzueignen:
Nachteile als Vorteile zu sehen...Verlust als Gewinn...
Kränkung als Medizin gegen den Stolz...
Den Undank der Welt als Schule der Selbstvergessenheit ...
Meinen Lebens-Komfort als Überfluss sehen, der in Wahrheit den Armen gehört.
Verzicht und das Opfer erfahren als Samenkörner der Freude.
Bergengruen: Gedicht zur *Himmlischen Rechenkunst.*

Selig, die hungern und dürsten nach der Gerechtigkeit..
Um Zwölfhundert hat der große Kirchenlehrer **Thomas von Aquin** gelebt. Ich erwähne ihn hier nur mit dem einzigen Satz:
Es ist unmöglich, das ein Mensch gut ist, außer er steht in der rechten Beziehung zum allgemeinen Wohl..
Heilig, also gut ist ein Mensch, wenn er sein eigenes Wohl abwägt gegen das Wohl Anderer: Das Wohl der Familie, der Kinder...der Eltern...und wenn er auch als Staatsbürger sieht, dass er einer von allen und für alle ist..

Allerheiligen 2013 Mt 5,1-12

Einführung
... ich erinnere wieder dieses Sinnbild von dem Reichen Mann, der auf einem höchsten Berg einen herrliche Palast besitzt und nichts anderes wünscht, als dass die Talbewohner sich die Mühe machen, hinaufzusteigen auf diesen Berg, damit sie teilhaben an der Herrlichkeit seines Lebens...
Und damit ihr die Kraft habt hinaufzusteigen, sagt Er, bittet doch diejenigen, die schon Oben sind, sie mögen euch helfen hinaufzusteigen Tag für Tag...
Und nichts macht dem Herrn des Palastes mehr Kummer und mehr Trauer, als wenn die Talbewohner in dem Tal unten hängen bleiben und sich nicht überwinden wollen zum Aufstieg ...!

Allerheiligen will uns also erinnern an die Frauen und Männer und auch Kinder, die schon *angekommen* sind und von denen es heißt, *dass sie uns sehr lieben.*
Ja, dass es überhaupt ein *Oben* gibt, ein über-irdisches Ziel und ein Dort-Ankommen..
Und wir beten und wünschen von Herzen, dass auch die Allernächsten unsrer Familie dazugehören ...
Und zugleich erinnert das Fest daran, dass **wir** noch im Tal der Erde wohnen und eben zu diesem täglichen Aufstieg gerufen sind...

Predigt
Wie in den vergangenen Jahren möchte ich auch heuer wieder einige der großen Heiligen erinnern und aufzeigen, wo **wir** schon auf dem Weg sind, täglich *heiliger* zu werden....
Denn das sollte geglaubt werden, was uns da gesagt wird über den Sinn des Lebens:
Ihr seid geboren und seid auf der Welt, um heilig zu werden...".
Oder mit dem andern Wort von Jesus*:*
Werdet vollkommen, wie Gott im Himmel vollkommen ist.
Er allein ist Euer Ideal....

Von Maria, der Gottesmutter und *Königin der Heiligen*,
heißt es einmal:
Schau auf Maria... Man weiß von ihr nur wenige Worte.
Sie sprach durch ihr Tun. Und was hat sie getan?
Bescheiden ihre täglich gewohnte Pflicht..

Darf ich dazu denken an die alleinerziehende Mama mit ihren vier
Kindern, die gesagt hat: *Ich erledige Tag für Tag so gut ich kann,*
was für uns zu erledigen ist...
Und kürzlich der Maurer , den ich frage, woher er grade kommt :
Vom Buggla (arbeiten), sagt er launisch.

Diese Sätze erinnern an ein Wort aus meiner Quelle:
Er: *Nein,* heißt es da, *mehr brauchst du nicht tun, aber anders..*
Heiligkeit besteht darin, dass man die alltäglichen Dinge mit Liebe,
*mit Hingabe erfüllt...*Möge es uns gelingen, all unser Tun mit
Hingabe zu erfüllen: Das macht selbstvergessen und glücklich.
Vom Heiligen **Franz von Assisi** ist uns bekannt,
dass er das versnobte, *uneigentliche* Leben des reichen Sohnes satt
hat, seine noblen Kleider austauscht gegen die braune, raue Kutte
und dass er einmal - gegen seinen ganzen Widerwillen –
einen übel riechenden Leprakranken umarmt.
Der Heilige Franziskus ist uns ein Rufer für das bescheidene und
damit wahre Leben.
Ein Rufer für den Mut, unnötigen Ballast abzuwerfen;
und so das Schifflein von meinem Leben leichter zu machen !
Er ist ein Rufer für den Mut, wahr zu sein – sich zu geben,
wie man ist.
Sein und nicht Scheinen..
Deshalb lieben wir die Kinder ...

Mit seiner Umkehr ruft Franziskus auf, sich nicht nach dem zu
richten, was Andere von einem erwarten – und sei es der reiche Vater
oder die öffentliche Meinung...
Wähle, wozu dich dein Gewissen drängt, dein Herz, die leise Stimme
Gottes. Radikal eigenständig-sein ist ein Merkmal von Heiligkeit.

Der **Heilige Antonius von Ägypten is**t hinausgegangen in die Wüste und hat dort gelebt.
Das erinnert uns daran, dass der Mensch leer werden muss.
Jeder Mensch, so heißt es, muss den Weg des Leerwerdens gehen....

Zu diesem Leerwerden von sich selbst gehört das Zuhören.
Dem Andern Zuhören heißt ja, auch für die jeweils kurze Zeit des Zuhörens die eigenen Gedanken und Regungen schweigen zu lassen.
Leer-sein von mir selber – in der Aufmerksamkeit für den Andern ..

Ganz Ohr – ist das Motto für den Kirchenchor im kommenden Jahr.
Mehr die Andern und das Ganze hören als mich selbst...
Heilig werden heißt Zuhören lernen...
Höre auf den göttlichen *Dirigenten* in dir selbst..

Die Heilige Theresa von Avila, die große Kirchenlehrerin, schreibt :
Nichts soll dich erschrecken, nichts dich beunruhigen..
Alles geht vorbei. Gott bleibt derselbe.
wer Gott hat, dem fehlt nichts.
Gott allein genügt...
Da geschieht ein Unfall, ein Unglück;
Da überfällt uns ein Hirnschlag, eine Krebskrankheit..
Das Alter holt uns ein..
Und wir tendieren zum Aufgeregt-sein und zur Depression.
Wie muss man doch bewundern den Frohsinn der Frauen, die unsere Alten Menschen pflegen..
Dieser Frohsinn ist ein Zug vom Heiligkeit..

Nichts sollte dich erschrecken... nichts dich beunruhigen..
Du weißt doch, dass Alles vorbei geht ..
und dass Gott allein bleibt – und genügt.

Gott allein genügt will sagen:
Lebensfreude kommt aus täglichen Kontakt mit Ihm.
Das ist das Herz des Heilig-Werdens.

Der **Heilige Benedikt** ist der Patron Europas und Gründer des Ersten Ordens: Der Benediktiner.
Er hat dem Leben der Mönche eine strenge Regel gegeben.
Dazu gehört die *Pünktlichkeit* .
Darf ich bekennen, dass ich mich immer wieder einmal verspäte, weil ich mich nicht rechtzeitig löse von einer Arbeit, einem Gespräch, einer Lektüre..
Zum Pünktlich sein gehört das Wachsen im Loslassen.
Und das rechtzeitige Bezahlen von Rechnungen und Zahlscheinen..
auch vom Kirchenbeitrag...

Eine Mama erzählt von Ihrem Sohn, der im dritten Lehrjahr ist, dass er vom Betrieb her eine sehr gute Benotung bekommen hat im Fach *Persönliches Verhalten*.
Und sie sagt, dass ihr und dem Vater das Wichtigste ist, dass ihr Sohn - bei aller guten Ausbildung - charakterlich ein feiner Mensch wird.
Dass er sich einfügen kann ohne zu *grieseln*, dass er fleißig ist und kollegial.
Genau das ist doch gemeint mit *heilig werden*.
Bildung des Herzens und des Charakters.
Bildung, von der das Land und das ganze Wirtschaftsleben getragen wird.
Der **Heilige Martin i**st der Patron unsere Kirche.
Wir kennen seine Geschichte.
Aber machen wir ihm auch nach, was er vormachte..?
Letzten Sonntag habe ich in der Predigt erinnert,
dass Christ und Mensch sein heißt, keinen Menschen zu verachten...

Nach der Messe sind zwei Männer vor mir gestanden –
aus Ungarn seien sie und sie müssten wieder heimfahren ..
und es fehle ihnen das Geld für den Benzin.
Ich war sofort voller Misstrauen und dachte, dass das alles nicht wahr sei.. und musste aber zugleich denken an das Wort, dass kein Mensch verachtet werden dürfe..
Gibst ihnen halt fünf Euro, denke ich, dann ist nichts verloren.
Aber das ist schon fast Verachtung: Fünf Euro !

Schließlich gebe ich ihnen das Geld für eine Tankfüllung.
Für Benzin! sage ich eindringlich...Für Benzin !
*Geben...mit der Gewohnheit zu Geben überwindet ihr euren
Egoismus, eure Habsucht...Das großzügige Geben macht euch
heilig.. und glücklich.*
Von dem **Hl. Johannes Don Bosco** ist das Leitwort bekannt:
Gutes tun. Fröhlich sein - und die Spatzen pfeifen lassen.
Gutes tut man, weil man das Bedürfnis hat, andere glücklich zu
sehen..freudig..erfreut..und so wird man selbst dabei glücklich..
Gutes tut man, wenn man jemanden ein freundliches Wort sagt,
ein tröstliches...Man hat ja nicht oft die Gelegenheit, jemanden gleich
das Leben zu retten.
Und Fröhlich-sein: Ach, das geht uns wohl oft sehr ab !
Wie kann man das machen, dass man fröhlich ist ?
Und zwar unabhängig von fröhlichen Umständen..?
Man müsst dazu viel öfter an den Lieben Gott denken…!
Ein Vorsatz von Papst Johannes 23:
*Nur für heute werde ich in der Gewissheit glücklich sein, dass ich für
das Glück geschaffen bin..Nicht nur für das Glück in der andern
Welt, sondern auch schon für das Glück in dieser..*

Heilig werden heißt zugleich - glücklich werden..
Und das tiefe Bedürfnis haben, andere glücklich zu sehen...
Das ist Liebe: Andere glücklich sehen wollen..und dazu beitragen..:
Unsere Kinder , Partner, Enkel.. meine Freunde..
und so selber glücklich werden.
In meinem Büchlein lese sich das Wort von Jesus:
Danke mir für alles, was dich glücklich macht.
..was dein Leben reicher macht..
Möge es auch und vor allem das Leben der Familie sein - mit den
Kindern, was dich glücklich macht..
Im nächsten Jahr wird Papst Joh XXXIII heiliggesprochen
werden. Von ihm sind 10 Vorsätze überliefert, die er sich selbst und
uns anempfohlen hat zwecks seiner und unserer Heiligung s.o.).
Der 4.Vorsatz lautet:
*Nur für heute werde ich mich den Umständen anpassen ohne zu
verlangen, dass die Umstände sich an meine Wünsche anpassen.*

Pfingsten 2016 Joh 20,19-23

Bei einem gemeinsamen Essen im Gasthaus habe ich das Glück gehabt, neben einer freundlichen Schülerin zu sitzen und beim Gespräch von ihren Plänen zu hören .
Und weil sie sich mit ihrem Instrument im Musikverein grade kürzlich für die höhere Stufe angemeldet hat, sagt sie :
Man muss manchmal einen größeren Sprung wagen, wenn man weiterkommen will..!
Bei meiner Ausschau, wo der Hl Geist in unserm Leben zu entdecken wäre: Das Mädchen hat mit der Kraft des Hl Geistes diesen Sprung *gewagt* in die höhere Musikgruppe ... Sie konnte sich nicht sicher sein, dass sie es schaffen wird.
Wenn du wagst, werde ich dir das Können geben.
Es ist der Geist der Heiligkeit, der jeden einzelnen von uns antreibt zum Wachsen und Reifen in der Selbsthingabe..und so in der Persönlichkeit.
Wir hören von Jesus, dass er seine Jünger anhauchte
und dabei sagte:
Empfangt den Hl Geist!
Wir alle haben den Geist Gottes schon empfangen und empfangen Ihn immer neu: grad auch hier in der Hl Messe.
Und Er lebt und wirkt in uns und in unserer Gemeinde und im Land..
Der Heilige Geist hebt uns in eine neue, *höhere Mentalität,* in die Gesinnung, in der Jesus, der Gott-Mensch, gelebt hat.

Später sagt Jesus einmal:
Bewahrt meinen Geist!
Er ist eure Stärke und eure Freude ..
Er ist euer Leben ..
Es ist nicht schwer, ihn zu bewahren :
Ihr bewahrt ihn, wenn ihr treu seid in euren familiären und berufsmäßigen Pflichten und eurer Pflicht als Christen.
Den Pflichten treu zu sein heißt aber immer wieder zu sich selber sagen: Ich würde ja gerne dies und das tun,
aber es geht nicht: *Ich muss* heute noch dies und das *erledigen..*

Der göttliche Geist zieht uns über das *Nur-Private* hinaus in die
Aufgaben (und Termine) des beruflichen und öffentlichen Lebens...
Wenn wir es zulassen, führt er uns zum Denken an das Wohl meiner
Nächsten und das Wohl aller Menschen.

Der Heilige Geist ist der Geist ist der Geist, der bewusst macht:
Da siehst du auf der Straße einen Mann vorbeigehen, der deutlich
von einem fremden Land stammt ..Und der Geist macht dir durch
deinen persönlichen Geist bewusst:
Dieser Mann da ist unendlich mehr ist als seine Herkunft, Land,
seine Rasse, sein Nation.. Kultur.
Ich selber bin zwar einheimisch da,
aber das ist nur mein Rahmen, ein zufälliger Umstand ..
In Wahrheit bin ich auch nur eine einzelne Seele wie dieser Mann aus
dem Irak ..oder aus Syrien ..
Und beide leben wir *zufällig* an dem Ort und zu dieser Zeit: Ich als
Einheimischer und er als Fremder...
Beide gehöre wir zur Familie der Menschheit,
beide in sehr verschiedenen Situationen, aber gleich an Würde und
Sendung. ....

Durch den heiligen Geist wird uns das Ganze des Menschseins
bewusst ..
Der Heilige Geist ist der Geist der *Selbsterkenntnis.*
Wie anders als im Licht des göttlichen Geistes
könnte ich erkennen, dass ich z.b ein Geizkragen bin;
dass ich verächtlich über Mitmenschen denke;
dass ich *falsch* sein kann..und habgierig und gemein..
(dazu brauchen wir keine Psychoanalyse)

Der Geist ..deckt meine Sünde der Selbstherrlichkeit auf..
Wenn ich *mitarbeite,* zeigt er mir die Wahrheit über mich,
indem er mir *zuvor* das Heilige gezeigt hat,
das Ideal, das Gott selber ist. Gott liebt uns immer zuerst...
Und dann sagt da ein alt gewordener Mensch, der viel erlebt hat und
der auch mit Begeisterung Sport betrieben hat..

...er sagt: *Alles geht vorbei..Alles hat ein Ende..*
das Arbeiten können..die Liebe..die Freundschaften...
auch die Ehe geht vorbei..das Familienleben...
das Denken-können und Reden-können.. und Tun-können.

Dieses bewusste Abschied nehmen vom weltlichen Leben,
das kann man nur in der Kraft des Geistes,
weil er der *Geist der Wahrheit* ist.

Aber er ist zugleich der *Tröster-Geist:*
Zugleich mit dem Loslassen öffnet er uns für das Licht Gottes. ..
für Gott selbst..für sein Inneres...für seine außerordentliche Liebe zu
jedem Menschen ohne Ausnahme.. ..

Und wenn uns das Leiden trifft:
Wie anders als in der Kraft des Geistes könnten wir das Leiden
annehmen; könnten wir begreifen und glauben,
dass sie die Wehen der letzten Geburt, also des Todes einleiten...

Da liegt ein Mitmensch elend im Sterben
und man kann und will nicht zuschauen ...man flieht davor…
Nur mit unserm menschlichen Geist alleine können wir Leiden und
Sterben nicht wirklich akzeptieren..annehmen .

Aber zusammen mit Ihm *erkennen* wir,
dass diese letzte Stunde die tiefste Wirklichkeit des Lebens ist
und dass wir so den Weg gehen,
den der Gott-Mensch gegangen ist..
Der Knecht ist nicht größer als sein Herr.

Wie kann man den heiligen Geist noch beschreiben ?
Der Heilige Geist ist der Geist des Angriffs.
Er treibt uns, unsere Aufgaben täglich
in Angriff nehmen..
Er ist der *Geist des Vorangehens.*
Er macht uns zu Menschen,
die aufeinander zugehen..

Er ist der *Geist der Initiative*
und des Aufbrechens und Besuchens ..
Er ist der *Geist der Gerechtigkeit*
und der *Geist der Liebe zur Ordnung*
im Großen und im Kleinen.

Er ist der Geist, der uns zu *Tröstern* macht..
Er ist der *Geist des Betens*..
Ohne seine *Wehen* ist unser Beten leer und äußerlich...
Er ist der Geist des Innerlichen Lebens.

Er ist der *Geist der Echtheit*...
Authentisch sein kann man nur durch Ihn...
Nur durch ihn vergisst man sich selbst ..
ist frei von sich selbst..
Und je mehr das Äußerliche bei Feiern bemüht wird, desto mehr
schwindet das Innerliche.., schwindet der Geist ..

Der Hl Geist ist der *Geist der Präsenz*:
Wenn er einen Menschen leiten darf,
ist dieser Mensch *jederzeit präsent*..
ist immer neu verfügbar…immer bereit zu helfen und zu dienen..
Trotz genauem Zeitplan immer Zeit ..
Er ist der Geist, der unablässig *das Ziel* des Lebens erinnern will:
Die *Heiligkeit*...

G.B.: *Ich fühlte mich tief bedrückt wegen meiner Fehler*
und Nachlässigkeiten..
Er: *Du erinnerst dich, ich habe gesagt: Wenn ich fortgehe, werde ich*
ihn euch senden..Rufe doch oft den Heiligen Geist!
Die Heiligkeit, das ist sein Königreich. Erbitte ihn häufig.
Seid ihr nicht geschaffen ,um Heilige zu sein ? Und seid ihr
dazu fähig ohne die Hilfe Gottes.?

Und du wanderst früh am morgen durch die Natur oberhalb von
Alberschwende und du sagst dir :
Ich möchte Gott anschauen...:

...Möchte Gott anschauen in dem frischen Grün der jungen Wiesen,
in dem feinen stillen Regen,
in dem Wald mit seinen so wunderbar gerade hinaufwachsenden Tannen,
in dem quicklebendigen Gezwitscher der Vöglein.

Ich möchte Gott sehen in den Nebelschwaden,
in den Kühen und Rindern ...
in den Bächlein der kleinen Tobel,
in den wolkenverhangenen Bergen,
in meinen Gedanken, in meinem Lob Gottes..

Es ist der Heilige Geist, der unsern persönlichen Geist zum Schauen und Betrachten der Schöpfung.. anregt und einlädt...

Er: *Ich möchte, dass ihr einander helft,*
den Geist Gottes aufzunehmen..
Er ist es, der euren Verstand dem göttlichen Licht öffnet.
Er gibt euch meine Gesinnungen und Wünsche ein .
Er wandelt eure Schwäche in Kraft und bekehrt die härtesten Herzen.
Helft einander gegenseitig, den heiligen Geist aufzunehmen..,
das Denken und Urteilen und Wollen Gottes...Es wäre mein größtes Glück – das Glück Gottes - euch heilig zu sehen!

Pfingsten 2018 Joh 20,19-23

Weihnachten – Ostern – Himmelfahrt - Pfingsten.
Mit Weihnachten feiert das Christentum die Sendung des Gottes-Sohnes in die Welt - mit Ostern seine Auferstehung vom Tod –
Dann folgt, wie es bei Evangelisten Lukas zu lesen ist,
sein leibhaftiges Erscheinen während 40 Tagen, -
dann, ebenfalls bei Lukas in der Apostelgeschichte:
Dass er vor ihren Augen emporgehoben wurde in den Himmel..
aber zuvor noch zu den Aposteln gesagt hat:

**..Ihr werdet die Kraft des Heiligen Geistes empfangen,
der auf euch herabkommen wird..
und ihr werdet meine Zeugen sein bis an die Grenzen der Erde..**

Und damit sind auch wir gemeint:
Auch wir Heutige sind seine Zeugen ..
Nicht im Sinn von Augen-zeugen,
sondern indem wir als Christen sein Leben,
ja Ihn selber da auf der Erde fortsetzen..
seine Tugenden uns aneignen…
Salz der Erde sind und *Licht der Welt*..

Jeder von uns soll ja ein *anderer,* ein *weiterer Christus* sein:
*Der Heilige Geist gibt euch meine Gesinnungen und Wünsche ein...
Er wandelt eure Schwäche und bekehrt die härtesten Herzen.*

Ruft ihn an! Ruft ihn oft an..!
...den Heiligen Geist, der nicht eine bloß anonyme Kraft ist,
sondern ein Du, ansprechbar, anrufbar für jeden …

Da steht wieder ein Bettler an der Türe!
Nein, denke ich laut:
Heute nicht! Diese ewige Bettelei!
Zugleich weiß ich: Was sollen sie anderes tun als um Hilfe betteln.!

Helfen!
Die österr. Friedensnobelpreisträgerin Berta von Suttner hat gesagt:
Helfen sei das schönste Wort der Welt,
 noch schöner als das Wort *Lieben,*
weil im Helfen die Liebe *umgesetzt* wird ins Tun..
Und bekanntlich
gibt es nichts Gutes, außer man tut es..(Erich Kästner)
Warum rede ich vom Helfen?
Weil der Heilige Geist der Geist der Liebe ist
und so der Geist des Helfens...

Aber man muss auch *Nein* sagen lernen..!
Ja-sagen ist manchmal leichter, weil man so niemanden enttäuscht, mit *Nein-sagen* schon…

Ich glaube, dass der Hl Geist auch die Kraft ist zum Nein..
Vor allem da, wo der Gruppendruck groß ist in eine bestimmte Richtung..vielleicht zum *Trinken* oder zum *Bleiben statt Heimgehen*, im Großen bei politischen *Masse-Bewegungen*.

Und Immer kommt die Zeit, wo in der Familie eine Person schwerkrank ist, ins Sterben kommt und stirbt..
Wie könnte es anders sein, als dass die Pflegenden rund um die Kranken ihr Herz dem göttlichen Geist der Liebe geöffnet haben..
Und den Tod kann man rein menschlich nur als Tod sehen.., als unerträgliches Unglück..

Im Geist sehen wir das Sterben und den Tod mit neuen Augen:
..*als Geburt...als Anfang des Wahren Lebens*..
Der Körper, diese Sterbliche Hülle, wird von der Seele zurückgelassen...

Er: *Rufe doch oft den Heiligen Geist.*
Die Heiligkeit, das ist sein Königreich:
Erbitte ihn häufig. Warum schämst du dich?
Seid ihr nicht geschaffen, um Heilige zu sein?
Und seid ihr dazu fähig ohne die Hilfe Gottes?
Bitte also den Hl Geist, dass er deinen Geist führen möge..dein Denken führen möge..

Geist der Selbsterkenntnis.
Dass wir uns erkennen können....als eitel und rechthaberisch..gierig...und eigensinnig:
Dazu befähigt uns ein Geist, der höher ist als ich..
und der mich auch höher hinauf hebt…
für das Heilige - gegen das Unheilige..
für das Gerechte – gegen das Ungerechte..
für Gott - gegen mich...

Der *Heilige Geist*, das ist nicht nur ein punktuelles Herabkommen...
Der Geist Gottes schafft den Menschen innerlich neu...bekehrt..
verändert..meist langsam, aber radikal:
Aus einem streitsüchtigen, eitlen, unbeherrschten, zornigen,
Ich-befangenen, geizigen...Menschen wird ein Neuer Mensch:
Ein friedliebender, freigebiger, mitleidender, offener,
kommunikativer..
und vor allem *betender Mensch*!
Aber nicht mehr das Beten des Alten Menschen, der noch in dem
unendlichen Abstand des Geschöpfs gegenüber dem Schöpfer sich
wusste...Jetzt in der neuen Beziehung der Sohnschaft zum Vater...

Geist der Empathie..
des Hineinfühlens in den die Situation des Anderen.
Man muss das aber Wollen und Üben…
Der Normalzustand ist, dass wir es nicht wollen. ..
Das ist der Zustand der *Erbsünde*, dass der Mensch das nicht von
vornherein will: Sich hinein-denken in den Andern..
Der Alte Adam ruft nämlich: *Ich will mein Leben leben…*!
Und in gewisser Weise müssen wir das auch, aber in bewusster
Umsicht..
Der heilige Geist drängt unsern Geist zum Interesse am Andern..
ja, zum gedanklichen *Rollen-Tausch* (*Vgl. Goldene Regel!*)

Er ist der *Geist der Unterscheidung*...
von wichtig und unwichtig.., von Mittel und Ziel..,
von Kleinigkeiten und dem Wesentlichen..
Befreie mich von der Sorge um die Kleinigkeiten.

Der Geist ist der *Geist der Entwicklung..*
Sein Ziel ist deine Entwicklung..Entwicklung unserer Tugenden..
Entwicklung zur Unabhängigkeit der Person…der
Beziehungsfähigkeit…
Entwicklung der Hingabe….im Gut-Denken …der Arbeitsamkeit..
im Gerecht-sein...im Mitleid…im Beten...

Der Geist sagt Ärgerliches nicht weiter..
Es kommt vor, dass man uns etwas Ärgerliches sagt…
was uns aufregt und sogar zornig macht..
Der Macht-Mensch in uns, der unheilige, will Rache!
Und sagt es gleich weiter, dass sich auch andere mit-ärgern über
diese und jene Person…
Viele sollen in den Ärger, in die Aufregung hinein gezogen
werden..damit es eine Macht wird.. eine starke Partei...
Aber da gibt es in uns auch die Stimme der Gerechtigkeit,
die mich denken lässt:
Ich muss still sein! Ich darf diese ärgerlichen Worte nicht
weitergeben..Ich darf nicht anstecken mit dem Ärger.. mit dem
Zorn..Auch ich selbst muss es vergessen..

Pfingsten..
Ohne Pfingsten sind wir wie eine Kapsel..Eingekapselt in uns selbst.
In unsere Selbstbehauptungszwänge, unsere Triebe, unser Ego, in
unserem *Bequem-und Egal-Geist* ..

Der Heilige Geist will unsern je persönlichen Geist leiten..
wenn wir uns seinem Drängen, seinem Einfluss…
seiner All-Heiligkeit öffnen.

Was wäre ohne Pfingsten..Ohne die Sendung des Geistes..
Was, wenn der Geist verdrängt wird..?
Ohne Geist Gottes wird das Leben verkommen im Konkurrenzkampf
aller gegen alle. Menschen werden einander nur nach dem
Äußerlichen beurteilen und ihrem gesellschaftlichen Status. ..
Auf Unfreundlichkeit wird mit dreifacher Unfreundlichkeit reagiert..
Kinder und Alte als eine einzige Last angesehen..
Das Arbeitsklima in den Betrieben ein egoistisches, kaltes..
Nachbarschaften misstrauisch. Man mobbt einander.
Das Geld ist zum Gott auf der Erde geworden.
Ohne Geist lebst du in Abhängigkeit von den andern…
Gruppenzwänge...Menschen werden zu Massenmenschen. ..

Er: *Bitte den Geist, über dir zu schweben..*
so wie er zu Anbeginn der Schöpfung über den Wassern schwebte..
Denn aus dir selbst bist nur wüst und leer.
Sag dem Hl Geist, er möge durch dich leben und sprechen und handeln. Er gibt dir deine Opfer ein.
Es sind Vorschläge von ihm, mit denen sich dein Wille verbindet..
Gebt ihm Raum in euch.
Er gibt euch Gedanken ein, immer neue, immer fruchtbare.
Hört auf ihn, er ist mächtig. Er ist erfinderisch.

Printed by
Schaltungsdienst Lange o.H.G., Berlin